中等职业学校汽车运用与维修专业规划教材

汽车空调构造与维修

王瑞奎　赵传胜　主　编
陈　晓　薛　军　沈启鲁　副主编

中国铁道出版社
CHINA RAILWAY PUBLISHING HOUSE

内容简介

本书充分考虑职业学校学生的特点，结合实际工作岗位工作内容而编写。在编写过程中遵循由浅入深、循序渐进的原则，突出了实践性、实用性、独立性和先进性。

本书结合项目教学的特点，分9个项目进行讲述与训练，从空调系统认知和简单的保养作业开始，逐渐过渡到手动空调电路控制、自动空调电路控制，中间插入空调系统诊断工具、量具的使用，最后列举常见车型的空调系统，便于对学过的项目进行汇总。各项目间既相互独立又相互联系，既注重基础知识，又注重与实践技能的有机结合。

本书的每个项目中又分多个教学活动，每个教学活动都以工作任务的形式命名，每个教学活动后都有实验操作记录页，便于教师使用本教材时参考，同时也可用于学生在实验过程中进行记录。

本书适合中等职业学校开设空调专业课程使用，具有较强的实用性和可操作性。同时，也可作为企业维修培训教材或有志钻研汽车空调维修的技术人员的参考用书。

图书在版编目（CIP）数据

汽车空调构造与维修/王瑞奎、赵传胜主编. —北京：中国铁道出版社，2012.7

中等职业学校汽车运用与维修专业规划教材

ISBN 978-7-113-14755-6

Ⅰ.①汽… Ⅱ.①王…②赵… Ⅲ.①汽车空调－构造－中等专业学校－教材②汽车空调－维修－中等专业学校－教材 Ⅳ.①U463.850.3②U472.41

中国版本图书馆CIP数据核字（2012）第127260号

书　　名：汽车空调构造与维修

作　　者：王瑞奎　赵传胜　主编

策划编辑：李中宝　　　　读者热线：400-668-0820

责任编辑：李中宝　彭立辉

封面设计：刘　颖

封面制作：白　雪

责任印制：李　佳

出版发行：中国铁道出版社（北京市西城区右安门西街8号　邮政编码：100054）

网　　址：http://www.51eds.com

印　　刷：三河兴达印务有限公司

版　　次：2012年7月第1版　　2012年7月第1次印刷

开　　本：787mm×1092mm　1/16　印张：16.25　字数：392千

印　　数：1～3 000册

书　　号：ISBN 978-7-113-14755-6

定　　价：32.00元

中等职业学校汽车运用与维修专业

教材编审委员会

出版说明

为贯彻《国务院关于大力发展职业教育的决定》（国发[2005]35号）精神，落实《教育部关于进一步深化中等职业教育教学改革的若干意见》（教职成[2008]8号）关于“加强中等职业教育教材建设，保证教学资源基本质量”的要求，确保新一轮中等职业教育教学改革顺利进行，全面提高教育教学质量，保证高质量教材进课堂，我们遵循职业教育的发展特色，本着“依靠专家、研究先行、服务为本、打造精品”的出版理念，经过专家的行业分析及充分的市场调查，决定开发本系列教材。

本系列教材涵盖中等职业教育汽车类专业的核心课程教材。我们邀请了交通部职业教育教学指导委员会汽运专业分委员会、全国机械职业教育教学指导委员会汽车专指委的专家及辽宁省、安徽省、广东省、上海市等常年从事汽车相关专业教学研究的专家、教学名师，并纳入企业界人士参与，依据教育部新的职业教育教改思想共同参与编写，教材的体例和教材的内容与专业培养目标相适应，且具有如下鲜明的特色：

(1) 注重以就业为导向，以能力为本位，以岗位需要和职业标准为依据，以促进学生职业生涯发展为目标，力图体现我国中等职业教育改革的发展趋势。

(2) 紧密联系生产劳动和社会实践，突出应用性和实践性，并与相关职业资格考核要求相结合，注重培养“双证书”技能人才。

(3) 采用“理实一体化”、“任务引领”、“项目驱动”等多种教材编写体例，努力呈现图文并茂的教材形式，贯彻“做中学、做中教”的教学理念。

(4) 强大的行业专家、职业教育专家、一线的教师队伍，特别是“双师型”教师的加入，为教材的研发、编写奠定了坚实的基础，使本系列教材全面符合中等职业教育的培养目标，具有很高的权威性。

(5) 立体化教材开发方案，将主教材、配套素材光盘、电子课件等资源有机结合，具有网上下载习题及参考答案、考核认证等优势资源，有力地提高教学服务水平。

优质教材是职业教育重要的组成部分，是广大职业学校学生汲取知识的源泉。建设高质量符合职业教育特色的教材，是促进职业教育高效发展、为社会培养大量技能型人才的重要保障。我们相信，本系列教材的出版对于中等职业教育的教学改革与发展将起到积极的推动作用，同时希望更多的专家和一线教师加入到我们的研发和创作团队中来，为更好地服务于职业教育，奉献更多的精品教材而努力。

中国铁道出版社

前言

职业教育教材改革风风雨雨十几年，其内容更加跟进汽车市场的发展，形式从深奥的设计原理和大篇幅的结构特点，转变为结构原理、故障诊断与维修为主，新技术举例为辅。扩大了师生的视野，提高了学生分析问题的能力。

目前，各中、高职学校实习设备正逐步健全，教学目标是有效地利用实习设备，培养适合企业工作岗位的、有一定动手操作能力的技术人才。学生在校学习时必须改变理论多于实践的教学模式，而要实践多于理论，以类似岗前培训的思维和方式，充分利用优越的设备资源，培养学生独立思考、独立解决问题的能力。这就需要建立一套结合工作岗位的科学有效的教学体系，编写一套实训内容与理论知识紧密结合的教材，真正实现职业教育为企业输送合格技术人员的目标。

本书针对汽车专业课中的空调系统进行编写，内容由浅入深，由易到难，实训与理论相结合；一改传统教学思路，将先理论后实践变为先实践、再理论、再实践，即先感性认识、再理性认识、再感性认识。先感性认识便于理论的理解，后感性认识易于理论的消化。

书中实践环节多以常见工作项目为主题，所需工具和器材通用性强，便于各类学校开展教学。内容科学，有始有终，贴近正规企业的岗位操作。实践环节的内容类似于实训指导书，便于学生及教师进行课前准备，也为该课程实训内容的设定提供了参考。

书中的理论内容浅显易懂，机械部分突出功能与原理，简化结构特点及设计理念。电气、电子控制部分注重核心元件的控制方法和控制逻辑，培养学生分析电路图的能力，最后达到借助电路图能分析、解决电路故障的目的。

本书由王瑞奎、赵传胜任主编，陈晓、薛军、沈启鲁任副主编，其中前言、项目一至项目四、项目九由沈阳市汽车工程学校王瑞奎编写，项目五、项目六由洛阳高级技工学校任晓兵编写，项目七由辽宁冶金技师学院李妍春编写，项目八由沈阳市汽车工程学校赵传胜编写。

由于第一次尝试编写职业教育教材，加之个人水平有限，错误和不足之处在所难免，恳请业内人士批评指正，多提宝贵意见。

王瑞奎

2012 年 4 月 10 日

前言

目 录

项目一　汽车空调系统使用与认知 1
活动一　汽车空调控制面板与空调的正确使用 2
活动二　汽车空调零部件认知与功用介绍 6
活动三　汽车空调系统工作简介 12
项目二　汽车空调系统检查与保养 19
活动一　汽车空调采暖系统检查与保养 20
活动二　汽车空调制冷系统检查与保养 22
活动三　汽车空调空气分配系统检查与保养 25
项目三　汽车手动空调电气系统 36
活动一　电路基础知识 37
活动二　手动空调制冷系统电路连接 57
项目四　汽车空调制冷系统检测、维修工具、仪器仪表及设备 75
活动一　检漏设备与检漏方法 76
活动二　歧管压力表使用方法 80
活动三　制冷系统抽真空与充注方法 87
项目五　汽车手动空调系统检修 96
活动一　压缩机不转故障 97
活动二　电子扇不转故障 110
活动三　空调系统冷风不冷、热风不热故障 121
活动四　制冷系统抽真空与冷冻油、制冷剂充注 128
项目六　汽车自动空调电控系统 130
活动一　汽车空调电控系统组成 131
活动二　空调电控原理 134
项目七　汽车空调电控系统故障诊断 148
活动一　压缩机不转故障 149

活动二　电风扇不转故障 …… 172

活动三　空调系统冷风不冷、热风不热故障 …… 178

项目八　汽车空调系统举例 …… 181

活动一　桑塔纳 3000 轿车空调系统 …… 182

活动二　丰田威驰轿车空调系统 …… 185

活动三　通用别克轿车空调系统 …… 216

项目九　汽车空调系统维修训练 …… 246

活动一　空调系统检查保养项目练习与考核 …… 247

活动二　制冷系统压缩机不转电路诊断训练与考核 …… 248

活动三　制冷系统制冷剂量检查和系统检漏训练与考核 …… 250

活动四　制冷系统抽真空、制冷剂充注训练与考核 …… 251

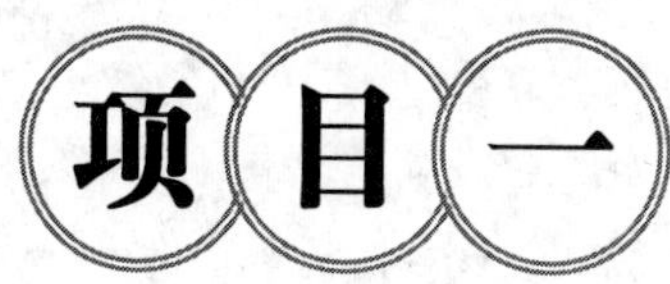

汽车空调系统使用与认知

空调即空气的调节，汽车空调系统就是对驾驶室内的空气进行调节的一套装置。人的无感温度在 23.5℃左右，处于这个温度范围工作或学习最舒服，不容易产生疲劳。一年四季的交替使环境温度发生变化，要求汽车空调系统应具备采暖和制冷两大功能，即能对车厢内空气的温度、湿度进行调节。

本项目安排三项活动内容，先从使用者角度出发介绍汽车空调的控制面板及正确使用空调的方法，再了解空调系统的构成和工作原理。

活动一　汽车空调控制面板与空调的正确使用

知识目标

①了解空调控制面板各标注符号的含义。

②明确汽车空调的使用方法。

技能目标

①能正确开启和关闭空调。

②能根据个人需要利用控制面板进行驾驶室内温度调节。

知识链接

技能训练过程中的安全及环保事项：

1. 人身安全

① 严格按照实验室实验规则进行实验。

② 启动车辆或设备应告知现场所有人员，避免其受到伤害。

③ 确保举升的车辆安全可靠后再进入车辆下方进行实验，实验时不得用力晃动车辆。

④ 远离正在运行的设备、车辆或部件。

⑤ 注意正在运转的发动机的传动带、电风扇、散热器、排气管、高压线，有擦伤、烫伤、电击危险。

⑥ 发动机运行时，接好排气通风装置，避免尾气中毒。

⑦ 实验室严禁烟火，避免火灾。

⑧ 随时留意实验场地和周围，及时发现潜在危险并妥善处理。

⑨ 如有意外伤害发生，立即报告教师，及时处理，如有必要到医院治疗。

⑩ 严禁私自进入驾驶室，严禁在发动机运行时私自动作驾驶室内的各种踏板、手柄、开关。

2. 车辆安全

① 确保车辆驻车可靠。

② 正确使用车辆，车辆的移动或启动由教师来完成。

③ 实验严格按照操作流程进行。

④ 实验前要安装好车辆保护 5 件套。

⑤ 师生服饰不要有裸露坚硬部位（拉链、纽扣、腰带、戒指等），避免划伤车漆。

⑥ 正确开关发动机盖，避免意外下落或关时用力过大造成机器盖变形、车灯损坏；

⑦ 利用正确的车辆举升点举升车辆，确保安全可靠。

⑧ 严禁私自进入驾驶室，严禁在发动机运行时私自动作驾驶室内的各种踏板、手柄、开关。

⑨ 一旦发现车辆异常，立即停止实验，并进行调整。

⑩ 做好实验前后的车辆状况记录。

3. 设备安全

① 确保设备运行状况良好。

② 按《使用手册》正确使用设备。

③ 做好设备使用记录。

4．环保意识

① 保持实训场地卫生。

② 发现有尾气或车辆中液体泄漏，须及时有效处理。

器材与设备

① 器材：轿车一辆。

② 设备：举升机一部。

③ 工具：常用拆装工具一套。

④ 其他：车辆保护套件一套（5 件）。

技能训练

① 正确开启车门、发动机盖。

② 安装车辆室内外保护套件。

③ 认知空调控制面板，学习空调使用操作方法。

a．桑塔纳轿车空调控制面板如图 1-1 所示。

桑塔纳轿车空调属于手动空调，由驾乘人员自己完成对驾驶室内温度和湿度的调节。

想使用空调制冷功能时，运转发动机且使冷却液温度处于正常状态。先将控制面板中央下方滑钮滑至蓝色区域，越往左制冷效果越强；将控制面板中央上方通风模式两滑钮滑至中间（正面通风）一端（使冷气从上方吹出，冷却效果好；人体生理上对环境的要求也应该是头凉脚暖）。再利用面板左下角的旋钮接通鼓风机，0 挡位为鼓风机断开挡，1～4 挡可接通鼓风机的不同转速，数字越大鼓风机转速越高。接下来按动面板左上角 A/C 按钮有红点一侧，发动机怠速会提升，冷却风扇会转起来，空调制冷系统压缩机开始工作，新鲜空气阀门关闭，采用空气内循环模式对驾驶室进行制冷。

制冷系统将处理过的空气，经过驾驶室内的出风口送入室内。出风口分布在风窗玻璃下沿、仪表台中间高度、脚下位置。每个正面出风口都安有通风栅，旁边有旋钮，可以调节出风口的大小，还可以通过活动出风口或其上摆杆，上、下或左、右调节出风方向，如图 1-2 所示。

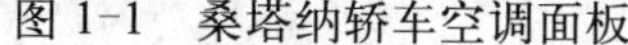

图 1-1　桑塔纳轿车空调面板

图 1-2　出风口及调整旋钮

想取消空调制冷功能时，先按动面板左上角 A/C 按钮无红点一侧，发动机怠速降至正常怠速，空调制冷系统压缩机断开接合，停止工作。新鲜空气阀门打开到外循环模式。为减少通风箱内潮气存留造成发霉，应过一段时间再将面板左下角的鼓风机旋钮旋至 0 挡位。

想使用空调采暖功能时，运转发动机且使冷却液温度处于正常状态，先将控制面板中央上方通风模式两滑钮滑至两端（使暖风从脚下和前风窗玻璃旁吹出，采暖效果好，同时为风窗玻璃除霜雾)。再利用面板左下角的旋钮接通鼓风机，0 挡为鼓风机断开挡，1～4 挡可接通鼓风机的不同转速，数字越大鼓风机转速越高。接下来将控制面板中央下方滑钮滑至红色区域，将发动机冷却液通向通风箱内加热芯的阀门打开，越往右阀门开度越大，采暖效果越好。此时，新鲜空气阀门处于打开状态，采用空气外循环模式对驾驶室进行采暖。

想取消空调采暖功能时，先将控制面板中央下方滑钮滑至蓝色区域，将发动机冷却液通向通风箱内加热芯的阀门关闭，再将面板左下角的鼓风机旋钮旋至 0 挡位即可。

b．LS400 轿车空调控制面板如图 1-3 所示。

图 1-3　LS400 轿车空调面板

LS400 轿车空调属于自动空调，由计算机（俗称电脑）根据驾乘人员的请求，自动完成对驾驶室内温度和湿度的调节。

想使用空调时，运转发动机且使冷却液温度处于正常状态，按动 AUTO 或 A/C 按钮，发动机计算机使发动机怠速提升，冷却电风扇会运转，空调计算机按照上次设定的模式使空调系统开始工作。显示屏上会显示室内需求温度值、鼓风机风速、通风模式等参数。

若要改变室内温度，可通过按压 TEMP 上、下箭头位置，显示屏上温度值会随之变化，直到达到需要的温度松开按钮为止。

若要改变鼓风机风速，可按动鼓风机符号右端的按钮实现，LO 为低速，MED 为中速，HI 为高速。

空调将处理过的空气，经过驾驶室内的出风口送入室内，出风口分布在风窗玻璃下沿、仪表台中间高度、脚下位置。需要调节时，可通过面板上标有人形和出风方式箭头的按钮实现。另外，每个正面出风口都装有通风栅，旁边有旋钮，可以调节出风口的大小，还可以通过活动出风口或其上摆杆，上、下或左、右调节出风方向。

为调节驾驶室内空气快速达到所需的温度和湿度，保证空气的新鲜程度，空调工作时有两种通风模式，一种为内循环，即使驾驶室内的空气不断地进入空调系统循环处理，以达到快速调节室内空气的目的；另一种为外循环，此时将室外空气引入空调系统处理后送入驾驶室，改善室内空气的湿度和新鲜程度。空调系统运行时，会根据室内外的温差自动锁定某种通风模式，若要人为改变，可通过按动面板上的内外循环按钮的上端或下端实现。

面板上的 Rr.XTRA FLOW 为接通后部空调的按钮。

面板上的 FRONT 加扇形通风符号，为前风窗玻璃除雾按钮，在前风窗有雾或霜时使用。

面板上的 REAR 加方形通风符号，为后风窗玻璃除雾按钮，在后风窗有雾或霜时使用。

当需要停止空调系统工作时，可按下 A/C 按钮。需要停止鼓风机及空调系统时，可按下 OFF 按钮。

按钮上或其上方的指示灯在该按钮功能正在起作用时亮起。

显示屏除在空调系统工作时显示空调信息外，还可显示收音机信息、时钟及诊断时空调系统的故障代码。

显示屏左边是 3 个调节时钟时间按钮：H 调节小时，M 调节分钟，OO 为分钟归零。

c．丰田威驰轿车空调控制面板如图 1-4 所示。

图 1-4　丰田威驰轿车空调面板

丰田威驰轿车空调属于手动空调，由驾乘人员自己完成对驾驶室内温度和湿度的调节。

想使用空调制冷功能时，运转发动机且使冷却液温度处于正常状态，先将控制面板左下方旋钮旋至蓝色区域，越往左旋制冷效果越好；将控制面板右下方出风模式旋钮旋至最左端正面通风位置，再将面板右上角通风模式滑杆置于左端内循环位置。接下来利用面板中央的旋钮接通鼓风机，OFF 挡位为鼓风机断开挡，越往右旋鼓风机转速越高，HI 位置为鼓风机最高转速。最后按动面板左上角的 A/C 按钮，其上指示灯会亮起，发动机怠速会提升，冷却风扇会转起来，空调制冷系统压缩机开始工作，对驾驶室内进行制冷。

制冷系统将处理过的空气，经过驾驶室内的出风口送入室内。出风口分布在风窗玻璃下沿、仪表台中间高度、脚下位置。每个正面出风口都安有通风栅，旁边有旋钮，可以调节出风口的大小，还可以通过活动出风口或其上摆杆，上、下或左、右调节出风方向（见图 1-2）。

想取消空调制冷功能时，先按动面板左上角的 A/C 按钮，其上指示灯熄灭，发动机怠速降至正常怠速，空调制冷系统压缩机断开接合，停止工作。为减少通风箱内潮气存留造成发霉，应过一段时间再将面板中央的鼓风机旋钮旋至 OFF 挡位。

想使用空调采暖功能时，运转发动机且使冷却液温度处于正常状态，先将控制面板右下方出风模式旋钮旋至需要的通风位置：①正面和脚下；②脚下；③脚下和风窗；④风窗。当位于③、④位置时，需要将面板右上角通风模式滑杆置于右端外循环位置，再将控制面板左下方旋钮旋至红色区域，将发动机冷却液通向通风箱内加热芯的阀门打开。越往右阀门开度越大，采暖效果越好。接下来利用面板左下角的旋钮接通鼓风机，OFF 挡位为鼓风机断开挡，越往右旋鼓风机转速越高，HI 位置为鼓风机最高转速。这样将热风从出风口吹出，对驾驶室进行采暖。

想取消空调采暖功能时，先将控制面板左下方旋钮旋至白色或蓝色区域，将发动机冷却液通向通风箱内加热芯的阀门关闭，再将面板中央的鼓风机旋钮旋至 OFF 挡位即可。

④ 对车辆、设备、工具、场地进行整理、回收、清洁。

实验记录

车型：____________________。空调类型：A. 手动　　B. 自动

空调使用方法记录：

1.制冷：____

2.采暖：

活动二　汽车空调零部件认知与功用介绍

知识目标

①认识汽车空调采暖系统的组成部件及其布置位置。

②认识汽车空调制冷系统的组成部件及其布置位置。

能力目标

①能掌握各组成部件在系统中的作用。

②能够画出系统构成简图。

知识链接

空调系统元件分布图如图 1-5 所示。

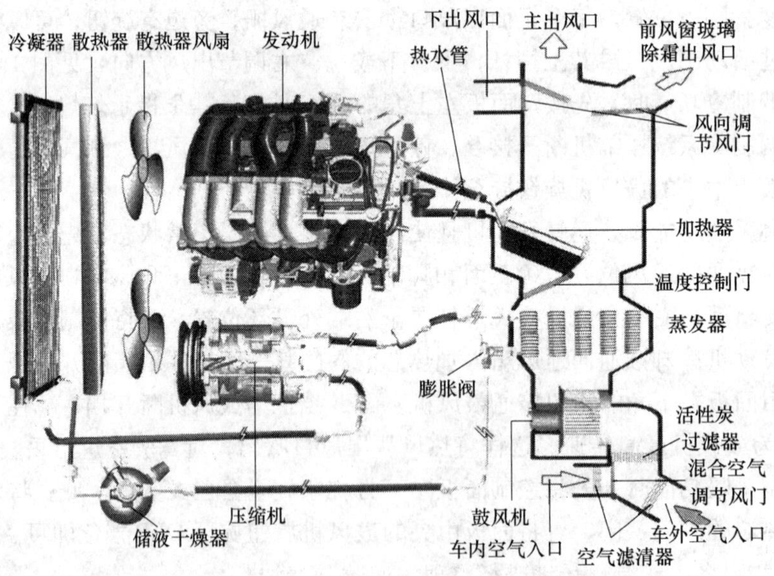

图 1-5　空调系统元件分布图

器材与设备

① 器材：轿车一辆。

② 设备：举升机一部。

③ 工具：常用拆装工具一套。

④ 其他：车辆保护套件一套（5 件）。

技能训练

① 正确开启车门、发动机盖。

② 安装车辆室内外保护套件。

③ 认知空调采暖系统组成（以发动机冷却液作为热源）。

a．空调采暖系统示意图，如图 1-6 所示。

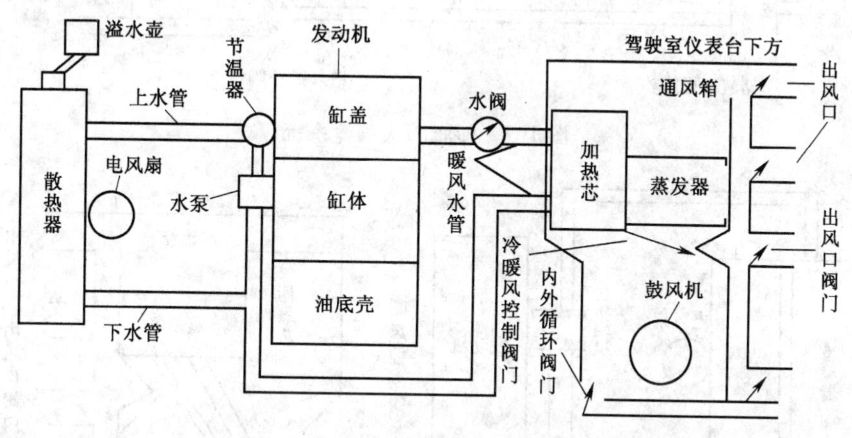

图 1-6　以冷却液为热源的采暖系统

b．采暖系统认知：

● 发动机冷却系统：位于发动机舱内，由冷却液泵、发动机燃烧室周围冷却液道、节温器、散热器、溢水壶、冷却风扇和各部分连接管组成。提供采暖热源，只有在发动机运行状态下才存在采暖热源。

● 加热芯：位于驾驶室仪表台下方通风箱内，相当于小散热器，存储冷却液。采暖时与周围空气进行热交换，使冷空气变暖。

● 暖风水管：连接发动机冷却系统与加热芯，提供采暖时的冷却液循环通道。

● 暖风水阀：位于暖风进水管上，负责截断或开通加热芯内冷却液的循环。由人为或计算机通过机械拉线、真空吸力或电动操纵开启或关闭。

● 鼓风机：位于驾驶室内仪表台下方通风箱内，改变通过加热芯的空气的流速，控制采暖效果。一般设有多个风速挡位，满足不同空气调节的需求。

● 通风箱：位于驾驶室内仪表台下方，是一个密封的空间，内部主要放置加热芯、鼓风机和制冷系统的蒸发器，并设置很多阀门，用来控制驾驶室内空气的循环方式、冷暖方式及出风方式。

④ 认知空调制冷系统组成：

a．空调制冷系统示意图如图 1-7、图 1-8 所示。

b．制冷系统认知：

● 制冷剂：R134a，充满整个制冷系统管路。在制冷循环过程中通过自身气态—液态的相互转变时，有吸热、放热现象发生，完成将进入驾驶室内的空气热量携带到驾驶室外释放的作用。

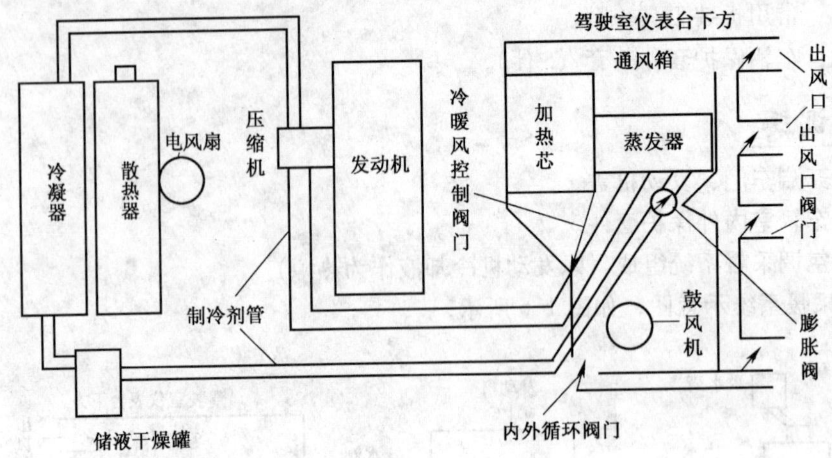

图 1-7 膨胀阀式制冷系统

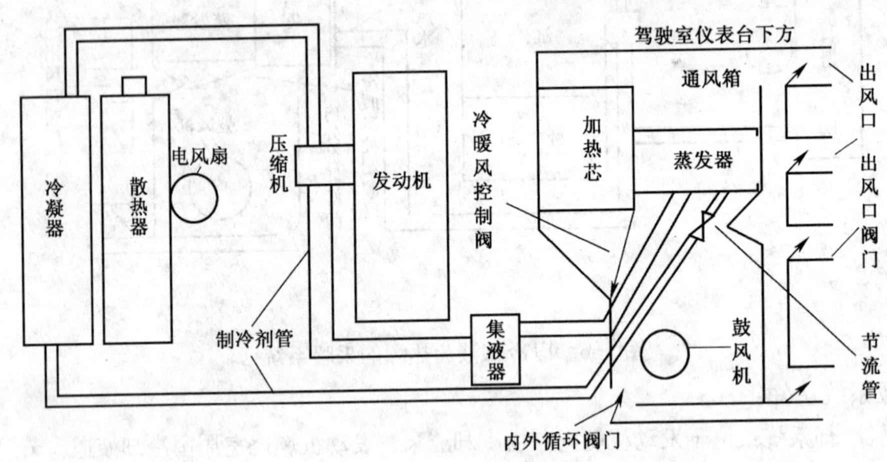

图 1-8 节流管式制冷系统

● 压缩机（见图 1-9）：在使用制冷功能时，由发动机通过传动带带动，作为制冷剂在系统中循环的动力源。

图 1-9 压缩机

● 节流装置（膨胀阀或节流管）：安装于蒸发器入口处（驾驶室内仪表台下方的通风箱内），如图 1-10、图 1-11 所示。将整个系统分成高压、低压两部分，即压缩机出口与其之间形成高压部分，压缩机入口与其之间形成低压部分。

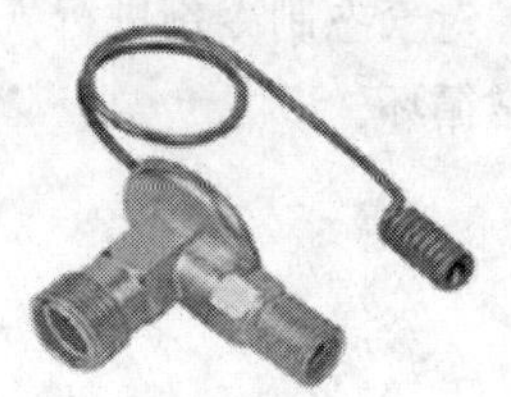

图 1-10　蒸发器入口的膨胀阀

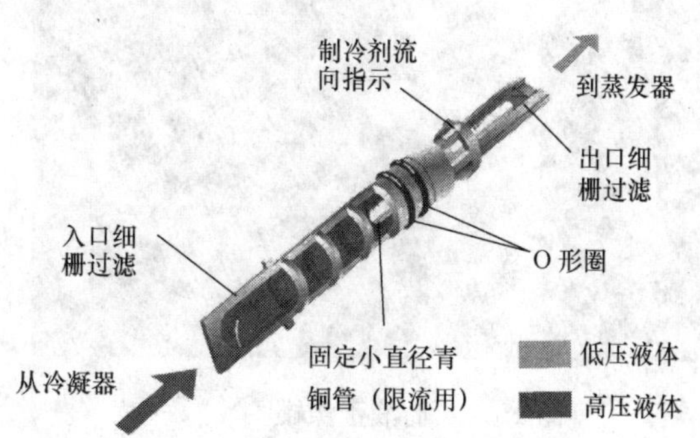

图 1-11　蒸发器入口的节流管

● 冷凝器（见图 1-12）：入口与压缩机出口相连，出口通向节流装置，布置于车辆最前端（散热器之前）。制冷系统工作时，其内部制冷剂为高温高压状态，通过与周围空气的热交换（释放热量），实现由气态到液态的转变。即进入冷凝器的是高温高压的制冷剂气体，从冷凝器出去的是中温高压的制冷剂液体。

图 1-12　冷凝器

● 蒸发器（见图 1-13）：入口与节流装置相连，出口与压缩机相连，布置在驾驶室内仪表台下方的通风箱内。制冷系统工作时，其内部制冷剂为低温低压状态，通过与周围空气的热交换（吸收热量），实现由液态到气态的转变。即进入蒸发器的是低温低压的制冷剂液体，从蒸发器出去的是低温低压的制冷剂气体。

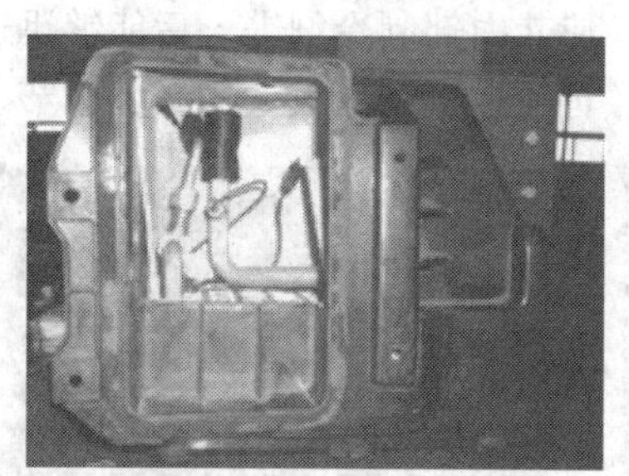
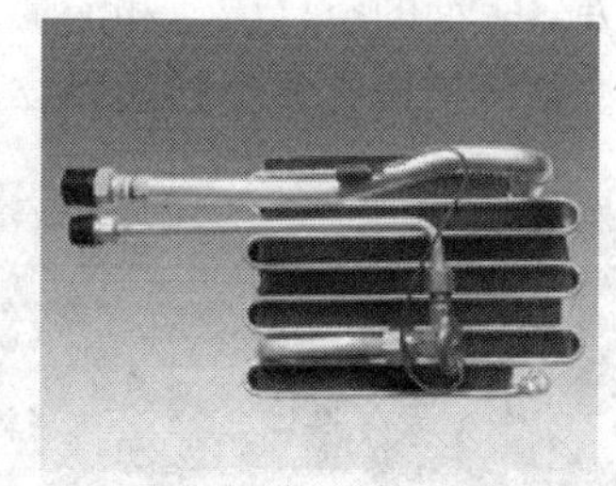

图 1-13　蒸发器

● 储液干燥罐（见图 1-14）：与膨胀阀系统配合使用。安装在冷凝器与节流装置之间，对液态制冷剂进行存储、过滤和干燥，保证制冷系统正常循环。

● 集液器（见图 1-15）：又称收集干燥罐，与节流管（毛细管）系统配合使用。安装在蒸发器与压缩机入口之间，对气态制冷剂进行气液分离，并滤除杂质，吸收水分，防止压缩机液击损坏，保证制冷系统正常循环。

图 1-14　储液干燥罐

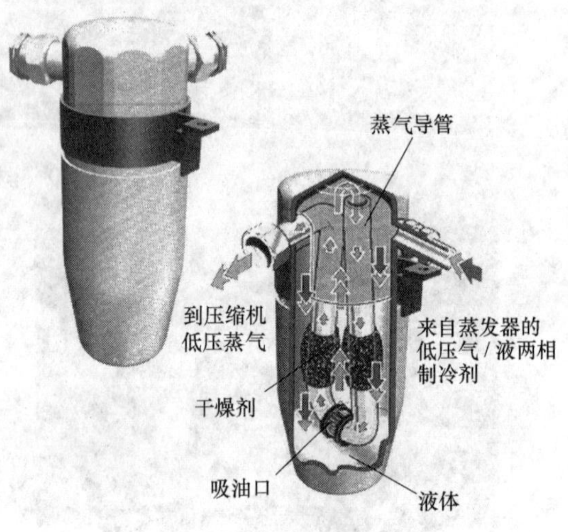

图 1-15　集液器

● 电风扇（见图 1-16）：安装于冷凝器前端或散热器后端，与发动机冷却系统共用一个或单独设置。只要空调制冷系统运行，电风扇就会运转，一般具有两级或多级风速。加快冷凝器表面的空气流速和流量，使其内部制冷剂热量迅速散掉，快速由液态转变为气态。

图 1-16　电风扇

● 鼓风机（见图 1-17）：位于驾驶室内仪表台下方通风箱内。空调制冷系统运行前，应先接通鼓风机，加快蒸发器表面的空气流速和流量，使其内部制冷剂进入后能够迅速吸收热量，快速由气态转变为液态。鼓风机设有多个转速挡位，可通过控制面板上的开关调节。

图 1-17　鼓风机

● 通风箱（见图 1-18）：位于驾驶室内仪表台下方，是一个密封的空间，内部主要放置蒸发器、鼓风机和采暖系统的加热芯，并设置很多阀门，用来控制驾驶室内空气的循环方式、冷暖方式及出风方式。

图 1-18　通风箱及风门

⑤ 对车辆、设备、工具、场地进行整理、回收、清洁。

实验记录

车型：____________________。空调类型：A. 手动　　B. 自动

空调系统组成记录：

1．采暖系统：

名称　　　　位置　　　　作用

(1) ____

(2) ____

(3) ____

(4) ____

(5) ____

(6) ____

2．制冷系统：

名称　　　　位置　　　　作用

(1) ____

(2) ____

(3) ____

(4) ____

(5) ____________________

(6) ____________________

(7) ____________________

(8) ____________________

活动三　汽车空调系统工作简介

知识目标

① 掌握空调采暖系统工作过程。

② 掌握空调制冷系统工作过程。

技能目标

① 能进一步明确空调系统各组成元件的作用。

② 能识别空调正常的工作状态。

知识链接

大部分汽车空调系统的工作动力来源于发动机，也就是说空调的使用要在发动机运行的时候进行。采暖系统的水泵和制冷系统的压缩机都由发动机带动，采暖系统的热源也来源于发动机。发动机的性能与空调系统有着密切的联系，为此有些车辆把对空调压缩机的控制功能集成在发动机计算机中，或利用电控空调计算机与发动机计算机进行信息传递来协调工作。

汽车空调的采暖和制冷功能都是靠流体工质在系统管路里循环，通过热交换增加或减少驾驶室内空气中的热量实现的。采暖系统工质多用的是发动机冷却液，整个工作过程中只有温度变化，没有状态变化；制冷系统工质多用 R134a（原 R12 已被禁用），在整个工作过程中既有温度变化，又有状态变化。

下面介绍空调的基础知识。

1．温度

汽车空调是人为地对车内空气的温度、湿度、流动速度和空气洁净程度等进行调节的系统，即汽车空调具有制冷、供暖、通风、净化、去湿、除霜等功能，但其中最重要的功能是调温。

温度是指物体的冷热程度。日常生活中常用温度计来测量物体的温度。常用的温度表示方式有摄氏温度、华氏温度、热力学温度 3 种。

(1) 摄氏温度（℃）

定义：将一个标准大气压下水的冰点定为 0 ℃，沸点定为 100 ℃，把两者之间分为 100 等份，每一份为 1 ℃。

(2) 华氏温度（℉）

定义：将一个标准大气压下水的冰点定为 32 ℉，沸点定为 212 ℉，两者之间分为 180 等份，每一份为 1℉。

(3) 热力学温度 (K)

定义：将 1 个标准大气压下水的冰点定为 273.15 K，沸点定为 373.15 K，两者之间分为 100 等份，每一份为 1 K。0 K 为理论上物体内部分子完全停止热运动的温度点。

3 种温标的单位换算关系为：

①摄氏温度：$t = 5（F - 32）/9$(℃);

②华氏温度：$F = 9t/5 + 32$(°F);

③热力学温度：$T = t + 273.15$(K)。

2. 压力

定义：物质单位面积上受到的垂直作用力，单位为 Pa（帕斯卡），物理学称做压强。$1\ Pa = 1\ N/m^2$，$1\ kPa = 1\ 000\ Pa$，$1\ MPa=10^6\ Pa$。

大气的重量对地球表面物体单位面积上所产生的压力称为大气压。把纬度 45° 海平面上的常年平均气压称为 1 个标准大气压（atm）。

在实际使用中压力单位有：标准大气压（atm）、工程大气压（at）、毫米汞柱（mmHg）、磅/英寸^2（lb/in^2）、巴（bar）、千克力/厘米^2（kgf/cm^2）等。它们之间的换算关系如表 1-1 所示。

表 1-1　压力单位间的换算关系

kPa	kgf/cm^2	mmHg	lb/in^2	atm
1	0.0102	7.50	0.145	9.87×10^{-3}
98.1	1	7.36×10^2	14.2	0.97
0.133	1.36×10^{-3}	1	1.93×10^{-2}	1.32×10^{-3}
6.89	7.03×10^{-2}	51.72	1	6.8×10^{-2}
101.325	1.03	760	14.71	1

$1bar = 100\ kPa = 0.1\ MPa \approx 1kgf/cm^2$。

表示压力大小的概念：

① 绝对压力：实际的压力值，是把完全真空状态作为零值的压力值。

② 表压力：压力表上所显示的数值，是将 1 个标准大气压作为零值的相对压力值。

③ 真空度：真空压力表上显示的数值，为相对压力。将低于 1 个大气压力的数值称为真空度。

3. 热量

热量是衡量物质内部分子热运动能力大小的参数。

热量传递的规律：热量总是从高温物体传向低温物体或者从物体的高温部分传向低温部分。只要物体本身，或物体与其他物体，或物体与周围环境之间存在温度差，就会有热传递现象发生。

热量的传递方式如下：

① 传导：热量从物体的高温部分传递到物体的低温部分，或者从相互接触的高温物体传递到低温物体。

② 对流：通过液体或气体的流动将热量从一处传递到另一处的热传递方式。

③ 辐射：高温物体，不借助任何媒介，将热量传递出去的方式。

热量与物质状态的变化关系如下：

固态 —温度达到熔点，继续吸收热量→ 液态 —温度达到沸点，继续吸收热量→ 气态

气态 —温度达到冰点，继续释放热量→ 液态 —温度达到冰点，继续释放热量→ 固态

不同物质变化状态的温度点不同，所以在自然界的常温环境下能见到不同状态的物质。伴随物质变化状态的过程，需要吸收或释放热量才能完成状态的转变，而温度不会变化。

压力与物质变化状态温度点的关系如下：

压力增大，物质变化状态温度点升高；压力降低，物质变化状态温度点降低。

4．制冷剂

（1）制冷剂的概况

制冷剂是空调系统中的“热载体”，俗称冷媒，它可根据空调系统的要求变化状态，实现制冷循环。车用空调的制冷剂主要是 R12 和 R134a。由于 R12 对地球臭氧层有害，现已基本停止使用。R134a 是环保制冷剂，它作为替代 R12 的制冷剂得到了广泛应用。这主要是由于 R134a 中不含氯原子，对臭氧层无破坏作用，其热力性质稳定并与 R12 相近。R134a 虽然不破坏大气层，但有使全球变暖的可能，所以它被认为是一种过渡性替代物。目前，欧美正在积极进行 CO_2 制冷剂的空调系统的研究工作，其产品如果成熟，CO_2 制冷剂有可能是下一代汽车空调制冷剂的主要选择。

（2）使用制冷剂的安全措施

① 制冷剂的密度比氧气大，所以在检修汽车空调系统时，检修场所要有良好的通风设备。

② 维护空调系统和加注制冷剂时，要戴防护镜，因为空调系统的高压侧压力很高。

③ 处理制冷剂罐时，应小心注意。

④ 在正常大气压和大气温度下，R134a 是不可燃的。

（3）R12 与 R134a 系统的区分方法

一般以 R134a 为制冷剂的空调系统，都会在汽车显著部位注明该汽车空调采用了哪一种制冷剂。例如，在汽车前风窗玻璃角上、发动机罩内表面前部等处一般用绿色指示，美国产的车也有用金黄色表示的。图 1-19 所示为汽车上 R134a 标志。

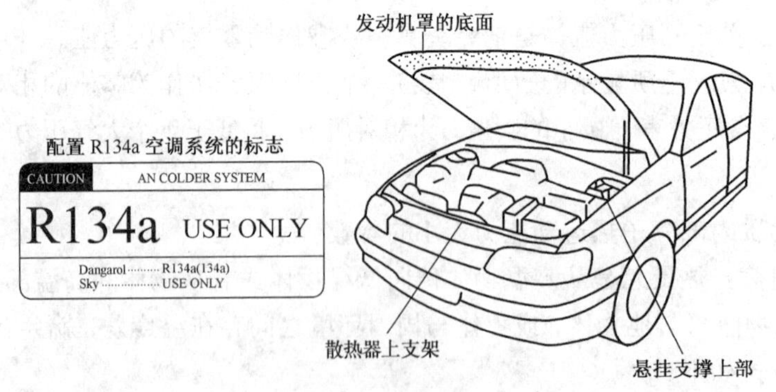

图 1-19　汽车上 R134a 标志

在压缩机铭牌上会注明所采用的制冷剂及冷冻机油型号（见图 1-20 左图），若未注明，则应慎重考虑，寻找资料，设法确认所用的冷冻剂及冷冻机油。

另外，在连接软管上通常会有色圈或白色线条出现，并会在软管表面印有 R134a 的字样（见图 1-20 右图）。在储液干燥器上也应有标志，注明制冷剂与干燥剂的类型。

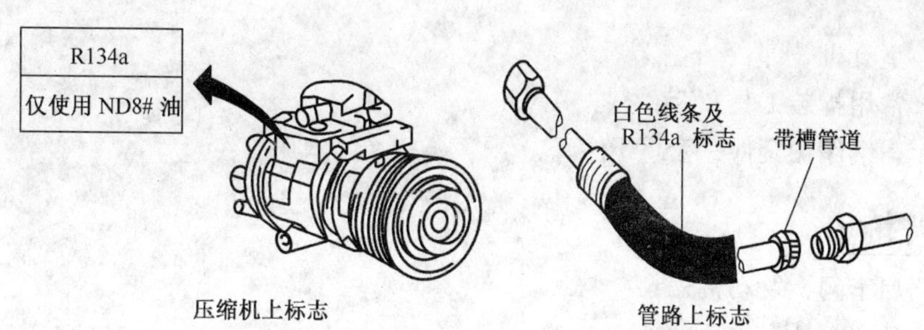

图 1-20　压缩机及管路上的标识

为防止与 R12 混淆，汽车空调器制造厂在设计 R134a 空调器产品时，已考虑到用不同的连接方法以示区别。例如，使用 R134a 的空调器为了加快制冷剂充注时间，减少泄漏，同时也防止错加 R12，而加大了气门芯尺寸及气门阀外形尺寸，结构也做了相应的改变，大多采用快速插头连接。同时，管子连接口形状及尺寸也改变了，螺纹也从英制改成了米制，如图 1-21 所示。

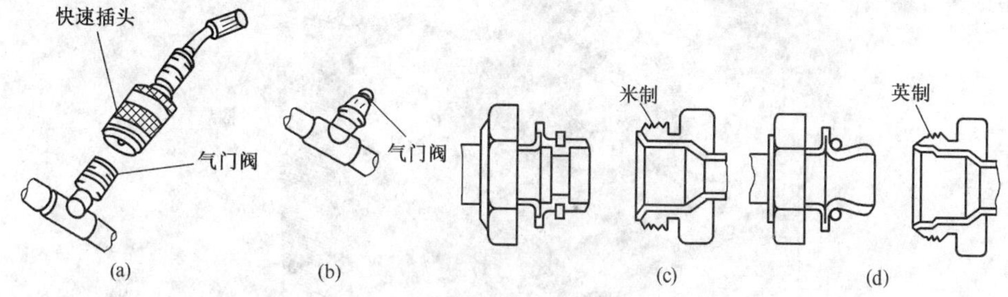

图 1-21　气门阀结构及螺纹连接形式的管插头

（a）、（c）用于 R134a；（b）、（d）用于 R12

在制冷过程中起转移热量作用的媒介工质称为制冷剂。

广义上，任何一种流体，只要在一定条件下能实现液态与气态间的相互转换，就可以作为制冷剂。由于各类制冷剂转变状态的条件不同，真正适合使用的主要有：氨气、二氧化碳、氟利昂 R12、R22、R134a（HFC134a）等。

汽车空调制冷系统制冷剂早期为 R12，在使用和维修过程中泄漏出去的氟利昂会破坏大气层中的臭氧层，导致出现臭氧空洞，使人类和生物的免疫能力下降，增加人类皮肤癌的发病率，并且使地球产生温室效应。因此，国际环保组织规定，至 2006 年禁止使用 R12 制冷剂。

目前，汽车上使用的制冷剂均为 R134a——四氟乙烷（$C_2H_2F_4$）。其特性如下：

① 标准大气压下沸点：−26.2℃。

② 汽化潜热：198 kJ/kg。

③ 臭氧破坏系数（ODP）：0。

④ 温室效应系数（GWP）：0.11。

⑤ 制冷能力：略低于 R12。

⑥ 使用的润滑油：PAC 合成油。

器材与设备

① 器材：空调系统状态良好的轿车一辆。

② 设备：举升机一部；

③ 工具：常用拆装工具一套；

④ 其他：车辆保护套件一套（5 件）。

技能训练

① 正确开启车门、发动机盖；

② 安装车辆室内外保护套件；

③ 了解空调系统工作过程：

a. 采暖系统（见图 1-22）：启动发动机，在发动机舱用手感觉散热器上冷却液管温度。发动机运转一段时间，观察驾驶室内仪表板上冷却液温度表，确认发动机达到正常工作温度。再次感觉散热器上冷却液管温度，若管已经由凉变热，说明发动机冷却系统已进入大循环冷却状态。

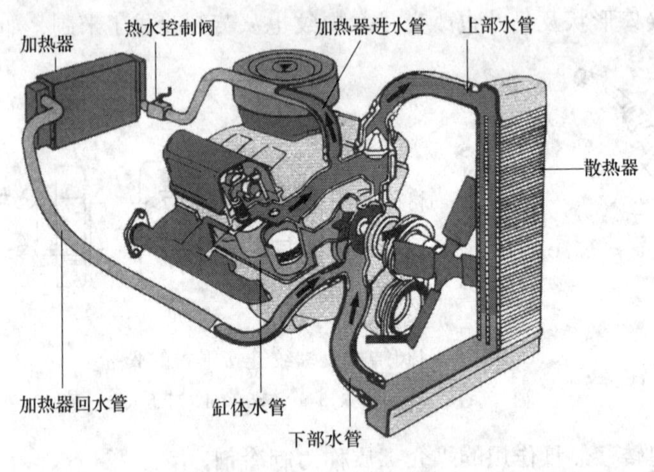

图 1-22　采暖系统

在发动机舱用手感觉通往驾驶室内暖风加热芯两冷却液管温度，观察管路上有无阀门，区分加热芯进液管和回液管，确认阀门安装在哪条管路上（看不到阀门的系统，阀门安装在驾驶室仪表台下方内部，需拆下仪表台才能看到）。

在驾驶室空调面板上调节滑杆或旋钮到暖风位置——红色区域（自动空调车辆设置室内温度高于自然温度），接通鼓风机开关，出风口调节到“面部和脚下”。

此时，发动机与加热芯间冷却液管路上的阀门被控制开启，热的冷却液在冷却液泵的作用下从缸体或缸盖进入加热芯。加热芯由铜或铝材料做成，其表面很快被加热，鼓风机从车外吸入空气，加速后吹向热的加热芯，空气温度会升高，并从驾驶室内已开启的出风口吹出，实现对驾驶室内加热的目的。加热芯内冷却液被空气冷却后，被冷却液泵抽回，又有热的冷却液补充进来，保证驾驶室内空气的温度。

室内热度的调节，通过调节冷却液管上阀门的开度（冷却液流量）或鼓风机转速实现。

用手感觉驾驶室内出风口空气温度及通往驾驶室内暖风加热芯两冷却液管温度。

b. 制冷系统：发动机处于运转状态，冷却液温度处于正常工作温度。在发动机舱用手感觉空调各部分管路温度。

设置好驾驶室内空调出风口，接通鼓风机及空调开关（自动空调，需按下 AUTO 按钮）。此时，发动机怠速提升 200 r/min 左右，空调压缩机开始工作，冷凝器或散热器电风扇开始低速转动（若接通空调前电风扇已运转，则此时无变化）。

空调制冷系统（见图 1-23、图 1-24）内部充满一定量的制冷剂，压缩机未工作前，制冷剂呈气体状态。由于压缩机的运转，管路中又有节流装置（膨胀阀或节流管）存在，使压缩机出口制冷剂的压力急剧升高，沸点（液化点）也随之升高，达到高于环境及自身温度的某个值，气态制冷剂在此状态下有释放热量变为液态的趋势。同时经压缩机的压缩，气态制冷剂的温度有了很大升高，这样在冷凝器内高温制冷剂向周围环境散热，转变为液态制冷剂。电风扇的运转加快了这一散热过程，即加快了气态制冷剂向液态制冷剂的转变。

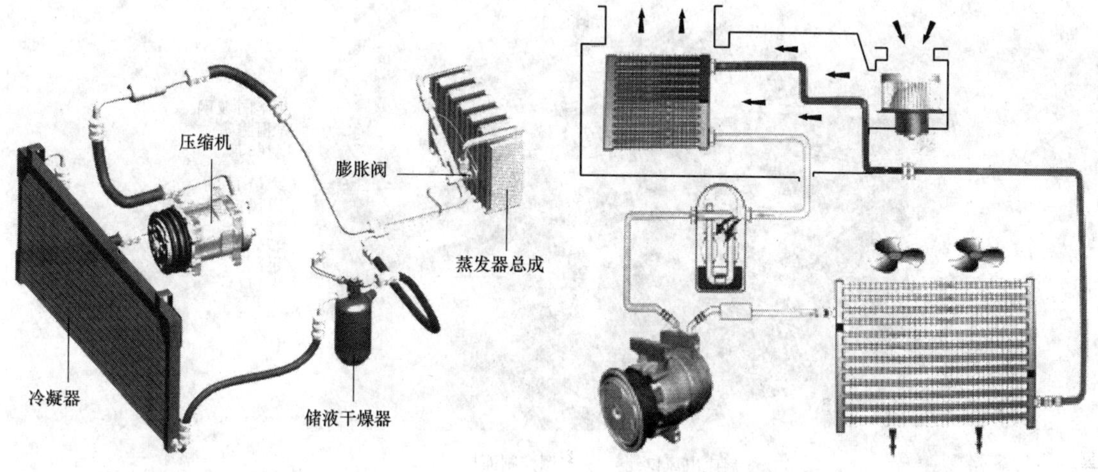

图 1-23　膨胀阀式制冷系统　　图 1-24　节流管式制冷系统

从冷凝器出来的液态制冷剂，经过膨胀阀系统中的储液干燥罐过滤、干燥后被送到膨胀阀，膨胀阀的孔隙很小，不能顺畅地流通制冷剂，多余的制冷剂存储在干燥罐中。节流管系统，节流管与冷凝器之间没有干燥罐，两者直接通过管路连接。

膨胀阀或节流管使高压液态制冷剂从小孔喷出到较粗的管路中，这时制冷剂的压力降低，其沸点也随之下降，达到低于自身和环境温度很多的某个值，液态制冷剂在此温度下有吸收热量变成气态的趋势。由于液态制冷剂蒸发变成气态时需要大量的热量，所以此时除吸收自身的热量外，还要从周围环境中吸收大量的热量，会使周围环境空气变凉。节流装置与蒸发器间的连接管路很短，这项工作主要是在蒸发器内进行。在蒸发器内，液态制冷剂吸收自身和环境热量，转变为气态制冷剂。

两种节流装置中，膨胀阀的节流孔隙可根据蒸发器表面温度或制冷管路中制冷剂的压力自动调节，保证进入蒸发器的制冷剂量合适，不会有多余未蒸发的液态制冷剂回到压缩机，造成压缩机液击损坏。节流管的节流孔隙大小固定，不可自动改变（进入蒸发器的制冷剂量取决于节流管孔隙两侧的压力差），会出现过多液态制冷剂进入蒸发器的状况，少量未蒸发的成分以液态被压缩机吸回，造成压缩机损坏。所以，在节流管式制冷系统中，冷凝器与节流管之间可以不安装储液干燥罐，而在蒸发器与压缩机之间要加装有气液分离功能的收集干燥罐（集液器）。同样具有对制冷剂进行过滤、干燥的作用。

从蒸发器出来的气态制冷剂被压缩机吸回，重新加压，进行下一个循环的工作。

从以上工作过程可知，整个制冷循环以压缩机作为动力，其出口与节流装置之间为系统高压区，对应的温度也较高；其入口与节流装置之间为低压区，对应的温度也较低。压缩机入口制冷剂为低温低压气态，出口制冷剂为高温高压气态，压缩机不可压缩液体。冷凝器和蒸发器是系统的两个热交换器，在冷凝器中，制冷剂释放热量由气态变为液态；在蒸发器中，制冷剂吸收热量由液态变为气态。

制冷系统的制冷过程实际是制冷剂在蒸发器内蒸发时将进入驾驶室内空气中的热量吸收掉，再循环到冷凝器进行冷凝时释放掉。制冷循环是一个转移热量的过程。

再次用手感觉发动机舱内各空调管路的温度。将鼓风机调节到最高速运转，出风口开到最大，用手在仪表台面部出风口出感觉冷气的温度。出风口位置如图 1-25 所示。

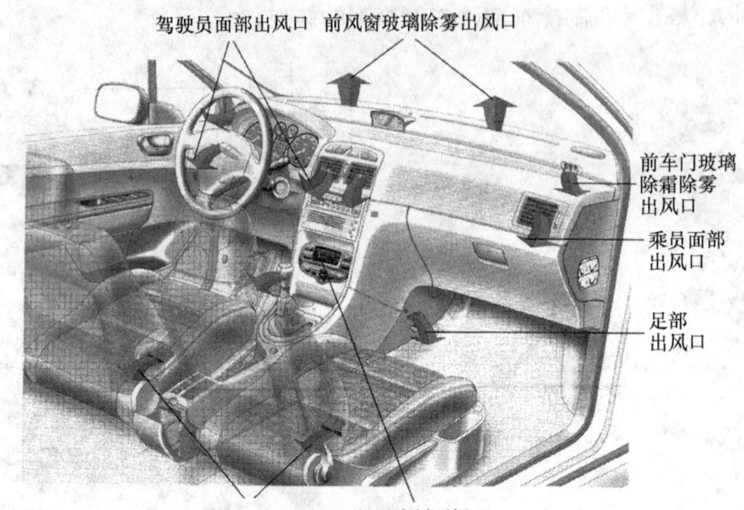

图 1-25　出风口位置

④ 对车辆、设备、工具、场地进行整理、回收、清洁。

实验记录

车型：________________。空调类型：A.手动　　B.自动

空调系统工作原理记录：

1. 采暖系统工作过程记录：

____

____

____

____

2. 制冷系统工作过程记录：

____

____

____

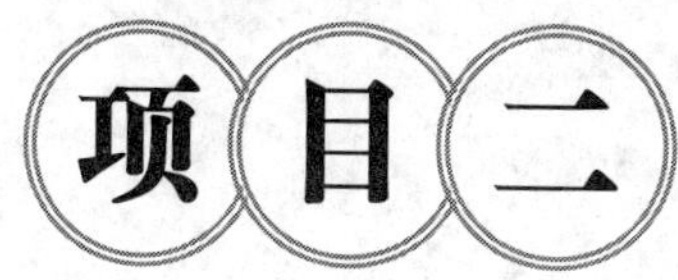

项目二

汽车空调系统检查与保养

汽车在使用过程中要经常进行检查与保养，以保证车辆的使用价值，延长其使用寿命。汽车空调系统的检查与保养是车辆保养的一部分，但此项作业经常被车主及维修人员忽视，造成空调系统的性能变差，寿命变短。

本项目将对空调系统检查与保养的项目进行说明。

活动一　汽车空调采暖系统检查与保养

知识目标

①理解采暖系统检查与保养的重要性。

②识记采暖系统检查与保养的工作项目。

技能目标

能对采暖系统进行检查与保养。

知识链接

防冻液取代水作为发动机冷却液具有防腐、防冻、防沉积、提高沸点的优点。

防冻液由以下成分组成：

1. 散热器防护剂

① 基本液体——乙二醇：可降低冰点和提高沸点。

② 添加剂：可防止腐蚀、沉积（水垢）、形成泡沫、过热。

2. 水

水必须干净且不过硬，含盐量尽可能少。

建议防护剂与水的混合比：

① 40:60——防冻能力可达 -25 ℃。

② 50:50——防冻能力可达 -37 ℃。

③ 55:45——防冻能力可达 -45 ℃。

像发动机机油一样，防冻液没有普遍适用的等级。由于目前具体要求差别很大，因此必须注意发动机制造商提供的说明。只允许使用汽车制造商认可的散热器防护剂。

因为发动机冷却循环回路内较高的热负荷会造成防腐添加剂分解，所以须每隔 2～4 年更换一次防冻液。

添加或更换防冻液时必须注意工作液体的颜色，应始终添加颜色相同的防冻液。防冻液不可以混用，尤其是含二氧化硅的产品和不含二氧化硅的产品。

更换掉的防冻液属于需特别监控的废弃物，是一种对水有轻微污染的液体，因此不允许排入下水道内，而是必须单独收集起来。

工作时，必须采用以下预防措施：

避免接触皮肤，穿戴个人防护装备，养护皮肤，立即脱下溅湿的衣物。

急救措施：

① 吸入后：保持镇静，到有新鲜空气处缓解，严重者就医。

② 接触皮肤后：用水和肥皂清洗皮肤接触部位并彻底冲洗。

③ 溅到眼睛上后：翻开眼皮并用流水冲洗眼睛几分钟。

④ 吞食后：立即漱口并喝下大量清水，立即到医院就诊。

器材与设备

① 器材：空调系统状态良好的轿车一辆。

② 设备：举升机一部。

③ 工具：常用拆装工具一套。

④ 其他：防冻液冰点测试仪、车辆保护套件一套（5 件）。

技能训练

① 正确开启车门、发动机盖。

② 安装车辆室内外保护套件。

③ 对采暖系统进行检查。

a．检查防冻液液面高度，检查防冻液冰点。

b．检查发动机舱内冷却液管路及接头有无泄漏部位。

c．检查风窗玻璃下方空调外循环空气进口滤芯是否脏污。

d．检查驾驶室内仪表台下脚垫处有无润湿痕迹（加热芯有无泄漏）。若有泄漏，拆下仪表台进行检修。

e．接通鼓风机，调节到各挡位，检查鼓风机风速、风量。

f．调节出风口开关到不同出风模式，检查出风位置是否正确。

④ 对车辆、设备、工具、场地进行整理、回收、清洁。

实验记录

车型：________________。空调类型：A. 手动　　B. 自动

空调暖风系统检查与保养记录：

1．检查防冻液液面高度，检查防冻液冰点：

____

____

2．检查发动机舱内冷却液管路及接头有无泄漏部位：

____

____

3．检查风窗玻璃下方空调外循环空气进口滤芯是否脏污：

____

____

4．检查驾驶室内仪表台下有无润湿痕迹（加热芯有无泄漏）：

____

____

5．接通鼓风机，调节到各挡位，检查鼓风机风速、风量：

6．调节出风口开关到不同出风模式，检查出风位置是否正确：

活动二　汽车空调制冷系统检查与保养

知识目标

①理解制冷系统检查与保养的重要性。

②识记制冷系统检查与保养的工作项目。

能力目标

能对制冷系统进行检查与保养。

知识链接

使用中对空调系统的保养：

① 防止不洁空气进入驾驶室：汽车在尘土飞扬的道路上行驶时，应将空气入口置于内循环（REC）位置，以防车外灰尘进入。

② 炎热时，应将车内空气排出：车窗关闭时，空调系统的效率最高。但汽车若在阳光下停放时间较长，车内很热时，接通空调制冷后，应将玻璃窗打开一段时间，待车内热气排出后再关闭车窗。

③ 发动机负荷大时，应暂时关闭空调：炎热季节发动机在大负荷下工作较长时间时，应有很好的冷却效果。为防止发动机过热，应暂时关闭空调。否则，发动机一旦过热，既影响汽车行驶，也会影响空调的使用。

④ 合理选择空调的风速挡位：汽车正常运行中，为防蒸发器过度结霜，影响空调系统的运行，空调的送风速度及温度控制不应同时长时间置于最低。但是当车速低于 25 km/h 时，应将风速开关置于低速挡位，避免发电动机发电量不足和冷气不足。

⑤ 掌握发动机的启动程序：对于没有车速自动控制装置的汽车空调系统，使用时应先启动发动机，后接通空调制冷系统，以避免启动困难。

⑥ 空调效果较差时，应关掉空调及时检查：空调的制冷效果差时，表明该系统工作不良，及时关掉空调可防止故障的扩大和恶化，对保护空调和延长空调的使用寿命十分重要。空调故障，一般应请专业人员维修。

在不使用空调的季节，每隔 2～3 周应使空调工作几分钟，以使该系统保持良好的工作状态。

如果整个冬季都没有对空调系统进行过保养清洁，当重新开启空调时，难免会有异味产生。这是由于汽车在行驶过程中，从空调进风口吸入大量灰尘、脏物，吸附在蒸发箱和空调系统内，滋生大量细菌、霉菌、螨虫。长时间处在这种环境中，人会感到头晕、恶心甚至诱发呼吸道疾病。因此，在使用前应对空调系统进行一次彻底清洗。

汽车空调进风口有空调滤清器，清洗时取出过滤装置，打开车门、车窗，将冷气调到最高挡，将空调清洗剂喷入进气口，同时关闭空调出风口，避免清洗剂在操作过程中流出。启动汽车，让清洗剂在空调通风系统里进行内循环，保证清洗剂循环到空调系统各个通道，可以有效清洁系统、杀灭细菌并清新所输出的空气。清洗完毕后，空调系统内的污物会随着清洗剂从位于通风箱底部的空调管道系统流出。清洗空调系统不仅可以提高制冷效果，还能有效延长空调的使用寿命。空调系统清洗完毕后，建议更换新的空调滤芯或将原有滤芯处理干净再装回原位。

更换灰尘滤清器和使用清洗剂清理风道都是从空调系统外部进行清理，如果清理后出风口的风量仍然很小，异味没有办法祛除，就只能到维修厂把仪表台下的风箱拆下，手工清洁蒸发器和加热芯表面。但是由于工作量很大，费用也很高，一般正常使用的汽车每 3～4 年做一次这种清理就行了。

当然，想完全阻止霉菌在空调系统中的生长是比较困难的。但是，车主可以在关掉空调后仍然使鼓风机继续转 10 min 左右，以加速蒸发器外壳的干燥。据说有关厂家已设计出了一个附属装置，只要空调器使用时间超过 4 min，这个装置将在发动机熄火 50 min 后自动启动加热器风扇，并让它运转 5 min，以加速外壳变干并阻止霉菌生长。

器材与设备

① 器材：空调系统状态良好的轿车一辆。

② 设备：举升机一部。

③ 工具：常用拆装工具一套。

④ 其他：车辆保护套件一套（5 件）。

技能训练

①正确开启车门、发动机盖。

②安装车辆室内外保护套件。

③对制冷系统进行检查：

汽车空调系统的使用寿命，在很大程度上取决于它能否得到正确的维护保养。

- 压缩机：压缩机的安装支架不得松动。传动带松紧适宜，过松会引起打滑，造成压缩机转速下降，制冷量不足；过紧又加剧传动带磨损，造成曲轴轴承过早损伤。
- 压缩机冷冻机油油面高度应在规定范围内，在正常情况下冷冻机油消耗量极少，如果从压缩机的视油镜片中看不到冷冻机油，则说明冷气系统中存在泄漏现象，应及时维修。
- 冷凝器：为了保证整个空调系统能正常工作，制冷效果良好，保持冷凝器表面的洁净是至关重要的。为此，应经常清洗冷凝器表面，防止油污、泥土及其他杂物附在冷凝器上。清洗时注意不要把冷凝器散热片碰倒，更不能损伤管子。
- 蒸发器：在蒸发器的进风口处，一般都装有空气滤网，空气滤网应每周清洗一次，以免车内外的灰尘、杂物吸附在空气滤网上而阻碍空气流通，造成制冷量不足。
- 空调管路：要经常检查空调系统各软管有无磨损、老化现象。空调系统中大量采用橡胶软管，如果这些软管有磨损，待环境温度升高、制冷系统工作时就会爆管，导致制冷剂、冷冻机油漏光，空调系统完全失效。如果软管已破，空调还继续运转，则会导致泥土和水分大量进入压缩机等部件，使得整个冷气系统报废。因此，一定要经常检查橡胶软管，发现有摩擦的情况要及时处理，对已破了口的部件要用布把破口包扎好，并停止使用空调，尽快送去维修。

● 电气线路：经常检查空调的电线情况，防止电线的绝热层磨破。当空调系统的熔断器烧损时，要先检查出故障所在，待处理完后再换上熔丝通电，切不可把熔丝用导线代替短接，否则有可能烧坏整个线路，也可能对汽车上的其他电路产生不良影响。

空调系统维护周期表如表 2-1 所示。

表 2-1　空调系统维护周期表

部　位	项目	方　　法	维护周期/h	措　　施
制冷循环	制冷剂量	由观察窗检查		检查、调整或更换
	管	检查软管损伤	2 400（检查、调整）	检查、调整或更换
		检查连接部位	2 400（检查、调整）	检查、调整或更换
		检查管夹	2 400（检查、调整）	检查、调整或更换
	干燥剂粗滤器	更换干燥剂和滤清器	600（检查、调整） 4 800（更换）	
压缩机	冷冻机油	由观察窗检查油位	首次 1 200h，间隔 2 400h 检查、调整	检查、调整或更换
	压缩机支架	检查固定状态并紧固	1 200（检查、调整）	检查、调整或更换
	不正常	运转空气调节器检查		检查、调整或更换
	漏气	用试漏器检查	2 400（检查、调整）	检查、调整或更换
	大修	参见压缩机修理	4 800（检查、调整）	
冷却装置	进气垫圈	检查垫圈和地板密封	600（检查、调整） 4 800（更换）	检查、调整或更换
	帆布管	检查损伤和松度	600（检查、调整） 4 800（更换）	检查、调整或更换
	空气滤清器	用压缩空气和水清洗		检查、调整或更换
	通风器	加润滑油	600	检查、调整或更换
	漏气	用检漏器检查	2 400	
冷凝器	冷凝器、散热器	清洗散热器片和管子	600	检查、调整或更换
	衬垫	检查损伤	600（检查、调整） 4 800（更换）	
	漏气	用检漏器检查	2 400	
传动装置	轴总成	检查噪声及加润滑油	600	检查、调整或更换
	V 带	检查张力	600	检查、调整或更换
	轴节用橡胶垫	更换（含螺栓）	5 400（更换） 9 600 更换	
	联结翼板	检查损伤	5 400（检查） 9 600（检查）	
电气零件	布线	检查连接、锈蚀、夹子	1200	
	旁通回路	检查工作情况	1200	检查、调整或更换
	控制电磁阀杆	加润滑油	600	检查、调整或更换
	压力开关	检查工作情况	1200	检查、调整或更换
其他	橡皮垫、螺栓	检查损伤及锁紧情况	600（检查） 4 800（更换）	

④ 对车辆、设备、工具、场地进行整理、回收、清洁。

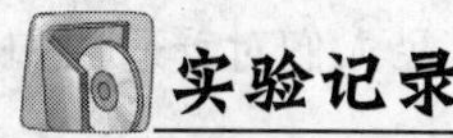

实验记录

车型：________________。空调类型：A. 手动　　B. 自动

空调制冷系统检查与保养记录：

1．检查压缩机及传动传动带：

____

____

2．检查冷凝器：

____

____

3．检查空调空气进口滤芯是否脏污：

____

____

4．检查空调制冷管路：

____

____

5．接通鼓风机，调节到各挡位，检查鼓风机风速、风量、温度：

____

____

6．调节出风口开关到不同出风模式，检查出风位置是否正确：

____

____

活动三　汽车空调空气分配系统检查与保养

知识目标

① 理解空气分配系统检查与保养的重要性。

② 识记空气分配系统检查与保养的工作项目。

技能目标

能对空气分配系统进行检查与保养。

知识链接

1．汽车空调空气通风系统

应用汽车空调的目的，是为了在不断变化的车外大气环境条件下，仍能保持车内温度、湿度稳定在车内人员所需要的舒适度范围内。仅靠制冷和加热系统对空气的制冷、加热，很难保证温

度、湿度稳定及空气清新，因此还必须配备风量配送及温度的调配系统，以满足人们对舒适性和空气清新的要求。

（1）自然通风

自然通风是利用汽车行驶时，前部产生的风压将外部新鲜空气引入车内，循环后，再利用汽车尾部的负压将空气自然排出车外的通风方式。空气的入口设在正压区，出口设在负压区，形成空气的自然流动。

图 2-1 所示为轿车外表面上的空气压力分布图。车头部位正负区，进气孔多设在风窗玻璃与发动机室交界的隐蔽处；车尾部位为负压区，空气出口一般设在后排座靠背两侧。

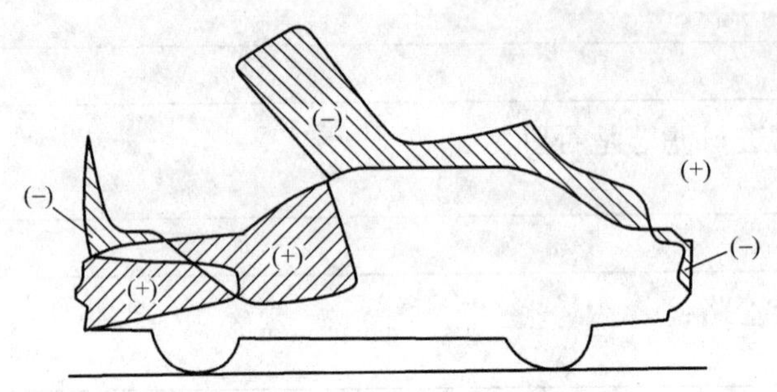

图 2-1　轿车外表空气压力分布图

进排气口的设置必须保证车内略有正压，即使车内空气压力略高于外界大气压力，这样才能防止有害气体（如汽车尾气）进入车内而危害人体健康。否则，在窗户紧闭的情况下，有可能造成人身中毒（如 CO），甚至危及生命。轿车的自然通风如图 2-2（a）所示。

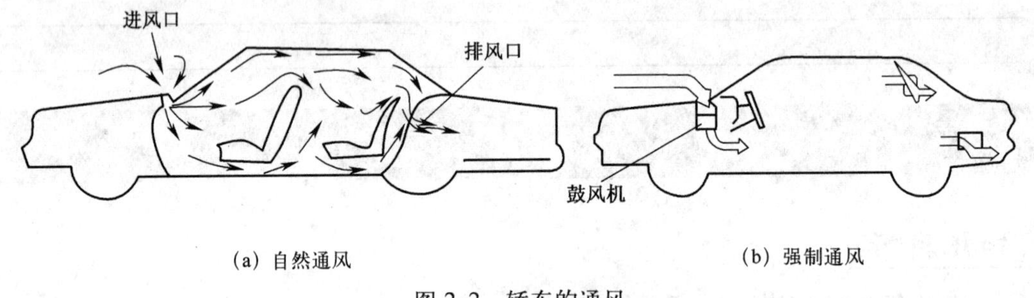

（a）自然通风　　（b）强制通风

图 2-2　轿车的通风

（2）强制通风

强制通风是利用鼓风机强行引入一定比例的外部新鲜空气，与车内循环空气混合，再经处理（制冷、制热、除湿）后，从不同出风口送入车内。

空调进气口都设有控制外来新鲜空气和车内循环空气的阀门。在开启空调的初期和最大制冷（或供暖）位置，外来空气被关闭，由车内循环空气供气，以保证尽快降温（或升温）；在其他情况下，按比例引入外来新鲜空气，比例一般占 10%～35%。

无论是加热器产生的热量，还是蒸发器产生的冷气，必须借助于外力才能使其被导入车内，从而实现调控车内温度的目的。这个动力源就是鼓风机，强制通风如图 2-2（b）所示。

2．汽车空气净化系统

汽车空气净化系统通常有空气过滤式和静电集尘式两种。前者是在空调系统的进风和回风口处设置空气滤清装置，它仅能滤除空气中的灰尘和杂物，因此结构简单，工作可靠，只需定期清理过滤网上的灰尘和杂物即可，广泛用于各种汽车空调系统中。后者则是在空气进口的过滤器后再设置一套静电集尘装置，或单独安装一套用于净化车内空气的静电除尘装置。它除具有过滤和吸附烟尘微粒等杂质外，还具有除臭、杀菌作用，有的还能产生负离子以使车内空气更为新鲜洁净。静电集尘式空气净化系统多用于高级轿车和旅游车。

静电集尘式空气净化系统的空气净化过程如下：污浊空气→预滤器→静电集尘装置→灭菌灯→除臭装置→送风部分→负离子发生器→净化后的空气。

静电集尘器则以静电集尘方式把微小的颗粒尘埃、烟灰、汽车尾气中的微粒吸附在集尘板上。其工作原理是：放电时产生的加速离子通过热扩散或相互碰撞而使浮游尘埃颗粒带电，然后在放电电场中，在电荷力的作用下，克服空气的黏性阻力而被吸附在集尘电极板上。

灭菌灯可杀死吸附在集尘板上的细菌，它是一只低压水银放电管，能发射出紫外线，其杀菌能力约为太阳光的 15 倍；除臭装置可除去车内的汽油及香烟等气味，一般采用活性炭过滤器、纤维式或滤纸式空气过滤器来吸附烟尘和臭气等有害气体。

图 2-3 为一静电集尘式空气净化装置的结构示意图，其工作过程如下：由粗滤器除去空气中较粗的尘粒→静电集尘器吸附细微尘埃→通过活性炭过滤器除去烟气和臭气→负离子发生器供给负离子→由鼓风机将净化的空气送入车内。

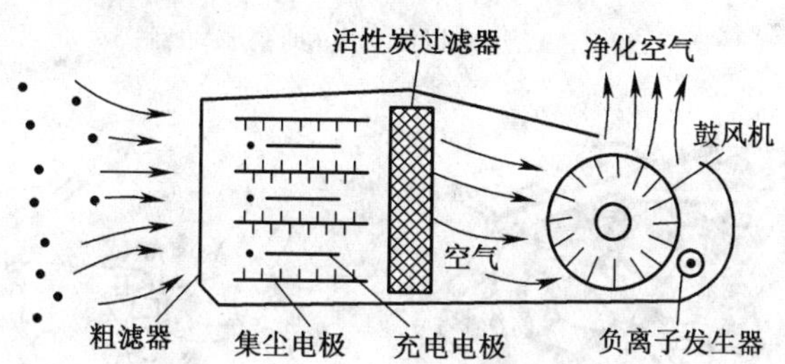

图 2-3　静电集尘式空气净化装置

3．车室常用除臭方法

空调系统是汽车内部细菌和霉菌积聚较多的部位，而且霉菌会随着空调的出风直接吹进车内，污染室内空气，侵袭人体的呼吸道系统（尤其是多雨天气），对人身健康极为不利。因此，一般空调使用一两年后，就会传出一股难闻的酸腐气味（越潮湿、温暖的地区越容易产生）。这是因为，空调的蒸发器黑暗、潮湿、温暖，具备了霉菌生长所需的三大条件，因此几乎所有汽车空调都无法避免蒸发器上霉菌的生长。

水蒸气附着在空调蒸发器上，不但会产生难闻的气味，而且至少生成 3 种有害人体健康的霉菌：曲霉菌、阴霉菌和青霉菌。这些霉菌会引起人们头痛、发热、突发性喉咙痛、扁桃体感染、哮喘、流感、皮炎、伤口难愈合等不良反应。要想完全阻止这种霉菌在蒸发器中的生长是比较困难的，但下列方法对缓解细菌的形成相当有效：

①晴天时用暖风吹干风道及蒸发器，预防阴雨天空调发生霉变。

②停车前关掉冷气后，再开启自然风吹干风道，保持蒸发器相对干燥。

③备用滤芯交替使用。

④用清洗剂进行外循环风道杀菌。

⑤尽量减少车厢内异味的产生源。

⑥车内香水少用酸性。

⑦用热带水果味消除异味。

4．空气分配系统风门的驱动

空气分配系统位于驾驶室内仪表台下方，是一个具有进出气口的密封箱体，内部装有鼓风机和加热芯、蒸发器。进出气口处都安装有阀门，根据需要由驾乘人员控制或自动空调的计算机控制，阀门的开关动作可以靠拉线或拉杆直接驱动，也可以由真空驱动器或电动机驱动。

手动空调的进出气口阀门一般设计成由拉线、拉杆驱动或由真空驱动，自动空调的进出气阀门设计成由真空或电动机控制，如图 2-4、图 2-5 所示。

图 2-4　进气口阀门的真空驱动器

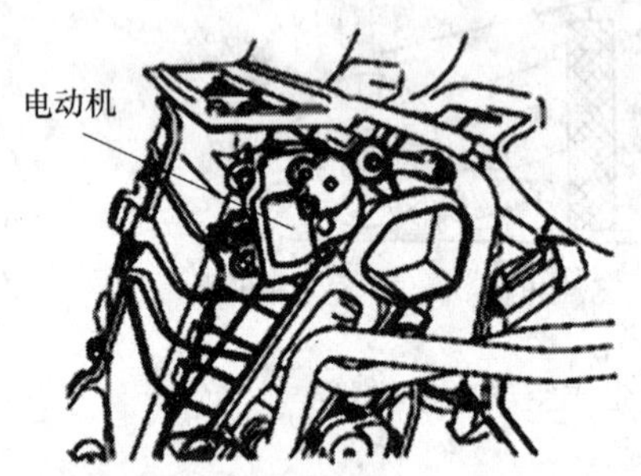

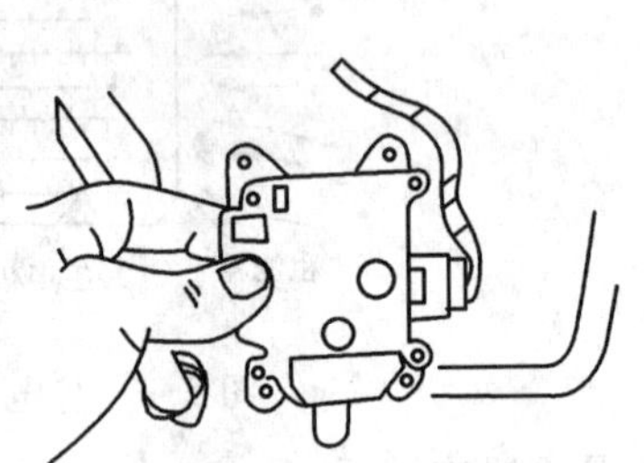

图 2-5　驱动通气口阀门的电动机

拉线或拉杆式驱动原理简单、传递动力直观易懂，在此不再详述。

使用真空作驱动，真空源由发动机进气歧管或真空泵产生，存储于真空罐中，真空罐与执行器之间有真空管相连，管路中间设有真空电磁阀（通过控制电磁阀电路的通断控制真空的通断）或真空分配开关（通过旋转开关控制真空管路的通断）。

真空驱动器的结构原理如图 2-6 所示。动作执行杆件与驱动器内的膜片连接在一起，膜片将驱动器分隔成 2 个或 3 个腔，其中一个腔与大气相通，供杆件运动时通过，其余的一个或两个腔与真空管相连，腔内装有回位弹簧。当真空管中无真空时，膜片两端都是大气压，压力相等，弹簧将膜片和杆件推向最外侧；当真空管中有真空时，真空吸力克服弹簧弹力将膜片向里吸，膜片及杆件向内侧移动，带动阀门改变位置。杆件移动距离取决于真空的大小。

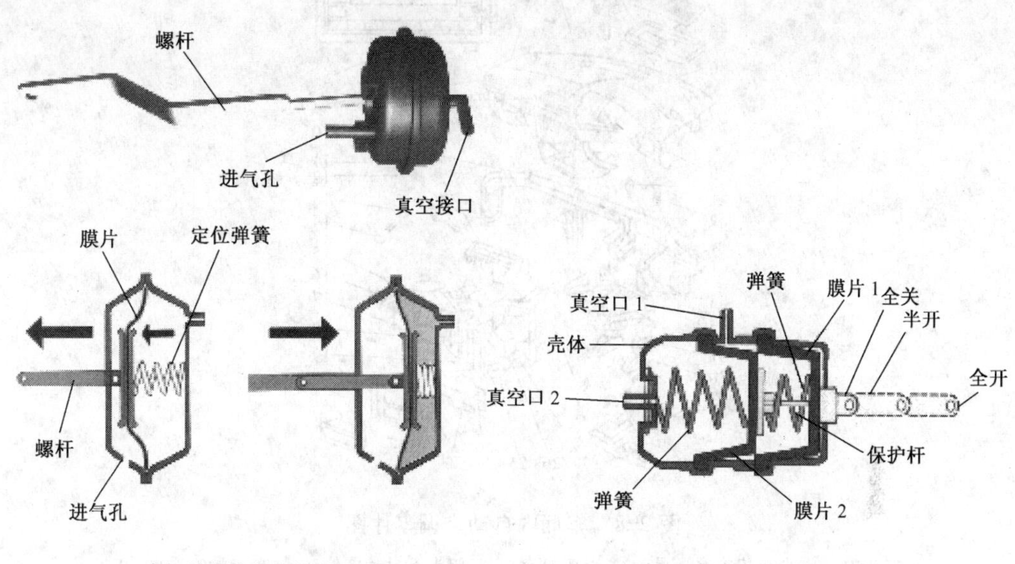

（a）单膜片真空驱动器　　（b）双膜片真空驱动器

图 2-6　真空驱动器

真空电磁阀（见图 2-7）有 3 个通气孔，其中一个与大气相通，一个用真空管与真空罐相连，另一个用真空管与真空驱动器相连。接真空驱动器的通气孔中是大气压力还是真空，由电器接头所连接的电路决定，电路通电与断电使其或与真空源相通，或与大气相通。具体依厂家设计而定。

电动机作驱动：电动机转子直接或通过减速机构与阀门轴安装连接，通过电动机的正反向通电使转子正反向转动，带动阀门做开、关运动。通电断电由控制单元（空调计算机）根据需要来确定，并由电动机内的位置传感器检测阀门位置，具体控制见本书项目六。

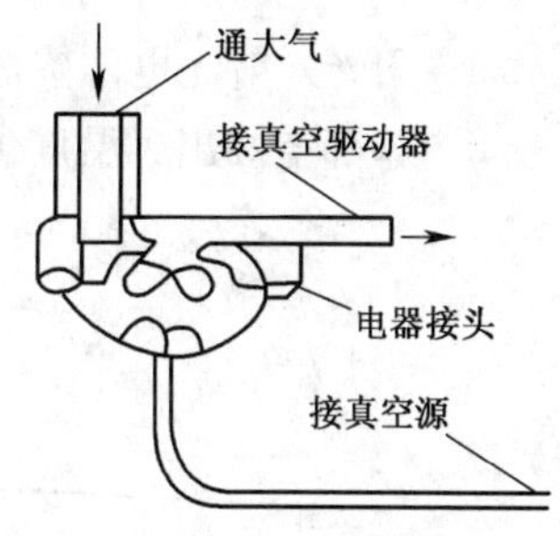

图 2-7　真空电磁阀（VSV）

 器材与设备

① 器材：空调系统状态良好的轿车一辆。

② 设备：举升机一部。

③ 工具：常用拆装工具一套。

④ 其他：车辆保护套件一套（5 件）。

技能训练

① 正确开启车门、发动机盖。

② 安装车辆室内外保护套件。

③ 卸掉蓄电池负极导线（先记录故障信息、收音机电台存储）。

④ 放泄回收冷却液、回收制冷剂。

⑤ 断开采暖、制冷通往驾驶室的管路并密封管口。

⑥ 拆卸仪表台（以宝来轿车为例）：车厢内空调零件如图 2-8 所示。

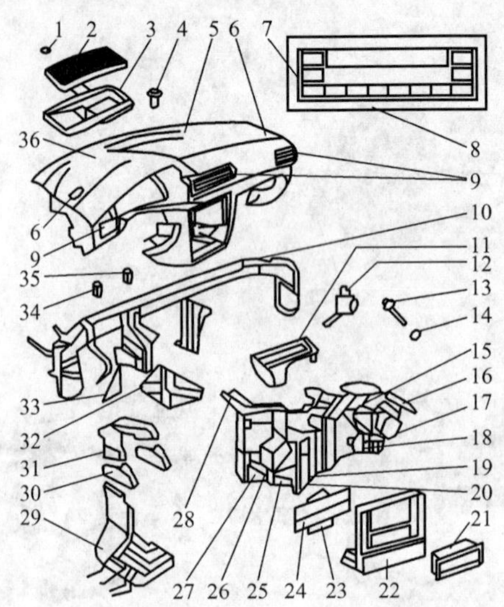

图 2-8　车厢内自动空调零件图

1—夹子；2—灰尘和花粉滤清器；3—抽吸接套；4—阳光入射光电传感器；5—除霜器出风口；6—针对侧窗玻璃的出风口；7—仪表板温度传感器及带有针对温度传感器的鼓风机；8—操作和显示单元；9—出风口；10—仪表板横梁；11—除霜器中间件；12—放水漏斗；13—新鲜空气吸气道温度传感器；14—密封圈；15—风滞压力活门伺服电动机；16—新鲜空气鼓风机；17—鼓风机控制单元；18—杂物箱冷却出风口；19—温度活门伺服电动机；20—中央活门伺服电动机；21—空调的控制单元；22—中央饰板；23—中央出风温度传感器；24—中间件；25—分配箱和蒸发器壳体；26—脚部空间出风温度传感器；27—脚部空间活门/除霜器活门伺服电动机；28—热交换器；29—左后通道；30—下部连接件；31—上部连接件；32—脚部空间出风口；33—仪表板横梁和左边侧梁的紧固螺栓；34—继电器；35—电磁离合器继电器；36—仪表板

a．阳光入射光电传感器的拆卸如图 2-9 所示，用螺丝刀从侧面将阳光入射传感器 1 撬出来。

b．脚部空间出风温度传感器的拆卸和安装如图 2-10 所示。

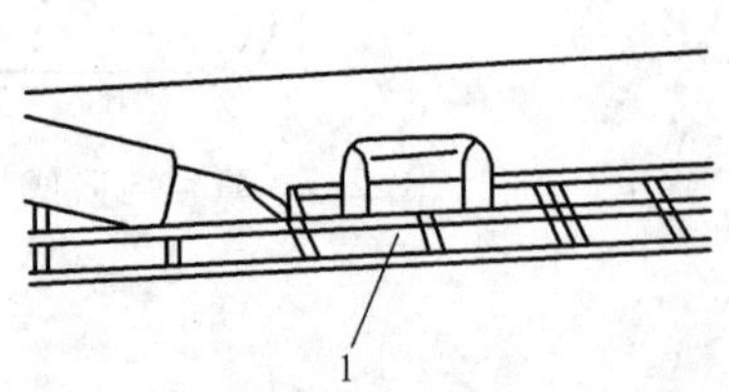

图 2-9　拆卸阳光入射光电传感器

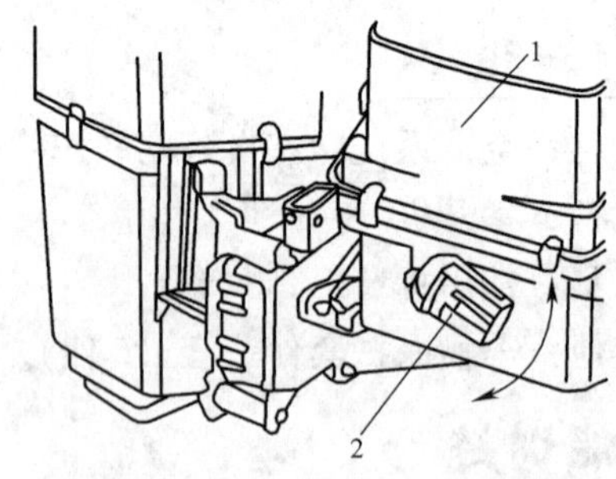

图 2-10　拆装脚部出风温度传感器

1—壳体；2—出风温度传感器

● 拆卸：拆卸驾驶员侧杂物箱，拔去脚部空间出风温度传感器的插头。将脚部空间出风温度传感器 2 扭转 90° 后从壳体 1 中拔出来。

● 安装：应在橡胶密封圈上涂机油。

c．杂物箱冷却出风口的拆卸和安装如图 2-11 所示。

● 拆卸：卸去副驾驶员侧杂物盒，拧出紧固螺栓 5。将出风口 4 从分配器箱和蒸发器壳体 2 的导向夹板中拔出来，拔掉冷风软管 1。

● 安装：如果密封圈 3 损伤，就需要更换。在安装时应注意让定位钩进入分配器箱和蒸发器壳体上的导向夹板中（图 2-11 中箭头所示）。

d. 中央出风口温度传感器的拆卸如图 2-12 所示。拆卸收音机、控制单元和中央饰板。拔下中央出风口温度传感器上的插头 2，将中央出风口温度传感器 1 旋转 90°（见箭头），并从壳体 3 中拔出。

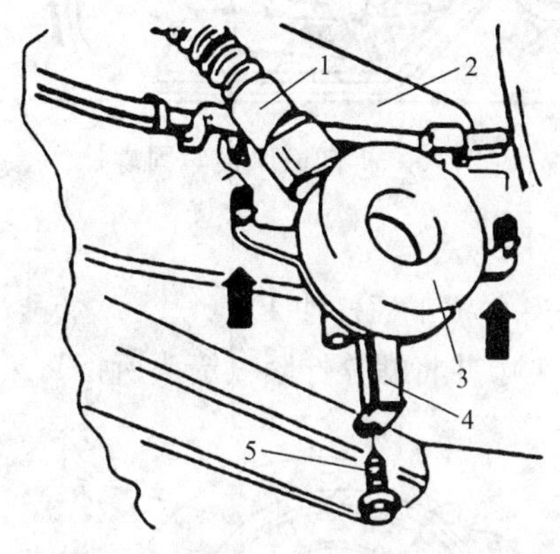

图 2-11　拆装杂物箱冷却出风口

1—冷风软管；2—蒸发器壳体；

3—密封圈；4—出风口；5—紧固螺栓

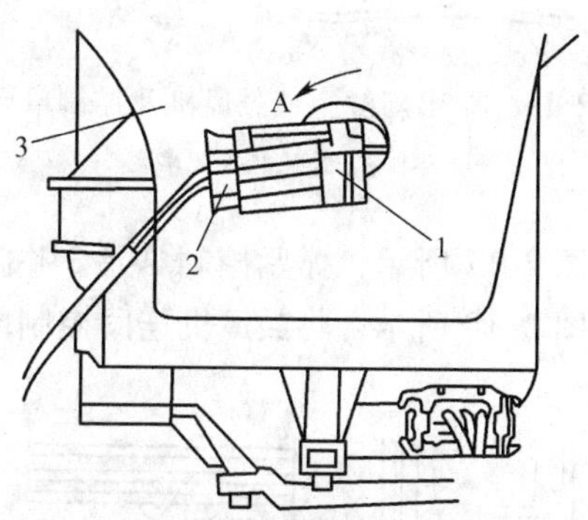

图 2-12　拆卸中央出风口温度传感器

1—中央出风口温度传感器；2—插头；3—壳体

e．带有控制单元的操作和显示单元的拆卸和安装如图 2-13 所示，将操作和显示单元用螺丝刀及垫块撬出来。如图 2-14 所示，从面板上拧出箭头所指的螺栓，将操作和显示单元连同控制单元向前拔。去除插接件的保险并将其拔下，将操作和显示单元连同控制单元拔出来。

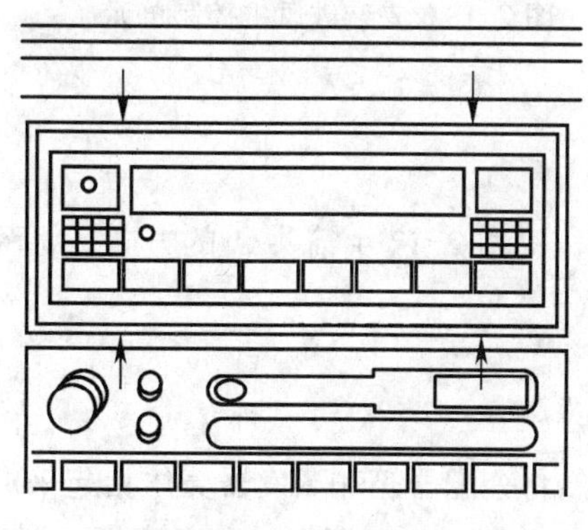

图 2-13　拆卸操作和显示单元

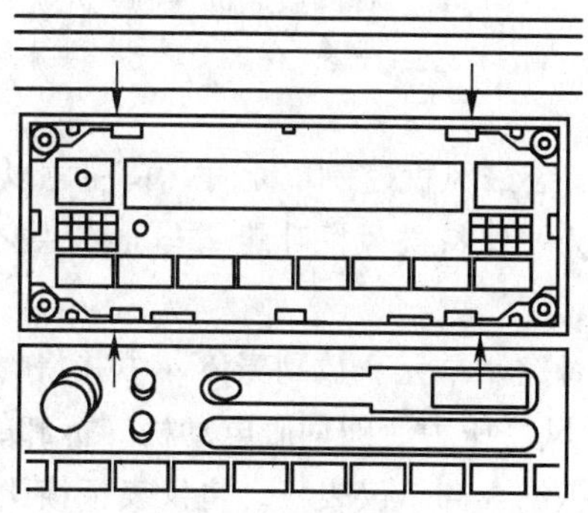

图 2-14　拔出操作和显示单元

f. 带有控制单元的鼓风机的拆卸。拆卸副驾驶员侧的杂物盒。如图 2-15 所示，拧出紧固螺栓（箭头），将鼓风机连同控制单元 2 从壳体 1 中取出。

将鼓风机控制单元从鼓风机上取下来。如图 2-16 所示，拧出图中箭头所示紧固螺栓。

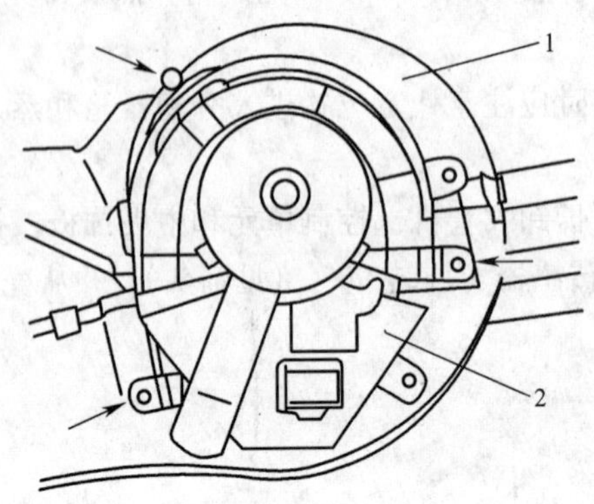

图 2-15　取出新鲜空气鼓风机及控制单元

1—壳体；2—鼓风机控制单元

图 2-16　拆卸鼓风机紧固螺栓

如图 2-17 所示，抓紧控制单元 3 并向前取出，沿箭头 B 拔下插接件 1。

如图 2-18 所示，将鼓风机连同控制单元 2 放到壳体 1 中并将螺栓拧紧（箭头所指）。

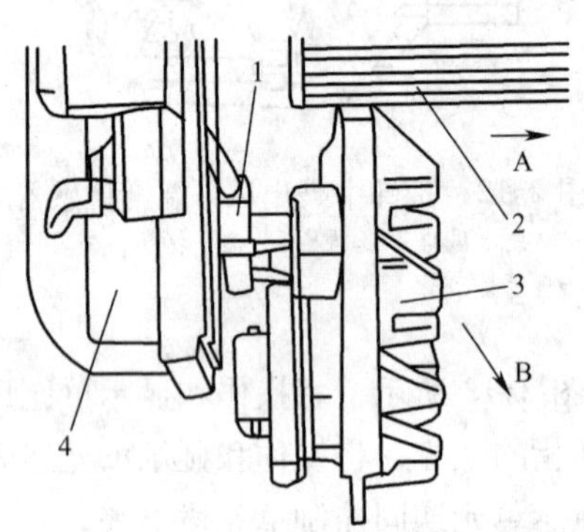

图 2-17　拆卸鼓风机控制单元

1—插接件；2—叶轮；3—控制单元；4—壳体

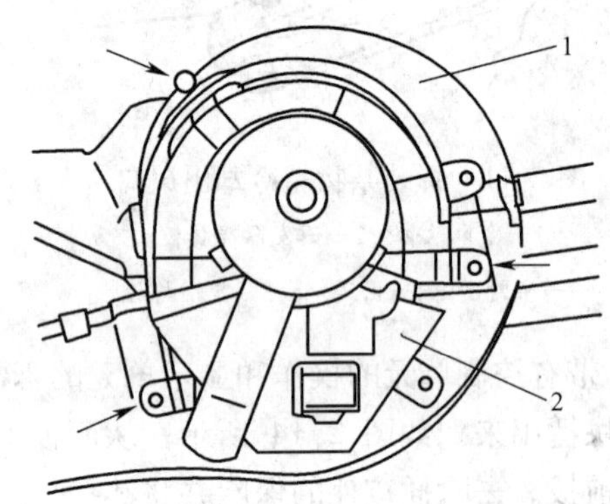

图 2-18　安装鼓风机控制单元

1—壳体；2—控制单元 8

在安装鼓风机控制单元时，请注意以下两点：

● 为了保持鼓风机叶轮 2 与壳体 4 之间有一定空隙，沿图 2-17 中箭头 A 的方向，将两个零件小心地拉开。

● 将控制单元 3 放到壳体 4 中并将螺栓拧紧。

g．风滞压力活门伺服电动机的拆卸的安装。

● 拆卸：卸下仪表板。将仪表板横梁从横壁上脱开。将分配器箱和蒸发器壳体抬起来。用一面镜子，在副驾驶员侧分配器箱和蒸发器壳体后面照着。如图 2-19 所示，将紧固螺栓（TORX T15）拧出来（箭头 A 所指），拔掉插接件，向下拔出伺服电动机。

● 安装和调整：在安装伺服电动机时，注意杠杆与承装盘之间配合关系要正确。如图 2-20 所示，插上插接件。如图 2-21 所示，将伺服电动机 1 装到箭头 B 所指的导轨中。根据伺服电动机的位置状态，须用手动方式，使风滞压力活门和循环空气活门的杠杆到位。把活动的杠杆 2 和 3 装到承装盘的导轨中，然后用 V.A.G1551 进行初始设置。

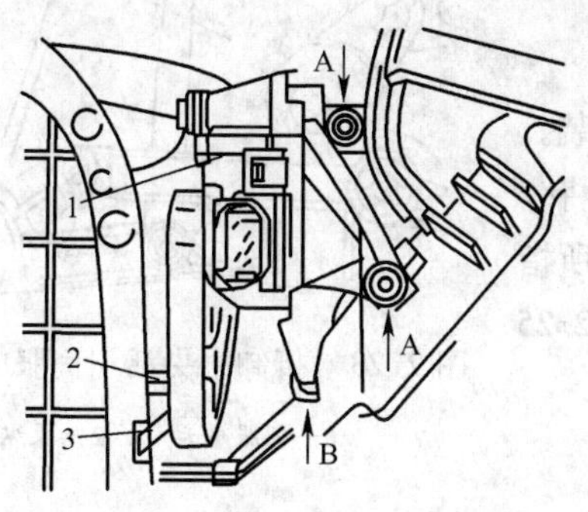

图 2-19　拔出伺服电动机

1—伺服电动机；2、3—杠杆

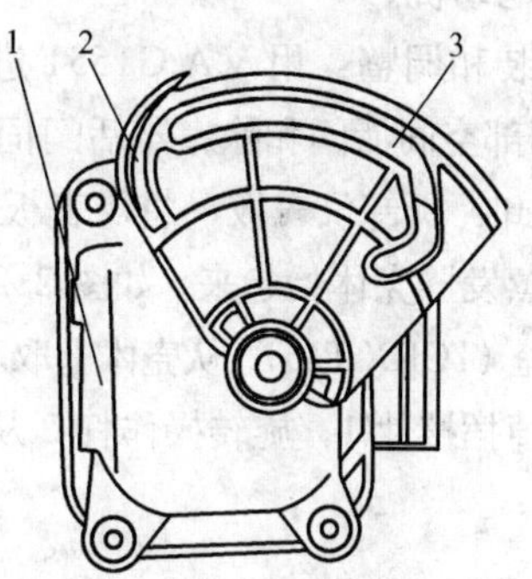

图 2-20　插上插接件

1—风滞压力活门伺服电动机；

2—塑料杠杆的导轨；3—金属杠杆的导轨

h. 温度活门伺机服电动机的拆卸和安装。温度活门和操作杆的杠杆为红色。

● 拆卸：拆卸仪表板以及灰尘和花粉滤清器。将仪表板横梁从横壁上脱开，并将分配器箱和蒸发器壳体抬起来。拆卸脚部空间出风口和中央活门伺服电动机。

如图 2-22 所示，拧出箭头 A 所指的紧固螺栓（TORX T15）。用一把螺丝刀将操纵杆 1 小心地从杠杆上（箭头 B）撬下来。旋转操纵杆 1（箭头 C），并把它从伺服电动机 2 上取下来，拔去插接件，取出伺服电动机。

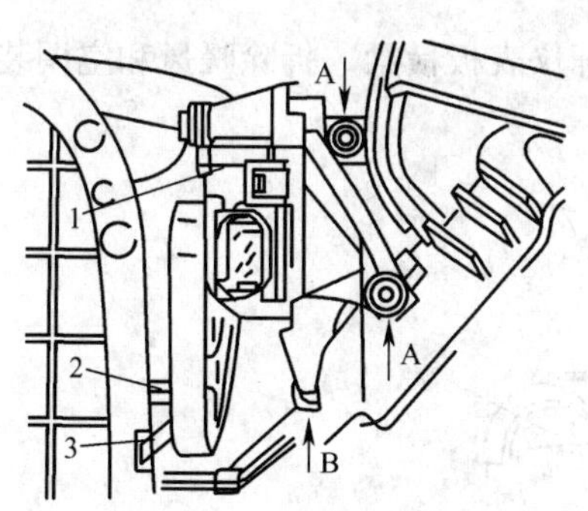

图 2-21　伺服电动机的安装

1—伺服电动机；2—风滞压力活门杠杆；

3—循环空气活门杠杆

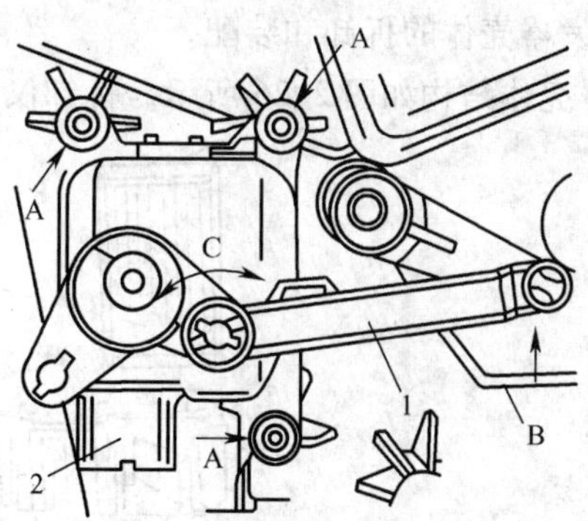

图 2-22　拆卸温度活门伺服电动机

1—操纵杆；2—伺服电动机

● 安装和调整：用 V.A.G1551 进行初始设置功能。

i. 中央活门伺服电动机拆卸和安装。中央活门和操作杆为蓝色。

● 拆卸：拆卸仪表板，将仪表板横梁从横壁上脱开，将分配器箱和蒸发器壳体抬起来。拆卸脚部空间出风口，如图 2-23 所示，拧出箭头 A 所指的紧固螺栓（TORX　T15），用一把螺丝刀小心地将操纵杆 2 从杠杆上（箭头 B ）撬出来。旋转操纵杆 2（箭头 C），并把它从伺服电动机 1 上取下，拔去插接件，取出伺服电动机。

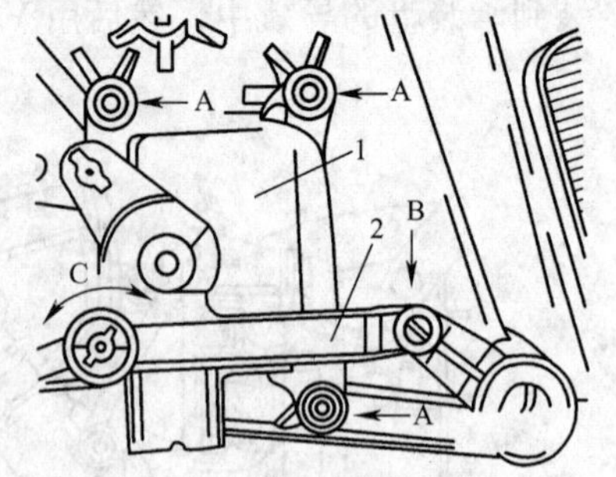

图 2-23　折卸中央活门伺服电动机

1—伺服电动机；2—操纵杆

● 安装和调整：用 V.A.G1551 进行基本设置功能。

j. 脚部空间活门和除霜器活门伺服电动机的拆卸和安装。

● 拆卸：拆卸仪表板，将仪表板横梁从横壁上脱开。将分配器箱和蒸发器壳体抬起来。如图 2-24 所示，拧出箭头 A 所指的紧固螺栓（TORX T15），从壳体上取下伺服电动机 3。如图 2-25 所示，拔掉插接件 1，旋转操作杆 2 从而取下伺服电动机 3。

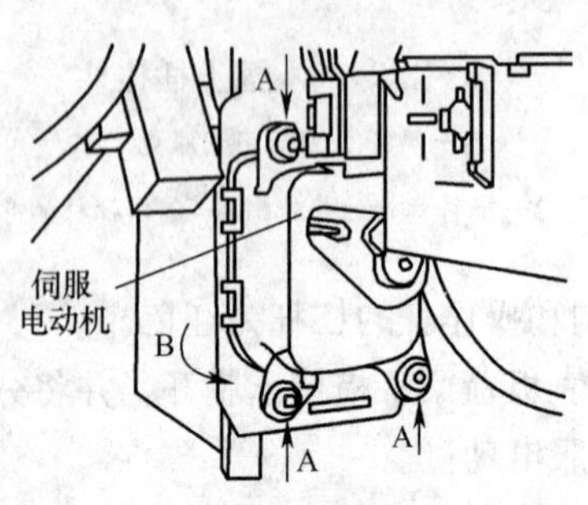

图 2-24　拆卸伺服电动机

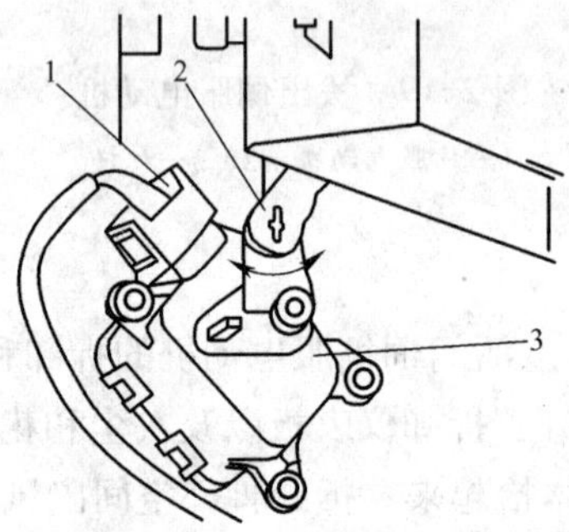

图 2-25　取出伺服电动机

1—插接件；2—操作杆；3—伺服电动机

● 安装和调整：用 V.A.G1551 进行初始设置功能。

k. 蒸发器壳体的拆卸和装配。

蒸发器壳体结构如图 2-26 所示。拆卸仪表板，松开仪表板横梁，拆除暖风和空调装置。

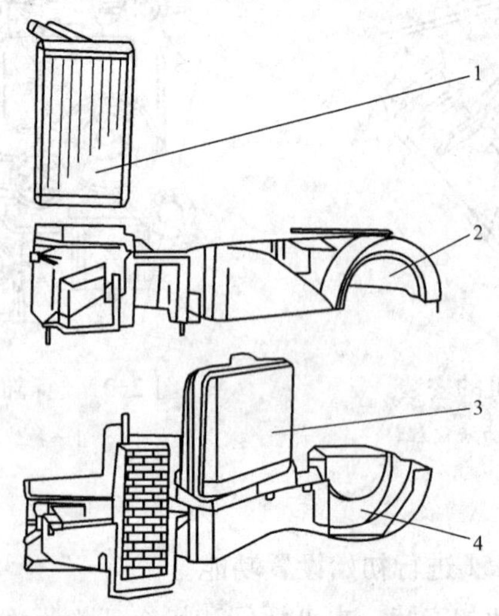

图 2-26　蒸发器壳体

1—热交换器；2—壳体上部（带有新鲜和循环空气活门）；3—蒸发器；4—壳体下部

● 装上蒸发器的密封圈。如图 2-27 所示，在蒸发器 A 四周装上密封圈 B，使其与壳体之间密封。为使冷凝水能顺利地流下来，在安装密封圈 B 时请注意，在 C 处使有缺口的一面朝着蒸发器。

● 蒸发器的接头处装上密封圈。如图 2-28 所示，制冷剂管子 A 和 B，用密封件 C 使它们与两个半壳之间密封。

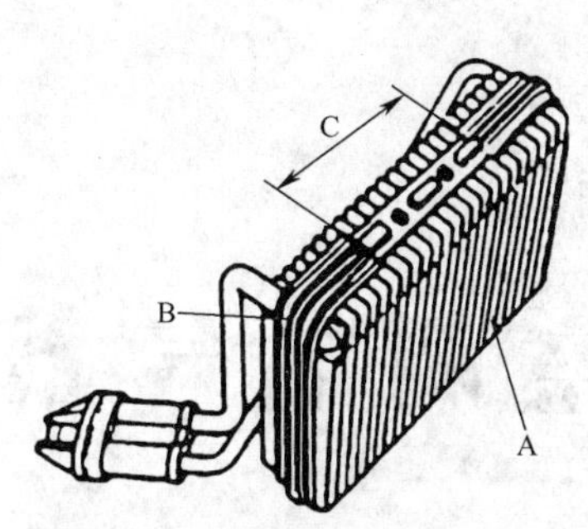

图 2-27　装上蒸发器的密封圈

A—蒸发器；B—密封圈；C—接合处

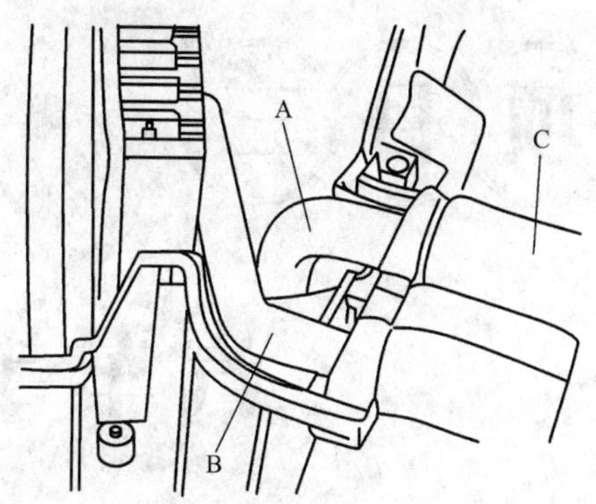

图 2-28　装上蒸发器接头处密封圈

A、B—制冷剂管子；C—密封件

⑦ 对蒸发器、加热芯表面及风箱内部进行清洁。

⑧ 按拆卸相反顺序并遵照上述装配要求组装空气分配系统及仪表台。

⑨ 连接制冷、采暖管路，并充注制冷剂、防冻液到规定量。

⑩ 启动发动机并达到正常工作温度，检验采暖、制冷、空气分配系统的工作情况。

⑪ 对车辆、设备、工具、场地进行整理、回收、清洁。

注：建议此项训练使用无防冻液和制冷剂的车辆，针对仪表台的拆装进行训练，第④、⑨、⑩项目作简单说明，在后面的练习中再加入。

实验记录

车型：________________。空调类型：A. 手动　　B. 自动

空气分配系统检查与保养记录：

1. 实训过程记录：

____

____

____

2. 说明进出风口是怎样的控制方式。

____

____

3. 简述正确清洁蒸发器、加热芯的方法。

____

____

____

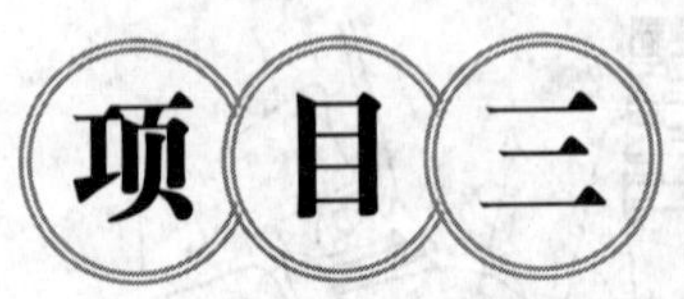

项目三

汽车手动空调电气系统

空调电气系统是保证空调正常功能的控制系统，其中任一部件的故障都能造成空调系统工作异常。本项目从电学基础开始，对手动空调电气系统进行介绍。

活动一　电路基础知识

知识目标

①掌握电路的基础知识。

②理解不同电气元件的电路图符号标注。

技能目标

①能够对简单控制电路进行连接。

②能够根据简单电路绘制电路图。

知识链接

1. 电的基本知识

(1) 原子(见图 3-1)

原子是构成元素并保持元素性质的最小粒子。原子含有微小的肉眼看不见的带正、负电荷的质子和电子，一滴水里含有几十亿个原子。

原子的结构与太阳系的结构相类似，太阳系以太阳为中心，行星沿轨道围绕太阳旋转。原子的中心是由被称作质子和中子的微粒组成，质子带正电荷，中子不带电，而绕中心旋转的“行星”被称做电子，它带有负电荷。

当讨论电时，仅讨论质子和电子，因为它们是带电荷的微粒。

氢原子是最简单的原子，其构成是一个电子围绕一个质子和一个中子旋转。

两个微粒之间与引力相反的另一种力，称为离心力。电子沿着质子做环绕运动，离心力阻止电子向质子靠近，这种运动就像人在旋转用细绳连接的小球时，得到力的平衡一样。离心力向外推小球，而细绳却试图将球体引到中心位置，这些力之间的相互平衡产生了球体的运行轨道。假如细绳断裂，导致引力丧失，离心力便会将小球甩出。假如原子发生了这种情况，电子和质子间的引力减弱，在离心力的作用下，电子将脱离自己的轨道被甩出去。

异种电荷总是互相吸引，而同种电荷相互排斥，即电子排斥电子，质子排斥质子。

为使电子流动，必须为其提供一个路径，简单地说，可以将这种路径（电路）想象成一个从电源（电池正极）开始转一圈又返回电源（电池负极）的环路。电子在某些物体中移动比在其他物体中移动更容易些，如铜、铁和铝等可形成很好的电子移动路径，所以被称做导体。

由于铜元素具有很好的导电性，它被广泛应用于汽车电器设备。铜原子核中含有 29 个质子，最外圈的单个电子不能被牢牢吸住，很容易脱离原子核的束缚，从而成为自由电子，如图 3-2 所示。

(2) 绝缘体

与导体相对的是绝缘体，绝缘体的电子被原子力牢牢吸在轨道里，很难或不可能产生电流，如橡胶、木头、胶木及陶瓷具有很好的抗电性能或“绝缘强度”。介于绝缘体和导体之间的材料产生电流的难易程度亦介于两者之间。所有的导体都对电流产生一定的电阻，电阻的成因是材料的组成或材料的物理形状。

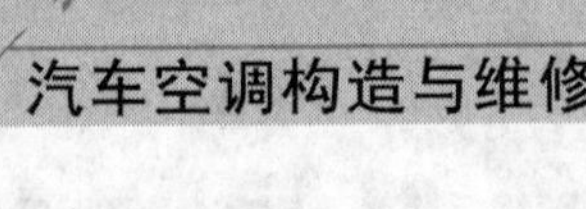

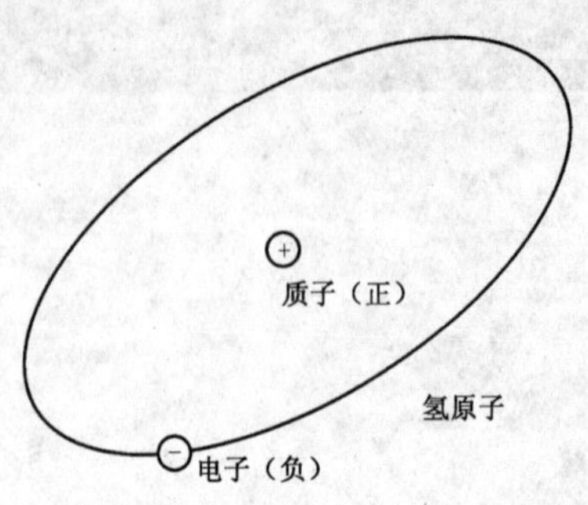

图 3-1　质子和电子

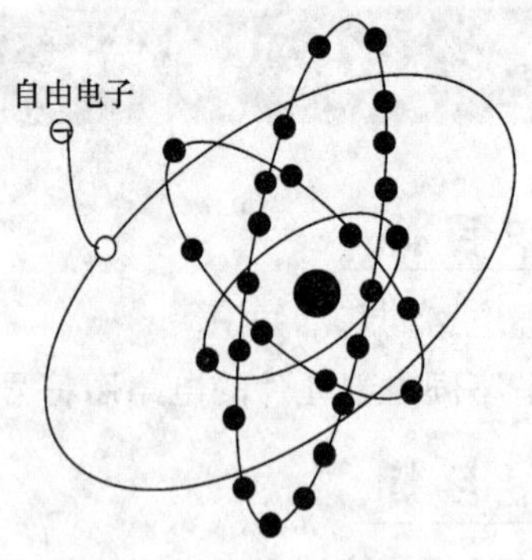

图 3-2　自由电子

2．电压、电流、电阻

（1）电压

电路中存在的高电位和低电位之间的差别称做电位差，又称电压。电压是导致电子在导电体内流动的一种电力或压力。图 3-3 为液压与电压的示意图。

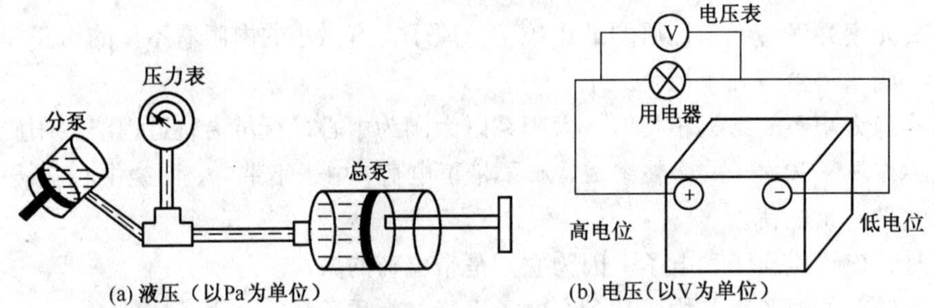

图 3-3　液压与电压

（2）电流

电荷的定向移动形成电流。电流只在含有很多自由电子的物体中流动，这种物体称为导体。推动及吸引电子脱离轨道并使其在导体里流动的力或压力称做电动势或电子移动力。

在导体里移动的电子称为电流，如同管子里的水流由水压推动一样，导线里的电流被电压推动。

水的流量是使用流量表以 m^3/min 为单位来计量的，电流是用电流表以安（A）为单位来计量的。其做法是将电流表接入电路中。

图 3-4 为水流与电流的示意图。

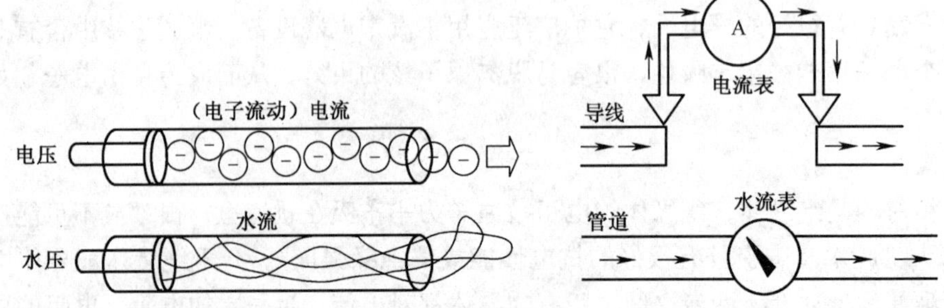

图 3-4　电流与水流

(3) 电阻

所有电子元件和电路都有电阻，电阻即阻止电流流动及减缓流动的力。电阻本质上为电“摩擦”，很像液压系统里的节流孔或其他障碍。电阻能将电能转换成热能，光能或动能。

没有电流时可用欧姆表直接测量元件的电阻，单位为Ω。用电压表可间接测电阻，先测出运行电路总的压降，从而显示出电路里被测试部分因电阻而变化的电压，如图 3-5 所示。

导体电阻取决于 5 种因素：

① 原子结构；

② 长度；

③ 横截面积；

④ 温度；

⑤ 物理状态。

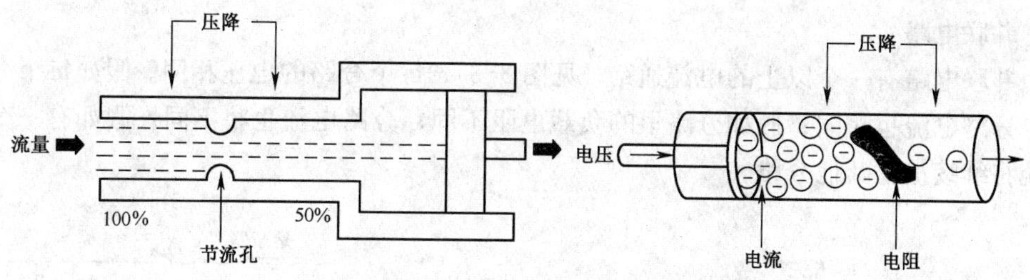

图 3-5　电阻导致电压（或压力）下降

3．欧姆定律

早在 19 世纪，乔治·西蒙·欧姆便通过实验证明了存在于电压、电流及电阻之间非常精确的关系，人们称这种关系为欧姆定律。其表述如下：

导体中的电流跟导体两端电压成正比，跟导体的电阻成反比。

若从另一角度解释欧姆定律，可以是：如果电阻恒定而电压变化，电流将随电压的增大而增大（正比例）；如果电压恒定而改变电阻，电流与电阻的变化相反，电阻变大时电流将减小，而电阻减小时电流将增大。

为了应用欧姆定律，记住它的一个较容易的方法是把它想象为一个电压恒定的跳跳板，电压不变时，如果电阻升高，电流便会下降；反之，电阻下降，则电流上升。图 3-6 为电流与电阻的对比图。

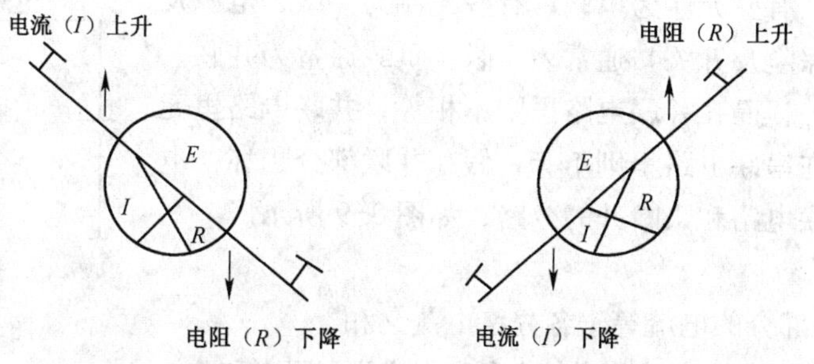

图 3-6　电流与电阻对比

4. 典型的电路

通常有 3 种电路：串联、并联和混联。人们可根据电源、导体、负载以及控制或保护装置的连接情况，来确定是哪种类型的电路。

（1）串联电路

串联电路（见图 3-7）是一种最简单的电路，导体、控制和保护装置、负载以及电源都通过仅有的一条电路相连。每个元件的电阻都可以是不同的，但流经每一个元件的电流数值相同，所以通过每个元件的电压也将是不同的。如果路径中任意一处损坏，电流便不能通过。

串联电路有如下规律：

① 串联电路中每一点的电流都相同。

② 串联电路的总电阻等于各个电阻的和。

③ 串联电路中各个压降值的总和等于总电压或电源电压。

（2）并联电路

一个并联电路有一个以上的电流通路（见图 3-8），每个分路的电压相同。假如每个分路的电阻相同，分路电流也相同；假如分路里的负载电阻不同，分路电流也将不同；假如有一个分路损坏，电流将继续流过其他分路。

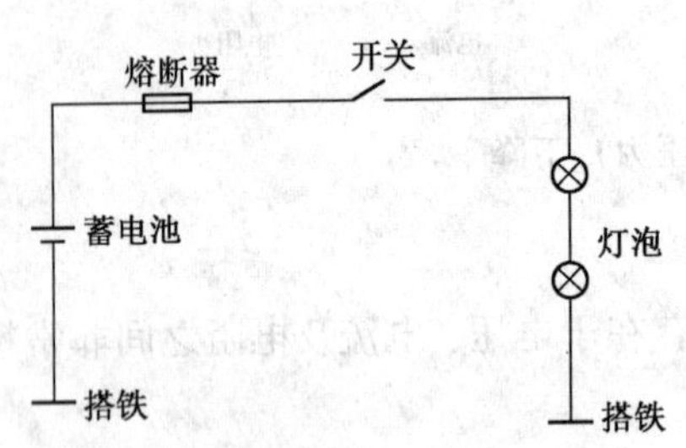

图 3-7　串联电路

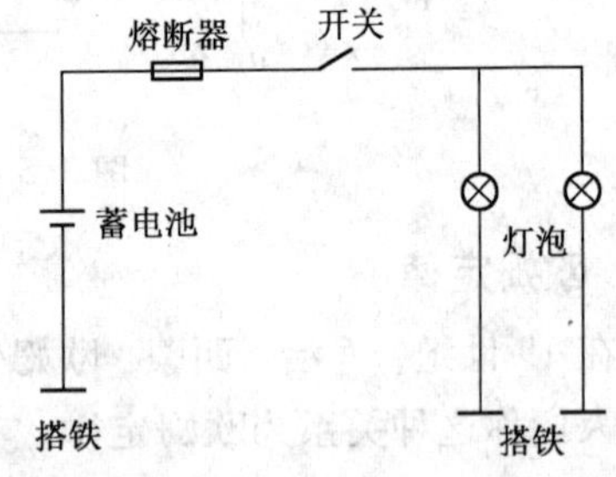

图 3-8　并联电路

并联电路有如下规律：

① 并联电路中，通过各分路的电压相同。

② 并联电路中的总电流等于各个分路电流之和。

③ 并联电路中的总电阻小于各分路里的电阻。

（3）混联电路

在混联电路里，有些元件为串联，有些元件为并联，电源及控制或保护装置（保险及开关）通常为串联，负载通常为并联。串联电路里电流相等，而在并联电路里则不相等；并联电路里元件的电压相等，而在串联电路里则不等；假如并联部分损坏，电流仍将可以流过串联电路和未断开的分路，如图 3-9 所示。

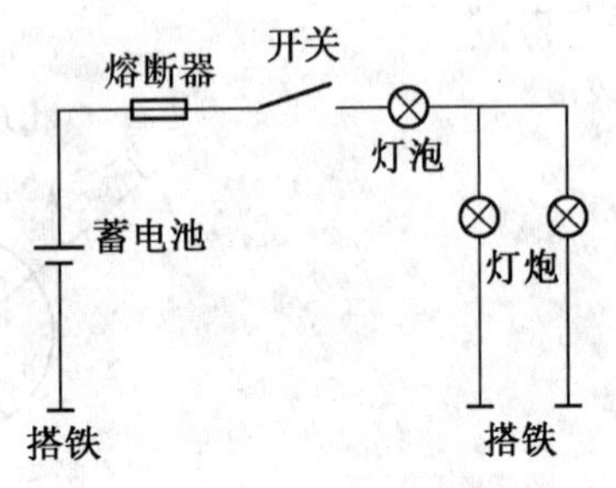

图 3-9　混联电路

混联电路定律：

① 电路里串联部分的电流等于各分路电流之和。

② 电路电阻是并联部分的电阻总值和所有的串联电阻之和。

③ 并联分路的电压为电源电压减去通过串联负载时所有的电压降。

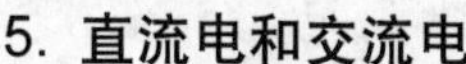

5. 直流电和交流电

电压分为直流电和交流电两种类型，分别缩写为DC和AC。

直流电（DC）的最佳解释方式就是电子直接接地，或连续地沿一个方向流动，汽车的大部分系统均使用直流电，如图3-10所示。直流电的优点是，可以存储在电瓶中。

交流电（AC）的最佳解释是电子交替地前后流动，如图3-11所示。由于电兹感应原理，交流电非常容易在发电动机中产生，但是却很难存储，因此，在汽车交流发电动机中配备有特殊电路，可以在应用于车辆电气系统之前将其转换成直流电。

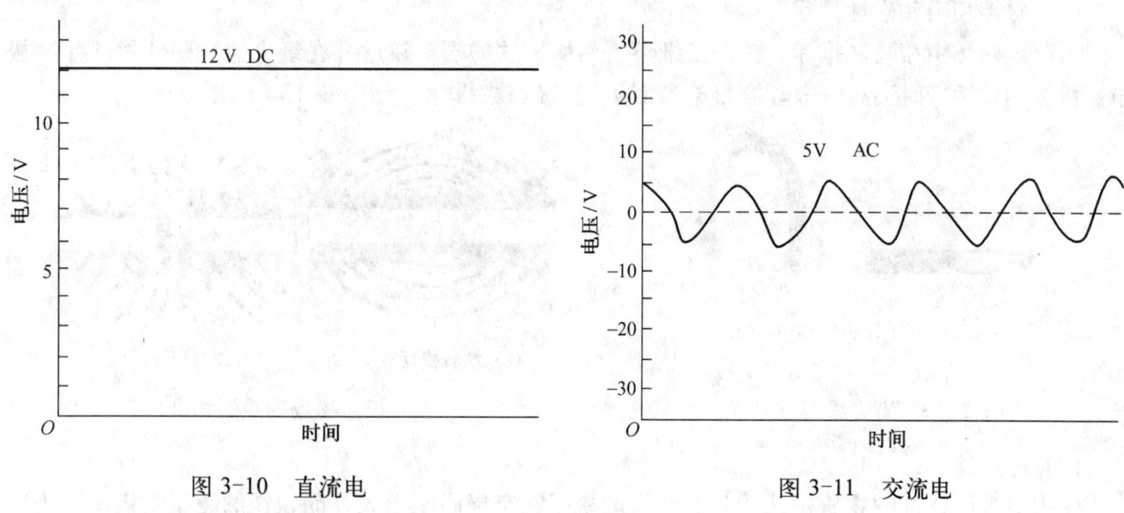

图3-10　直流电　　　　图3-11　交流电

6. 功率和瓦特

（1）功率

功率是电流在单位时间内所做的功。汽车发动机的输出功率通常用马力表示，电动机的输出也采用相同的单位。许多电器设备均使用所消耗的电功率多少来划分等级，功率单位用瓦（W）来表示，735 W=1马力。

采用功率公式来确定功率、电压和电流之间的关系，基本等式或功率公式为$P=I\times U$，或瓦特=安[培]×伏[特]，功率是电流与电压的乘积。

在一个电路中，如果电压或电流增大，则功率也相应增大，而如果电流减小，则功率降低。

（2）瓦特的定义

功率的计算单位是瓦[特]，一瓦[特]等于一安[培]乘一伏[特]，瓦特最常见的应用可能要属灯泡，灯泡的瓦特数标定其消耗的电功率。

瓦特的其他应用还有电阻器、扬声器、某些电动机和绝大多数的家用电器等。

在电路中，电阻是消耗功率的。前面讲过，许多电器设备都有电阻，包括导体、绝缘体、电阻器、线圈和电动机等。

将任何电路的电压乘以电流，都可以算出功率消耗值。例如，一个标准的电吹风机可以具有10 A电流。众所周知，家用电压约为220 V，将这两个数值相乘，便可得到电吹风机的功率为2 200 W。

7. 电磁理论

磁场的一些特性（磁力线的分布见图3-12）：

如果没有磁，电能几乎没有实际用途，磁对交流发电动机、点火线圈和起动机而言是不可缺少的。实际上电气设备中只有灯和点烟器的工作与磁无关。

磁的性质：

① 异性磁极相互吸引，同性磁极相互排斥，N 极吸引另一块磁体的 S 极，但排斥另一块磁体的 N 极。

② 磁力线可以穿过所有物质，尚未发现磁的绝缘体。

③ 磁力线容易穿过可以磁化的物质，如铁或钢，但通过空气或“气系”是较难的。

④ 硬质合金钢用于制作永久磁铁，因为磁化后的硬质合金钢，能保持很强的磁性。

(1) 磁性相吸和磁性排斥

为演示磁场中相吸和排斥，在一张纸下将两块磁铁的端头靠近并在纸上撒一些铁屑，当 N 极和 S 极或 N 极和 N 极靠在一起的时候，磁场相互吸引或排斥，如图 3-13 所示。

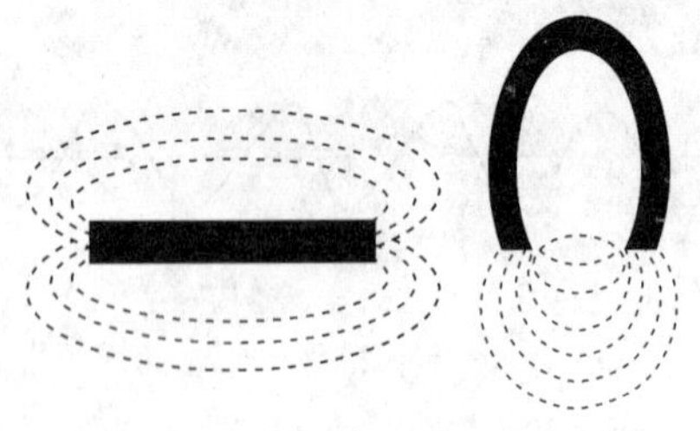

图 3-12 磁力线的分布

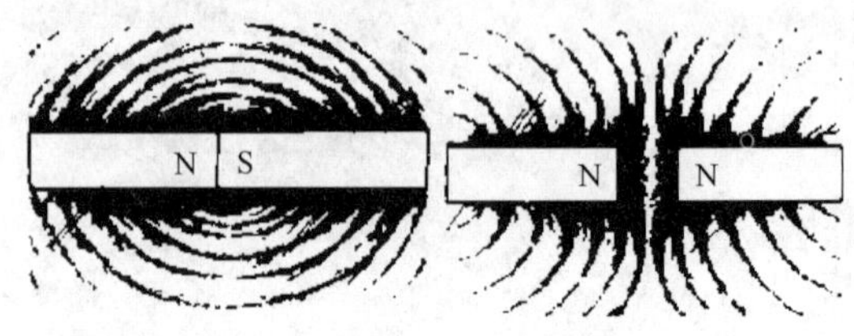

(a) 铁屑相互吸引 (b) 铁屑相互排斥

图 3-13 磁场的吸引和排斥

(2) 磁阻

磁力线难以透过的物质被认为具有较大的磁阻，空气磁阻很大，而软铁的磁阻则极小，为演示这一点，在一页纸下放一块磁铁，然后在磁场中放入一块软铁并在纸上撒一些铁屑，会发现磁力线很容易透过软铁，并影响它们穿过空气的正常流动，如图 3-14 所示。

(3) 电流产生磁场

电流一旦流过导线，导线周围就会产生磁力线，这些磁力线在导线周围形成小同心圆，这些环形磁力线没有磁极，即没有 N 极和 S 极。

若把导线做成线圈形状并在导线中通过电流，导线周围会产生磁力线，但这时每条圆形磁力线从导线一边进入另一边。换句话说，这些磁力线穿过线圈中心，这就形成一个带有 N 极和 S 极的电磁铁。这些磁力线从 N 极离开线圈，沿线圈外部流动，在 S 极重新进入，就像一块条形磁铁，如图 3-15 所示。

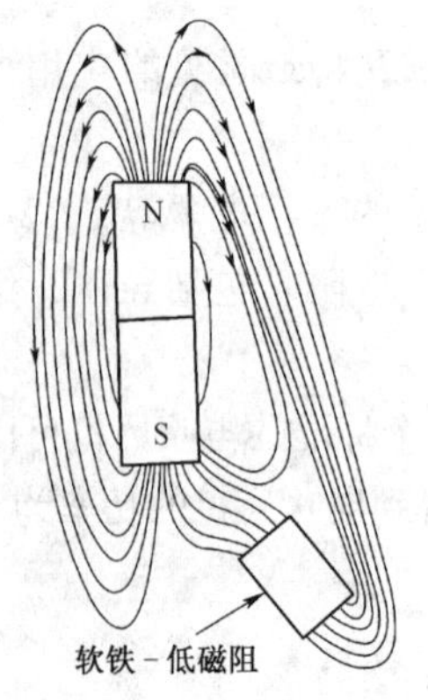

图 3-14 高磁阻和低磁阻

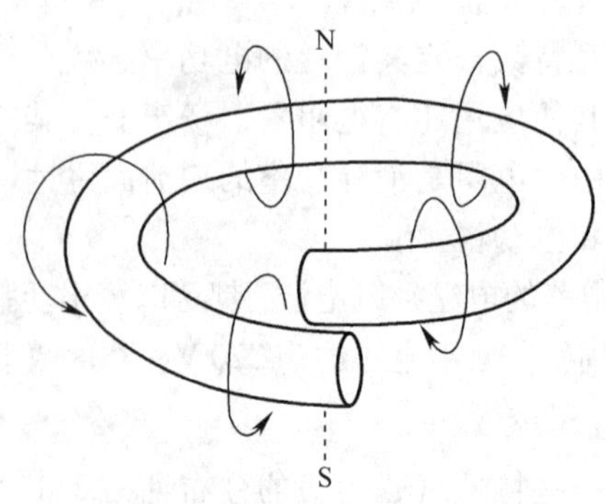

图 3-15 电流产生磁力线

(4) 右手定则（导线）

磁场的方向可以用右手定则来确定，即用右手握住导线，使大拇指的方向与电流的方向一致，那么四指的指向就是磁力线的方向，如图 3-16 所示。

(5) 电磁

当一带电导线变成线圈时就会像条形磁铁一样产生一个带 N、S 极的磁场。

如果将一铁心放入线圈中，磁场会变强。因为磁力线穿过铁比穿过空气要容易得多。一根铁心能使磁场强度增大 2 500 倍。这种称为电磁体的结构在发电动机中得到应用。发电动机使用绕成很多匝的载流导体以及放在其中的铁心来产生强磁场，如图 3-17 所示。

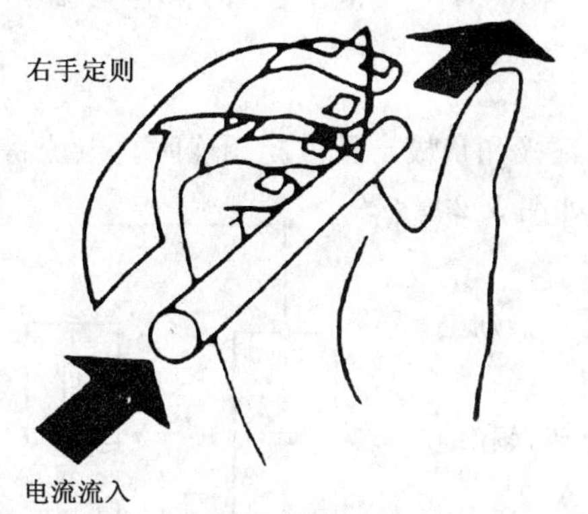

图 3-16　用右手定则判断通电导线的磁场方向

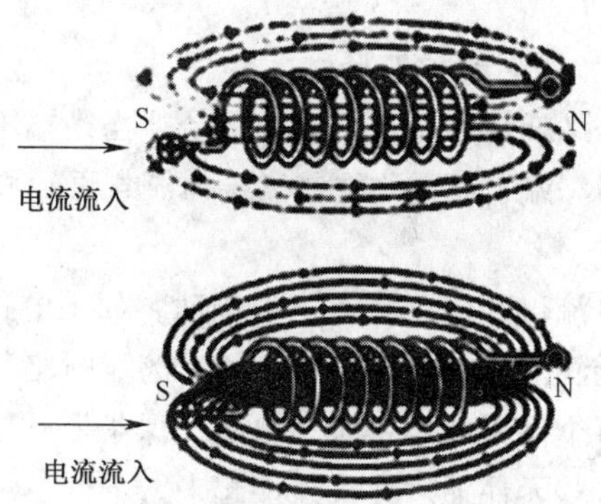

图 3-17　线圈中放入铁心会使磁场增强

(6) 右手定则（线圈）

磁场的方向可以用右手定则来确定，即右手握住导线圈，使四指的方向与电流的方向一致，那么大拇指的指向就是磁力线的方向(N 极)。

(7) 电磁理论

① 磁力线的数量与线圈的电流、匝数成正比。

② 磁力线的数量与磁阻成反比。较大磁阻=较少磁力线，较小磁阻=较多磁力线。

(8) 电磁感应

当电流通过导线时，导线周围会产生磁场。这种作用是可逆的，当磁场及磁力线穿过并做切割导线或导体运动时，导体中有电压产生，如图 3-18 所示。这可以通过将导体与灯连接来演示，当磁场快速穿过并切割导体时，灯泡会发光。

磁力线通过导体产生电压的过程称为电磁感应。磁场和磁力线作切割导体的运动与导体做切割磁场的运动并没有什么区别，只要两者间有相对运动，导体中就会有感应电压。在交流发电动机中，磁场运动而导体静止；在直流发电动机中，导体运动而磁场静止。

在交流发电动机中，磁体在静止导体内旋转，这样磁力线就穿过导体。静止的定子中就会产生感应电压，旋转的磁体称为转子，如图 3-19 所示。

注意：电磁感应产生的电压随着下列因素变化：

① 磁场强度。

② 切割磁力线时的速度。

③ 切割磁力线的导线数量。

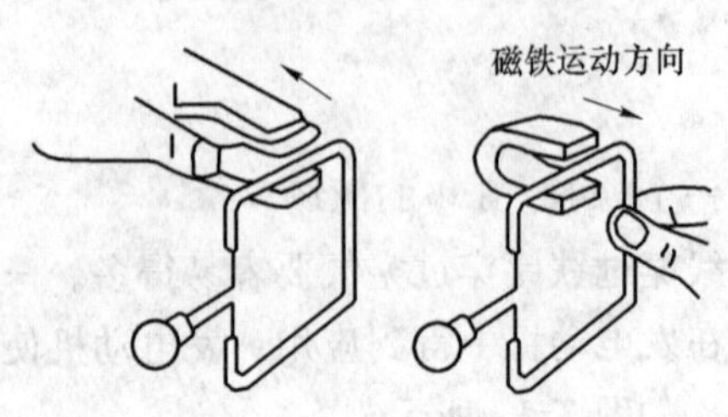

图 3-18　电磁感应

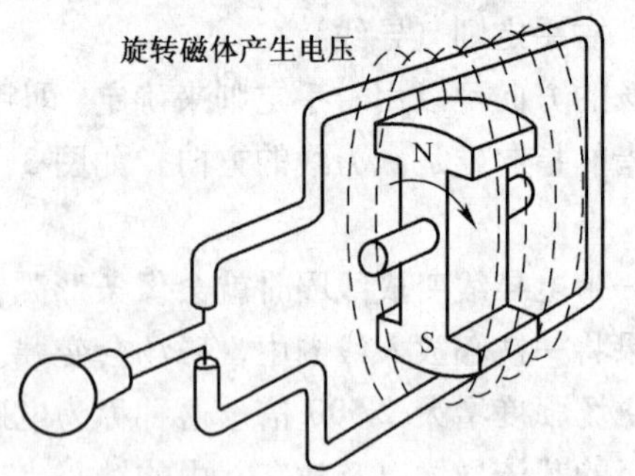

图 3-19　交流发电机的静止导线绕组

8. 基本电路元件

电路就是可通过电流的路径，当终端电荷相反（正极和负极）且彼此相连时，电流将从一端流向另一端，通常称这些终端为“电源”和“地线”，如图 3-20 所示。

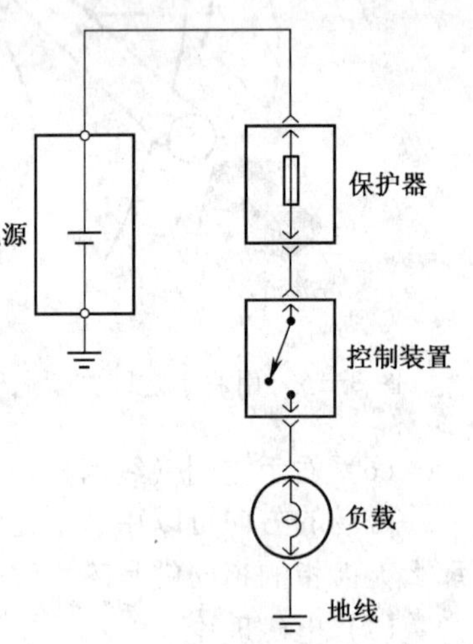

图 3-20　简单电路

电流仅在闭路或通路内流动。如果电路内某处断开，则电流将无法流动，通常称这种情况为“断路”。

每个汽车电路都包括电源、保护器、负数、控制装置和地线，这些元件通过导线连接起来。

9. 电源

12 V 蓄电池和发电机是汽车电路中最常用的电源，发电机连续运转能够为蓄电池补充电能，从而防止其放电。

10. 导线

在电路中导线将电流送入及导出电器部件。大部分导线是铜质的，在外围包有一层抗高温和抗腐蚀的绝缘材料。导线的载流量取决于它的规格。汽车上所用导线的粗细决定了其允许通过电流的大小。

汽车上的每条电路都有各自的电路编号，每条导线都有各自的颜色，导线可以是单色的，也可以是带条纹的、带点的或带杂点的。接线颜色代码如表 3-1 所示。

表 3-1　接线颜色代码

颜　色	代　码	颜　色	代　码
黑色	B	橙色	O
蓝色	L	粉红色	P
棕色	BR	红色	R
深蓝色	DL	天蓝色	SB
深绿色	DG	黄褐色	T
灰色	GY	紫色	V
绿色	G	白色	W
浅蓝色	LB	黄色	Y
浅绿色	LG		

11. 电路保护器

为了防止电线和部件受损，汽车电路采用保护装置防止产生过电流，熔断器、易熔线和电路断路器就是电路保护器，如图 3-21 所示。如果产生过电流，则这些保护器将断开，电路线路被提前中断。这与开关旋至“关”位置达到的效果相同。电路保护器只针对线路保护而设计，其他部分不必安装。

过电流会导致过热，而就是这种热（而非电流）导致了电路保护器断开。

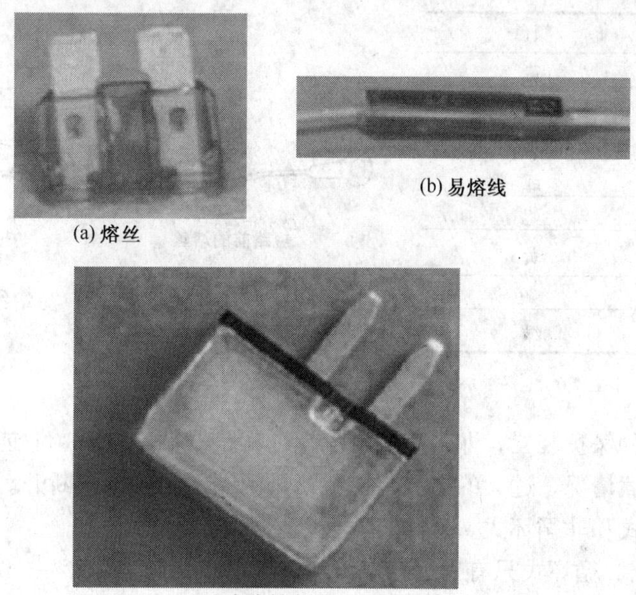

(a) 熔丝　(b) 易熔线　(c) 电路断路器

图 3-21　电路保护器

(1) 熔断器

汽车接线电路保护最一般的方法是用熔断器。熔断器(见图 3-22)是这样的一种装置，当电流超过一定值，并持续足够时间以后，熔断器中一个元件熔断，使电路断开，其功能是不可逆的，即每次电路超负数或每次修理故障后，必须更换熔断器。

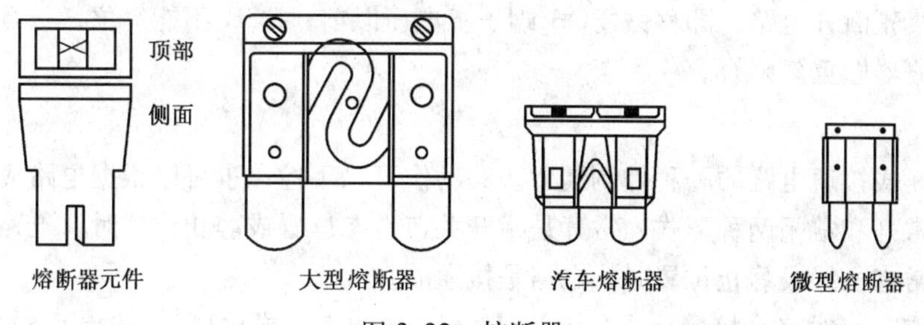

熔断器元件　大型熔断器　汽车熔断器　微型熔断器

图 3-22　熔断器

熔丝具有颜色标志码(见表 3-2)。维修时，可采用相应额定值的同颜色标志码熔丝。

测试可疑熔丝元件是否熔断，如果元件断路或熔断，用相同电流额定值的熔丝更换。

也有一种串联熔丝的附加专用电路。这类熔丝位于单独的线束中，当熔丝熔断时，电路呈现

断路状态。

(2) 易熔线

易熔线是另外一种保护装置，如图 3-23 所示。与其保护的电路相比，构成易熔线的线长度较短、直径较小。由于较小，在损坏发生前，熔丝就会熔断并断开电路。易熔线还外包了一层特殊的不易燃绝缘体。熔丝在断开后也必须更换。

表 3-2 汽车熔丝

额定电流/A	颜色
3	黄
5	棕黄
7.5	褐
10	红
15	蓝
20	黄
25	本色
30	绿

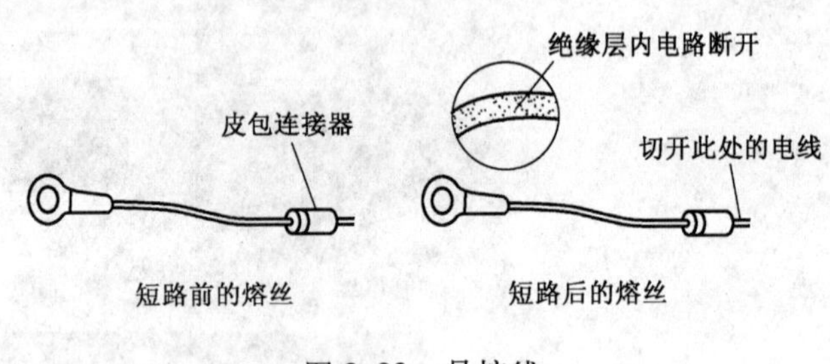

图 3-23 易熔线

(3) 断路器

断路器是这样一种保护装置，即当负数电流超过断路器额定量时，它能使电路断开。如果电路出现短路或过大负载情况，过大的电流将使断路器两端子间的电路断开。汽车上采用两种基本形式的断路器：循环式和非循环式。

① 循环式断路器：循环式只有当过量电流通过电路一定时间，产生一定热量后才断开电路，一旦断路器冷却，几秒后断路器会使电路闭合。如果过量电流的因素仍存在，断路器会再次断开电路。它将一直这样循环地开闭电路，直到消除过大电流的故障为止。

② 非循环式断路器：有两种形式，一种是机械式，它与循环式断路器差不多相同，区别只是在非循环式断路器中有一小型导线加热器，这种导线加热器在电源断开以前，一直提供使金属元件保持断开的热量。

另一种为固态元件，称为电子断路器（ECB），这种装置具有正温度系数，当过量电流通过这种装置时，过量电流使 ECB 加热，加热以后电阻即增大，电阻增大到一定值，实际上相当于把电路断开。直到真正断开电路，即移去 ECB 端子上电压以前，ECB 不能复位，一旦移去电压，一两秒钟之内断路器即重新闭合。

12. 开关

开关是切断或接通电路的一种控制装置。其动作可以手控，也可以根据电路或车辆所处状况自控。开关分常开和常闭两种形式，常开是指开关在常态位置或静止位置时，电路是不通的；常闭是指开关在常态位置或静止位置时，电路是接通的。

开关可以有一个或多个接臂（或称刀）（输入）和触点（或称掷）（输出）。如单接臂双触点（单刀两掷）开关，就具有一个输入端和两个输出端。

开关的分类：

① 扳动式开关；

② 瞬时接触开关；

③ 水银开关；

④ 感温开关；

⑤ 时间延时开关和闪光器。

(1) 扳动式开关

扳动开关（见图 3-24）是开关中最简单的一种，在单极导线或电路中，如汽车上的灯开关，它不是切断电路就是接通电路。

(2) 瞬间接触开关

瞬间接触开关（见图 3-25）利用弹簧使开关触点分离，只有当外力作用于开关按钮时，电路才能接通，是一种常开开关。

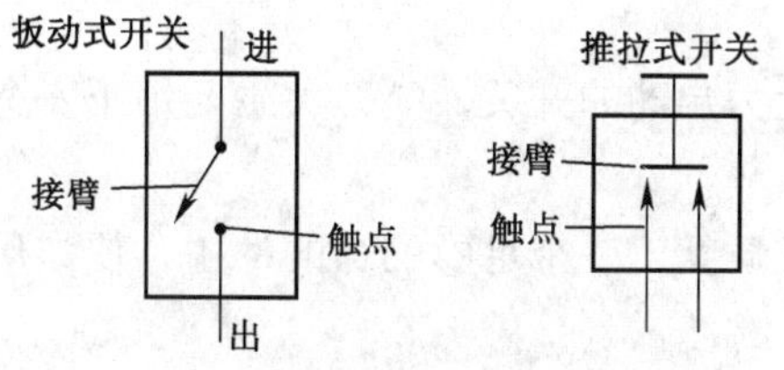

图 3-24　扳动开关电路图画法

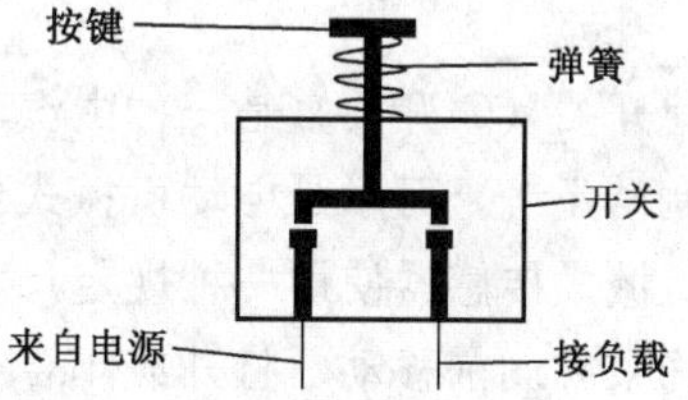

图 3-25　瞬间接触开关（常开）

如果弹簧使开关触点保持闭合，只有施加外力后触点才能分离，则是常闭开关。

(3) 水银开关

水银开关（见图 3-26）用于监测某一部件位置移动情况，例如发动机舱盖和后行李箱盖的灯，就是利用这种开关来控制。在开关内有一个带有部分水银的小容器，容器内的一端有两个电路触点，当行李箱盖打开时，水银流向有电器触点的一侧，水银将两个触点接通，使照明电路成为完整的通路。

(4) 感温开关

感温开关（见图 3-27）内装有双金属材料，这种双金属材料可通过通电的方式或通过与开关接触的其他部件使其受热，来接通或切断电路。后一种情况，开关如同一个传感器。

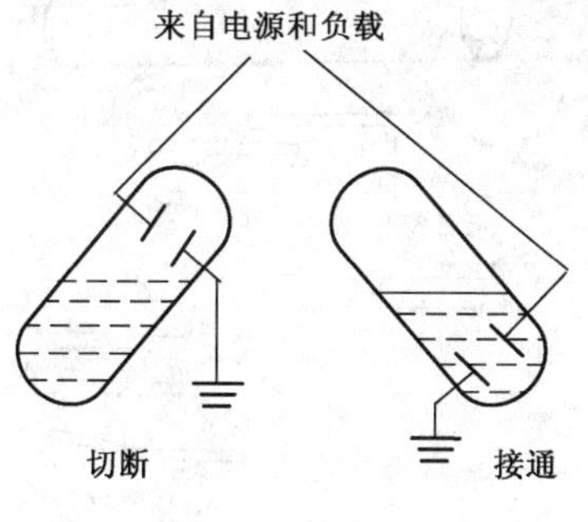

图 3-26　水银开关

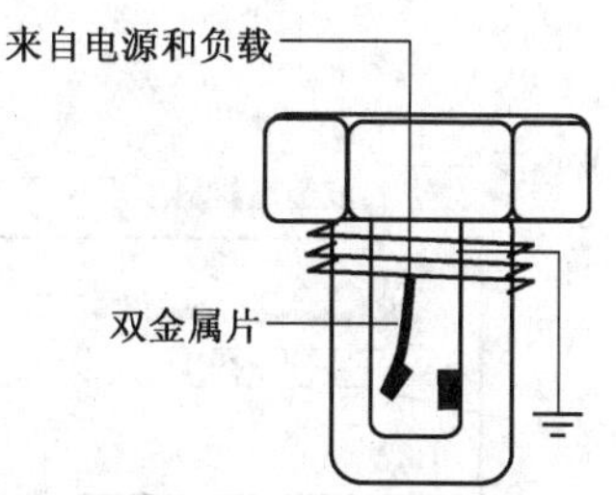

图 3-27　感温开关

在发动机冷却液温度开关中，发动机冷却液的温度达到预定温度时，其温度开关中的双金属片会因高温而弯曲，使开关内的触点闭合。仪表板上的报警灯电路被接通，灯也就亮了。

(5) 延时开关和闪光器

延时开关可在预定时间切断电路，只要有电流进入开关，开关就一直保持断开的状态，闪光器也是延迟开关的一种，这种开关在预定时间切断电路，但可再接通电路，如此不断反复，直到电源被切断。

延时开关（图 3-28）由双金属片、触点和发热部件组成，延时开关是常闭开关，当电流通过开关时，一部分电流通过发热部件使其发热，双金属片受热后，产生弯曲，从而使触点分离。只要发热部件中有电流通过，开关就一直保持在断开的位置，延时的长短取决于双金属片的特性，发热部件逐渐冷却使双金属片恢复到正常位置，触点才能重新闭合，这种开关常用于汽车的后窗除霜控制电路中。

闪光器的工作原理基本上与延时开关相同，只是当触点分开时，发热部件的电路也被切断，双金属片随发热部件的冷却回到正常位置，触点也就回到闭合状态，开关就这样不断反复，直到电源被切断。这类开关应用的一个典型例子是四路闪光器。

（6）补充

惯性开关（C 开关）是一种由汽车减速率或惯性力启动的开关。C 开关主要用于安全气囊和防抱死制动系统，可以是电动机械式或电子式。

电机械式传感器使用一种规定尺寸和重量的传感质量，一个足够的力的冲击，使该质量克服对它的约束并向前移动，打开或闭合一组触点。

较新型的 C 开关是电子式的，被称为加速度计。一个加速度计包括一个测量增加惯性的压电元件，该压电元件用一种晶体材料制造，该材料在增加压力（惯性力）时产生一个电压，增加到该传感器的惯性力越大，该传感器产生的电压信号越高。

13. 电阻器

电阻器用来在不需要满电流和/或电压的电路中（通过分压）限制电流。在自动化电气系统中采用 2 种基本类型的电阻器——固定电阻器（见图 3-29）和可变阻器。不同型号电阻器采用不同符号。

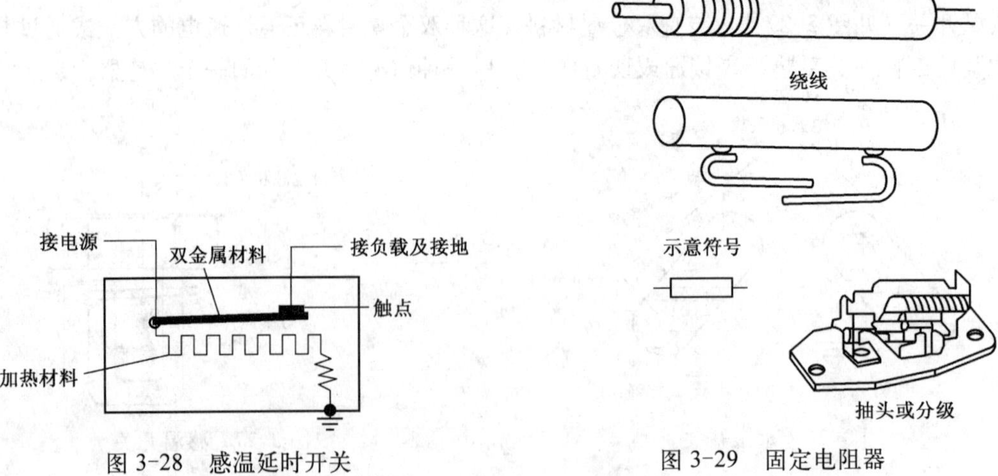

图 3-28　感温延时开关

图 3-29　固定电阻器

（1）固定电阻器

固定电阻器只有一个不可改变的额定值。这种电阻器用于控制电流。

绕线电阻器用电阻线圈制做。这种电阻器很精确，而且热稳定性好，电阻值是标明的。

抽头或分级电阻器有两个或两个以上固定值，将导线接到电阻器的不同分支上就可得到不同固定值。鼓风机电动机电阻器“组合件”用的就是这种电阻器。

（2）可变电阻器

可变电阻器的电阻有一定的范围，这一范围的电阻是通过两个或多个抽头及一个控制装置得到的。以下为这种电阻器的 2 个实例（见图 3-30）：

① 变阻器：变阻器有两个接头，一个接头与电阻器的固定端连接，另一个接头是与电阻器滑动触点连接的。转动控制装置使滑动触点移开或移向固定端，电阻将逐渐变大或变小。

② 分压器：分压器有 3 个接头，电阻的两头各 1 个，另一个为滑动触点，与电阻器相连。转动控制装置使滑动触点从一个固定电阻端移向另一个固定电阻端。这种分压器普遍用于车辆的节气门位置传感器。

③ 热敏电阻器：热敏电阻器是随着温度的变化改变电阻的。在大多数汽车电路中热敏电阻器的电阻值随温度的增加而减小，如图 3-31 所示。

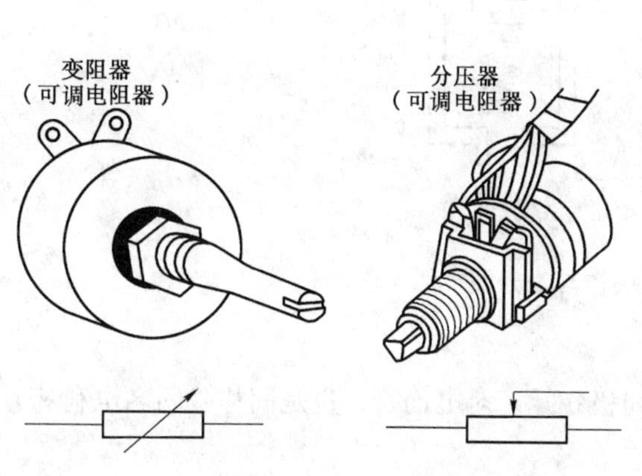

图 3-30　可调电阻器

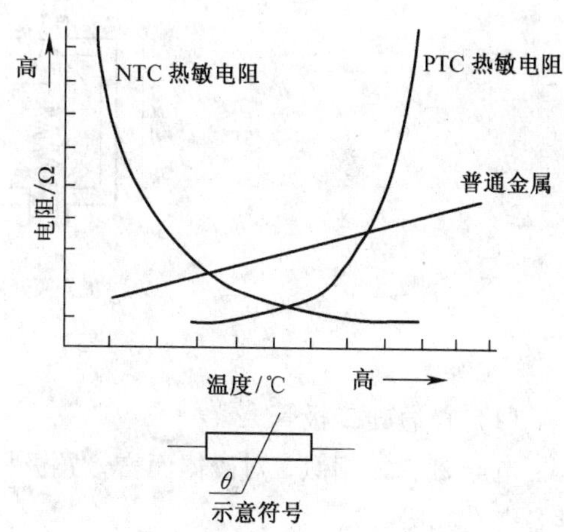

图 3-31　NTC 与 PTC 热敏电阻器温度特性曲线

NTC—负温度系数；PTC—正温度系数

根据欧姆定律，电阻降低时，电流增加。例如，作为空调控制组件传感装置的热敏电阻器，就是利用电压信号的增或减来控制系统的输出。

热敏电阻器通常用在发动机冷却液温度传感器、进气歧管空气温度传感器及变速器温度传感器。

PTC 断路器为导电聚合物（塑料）制做的热敏电阻器。当该电阻器处于正常状态时，塑料为密晶体，许多碳粒结合在一起，碳粒为电流提供路径。当聚合材料受热时，碳粒彼此离开呈开路状态，这时提供的电流路径不多。

PTC 电路断路器与机械电路断路器的主要区别是 PTC 型断路器不可恢复，该装置在断电前永远保持开路状态，如图 3-32 所示。

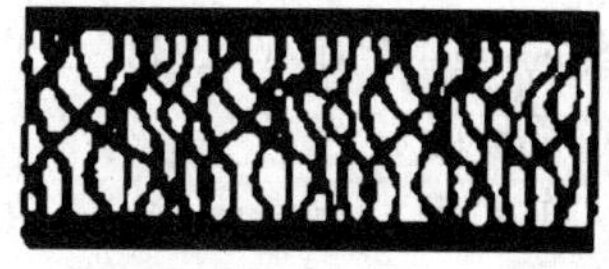

正常状态

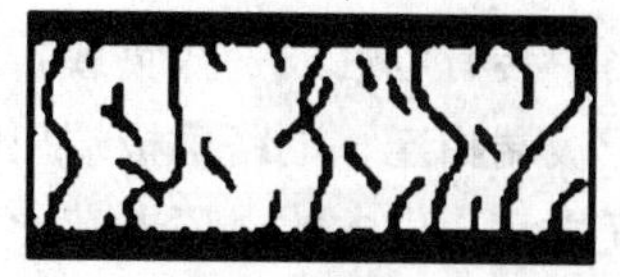

开路状态

图 3-32　PTC 状态

14. 二极管

半导体是电子元件，一般是由硅或锗制成的。简单的半导体如二极管、LED（发光二极管）

和齐纳二极管，一般只是改进的开关。

普通二极管很像电流的单向阀，也就是如果电路的极性正确，则接通（ON），当极性反接时则断开（OFF）。

二极管可以被称为“灵敏”开关，当检测到正确极性时，它接通（ON）；当检测到相反极性时，它断开（OFF）。二极管也能监控压力——如果压力（电压）不足够高，它不会接通，如图 3-33 所示。

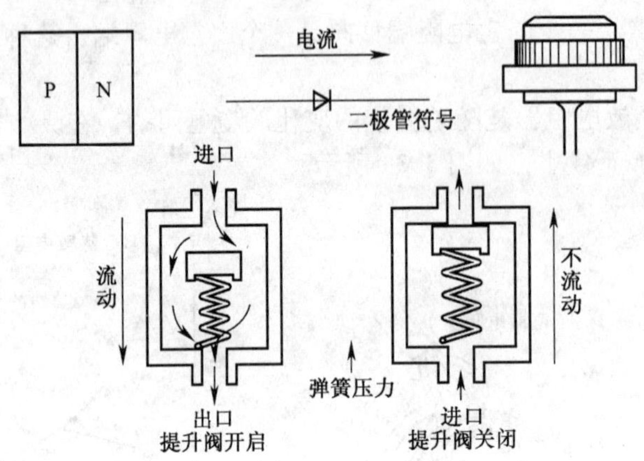

图 3-33　二极管的操作与提升阀类似

（1）普通硅二极管

电与磁非常相似，对磁体而言，异极相吸、同极相斥。对电而言，也是同样：同名电荷相斥、异名电荷相吸。

二极管内部分为正极区和负极区。这两区都导电，但在 PN 结中，由一层薄的分界层隔开，如图 3-34 所示。

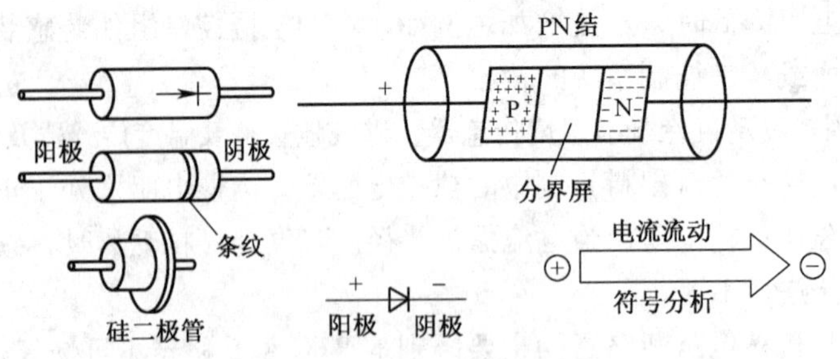

图 3-34　普通二极管

当电路（电路中装有电灯或一些负载）中二极管安装方向正确（正向偏压）时，电路的正极端应和二极管的正极端相连，电路负极端应和二极管的负极端相连。

相同电荷相互排斥，供电的电压电荷比二极管 P、N 极导电物质强得多，P 极导电物质被排斥向 N 极运动，N 极又向 P 极运动。这样，PN 结就变成导体，就像接通开关（ON）一样。

① 正向偏压：图 3-35 中的电路图表示蓄电池的负极端子接在 N 型材料上，蓄电池的正极端子接在 P 型材料上，即所谓的正向偏压连接。这是电流流经二极管的必要条件。当电压为 0.6～0.7 V 时，二极管导通。

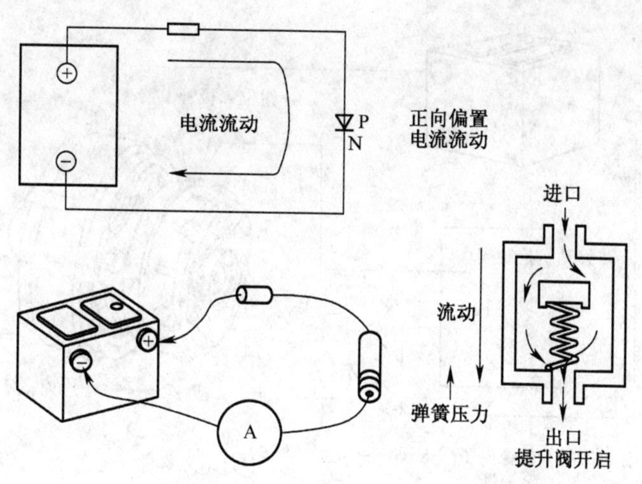

图 3-35　二极管正向偏压

② 反向偏压：当蓄电池反向连接时，蓄电池正极电动势实际上会在二极管的 PN 结处产生很大的电阻，这就是反向偏压，它导致二极管阻断电流，如图 3-36 所示。

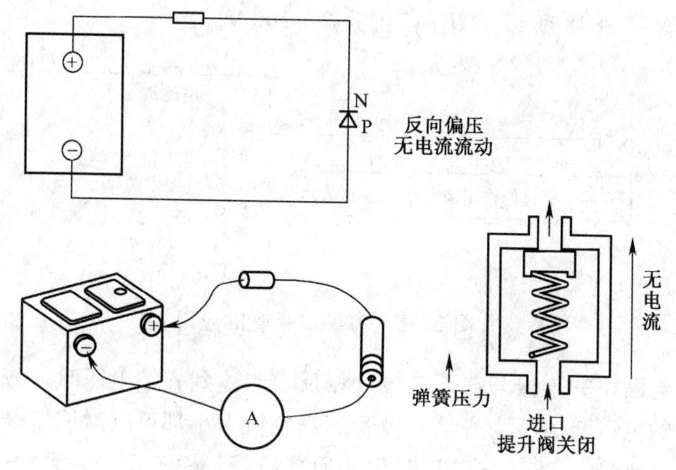

图 3-36　二极管方向偏压

如果反向偏压电压过大，二极管会在断路之前短路。反向峰值电压是在二极管被击穿前作用于二极管上最大的反向偏压电压。

(2) 钳位二极管

钳位二极管是防止流经电磁装置的电流突然中断时，产生的冲击电流对电路的损坏而设置的保护元件，如图 3-37 所示。任何线圈，如电磁阀或继电器在通电时都会产生磁场，这与点火线圈相似，电子通过线圈时不愿意停下来，线圈即使在断路时也尽可能使电子运动。电子在线圈断路口附近聚集并试图跳过断路，一旦电子跳过断路，就会出现火花，并对有关的元件造成损坏。跨接线圈的二极管元件使聚集的电子分流，为线圈提供一条旁路，这就像压力锅的减压阀一样。

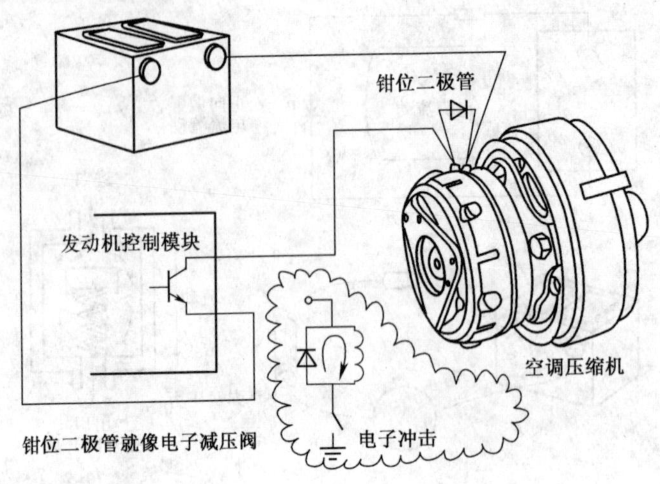

图 3-37 钳位二极管抗冲击电流

（3）齐纳二极管

齐纳二极管是应用于电压调节器的二极管，有很多种电压规格的齐纳二极管，选择时取决于所调节电压电平，如图 3-38 所示。调压范围为 2～200 V。

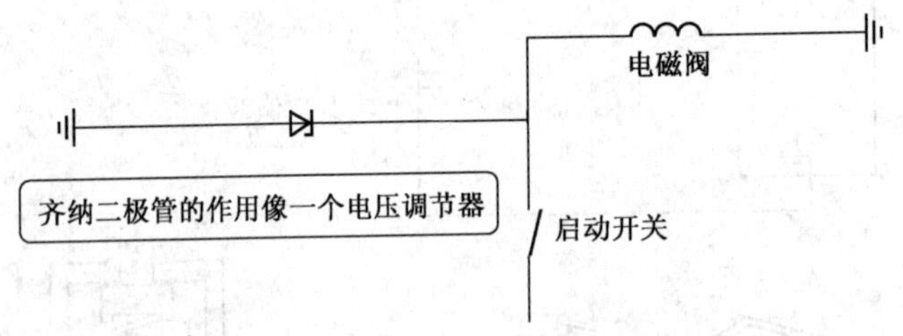

图 3-38 齐纳二极管的应用

齐纳二极管在电路中的连接与普通二极管相反。当达到齐纳电压时，齐纳二极管开始导流，但它能维持跨过它的电压降。不论齐纳二极管的额定值大小都可以对该压降进行调节。齐纳二极管（有时称为雪崩二极管），在正向偏压时像普通二极管一样工作，如果超过二极管的击穿电压，齐纳二极管也不会有永久性损坏。

齐纳二极管也用于许多现代计算机和控制电路中，有些电路中设有用于控制电路电压峰值的钳位二极管或电阻器，可在激励电路并联放置齐纳二极管，以保护该电路免受因电磁阀或继电器断电而产生的冲击损坏。

（4）发光二极管（LED）

LED 利用某些半导体材料发生的辐射放电发光，如图 3-39 所示。主要的 LED 类型如表 3-3 所示。

用途：用作检验灯。这种检验灯可用来：

① 检查电力是否已供给电路元件（以灯的发光显示）。

② 检查连接处的电阻（以灯的亮度显示）。

③ 在汽车电子控制系统，比如多点喷射系统中显示诊断代码（某些车型适用）。

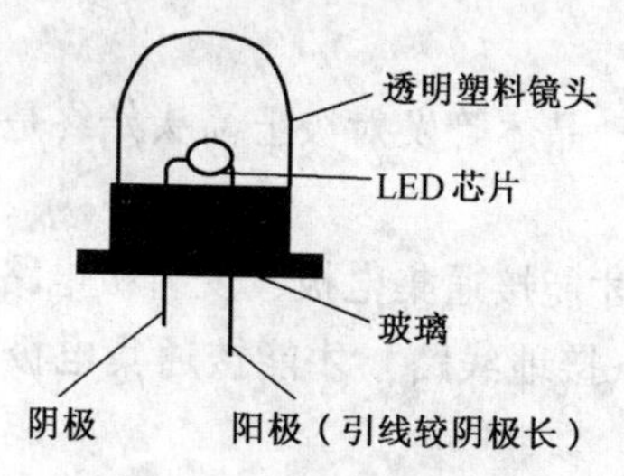

图 3-39　发光二极管

表 3-3　主要 LED 类型

材料（颜色）	电流/mA	正向电压/V
CaAsP（红）	20	1.6～1.95
CaP（绿）	20	1.4～2.4

（5）光电二极管

光电二极管的动作与 LED 正好相反。在受到光线照射时，会产生反向电流，光电晶体管的功能与光电二极管一样，如图 3-40 所示。

15. 双极晶体管

最常用的晶体管是双极晶体管（见图 3-41），由于数字电路和计算机控制装置的优点，继电器和开关越来越多地被晶体管取代。

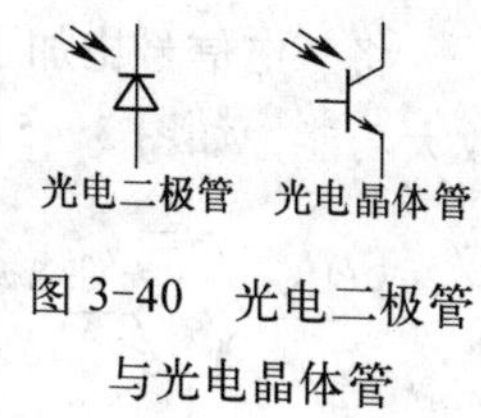

图 3-40　光电二极管与光电晶体管

计算机必须能够开关许多电路，但计算机电路中没有“手指”，可以用一个小电信号（电压）控制晶体管，使其行使开关的功能而无须“手指”，如图 3-42 所示。

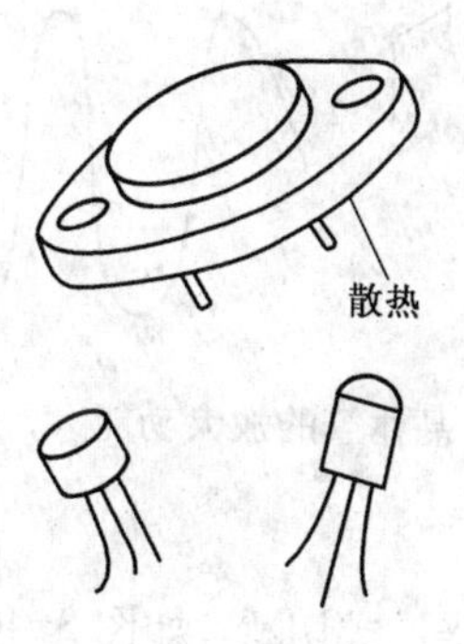

图 3-41　双极晶体管

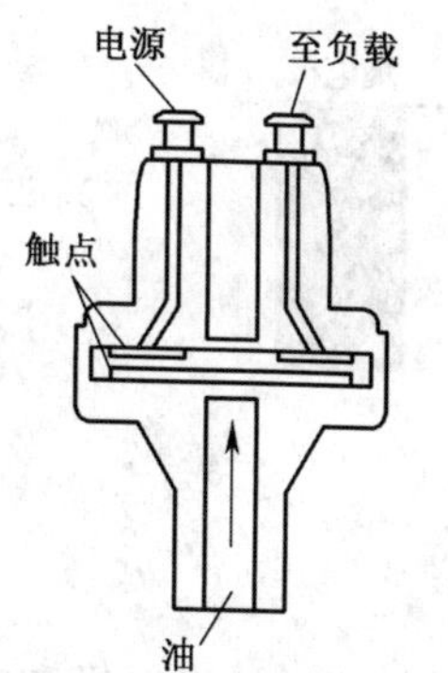

图 3-42　晶体管和液压开关类似

（1）晶体管

晶体管很像一个水龙头。水龙头拧开（基极路径）得大，水龙头（集电极、发射极路径）流出的水就多，如图 3-43 所示。因此，晶体管也可以做为放大器使用。

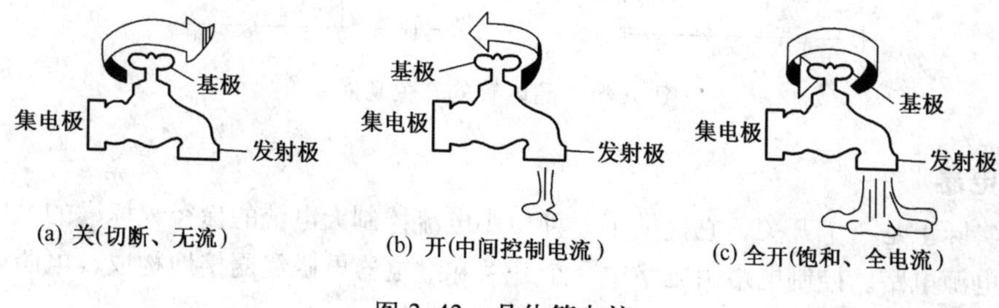

图 3-43　晶体管电流

(2) NPN 晶体管和 PNP 晶体管

NPN 晶体管发射极上的箭头是不指向内侧的，而 PNP 晶体管发射极上箭头始终是指向内侧的，如图 3-44 所示。

NPN 晶体管的中间字母为 P，基极上必须有正电压，才能接通集电极、发射极电路。

PNP 晶体管的中间字母为 N，基极上必须有负电压（接地线路）才能接通集电极、发射极电路。

晶体管与其所替代的继电器和开关相比较有许多优越性。晶体管更小，更轻，更快，而且可使用比流经传统继电器小得多的电流来控制。除上述之外，晶体管还有更大的优越性：晶体管是可变的。

(3) 放大功能

将一电信号施加于晶体管的基极上时，在集电极上会出现经过放大的信号，这就是晶体管的放大功能，如图 3-45 所示。

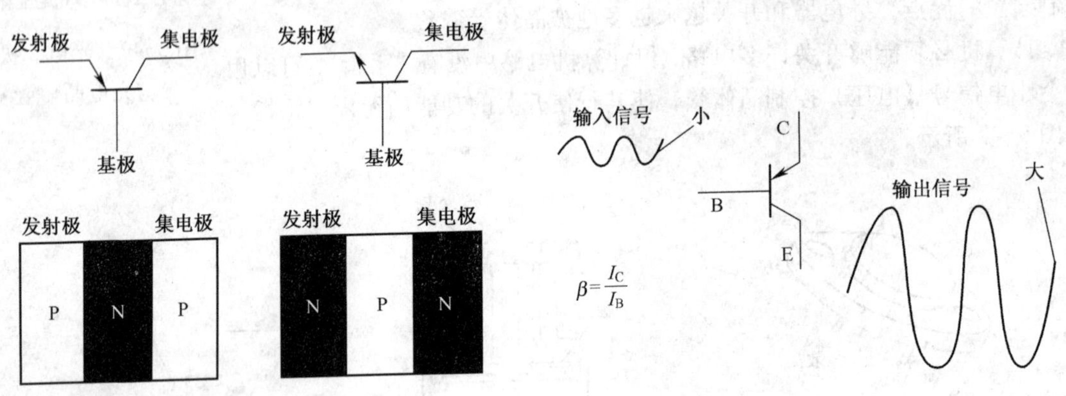

图 3-44 NPN 与 PXP 晶体管

图 3-45 晶体管的放大功能

(4) 开关功能

只要控制基极电流的接通或切断，就能够让发射极和集电极电流接通或切断，如图 3-46 所示。

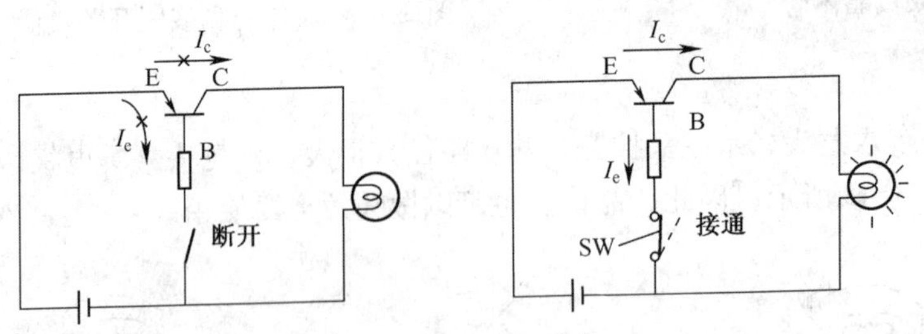

图 3-46 晶体管的开关功能

16. 继电器

继电器实际上是一个开关，它提供了一种用小电流控制大电流的途径，标准的继电器既有控制电路又有电源电路。控制电路由电路中一个开关和继电器电磁线圈接地构成，电源电路由电源供电，电流流向一块可以被继电器线圈磁力所吸引的衔铁上。

当控制电路开关断开时，没有电流流至继电器，线圈也未通电，触点断开，没有电压供给负载。当控制电路开关闭合时，继电器中有电流通过并给线圈通电，因此，产生的磁场通过控制衔铁而闭合触点，使电压供给负载，如图 3-47 所示。

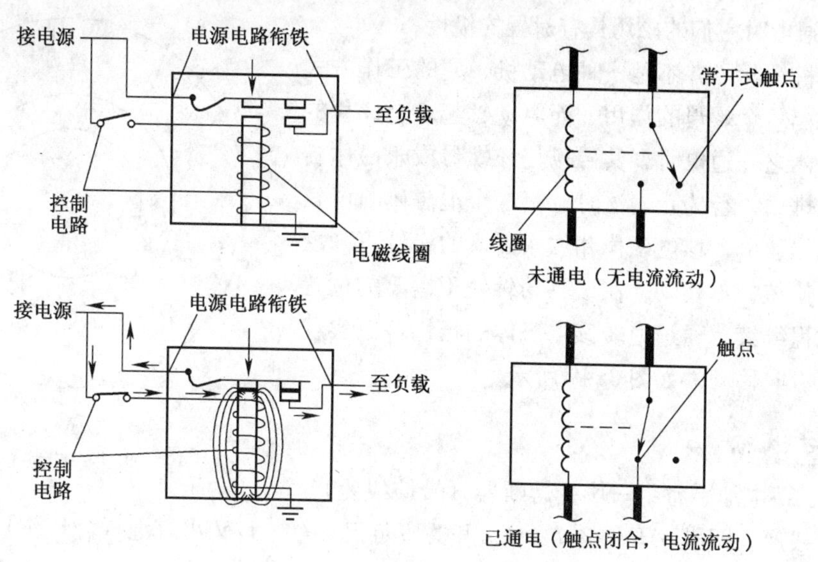

图 3-47　继电器的工作原理

17. 电磁阀

电磁阀是电磁开关。电磁阀的可动铁心将电流转换为机械运动，在拉式电磁阀中，磁场将铁心拉入线圈或将铁心固定在其位置上，这些电磁阀称为磁性开关。在推控式电磁阀中，铁心是块永久磁铁，电流方向改变时铁芯被推入或推出，如图 3-48 所示。

目前，电磁阀在自动变速器中控制换挡。

18. 电动机及步进电动机

所有直流电动机包括 4 个主要部件：一个换向器、一个电刷、一个电枢和一个永磁体。电枢包括电磁体和一个安装该电磁体的芯轴。电枢也称为转子，电枢的定位使得电磁体装配在永磁体的两极之间。换向器是一个装在电枢上的装置，包括两个连接到电枢绕组上的电触点，两个电刷装在使触点与换向器接触的位置，这些电刷串联到电动机的电源上。

一个直流电动机的力量，可以通过增加其内部部件的大小，或改变其中的磁场强度来实现。该电动机旋转的方向或速度，也可以通过切换电压极性，或改变电压大小来改变。所有直流电动机的基本运行是相同的。

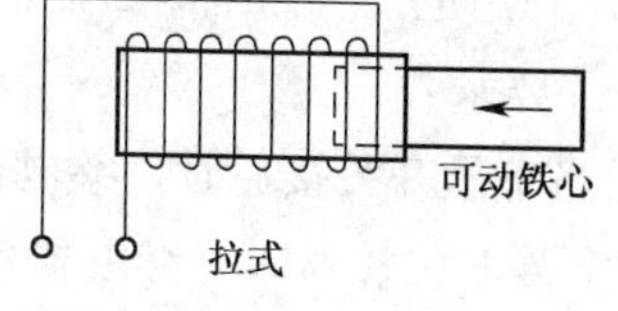

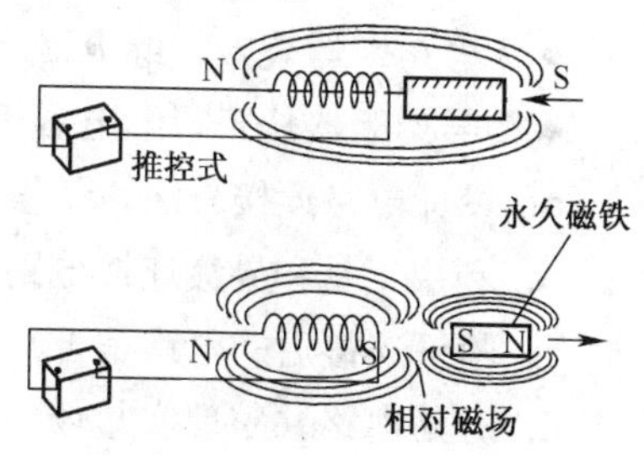

图 3-48　电磁阀工作原理

步进电动机的功能类似于直流电动机，但它的运动更加精确。虽然直流电动机的速度和方向可以被控制，但这种控制是受到一些限制的，在要求很精确的运动系统中使用步进电动机，以便进行调节。

步进电动机与直流电动机之间的主要差别是，步进电动机包含一个以上的电磁体，这些电磁体包围一个永磁体。最普通的步进电动机是燃油电喷发动机中使用的怠速空气控制（IAC）电动机，该步进电动机包括两个电磁体和一个永磁体，两个电磁体的定位，使得在通电时它们的磁场具有对置的极性。

步进电动机实际上并不是一种电动机，它的工作方式如下：永磁体起一个螺母的作用，而驱动轴起一个螺栓的作用，当电磁体之一通电时，其磁场使该螺母或永磁体转动，直到极性排成一行为止。这时，第一个电磁体断电，而第二个电磁体通电，该电磁体和该永磁体的极性再一次排成一行，并使该螺母转动。在该驱动轴处于需要的位置之前，这个过程继续。通过逆转该电磁体的极性可以实现驱动轴按相反方向移动，如图 3-49 所示。

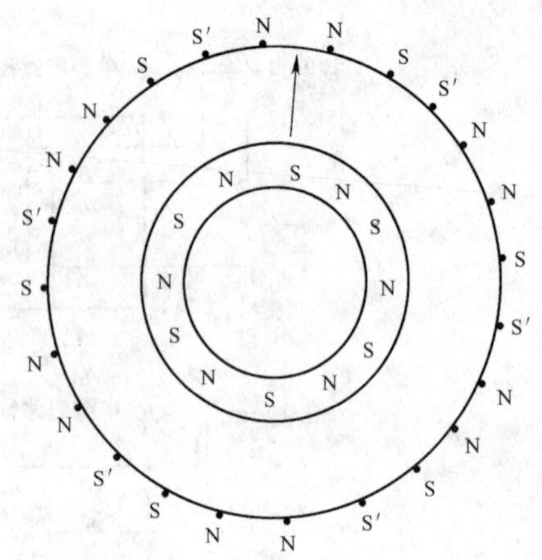

图 3-49　步进电动机的工作原理

器材与设备

① 器材：蓄电池，每组一块；熔断器（带接线座）、继电器（带接线座，四脚、五脚各 2 个）、开关，每组 4 个；12V 小灯泡（含灯座）或小电动机，每组 4 个。

② 设备：车辆用电系统导线、胶布若干。

③ 工具：螺丝刀、剥线钳等工具每组一套。

技能训练

① 利用电源、两个熔断器、两个开关、一个继电器（四脚）、一个灯泡或电动机设计一个控制电路。要求：

- 当 1 号开关接通时，继电器不动作，灯泡或电动机不工作。
- 2 号开关接通时，继电器动作，灯泡或电动机工作。
- 断开 1 号或 2 号开关，灯泡或电动机都停止工作。
- 1 号熔断器烧毁，继电器断开，灯泡或电动机停止工作。
- 2 号熔断器烧毁，继电器不断开，但灯泡或电动机也停止工作。

a．设计电路连接方法，并绘制电路简图。

b．利用工具和导线连接电路，在教师检查允许的条件下，连接电源并接通开关。

c．验证连接后的电路是否符合题目中的条件。

d．分解电路并整理实验场地。

② 利用电源、两个熔断器、两个开关、3 个继电器（五脚）、两个灯泡或电动机设计一个控制电路。要求：

- 当 1 号、2 号开关都接通时，三个继电器均动作，两个灯泡或电动机均工作，但灯光暗淡或电动机转速较慢。
- 2 号开关接通，断开 1 号开关时，1 号继电器动作（断电，触点回位），两个灯泡或电动机停止工作。

- 1 号开关接通，断开 2 号开关时，两个灯泡或电动机继续工作，灯光明亮或电动机转速较高。
- 1 号熔断器烧毁，在第一个要求下两个灯泡或电动机都停止工作，在第三个要求下，只有一个灯泡或电动机停止工作。
- 2 号熔断器烧毁，在第一个要求下两个灯泡或电动机都继续工作，在第三个要求下，只有一个灯泡或电动机停止工作。

a．设计电路连接方法，并绘制电路简图。

b．利用工具和导线连接电路，在教师检查允许的条件下，连接电源并接通开关。

c．验证连接后的电路是否符合题目中的条件。

d．分解电路并整理实验场地。

③ 教师总结。

实验记录

1．电路连接注意事项：

2．简述简单车身电路的组成。

活动二　手动空调制冷系统电路连接

知识目标

① 理解手动空调电路的控制原理。

② 掌握空调电路的连接方法。

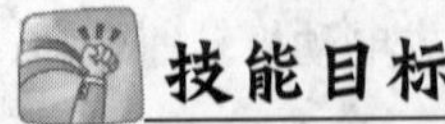

技能目标

能够对手动空调系统电路进行正确的连接。

知识链接

为了维持汽车空调系统的正常工作，以及当空调系统出现故障时，保护空调系统和压缩机，汽车空调系统中设置了一系列调节元件、执行机构和安全保护装置，它们是通过不同元件及电路来进行控制调节的。汽车手动空调系统控制电路包括：电磁离合器控制、防止蒸发结霜控制、制冷循环的压力控制、冷凝器风扇控制、鼓风机转速控制、发动机的怠速提升控制、制冷剂过压保护控制等。

1. 电磁离合器

电磁离合器安装在压缩机前端，其作用是控制发动机与压缩机的动力传递，是目前空调制冷系统的主要机件。电磁离合器接合，发动机驱动压缩机运转，能够实现空调制冷；电磁离合器分离，切断发动机到压缩机的动力传递，空调系统不制冷。

电磁离合器的结构如图 3-50 所示，它主要包括压力板、传动带轮和定子等部件，压板与压缩机轴相连，传动带轮通过轴承安装在压缩机的壳体上，传动带轮通过传动带由发动机驱动，定子线圈安在压缩机壳体上。

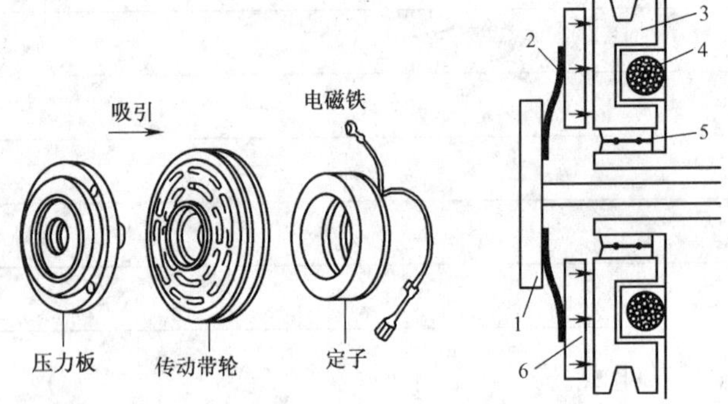

图 3-50　电磁离合器的结构及相对位置

1—固定盘；2—片状弹簧；3—转子（传动带轮）；4—定子（线圈）；5—转子轴承；6—压板

接通空调开关，空调制冷系统进入工作状态时，电磁离合器的定子线圈通电，产生磁力，将压力板吸向传动带轮，使两者靠摩擦力接合在一起，发动机转动带动压缩机运转，如图 3-51 所示。

当断开空调制冷系统电路时，电磁离合器的定子线圈断电，磁力消失，压板与传动带轮分离，此时传动带轮通过轴承在压缩机壳体上空转，压缩机停止运转，如图 3-52 所示。

某些电控变排量压缩机与发动机之间仍通过“离合器”连接，但压缩机的传动带轮和输入轴始终结合在一起。这种结合不是刚性连接的，而是利用其间加特制的橡胶块来传递动力，过载时可通过打滑来实现保护。

传统空调压缩机的动力是靠离合器来控制的：离合器接合则制冷，离合器分离则不制冷。离合器能够完全接合或完全分离，控制离合器接合与分离的是电磁铁。电控型变排量压缩机则无电磁铁，离合器永远不会完全分离，传力大小取决于离合器本身的打滑。当压缩机负荷在正常范围时，传动带轮、橡胶缓冲块、压缩机输入轴之间靠摩擦力传力，三者紧紧相连，“一体”运转，其工作情况如图 3-53 所示。当压缩机阻力过大时，橡胶缓冲块会在传动带轮与压缩机输入轴之间起缓冲、打滑保护作用，从而避免传动带被拉断或因为打滑而拉伤、过热、老化等。离合器打滑时各机件之间的关系如图 3-54 所示。

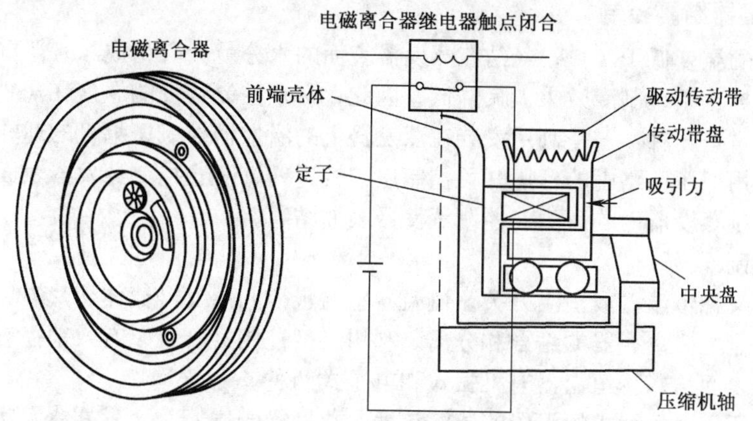

图 3-51　电磁离合器的接合状态

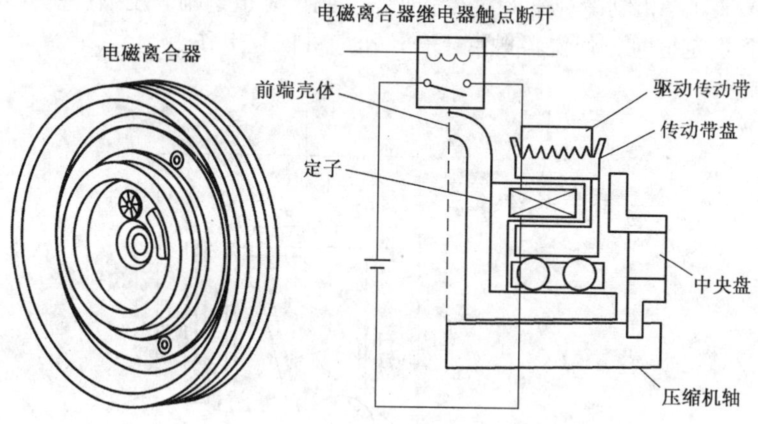

图 3-52　电磁离合器的分离状态

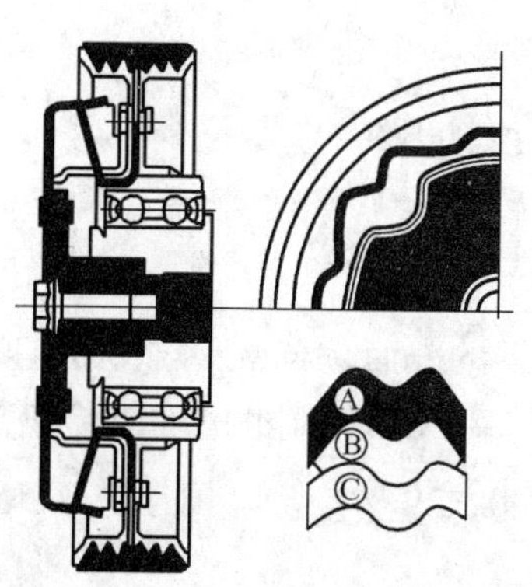

图 3-53　无电磁离合器正常传递动力状况

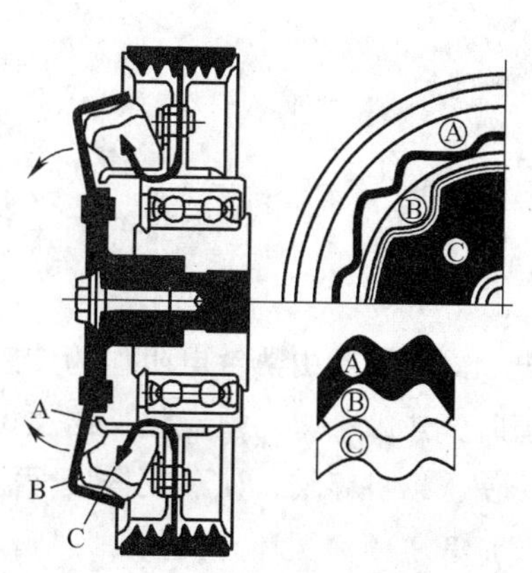

图 3-54　无电磁离合器打滑状况

A—传动带轮；B—橡胶块；C—输入轴

当橡胶老化时，将导致传动带过早打滑，压缩机输入轴与传动带轮不同步，制冷量下降，制冷效果变差。这种情况，可通过发动机转速传感器与压缩机转速传感器及时发现，需及时更换离合器：可用粉笔作下记号，查找该转体是否旋转同步。

2. 防止蒸发器结霜控制

如果蒸发器的温度低于 0℃，凝结在蒸发器表面的水分就会凝结成冰，严重时将会堵塞蒸发器的空气通路，导致系统制冷效果大大降低。因此，必须控制蒸发的温度在 0℃以上。控制蒸发器温度的方法通常有 3 种：一是利用安装在蒸发器上的温控器控制压缩机的运转，防止蒸发器表面结霜；二是利用低压回路中的低压开关控制压缩机运转，防止控制蒸发器表面结霜；三是用蒸发压力调节器控制蒸发器内的压力，控制蒸发器表面结霜。

(1) 温度控制器

温度控制器又称恒温器或恒温开关。恒温器感温包插入蒸发器壳体翅片内，通过检测蒸发器表面的温度，控制电磁离合器的结合和分离。利用温度控制器既可以有效地控制车内的温度，又可以防止蒸发器表面结霜。恒温器有机械式和电子式两种。

如图 3-55 所示，机械式恒温器的感温包插入蒸发器壳体翅片，感知蒸发器表面的温度。当蒸发器表面温度接近冰点，蒸发器表面欲结霜时，波纹管收缩使恒温器触点断开，切断电磁离合器电路，压缩机停转，停止制冷。在蒸发器温度恢复到设定值之前，压缩机一直处于不工作状态。当蒸发器温度达到设定值时，恒温器触点闭合，压缩机恢复工作。

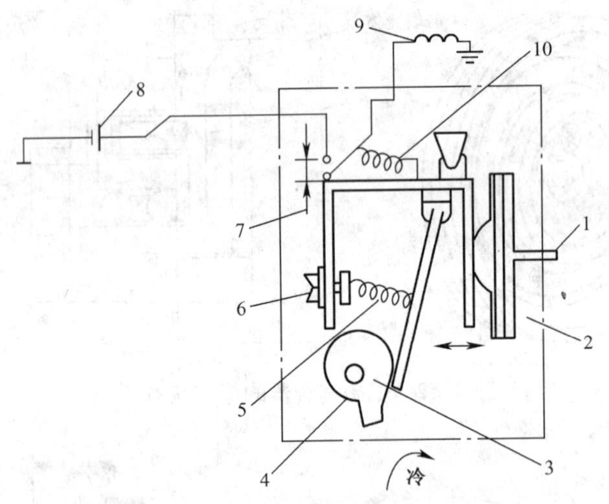

图 3-55 机械式温度控制器及控制电路

1—感温毛细管；2—波纹管；3—凸轮轴；4—凸轮；5—调节弹簧；

6—温度调节螺钉；7—触点；8—蓄电池；9—电磁离合器；10—支撑线圈

电子式恒温器由热敏电阻作为传感元件，安装在蒸发器的表面，当蒸发器表面温度低于某一设定值时，热敏电阻阻值变化，给空调 ECU 低温信号，空调 ECU 控制继电器切断压缩机电磁离合器，使压缩机停转，使蒸发器表面温度不低于 0℃，如图 3-56 所示。

(2) 低压压力循环开关

在节流管式制冷系统中，装有低压压力循环开关（奥迪、高尔夫、通用、福特、雷克萨斯等轿车）。此开关一般安装在气液分离器上或蒸发器至压缩机的低压管道中，它通过断开或接通压缩机离合器来控制蒸发器表面温度，达到防止蒸发器结霜的目的。

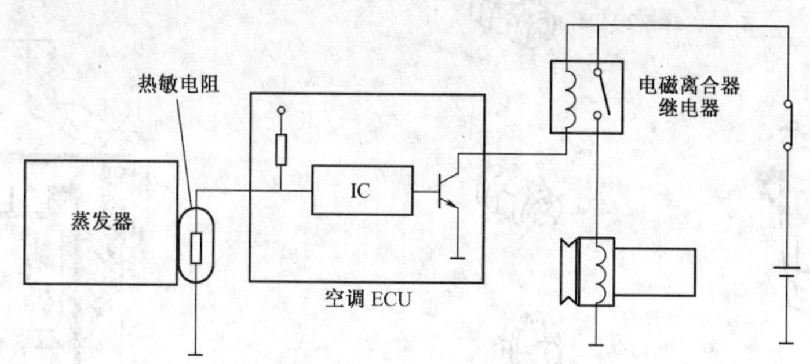

图 3-56　电子式恒温器的温度控制电路

制冷剂循环系统工作过程中，通常压力开关在压力低于 0.17～0.19 MPa 断开。但有些压力循环开关工作压力范围为可调节式，例如奥迪，拆下压力循环开关接头，内部设有螺钉用来调整压力循环开关断开的压力。在手动空调制动系统中，这个开关多和压缩机离合器线圈电路串联，在自动空调控制系统中，压力开关的参数经放大通过 ECU 来控制压缩机的断开和接通。

(3) 蒸发器压力调节器

在膨胀阀式制冷系统中，膨胀阀就能起到调节蒸发器内压力的作用，它可以根据蒸发器表面温度，或蒸发器进出口制冷剂的压力差，改变阀口开度，调节制冷剂流量，从而改变蒸发器内制冷剂压力，防止蒸发器表面结霜。

3. 制冷循环的压力控制

空调制冷系统中如果出现压力异常，将会造成系统损坏。压力过低，说明制冷剂量过少，润滑油不能随制冷剂一起循环，易使压缩机内缺油而损坏；如果由于制冷剂过多或冷凝器冷却不良造成系统压力过高，可能会造成系统部件胀裂而损坏。因此，在空调制冷系统工作时，必须对系统压力进行监测，防止出现压力异常。

低压开关在系统压力低于规定值时，切断压缩机的电路使压缩机停止工作。压力高于规定值，即可采用加强对冷凝器的冷却强度使压力降低的方法保护，也可采用切断电磁离合器的电路使压缩机停止运转的方式保护，如图 3-57 所示。通常加强冷却强度控制的压力要低于切断离合器控制电路的压力。

汽车空调制冷系统中，一般都设有压力开关，如高压开关、低压开关、高低压组合开关。压力开关在制冷剂压力高于或低于规定的极限值时，会自动切断电磁离合器的电流，使压缩机停止工作，从而保护制冷系统不受损坏。它还可以用来替代温控开关。

(1) 高压压力开关

高压压力开关一般安装在干燥过滤器与膨胀阀之间的高压管路上。作用之一是系统高压过高时，自动切断电磁离合器回路，使压缩机停机，保护制冷系统零部件特别是压缩机不被损坏；作用之二是当高压管路压力过高时，它会接通冷凝器风扇高速档电路，自动提高风扇转速，以降低冷凝器的温度和压力。

高压开关的结构如图 3-58 所示。当制冷剂的压力超过高设定值（一般为 2.65MPa）时，制冷剂的压力大于弹簧的弹力，推动膜片下行使触点断开，电磁离合器的电路便被切断，压缩机停转；当制冷剂压力降到最低设定值（2.06 MPa）以下时，弹簧张力使膜片回位，触点重新闭合，电磁离合器电路又被接通，压缩机又重新工作。

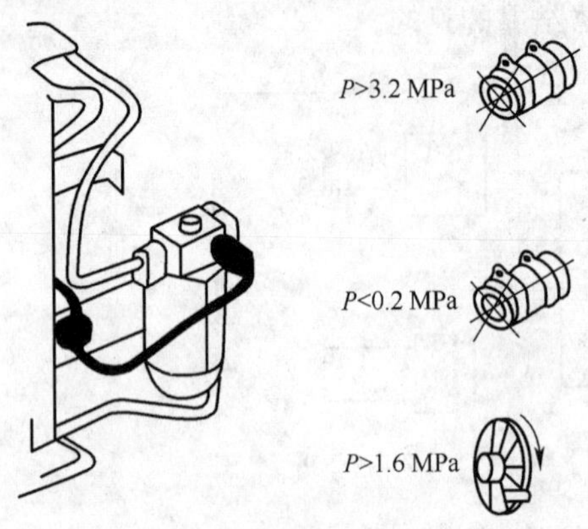

图 3-57 压力开关功能

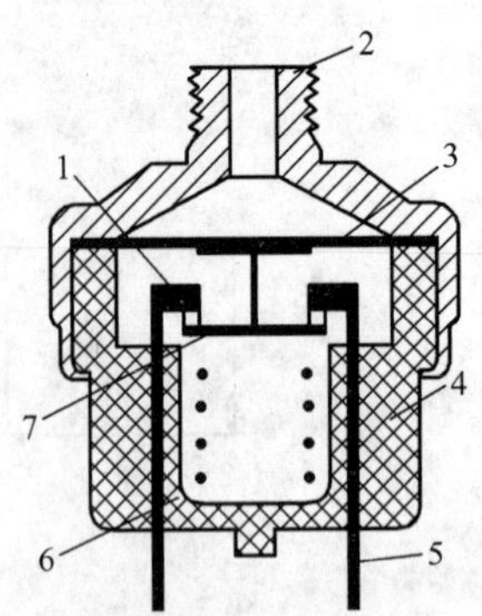

图 3-58 高压开关示意图

1—固定触点；2—接头；3—金属膜片；4—绝缘外壳；5—接线柱；6—弹簧；7—活动触点

（2）低压压力开关

空调系统制冷剂泄漏时，如果再开启空调系统，将会因为制冷剂严重不足或没有制冷剂而引起压缩机润滑不良而损坏。为此，一般在高压管路中设有低压压力开关，当制冷剂严重不足时，切断电磁离合器的电路，使压缩机停止工作。

低压压力开关的原理如图 3-59 所示。当系统制冷剂压力低于某一设定值（一般为 196 kPa 时）时，弹簧弹力大于制冷剂的压力，推动膜片上行，触点断开，电磁离合器断电，压缩机便停止工作。制冷剂压力正常时，触点接通，电磁离合器通电，压缩机正常运转。

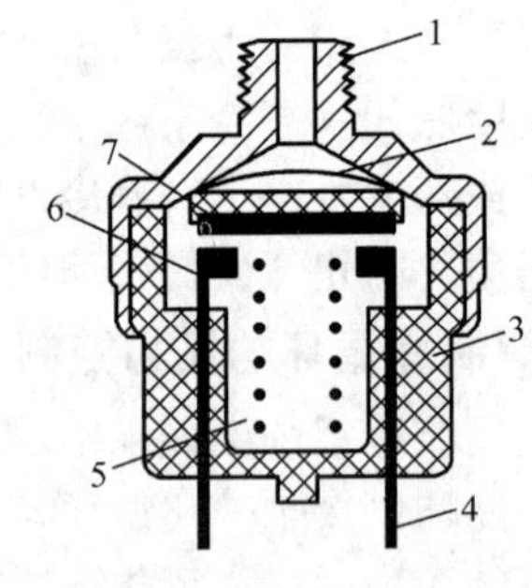

图 3-59 低压压力开关示意图

1—接头；2—膜片；3—外壳；4—接线柱；5—弹簧；6—固定触点；7—活动触点

（3）高低压组合开关

高低压组合压力开关，将高压开关与低压开关装在一个壳体内，安装在高压回路中，其结构原理如图 3-60 所示，控制电路如图 3-61 所示。

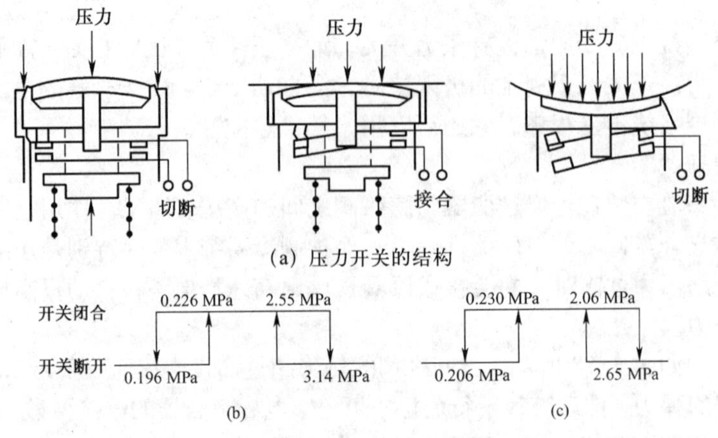

（a）压力开关的结构

（b）R134a 系统压力开关的状态　（c）R12 系统压力开关的状态

图 3-60 高低压组合开关的原理示意图

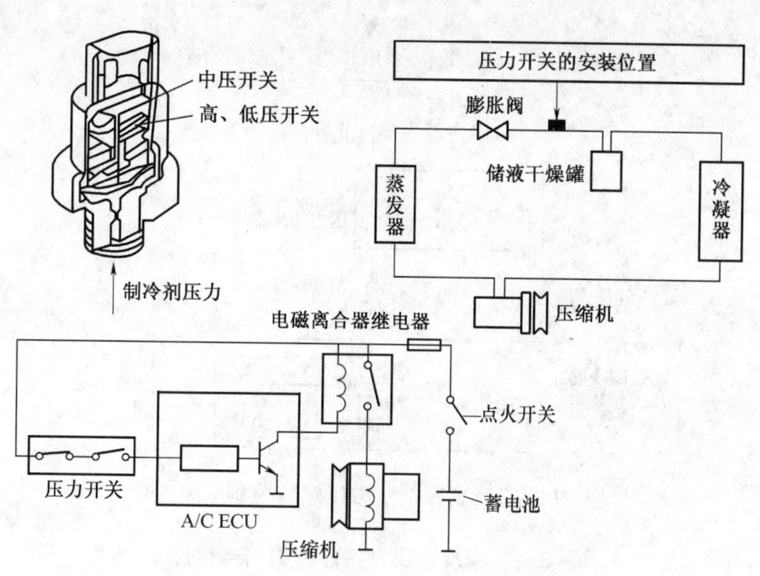

图 3-61　高低压组合开关的控制电路

高低压力组合开关串入压缩机控制回路中，同时具有高压保护和低压保护功能。在系统正常时，该开关接通，电磁离合器工作正常；但系统压力过高或系统压力过低时，该压力开关动作，使压缩机不工作。通常，压力低于 0.196 MPa 时低压开关断开，压力高于 0.226 MPa 时闭合；压力高于 3.14 MPa 时高压开关断开，低于 2.55 MPa 时闭合。

（4）高、低、中压力组合开关

北京现代索纳塔等轿车的压力组合开关具有高压、低压、中压三重开关。当压力下降到 0.196 Mpa 以下时，压缩机停止运转，防止因缺油而损坏；当压力上升到 3.24 MPa 以上时，压缩机停止运转，防止压力过高而使空调导管等爆裂；当压力达到 1.40 MPa（中压）时，风扇高速运转，以降低制冷剂压力，便于制冷剂液化。

（5）低压压力循环开关

在节流管式制冷系统中，多装有低压压力循环开关。低压压力循环开关一般安装在气液分离器中或蒸发器至压缩机的低压管道中，它通过断开或接通压缩机离合器，来控制蒸发器表面温度，达到防止蒸发器结霜的目的。

（6）制冷剂压力传感器

制冷剂压力传感器安装在冷凝器和蒸发器之间的管路上，其控制电路如图 3-62 所示。压力传感器要向动力控制模块（PCM）输送管路中制冷剂压力的变化信号（连续变化，压力越高输出的电压越高），动力控制模块据此实现以下控制：加强怠速控制，补偿空调的怠速负荷；控制冷却风扇的工作；当压力高于 2.7 MPa 或低于 0.285 MPa 时，分离空调离合器。

制冷剂压力传感器为不可修复件，损坏后应更换。压力传感器一般有三根引线：电源线（灰色线）、搭铁线（黑色线）、信号线（红/黑线）。工作电源线为 5 V，信号线的电压随着制冷系统压力的升高而均匀增大，如表 3-4 所示。

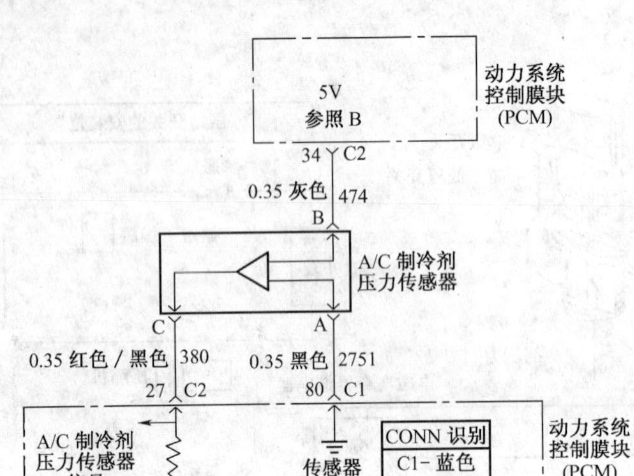

图 3-62　制冷剂压力传感器控制电路

表 3-4　制冷剂压力传感器的信号电压

压力/MPa	0.2	1	1.8	2.8
电压/V	0.5～0.7	1.4～1.8	2.8～4.0	3.5～4.0

各种压力开关比较如表 3-5 所示。

表 3-5　各种压力开关比较

种类		特性	作用
高、低压组合开关	低压开关	常闭	高压回路的压力低于规定值时使压缩机停转
	高压开关	常闭	高压回路的压力高于规定值时使压缩机停转
低压压力循环开关		常闭	低压回路的压力低于规定值时使压缩机停转
高压开关		常开	高压回路的压力高于规定值使使冷凝风扇运转
压力传感器		线性变化	高压回路的压力高于规定值时使压缩机停转
			高压回路的压力低于规定值时使压缩机停转
			高压回路的压力高于规定值时使冷凝风扇运转
			高压回路的压力高于规定值时加强怠速空调的补偿

4. 冷凝器风扇控制

轿车的冷凝器风扇与冷却系统散热风扇大部分共用一个风扇。当冷却液温度较低时风扇不工作；冷却液温度升高到某一设定值时，风扇以低速转动；温度进一步升高到某一设定值时，风扇则以高速运转。当空调制冷系统开始工作时，若冷却温度不高，风扇低速运转；制冷系统压力高过某一设定值或冷却液温度过高时，风扇则以高速运转。

控制风扇转速有两种方式：一是利用风扇串联电阻的方式调节风扇的速度，二是利用两个风扇以串联和并联的方式调节风扇的转速。

图 3-63 所示为冷凝器和散热器风扇控制电路，用压力开关、冷却液温度开关和 3 个继电器控制冷凝器风扇和散热器风扇的转速。

不接通空调时，3 号继电器不工作，冷凝器风扇也不工作。如果冷却液温度过高，冷却液温度开关断开，1 号继电器线圈断电，触点闭合，散热器风扇运转，加强散热。

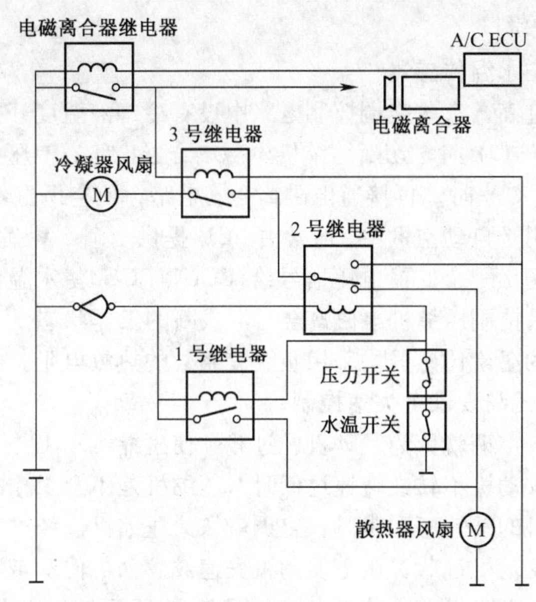

图 3-63　冷凝器和散热器风扇控制电路

接通空调，3 号继电器线圈通电，触点闭合，如果冷却液温度较低，空调系统内压力也较低，2 号继电器线圈也通电，使其下触点闭合，形成了冷凝器风扇和散热器风扇的串联电路，两个风扇都可以低速运转；如果冷却水温度升高或制冷系统内压力过大，压力开关或冷却液温度开关切断 2 号和 1 号继电器线圈电路，使 2 号继电器上的触点闭合，1 号继电器的触点也接通，将冷凝器风扇和散热器风扇连接成并联电路，两个风扇都可以高速运转。

5. 鼓风机转速控制

蒸发器鼓风机工作时，电动机驱动一个鼠笼式风扇，推动空气通过蒸发器及加热器。目前，在汽车空调系统中多通过改变电阻值来控制电动机转速。

鼓风机开关与鼓风机变阻器的作用是：调节空调器的空气流量。鼓风机变阻器串联于鼓风机开关与电动机之间，其压降被用于改变电动机的端电压，控制电动机转速以调节空气流量。

变阻器在电动机运转时会发热，需要冷却，因此被安装在鼓风机电动机前的蒸发器箱内，使之通风散热良好。手动鼓风机控制电路如图 3-64（a）所示。

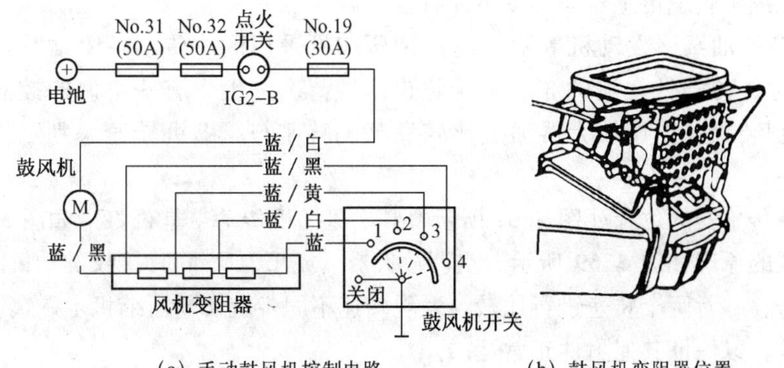

（a）手动鼓风机控制电路　　（b）鼓风机变阻器位置

图 3-64　鼓风机开关与鼓风机变阻器

6. 发动机过载保护控制

（1）发动机水温开关与水温传感器

为了防止冷却液温度过高，有些空调控制电路中设有冷却液温度开关或传感器。当冷却液温度高过一定值（一般为 105 ℃）时，切断压缩机电磁离合器电路，使压缩机停止运转。在温度下降到某设定值（大约为 95 ℃）时，再接通电磁离合器电路，使空调重新工作，如图 3-65 所示。

发动机水温传感器应用于自动空调中，通常由 ECU 提供一个 5 V 基准电压，水温传感器依冷却液温度的变化而产生并送出一个回馈电压信号给 ECU，ECU 将水温传感器的回馈电压信号经 A/D 计算放大处理后，再去控制压缩机电磁离合器通或断的工作状态。

在空调系统中，所有的温度传感器均采用负温度系数的热敏电阻。

（2）发动机转速传感器与发动机失速控制

当发动机转速过低时，空调就认为发动机已过载，使压缩机不工作，从而防止发动机失速。因此，大部分自动空调在发动机不转或转速过低时，压缩机是不会工作的。

当发动机转速与压缩机的转速不同步时，空调就认为压缩机已经过载，从而切断压缩机，防止由于压缩机过载而导致发动机过载，避免发动机失速或发动机传动带断裂等现象出现。

空调控制电路中的防止发动机失速控制电路如图 3-66 所示。空调的 ECU 通过检测点火线圈的脉冲来计算发动机的转速，当发动机的转速低于一定值时，将压缩机电磁离合器切断。

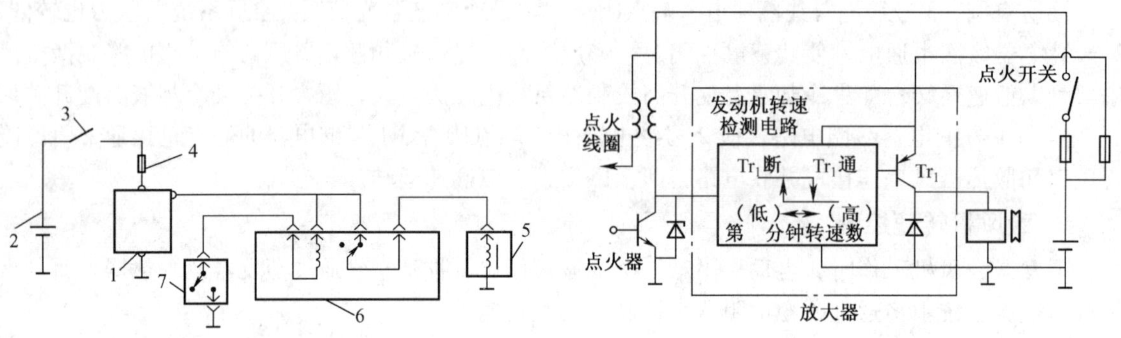

图 3-65　发动机水温开关线路图

1—放大器；2—蓄电池；3—点火开关；4—熔断器；5—空调压缩机；6—空调压缩机离合器继电器；7—发动机水温开关

图 3-66　防止发动机失速的控制电路

（3）空调压缩机转速传感器与传动带轮打滑控制

当动力转向的油泵、发动机等附件与空调压缩机采用同一传动带驱动时，如果压缩机出现故障而锁死时，传动带将被破坏。为了防止这种情况发生，有些空调的控制电路中采用了传动带保护控制装置。空调放大器通过比较发动机转速与压缩机转速来判定压缩机传动带是否打滑。

压缩机转速传感器的位置如图 3-67 所示，判定压缩机传动带是否打滑如图 3-68 所示，传动带保护控制装置的原理如图 3-69 所示。空调放大器（或 ECU）同时接收发动机的转速信号和压缩机的转速信号，并对两个转速进行比较，发现转速不同步就切断压缩机电磁离合器的电源，使压缩机停止工作，以保证其他附件正常运转。

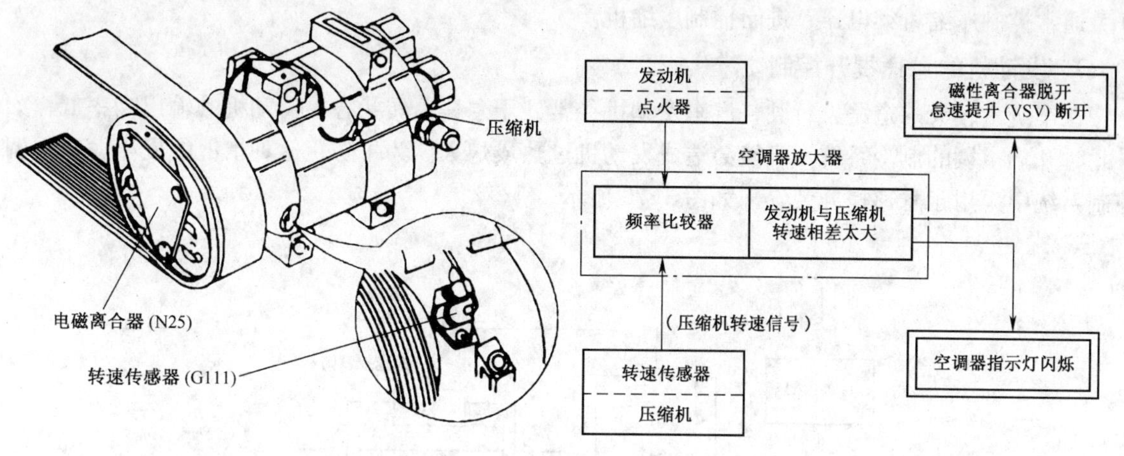

图 3-67　压缩机转速传感器安装位置

图 3-68　判断压缩机传动带打滑示意图

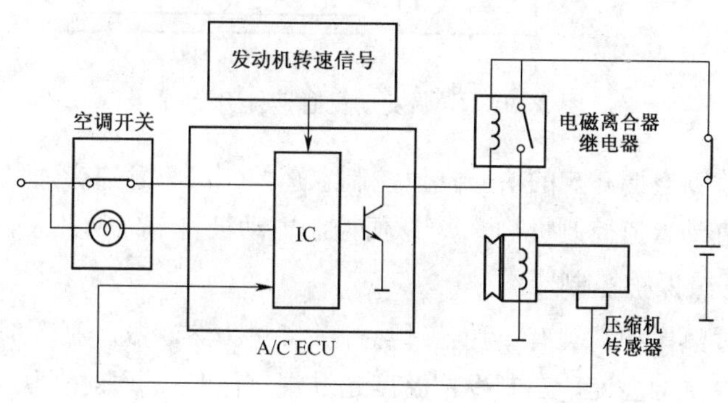

图 3-69　传动带保护控制电路

压缩机转速传感器采用磁阻式结构，电阻一般为 100～1 000 Ω。在压缩机工作时，压缩机转速传感器能输出交流电，一般不低于 5 V。

（4）汽车空调加速切断控制

汽车空调加速切断器的作用是在汽车加速时暂时切断空调压缩机，以增大汽车的后备功率，使汽车有足够的动力超车，且不损坏压缩机零件。一般电路断开 12 s 之后又能自动接通，空调器恢复工作。

早期高级轿车上常装设这种结构，新款轿车取消这个开关，而对发动机内的计算机程序修改，在节气门开度超过 90%时，就切断压缩机工作。

加速切断器由一个微动开关和一个控制簧片组成，控制簧片由加速踏板臂控制。当加速踏板踏到其行程的 90%时，加速踏板臂碰到切断器的控制簧片，从而使切断器断开，压缩机停止运行。发动机不再供给压缩机功率，从而提高了汽车的加速性能。

（5）制动助力真空开关

制动助力真空开关的作用是每当制动系统需要最大动力时，脱开空调器压缩机，这个开关通常串联在压缩机离合器电路中，它不向 ECU 提供数据。

（6）动力转向切断开关

动力转向切断开关用于高档车辆转向需要最大转向助力时，脱开空调压缩机。动力转向切断开关通常控制压缩机继电器，进而控制压缩机。

7. 发动机的怠速提升控制

在车流量较大的道路上行驶，汽车发动机经常处于怠速运转状态，发动机的输出功率低，如果此时开启空调的制冷系统，可能会造成发动机过热或熄火。为了防止这种情况的发生，在空调控制系统中采用了怠速提升装置，如图 3-70 所示。

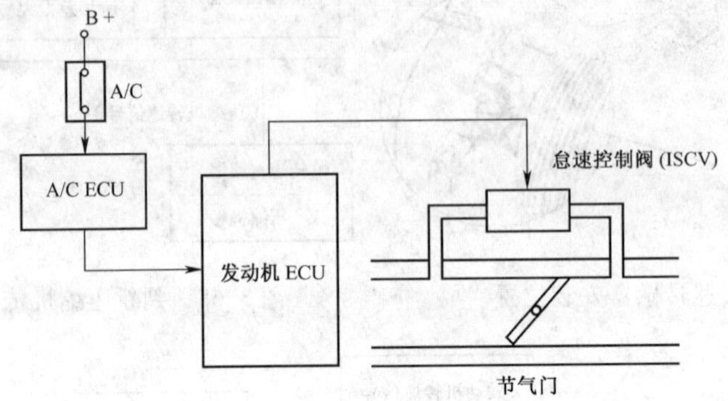

图 3-70　空调发动机怠速提升装置

发动机的 ECU 收到空调开启的信号，便控制怠速控制阀将怠速旁通气道的通路增大，提高怠速；如果是节气门直动怠速控制机构，ECU 便控制电动机将节气门开大，提高怠速。

8. 制冷系统的过热保护控制

常见的制冷系统过热保护装置有 3 种：过热开关、热力熔断器、制冷剂温度开关。它们都是用来检测高压回路制冷剂的温度，在制冷剂温度超过规定值时切断压缩机。一般过热保护开关都是串联在压缩机电磁离合器电路中。

(1) 过热开关与热力熔断器

如图 3-71 所示为开关热力熔断器工作原理示意图，热力熔断器与过热开关配合使用，过热开关是一种温度—压力感应开关，一般安装在压缩机缸体内。当过热开关闭合时，通向电磁离合器的电流通过热力熔断器中的加热器，使加热器温度升高，直到把熔断器熔化，这样电磁离合器电路中断，压缩机停止工作。

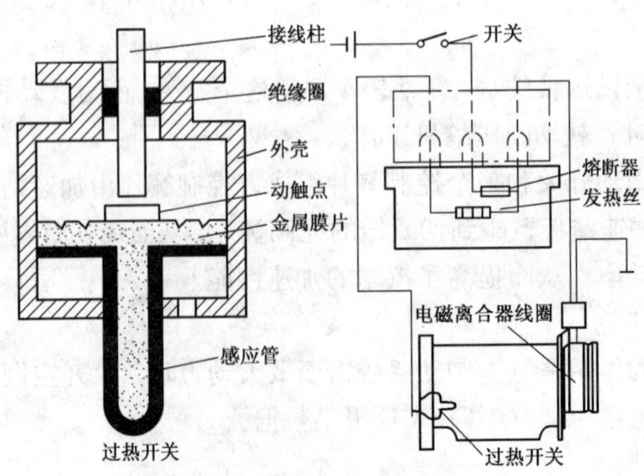

图 3-71　热力熔断器系统

（2）制冷剂温度开关

在部分叶片式压缩机和斜盘式压缩机的温度开关，防止压缩机温度过高而损坏，如图 3-72 所示。在制冷剂的温度超过 180 ℃时，该开关断开，切断压缩机电磁离合器电路。

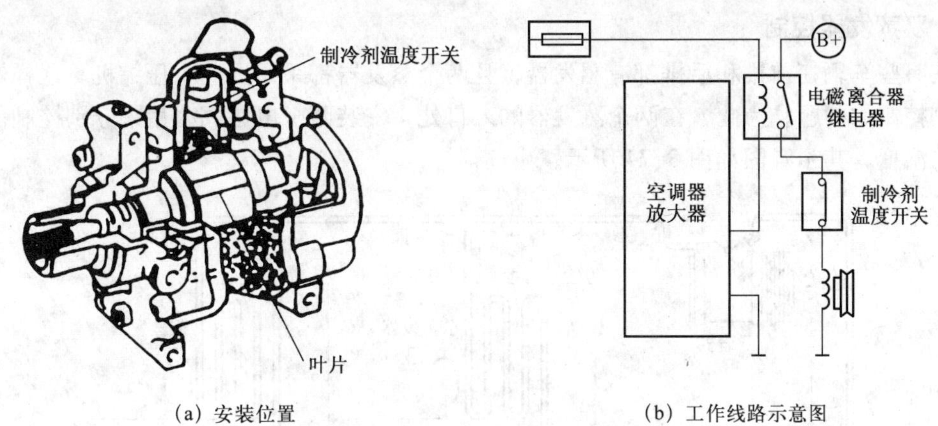

（a）安装位置　　（b）工作线路示意图

图 3-72　制冷剂温度开关

9. 制冷剂过压保护控制

（1）减压安全阀

如冷凝器没有足够通风，或者冷却负荷过大，在冷凝器及储液灌、干燥器高压端的压力就会变得非常高，有使管道爆裂的危险。为防止出现这一现象，在高压管路压力上升至 4.14 MPa 时减压安全阀就会开启，释放管道中制冷剂到大气中，以降低管道压力，当高压回路压力下降到 3.4 MPa 时，减压安全阀重新关闭，管道中的制冷剂不再外泄。

（2）易熔塞

储液罐干燥器顶端安装有一易熔塞，代替减压安全阀，用作安全装置。当高压端压力升高到 3 MPa 或温度上升到 95～105 ℃时，易熔塞中焊锡熔化，使制冷剂排出至大气中，从而防止制冷装置损坏。

10. 压缩机双级控制

有些车辆为了提高车辆的燃油经济性，采用了压缩机双级控制，如图 3-73 所示。在空调上有两个开关：A/C 开关和 ECHO 开关。在接通 A/C 开关时，空调 ECU 根据蒸发器温度传感器的

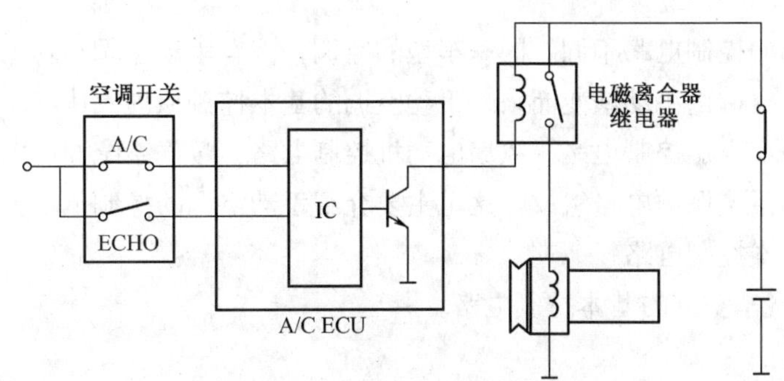

图 3-73　压缩机的双级控制电路

信号，在比较低的温度控制压缩机电磁离合器的通断；在接通 ECHO 开关时，空调 ECU 便在较高的温度控制压缩机电磁离合器的通断，这样就可以减少压缩机工作的时间，减少汽车燃料的消耗，同时提高汽车动力的输出。

11. 双蒸发器控制

现在有些车辆在前排和后排都有蒸发器，且两个蒸发器都采用同一个压缩机，这样就面临着前后分别控制的问题。为此，在两个蒸发器的入口处，安装两个电磁阀，用来分别控制前排和后排座位的温度，其示意图如图 3-74 所示。

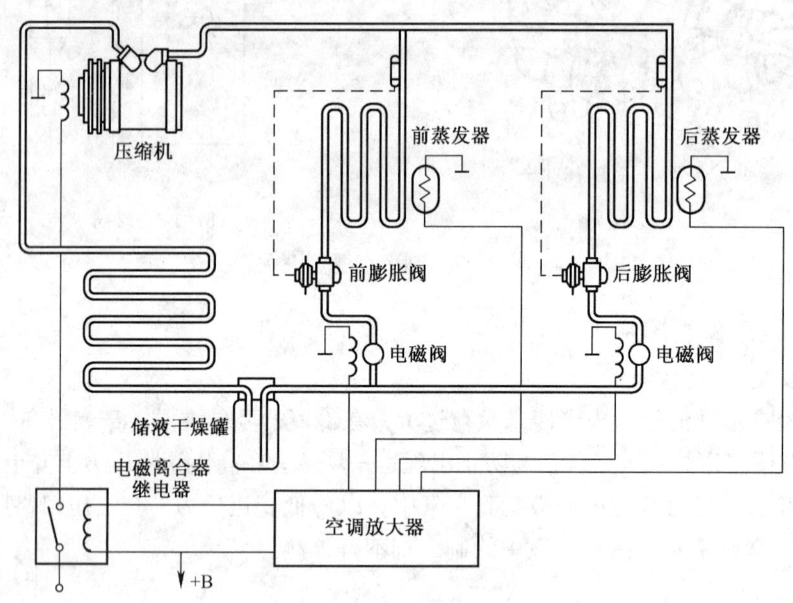

图 3-74　双蒸发器控制

12. 环境温度控制

部分车辆在控制电路中设有环境温度开关，在环境温度低于规定值时，环境温度开关断开，切断压缩机电磁离合器的电路，使空调制冷系统不能工作。环境温度高于规定值时，制冷系统才能进入工作状态。

13. 空调控制电路

不同车型，空调的控制电路不同；同一车型的空调，因有手动空调与自动空调之分，其控制电路也不相同。自动空调由手动演变而来，手动空调的基本控制原理大体相同，都是由鼓风机控制电路、压缩机电磁离合器控制电路、风扇电动机控制电路、暖气系统控制电路、发动机转速与温度控制电路、空调系统保护电路组成，这里主要介绍手动空调的控制电路。

(1) 汽车空调基本控制电路

图 3-75 所示为汽车空调的基本控制电路。

① 电源控制电路：

控制电流：蓄电池→点火开关→熔断器 1→空调继电器电磁线圈→鼓风机开关（不在 OFF）→搭铁。

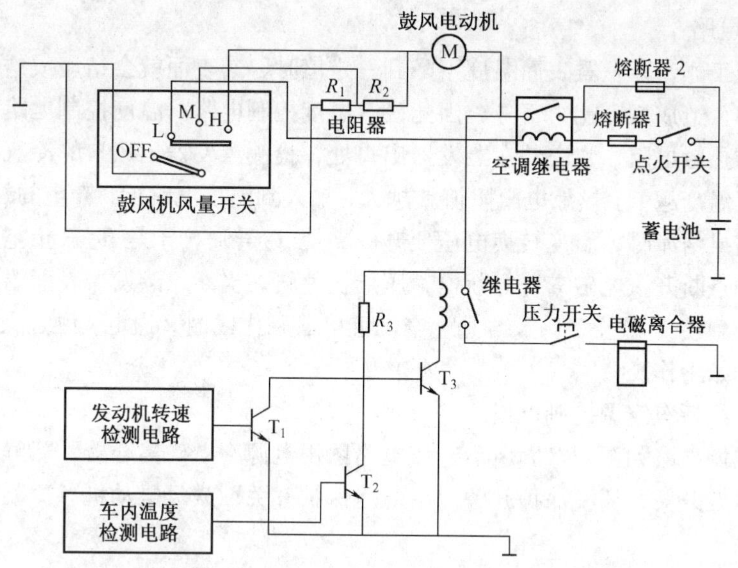

图 3-75　汽车空调系统基本控制电路原理图

空调继电器电磁线圈通电后，其触点吸合，于是有电源电流：蓄电池→熔断器 2→空调继电器，之后分为两路，一路到鼓风机，一路到压缩机电磁离合器。

② 鼓风机控制电路：

控制电流：蓄电池→熔断器 2→空调继电器→鼓风机电动机。因鼓风机开关位置不同，接线分为一下几种情况：

- OFF 挡：由于空调继电器磁化线圈断路，空调继电器断开，无电源电流，鼓风机与压缩机均停转。
- L 挡：鼓风机→R_2→R_1→搭铁，电阻最大，风量最小。
- M 挡：鼓风机→R_2→搭铁，电阻剧中，风量居中。
- H 挡：鼓风机→搭铁，电阻最小，风量最大。

③ 电磁离合器控制电路：

在点火开关置于点火位置、鼓风机开关开启、空调放大器继电器吸合、压力开关闭合（若电磁离合器控制电路还串有其他控制开关，也应闭合）的情况下，压缩机才能工作。其电路如下：蓄电池→熔断器 2→空调继电器→空调放大器继电器→压力开关→电磁离合器→搭铁。

④ 发动机转速控制电路：

为了避免发动机低速时接入空调后引起的发动机熄火或发动机过热现象，一般空调系统都设有发动机转速控制电路。

工作原理：发动机转速检测电路将点火线圈传来的点火脉冲信号转变成一个连续变化的电压信号，且发动机转速越低，该电压就越高。当发动机转速低于规定值（800 r/min）时，该电压（即 T_1 的基极电位）便上升使 T_1 导通，T_1 导通则 T_2 截止，空调放大器继电器线圈断电，触点断开，电磁离合器断电，压缩机停止工作。当发动机转速上升到高于规定值时，转速检测电压又下降使 T_1 截止，T_3 便导通（假设此时 T_2 亦截止），空调放大器继电器磁化线圈通电，触点吸合，电磁离合器通电，压缩机又开始工作。

⑤ 温度控制电路：

空调制冷系统工作，蒸发器表面温度下降到一定值时，其表面就会结霜或结冰，这将影响蒸发器的热交换效率，造成制冷能力下降，因此设有温度控制电路。温度控制电路的传感器是一个具有负温度系数的热敏电阻，它安装在蒸发器出口处，检测蒸发器出风口的冷气温度。

蒸发出口冷气温度越低，热敏电阻阻值就越大，输入到温度电路后，产生的转换电压就越高。当蒸发器出口结霜或结冰时，温度转换电压便升高到使 T_2 导通，于是 T_3 截止空调放大器继电器磁化线圈断电，触点断开，电磁离合器断电，压缩机停转。当然，蒸发器表面温度又回升后，温度转换电压又下降到使 T_2 截止，T_3 又导通，空调继电器磁化线圈又通电，触点吸合，电磁离合器通电，压缩机又开始工作。

(2) 普通桑塔纳轿车空调控制电路

桑塔纳轿车空调电路如图 3-76 所示。该电路图由电源、电磁离合器、新鲜空气及怠速电磁阀、空调开关、温度开关、环境保护开关、高低压保护开关、鼓风电动机、冷凝风扇电动机及其继电器组成。

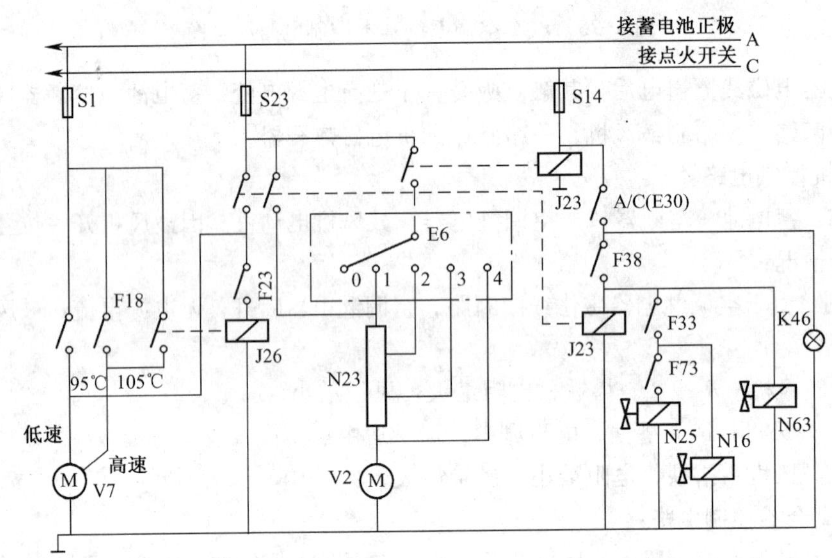

图 3-76　桑塔纳轿车空调电路

S1、S14、S23—熔断器；F18—温控开关；V7—冷凝风扇电动机；F23—高压保护开关；J26—冷凝器风扇继电器；E6 鼓风机开关；N23—鼓风机电阻；V2—鼓风机电动机；J23—空调继电器；A/C（E30）—空调开关；F38—环境温度控制开关；F33—蒸发器温度控制开关；F73—低压保护开关；N25—电磁离合器；N16—怠速电磁阀；N63—新鲜空气电磁阀；K46—空调指示灯

① 鼓风机电路：

● 鼓风机控制电流：C 路电流→熔断器 S14→空调继电器 J23，其触点将鼓风机变速开关 E6 的电路接通。

● 鼓风机电流：鼓风机的电路接通后，A 路电流熔断器 S23 鼓风机变速开关，此后因鼓风机变速开关挡位不同而分为以下 5 种情况。

0 位（空挡）：电路不通，鼓风机不转动。

1 位（一挡）：电路中串联 N23 的全部电阻，转速最低。

2 位（二挡）：电路中串联 N23 的 2/3 电阻，转速升高。

3 位（三挡）：电路中串联 N23 的 1/3 电阻，转速较高。

4 位（四挡）：电路中未串联 N23 电阻，转速最高。

② 车内空气循环状态电路：

环境温度传感器装在散热器护圈内，当检测到环境温度高于 10 ℃时，环境温度开关 F38 闭合，进入车内空气循环状态。电路为：C 路电流→熔断器 S14→空调开关 A/C（E30）→环境温度开关 F38（同时空调指示灯 K46 亮）→新空气电磁阀 N63 搭铁，关闭车外空气，即进入车内空气循环状态。

③ 怠速提高电路：

C 路电流→熔断器 S14→空调开关 A/C(E30) →温控开关 F33 闭合→怠速电磁阀 N16→搭铁，怠速提高装置工作，提高发动机的怠速转速。

④ 电磁离合器电路：

C 路电流→熔断器 S14 空调开关 A/C（E30）→环境温度开关 F38（闭合）→温控开关 F33→低压保护开关 F73→电磁离合器 N25→搭铁，压缩机运转，空调系统工作。

温控开关 F33 位于蒸发器出口处，当出口处温度低于 0℃时，F33 断开，不允许制冷系统工作。当出口处温度高于 2℃时，F33 闭合，允许制冷系统工作。F33 的作用是防止蒸发器结霜造成制冷效果降低。

低压保护开关 F33 在压力为 200 kPa 以上时闭合，压力低于 200 kPa 时断开。

制冷系统工作时，空调继电器 J23 的另一双触点（图 3-76 中在 S23 下方）也被吸合，接通鼓风机 V2，此时即使鼓风机开关 E6 在空挡，鼓风机也会以一挡转速工作。同时冷凝风扇也开始工作，以确保热交换顺利进行，不至于损坏制冷系统部件。

⑤ 冷凝器风扇电动机电路：

空调工作时，空调继电器 J23 接通：A 路电流→熔断器 S23→冷凝器风扇双速直流电动机 V7 的低速端子，冷凝风扇低速运转。

当系统压力高于 1 500 kPa 时，位于储液灌上的高压保护开关 F23 闭合：A 路电流→S23→F23→J26→风扇电动机 V7 高速端子，冷凝器风扇高速运转。

当发动机冷却液温度高于 95℃时，温度开关 F18 的低温开关闭合：A 路电流→S1→F18→V7 低速端子，风扇低速运转；当发动机冷却液温度高于 105 ℃时，温控开关 F18 的高温开关闭合：A 路电流→S1→F18→V7 高速端子，风扇电动机高速运转。

器材与设备

① 器材：手动空调车辆。

② 设备：台架，每组一台（空调制冷系统充满制冷剂，可通电工作）；导线、胶布若干；与系统电气元件相匹配的插头，每组一套。

③ 工具：剥线钳、螺丝刀等工具；与系统匹配的电路图。

技能训练

① 读懂电路图，明确空调压缩机及鼓风机、电风扇的控制方式。

② 进行线路制作：

a．选择合适线径的导线（线色尽量与电路图一致）。

b．截取合适的长度。

c．制作电气插头。

③ 将制作好的线路与空调系统电气元件连接。

④ 在教师允许下接通电源和空调开关进行试验。

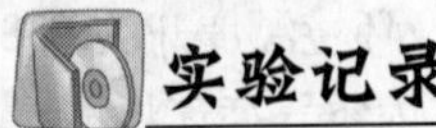

实验记录

车型：____________________。空调类型：A.手动　　B.自动

1．绘制所连接空调系统的电路图：

2．说明空调系统电路的工作过程：

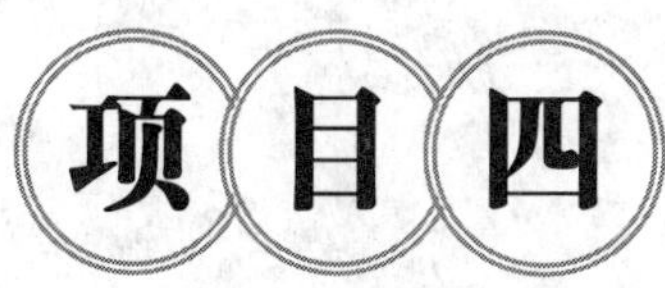

汽车空调制冷系统检测、维修工具、仪器仪表及设备

空调制冷系统泄漏的故障率是非常高的，维修过程中需要利用科学的方法精确地找到泄漏点，并对漏点进行修复、检验。最后，重新对制冷系统进行充注与试验。

本项目按照制冷系统泄漏的维修过程，介绍检漏、充注方法，常用的仪器、仪表、设备的使用方法，以及工作过程中现象、数据的分析方法。

活动一　检漏设备与检漏方法

知识目标

① 熟悉制冷系统常用检漏设备的工作原理。

② 撑握制冷系统检漏的方法。

技能目标

能够对制冷系统进行泄漏检查。

知识链接

1．制冷剂量的检查

制冷系统中制冷剂的量可以通过观察视窗了解。视窗大多安装在储液干燥器上，个别也安装在从储液干燥器到膨胀阀之间或冷凝器到储液干燥器之间的管路上。检查时，启动发动机，并将转速稳定在 1 500～2 000 r/min，空调功能键置于最大制冷状态，鼓风机置于最高转速，接通空调制冷系统 5 min 后通过视窗进行观察，会看到 5 种情况，如图 4-1 所示。

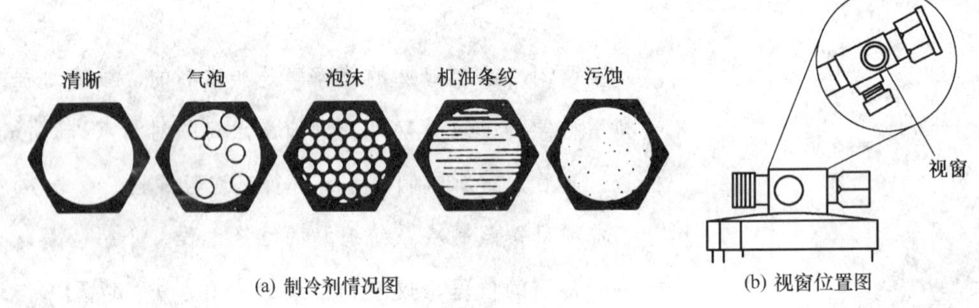

(a) 制冷剂情况图　(b) 视窗位置图

图 4-1　视窗迹象

（1）清晰、无气泡

清晰、无气泡，说明制冷剂适量。若开、关空调机的瞬间制冷剂起泡沫，随后就变清，也同样说明制冷剂适量。如果开、关空调机从视窗内看不到动静，而且出风不冷，压缩机进出口之间没有温差，则说明制冷剂已漏光。若出风不够冷，而且关闭压缩机后无气泡、无流动，则说明制冷剂过多。

（2）偶尔出现气泡

若偶尔出现气泡，并且伴有膨胀阀结霜，则说明系统中有水分。若无膨胀阀结霜现象，则可能是制冷剂少量缺少或有空气进入。

（3）有泡沫出现

若有泡沫不断出现，则说明制冷剂不足。如果泡沫很多，也可能是因为有空气存在。若判断为制冷剂不足，则要查明原因，不要随便补充制冷剂。由于胶管内制冷剂存在自然泄漏问题，因此若是使用两年后方发现制冷剂不足，则可以判断为胶管自然泄漏。

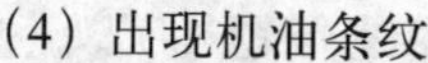

（4）出现机油条纹

若视窗的玻璃上有条纹状的油渍，则说明冷冻机油量过多。此时应想办法从系统内释放一些冷冻机油，再加入适量的制冷剂。若视窗上留下的油渍是黑色的或有其他杂物，则说明系统内的冷冻机油已变质，必须清洗制冷系统。

2．汽车空调系统的检漏

制冷剂泄漏是汽车空调系统最常见的故障之一，制冷剂泄漏严重将会导致空调制冷系统制冷不足或不制冷。汽车空调系统工作环境比较恶劣，其制冷系统一直随汽车工作在振动的工况之下，极易造成部件、管道损坏和接头松动，使制冷剂发生泄漏。另外，每次拆装或检修汽车制冷系统管道、更换零件之后也需要在拆装的部位进行制冷剂的泄漏检查。由于制冷剂无色、无味，所以检查制冷剂的泄漏存在一定的困难，可以采用多种方法，有时也需要借助一些仪器设备。目前，制冷剂的常用检漏方法有观察法检漏、肥皂泡沫检漏、电子检漏仪检漏、染料示踪法检漏、加压法检漏和真空法检漏等。

（1）观察法检漏

观察法检漏是指用眼睛查看制冷系统各部位（特别是制冷系统的管接头）是否有冷冻机油渗漏痕迹的一种检漏方法。因为制冷剂通常与冷冻机油互溶，所以在泄漏处必然也带有冷冻机油，因此系统管道有油迹的部位就是泄漏处。

（2）肥皂泡沫法检漏

肥皂泡沫法检漏就是在怀疑泄漏区域，涂上肥皂液，如有泄漏点，该处必然起皂泡。此法简单易行，是目前汽车空调修理行业经常使用的一种方法，但现在汽车各种构件布置得越来越紧凑，有些部位及检修死角，用此法不易检查出来。

（3）电子检漏仪检漏

电子检漏仪分为R12电子检漏仪、R134a电子检漏仪（见图4-2）和多功能电子检漏仪(见图4-3）等。一般检测R12泄漏的电子检漏仪对检测R134a是无效的，检测R134a泄漏情况要使用一种专门适用于它的检漏仪，或使用可检测R12及R134a的多功能电子检漏仪。目前，最常用的是多功能电子检漏仪，它既能检测R12又能检测R134a。

图4-2　电子检漏仪

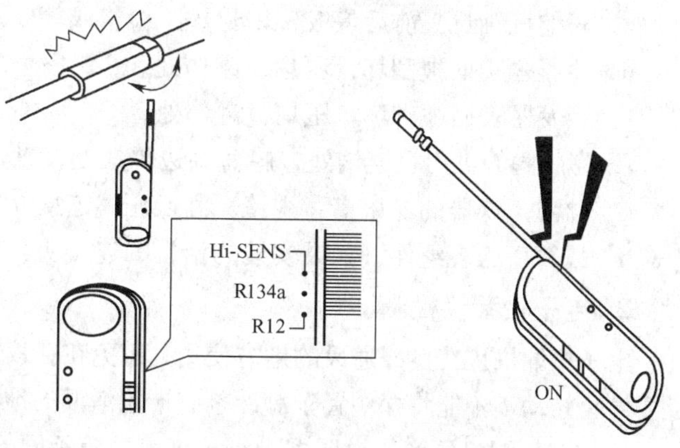

图4-3　多功能电子检漏仪

（4）染料示踪法检漏

这种方法是将加有染料的制冷剂注入系统，如系统有泄漏的情况，由于染料有颜色，泄漏点可以明显地被发现。但此法用得较少，因为存在染料的残留物与制冷剂的相容问题，所以一些厂家不同意用此法检漏。

(5) 加压法检漏

加压法检漏是指将少量制冷剂及一定压力的氮气加入制冷系统中，再用观察法、肥皂泡沫、卤素检漏灯或电子检漏仪进行检漏的一种方法。这种方法常用于空调制冷系统中的制冷剂全部漏光时的检漏。要注意的是，在高压条件下操作时尽量不要用空气压缩机打压或制冷系统本身的压缩机打压，因为这样会使制冷系统带入一部分水分。

(6) 真空法检漏

真空法检漏是指在对制冷系统抽真空以后，保持系统真空状态一段时间（至少 60 min），然后观察系统中的真空压力表指针是否移动（即指针是否发生变化）。如真空指示没有变化，则说明系统无泄漏，如真空指示回升，则说明系统有泄漏。

要指出的是，采用这种方法检漏，只能说明制冷系统是否泄漏，而不能确定泄漏的具体部位。

器材与设备

① 器材：汽车空调。

② 设备：歧管压力表组件、氮气罐（压缩氮气要充足）、电子检漏仪。

③ 工具：肥皂溶液。

技能训练

1. 肥皂泡沫法检漏

① 把肥皂溶液涂在所有接头处和（或）怀疑有泄漏的地方。

② 出现气泡的位置便是泄漏处。

需要重点检查渗漏的部位如下：

a. 各个管道接头及阀门连接处。

b. 全部软管，尤其在管接头附近察看是否有气泡、裂纹、油渍。

c. 压缩机轴封、前后盖板、密封垫、检修阀等处。

d. 冷凝器表面被刮坏、压扁、碰伤处。

e. 蒸发器表面被刮坏、压扁、碰伤处。

f. 膨胀阀的进出口连接处，膜盒周边焊接处，以及感温包与膜盒焊接处。

g. 储液干燥器的易熔塞、视镜、高低压阀连接处。

h. 歧管压力表组件（如果安装的话）的连接头、手动阀及软管处。

2. 电子检漏仪检漏

电子检漏仪应在良好通风的地方使用，避免在存放爆炸性气体的地方使用，实施检查时，发动机要停止转动。不能将探头置于制冷剂有严重泄漏的地方，这样会使检漏仪的灵敏元件受到损坏。

要按照检漏仪厂商的说明书进行检查，尽管不同的检漏仪操作程序可能不同，但下列步骤可用作指导。

① 旋转或按压 ON/OFF 开关到 ON。

② 将灵敏度开关拨至 LEVEL1（R12）或 LEVEL2（R134a）。

③ 调节平衡调节直到听到最大警报声，再往回调节直至听到缓慢连续的滴嗒声，最下面的指示灯有一个闪亮为止。

④ 开始搜索泄漏处。把测针慢慢靠近被检测处的下方，如果检测仪发出警报声，说明此处存在泄漏。

3.加压检漏

① 正确连接歧管压力表组件，如图 4-4 所示。高压软管接在高压管道上，低压软管接在低压管道上。操作时要注意：将歧管压力表组件与压缩机高、低压检修阀连接时，只能用手（不能用工具）拧紧其螺母，以防止损坏设备。判断压缩机高、低压侧的方法如下：

a．按制冷剂流向判断。

b．按管道的冷热判断。

c．按制冷剂管的粗细判断。

正确回收制冷管路里的制冷剂。

② 打开高低压检修阀，向系统中充入干燥的压缩氮气。当压力达到 1.5 MPa 左右时，停止充气。经过长时间后，若压力无明显下降，则说明系统无泄漏。

最后，整理、清洁实验场地。

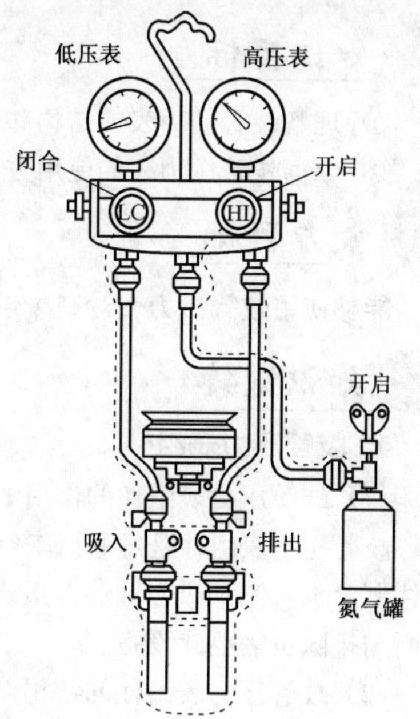

图 4-4　加压检漏示意图

实验记录

车型：____________________。空调类型：A. 手动　　B. 自动

1. 简述所使用的检漏方法：

2. 记录检漏过程：

活动二　歧管压力表使用方法

知识目标

① 理解歧管压力表的结构和工作原理。

② 掌握歧管压力表的使用方法。

能力目标

能够使用歧管压力表对制冷系统进行压力测量。

知识链接

1. 歧管压力表组件

(1) 歧管压力表组件的作用

歧管压力表组件是维修汽车空调系统必不可少的重要设备，空调系统维修的基本作业，例如充注制冷剂、添加冷冻机油、系统抽真空等都离不开歧管压力表组件装置，汽车空调系统故障的诊断与排除也需要此设备。

(2) 歧管压力表组件的结构

如图 4-5 所示，歧管压力表组件由两个压力表（低压表和高压表）、两个手动阀（高压侧手动阀和低压侧手动阀）、3 个软管接头（一个接低压工作阀，一个接高压工作阀，一个接制冷剂罐或真空泵吸入口）组成，这些部件都装在表座上，形成一个压力计装置。

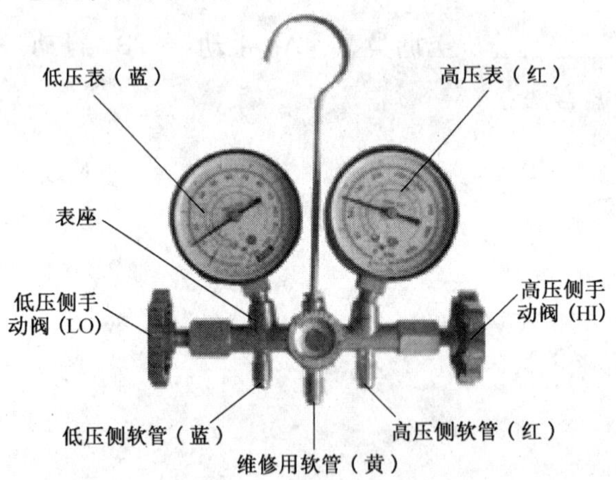

图 4-5　歧管压力表组件

(3) 歧管压力表组件的使用

歧管压力表组件装置的使用方法如下：

① 当高压手动阀 B 和低压手动阀 A 同时全关闭时，可以对高压侧和低压侧的压力进行检查，如图 4-6（a）所示。

② 当高压手动阀 B 和低压手动阀 A 同时全开时，全部管连通。如果接上真空泵，便可以对系统抽真空，如图 4-6（b）所示。

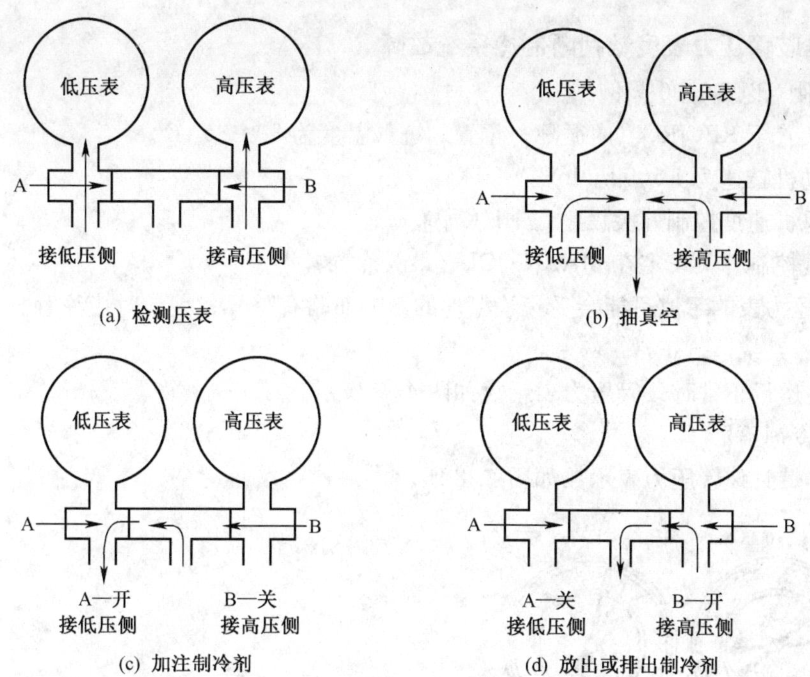

图 4-6　歧管压力表的使用

③ 当高压手动阀 B 关闭，而低压手动阀 A 打开时，可以从低压侧充注气态制冷剂，如图 4-6（c）所示。

④ 当低压手动阀 A 关闭，而高压手动阀 B 打开时，可使系统放空，排出制冷剂，也可由高压侧充注液态制冷剂，如图 4-6（d）。

（4）歧管压力表组件使用时的注意事项

① 歧管压力表组件是一个精密仪器，必须细心维护，不要损坏，而且要保持清洁。

② 不使用时，要防止软管中进入水分和脏物。

③ 使用时要把管内空气排尽。

④ 压力表接头与软管连接时，只能用手拧紧，不能用工具拧紧。

2. 用歧管压力表测量空调系统压力：

① 卸掉系统高、低压管路上的检修阀护帽。

② 将歧管压力表组件高、低压侧手动阀都关闭，蓝色的低压侧软管接低压检修阀，红色的高压侧软管接高压检修阀。

③ 启动发动机，按需要使发动机温度正常（约运行 5 min）后，调整发动机转速至 1 500～2 000 r/min，接通空调制冷系统，将鼓风机开关置于高速状态，温度控制开关置于最冷位置，进行检测。

④ 通过歧管压力表组件高、低压侧压力的读数，来判断制冷系统的故障。制冷系统高压端的压力一般为 1 103～1 517 kPa，低压端压力一般为 103～241 kPa，其压力会因车型和环境温度不同而有所不同。

⑤ 检测完后，断开制冷系统及鼓风机，发动机熄火，卸掉歧管压力表组件，把检修阀的护帽旋回。

3. 根据歧管压力表度数判断制冷系统故障

准备条件（以 LS400 为例）：

① 开关置于 RECIRC（内循环）位置，进气温度为 30～35 ℃。

② 发动机转速为 1 500 r/min。

③ 鼓风机速度控制开关设定在 Hi（高速）。

④ 温度控制开关设定在 MAX COOL（最大冷气）。

注意：压力表的示值可能会受环境温度的影响而略有差异，记录时应注意。

（1）制冷系统运行正常

制冷系统运行正常时歧管压力表示数如图 4-7 所示。

（2）制冷剂不足

制冷剂不足时歧管压力表示数如图 4-8 所示。

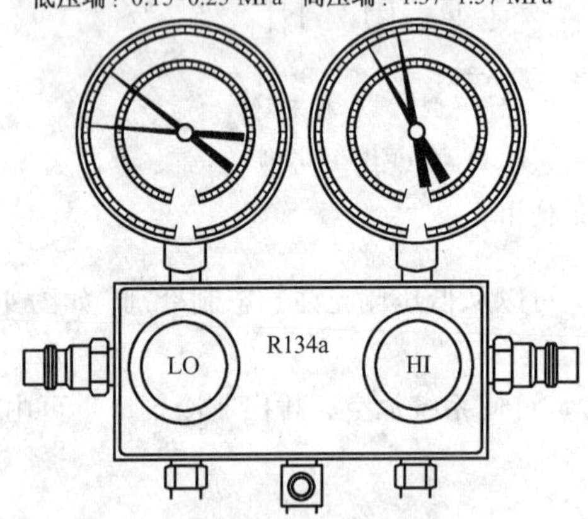

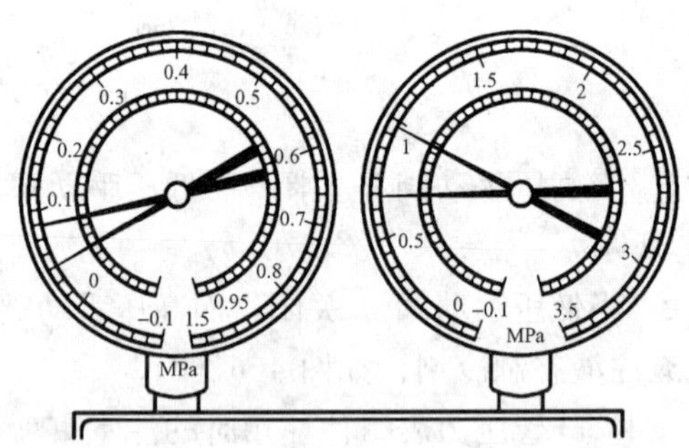

图 4-7 制冷系统运行正常时歧管压力表示数

图 4-8 制冷剂不足时歧管压力表示数

制冷剂不足故障现象及诊断与排除如表 4-1 所示。

表 4-1 制冷剂不足故障现象及诊断与排除

现象：制冷不足			
制冷系统中见到的现象	可能的原因	诊断	措施
① 低端和高压端压力均偏低 ② 在观察窗可连续见到气泡 ③ 制冷不足	制冷系统漏气	① 制冷系统中制冷剂不足 ② 制冷剂泄漏	① 用测漏器检查是否漏气，根据需要予以修理 ② 充入适量的制冷剂 ③ 连接压力表后，如压力示值接近 0，可在漏气部位检修完毕后将制冷系统抽成真空，再进行充注

（3）制冷系统中有湿气

制冷系统中有湿气时歧管压力表数如图 4-9 所示。

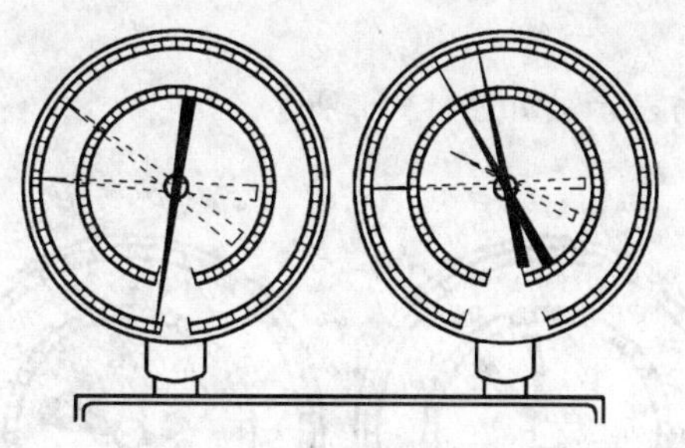

图 4-9　制冷系统中有湿气时歧管压力表示数

制冷系统中有湿气故障现象及诊断与排除如表 4-2 所示。

表 4-2　制冷系统中有湿气故障现象及诊断与排除

现象：断续制冷，然后不能制冷			
制冷系统中见到的现象	可能的原因	诊断	措施
运行时，低压端压力时而真空，时而正常	进入制冷系统的湿气在膨胀阀节流孔处冻结，使循环过程暂时停止。待冰溶化后一段时间，循环过程又恢复正常	① 干燥器处于过饱和状态 ② 制冷系统中的湿气在膨胀阀节流孔处冻结，阻止制冷剂循环	① 更换储液罐／干燥器 ② 抽真空，反复排出空气，以排出循环中的湿气 ③ 充入适量的新制冷剂

（4）制冷剂不循环

制冷剂不循环时歧管压力表示数如图 4-10 所示。

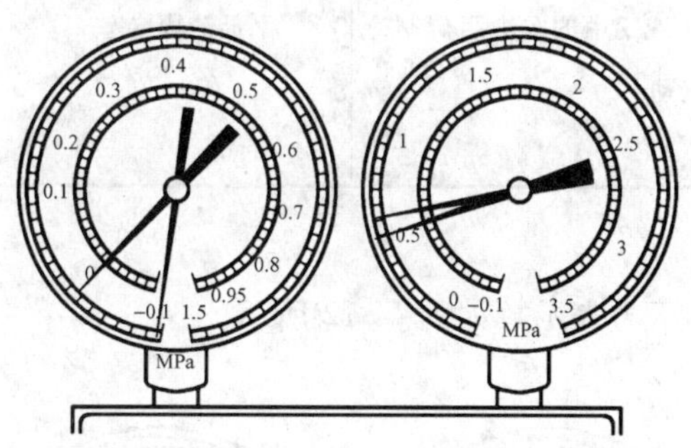

图 4-10　制冷剂不循环时歧管压力表示数

制冷剂不循环故障现象及诊断与排除如表 4-3 所示。

表 4-3　制冷剂不循环故障现象及诊断与排除

现象：不制冷（有时断断续续制冷）			
制冷系统中见到的现象	可能的原因	诊断	措施
① 低压端出现真空示值，高压端出现很低的压力示值 ② 储液干燥器或膨胀阀的前后管路上结霜或见到露珠	① 制冷系统中的湿气或灰尘阻碍制冷剂流动 ② 膨胀阀热敏管漏气阻碍制冷	制冷剂不循环	① 检查热敏管、膨胀阀和 EPR（蒸发器压力调节器） ② 用压缩空气清除膨胀阀内的污垢。如不能清除污垢，则应更换膨胀阀 ③ 更换储液干燥器 ④ 抽出空气，然后充入适量的制冷剂。如热敏管漏气，则更换膨胀阀

(5) 制冷剂循环不良

制冷剂循环不良时歧管压力表示数如图 4-11 所示。

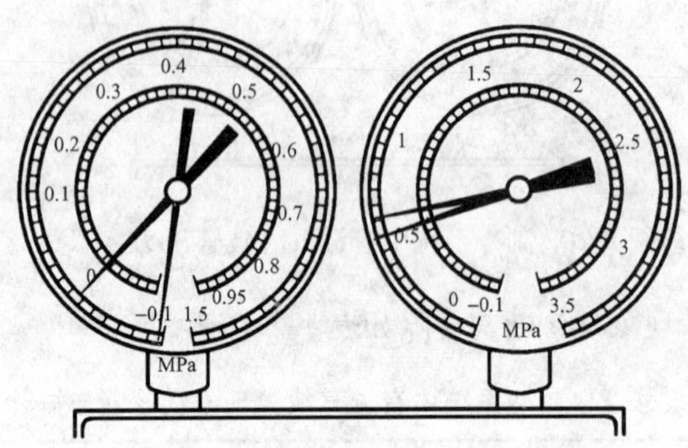

图 4-11　制冷剂循环不良时歧管压力表示数

制冷剂循环不良故障现象及诊断与排除如表 4-4 所示。

表 4-4　制冷剂循环不良故障现象及诊断与排除

现象：制冷不足			
制冷系统中见到的现象	可能的原因	诊断	措施
① 低压端和高压端压力均偏低 ② 储液罐至制冷装置之间的管线结霜	储液罐中的灰尘阻碍制冷剂流动	储液罐堵塞	更换储液罐 抽真空，充注

(6) 制冷系统中有空气

制冷系统中有空气时歧管压力表示数如图 4-12 所示。

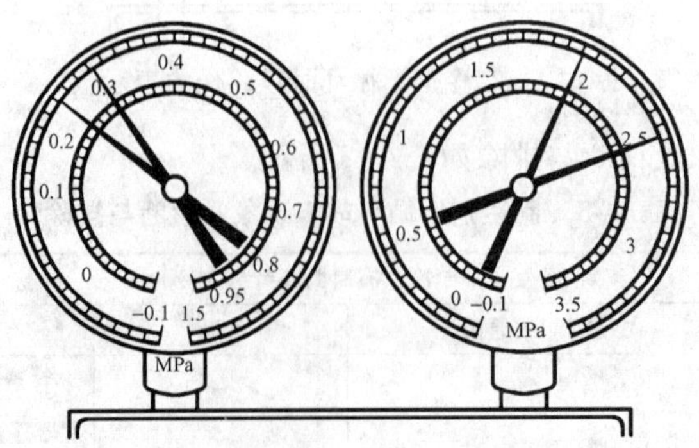

图 4-12　制冷系统中有空气时歧管压力表示数

制冷系统中有空气故障现象及诊断与排除如表 4–5 所示。

表 4–5　制冷系统中有空气故障现象及诊断与排除

现象：制冷不足

备注：制冷系统打开，未采用真空排气便充入制冷剂时，压力表便出现图 4–12 所示的示值

制冷系统中见到的现象	可能的原因	诊断	措施
① 低压端和高压端压力过高 ② 高压管热得烫手 ③ 观察窗处可见到气泡	空气进入制冷系统	① 制冷系统中有空气 ② 抽真空不彻底	① 检查压缩机润滑油是否肮脏或不足 ② 彻底抽真空，充入新的制冷剂

（7）制冷剂充加过量，或冷凝器散热不良

制冷剂充加过量或冷凝器散热不良时歧管压力表示数如图 4–13 所示。

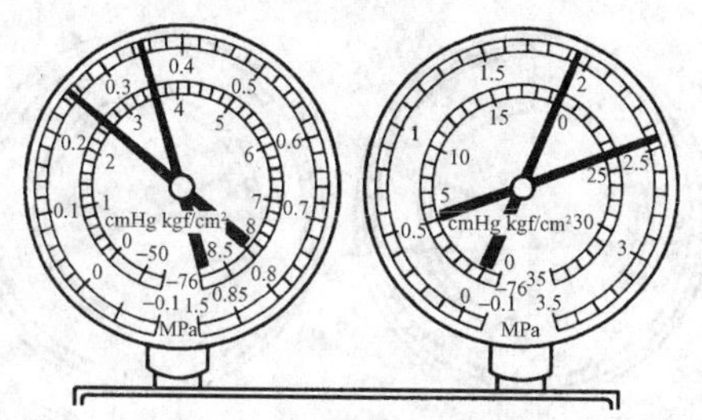

图 4–13　制冷剂充加过量或冷凝器散热不良时歧管压力表示数

制冷剂充加过量或冷凝器散热不良故障现象及诊断与排除如表 4–6 所示。

表 4–6　制冷剂充加过量或冷凝器散热不良故障现象及诊断与排除

现象：制冷不足

制冷系统中见到的现象	可能的原因	诊断	措施
① 低压端和高压端压力过高 ② 即使降低发动机转速，在观察窗也见不到气泡	① 制冷系统中制冷剂过量，不能充分制冷 ② 冷凝器散热不良	① 制冷系统中制冷剂过多——制冷剂充入过量 ② 冷凝器散热不良——冷凝器散热片堵塞，或风扇电动机故障	① 清洁冷凝器 ② 检查风扇电动机的工作 ③ 如①、②项均正常，则应检查制冷剂量，回收适量的制冷剂

（8）膨胀阀安装不当／热敏管有故障（打开太宽）

膨胀阀安装不当／热敏管有故障（打开太宽）时歧管压力表示数如图 4–14 所示。

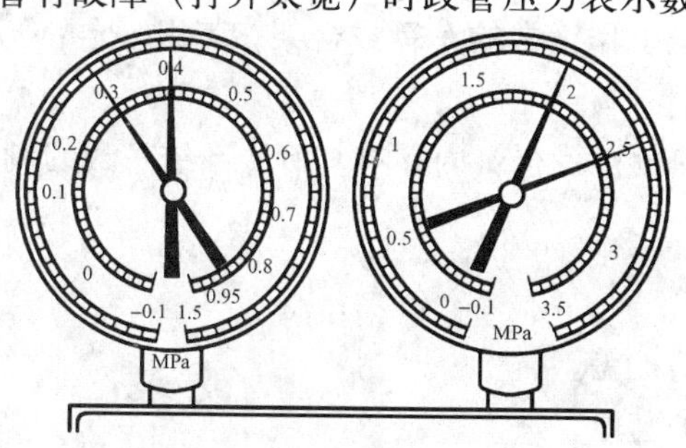

图 4–14　膨胀阀安装不当／热敏管有故障（打开太宽）时歧管压力表示数

膨胀阀安装不当／热敏管有故障（打开太宽）现象及诊断与排除如表 4–7 所示。

表 4–7　膨胀阀安装不当／热敏管有故障（打开太宽）故障现象及诊断与排除

现象：制冷不足			
制冷系统中见到的现象	可能的原因	诊断	措施
① 低压端和高压端压力均过高 ② 低压端管路上出现大量露珠或结霜	膨胀阀发生故障，或热敏管安装不当	① 低压管路中制冷剂过量 ② 膨胀阀打开太宽	① 检查热敏管的安装情况 ② 如①项正常，则检查膨胀阀。如有故障，则予以更换

（9）压缩机压缩故障

压缩机出现压缩故障时歧管压力表示数如图 4–15 所示。

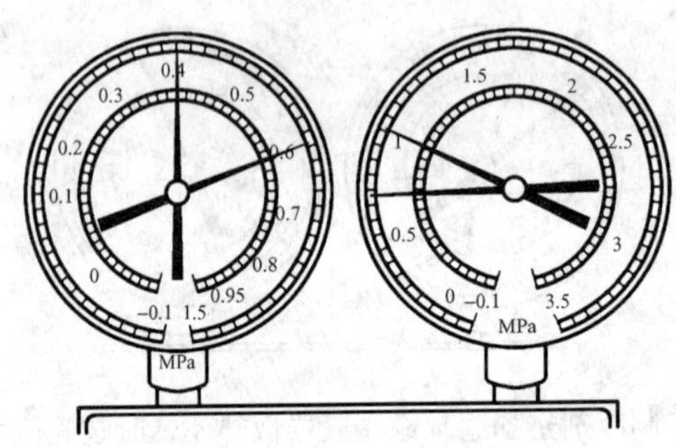

图 4–15　压缩机压缩故障时歧管压力表示数

压缩机压缩故障现象及诊断与排除如表 4–8 所示。

表 4–8　压缩机压缩故障故障现象及诊断与排除

现象：不制冷			
制冷系统中见到的现象	可能的原因	诊断	措施
①低压端压力太高 ②高压端压力太低	压缩机漏气	压缩故障——气门漏气或断裂，零件打滑	修理或更换压缩机

器材与设备

① 器材：空调制冷系统工作正常的车辆或台架，每组一台；与制冷剂匹配的歧管压力表，每组一只；车辆内外保护套件。

② 设备：制冷剂充注回收机一台（内存有与制冷系统一致的制冷剂）。

技能训练

① 正确开启车门、发动机盖。

② 安装车辆室内外保护套件。

③ 准备好歧管压力表，并将其两根测量管正确地与空调系统相连。

记录两表盘示数：

高压表：__________ MPa；低压表：______________ MPa。

④ 接好发动机尾气排放管，启动发动机，并暖机。

⑤ 接通空调制冷开关，观察：

发动机怠速：有无提升？　有 ___________；无 __________。

电风扇是否工作？是 _____；否 _____。

高压表：__________ MPa；低压表：______________ MPa。

驾驶室内出风口空气温度：温 ____________；凉 ____________。

感觉制冷系统高低压管路温度：高压 ____________；低压 ____________。

⑥ 判断该车空调制冷系统工作是否正常？是 _____；否 _____。

⑦ 发动机熄火，将制冷系统充注回收机连接到歧管压力表中间管路上，回收一部分制冷剂。（教师操作）

⑧ 启动发动机，接通空调制冷开关，观察：

发动机怠速：有无提升？　有 ___________；无 __________。

电风扇是否工作？是 _____；否 _____。

高压表：__________ MPa；低压表：______________ MPa。

驾驶室内出风口空气温度：温 ____________；凉 ____________。

感觉制冷系统高低压管路温度：高压 ____________；低压 ____________。

⑨ 判断该车空调制冷系统工作是否正常？是 _____；否 _____。

⑩ 发动机熄火，整理并清洁场地。

实验记录

车型：________________。空调类型：A. 手动　　B. 自动

记下此次实验的工作经历：

____

____

____

活动三　制冷系统抽真空与充注方法

学习目标

① 掌握对制冷系统进行抽真空的方法。

② 掌握对制冷系统进行充注的方法。

技能目标

① 能对制冷系统进行抽真空操作。

② 能对制冷系统进行制冷剂和冷冻油的充注操作。

知识链接

在汽车空调制冷系统具体的检修过程中，离不开制冷剂的排放或回收、抽真空与加注等基本操作。

修理汽车空调系统时，经常需要拆开空调制冷系统，这时就需要将系统中制冷剂加以回收或排放。对于拆开修理后的空调系统，在添加新的制冷剂之前必须用真空泵对空调制冷系统进行抽真空，目的是清除空调系统内的空气和水分。完成抽真空后，确认系统无泄漏，就可对空调系统进行定量充注。

1. 制冷剂注入阀

制冷剂注入阀是打开小容量制冷剂罐的专用工具，它利用蝶形手柄前部的针阀刺破制冷剂罐，通过注入阀接头把制冷剂引入歧管压力表组件，如图 4-16 所示。

① 在制冷剂罐上安装制冷剂注入阀之前，应按逆时针方向转动蝶形手柄，使其前端的针阀完全缩回，再逆时针转动盘形锁紧螺母，使其升高到最高位置。

② 把注入阀装到制冷剂罐顶部的螺纹槽内，顺时针旋下盘形锁紧螺母，并充分拧紧，使注入阀固定牢靠，把注入阀接头与歧管压力表组件上的中间软管接头连接起来（歧管压力表组件要事先与空调系统连接好）。

③ 确认歧管压力表组件上的两个手动阀均处于关闭状态。

④ 顺时针转动蝶形手柄，用针阀在制冷剂罐上刺一小孔。

⑤ 如果此时需要加注制冷剂，应逆时针转动蝶形手柄，使针阀收回，放掉管路中的空气，打开歧管压力表组件的相应手动阀，让制冷剂注入汽车空调制冷系统。

⑥ 如要停止充注制冷剂，应顺时针转动蝶形手柄，使针阀下落到制冷剂罐上刚开的小孔上，使小孔封闭，同时关闭歧管压力表组件的相应手动阀。

2. 真空泵

真空泵是汽车空调制冷系统安装、维修后抽真空不可缺少的设备，利用它可去除系统内的空气和水分等物质。常用的真空泵如图 4-17 所示。

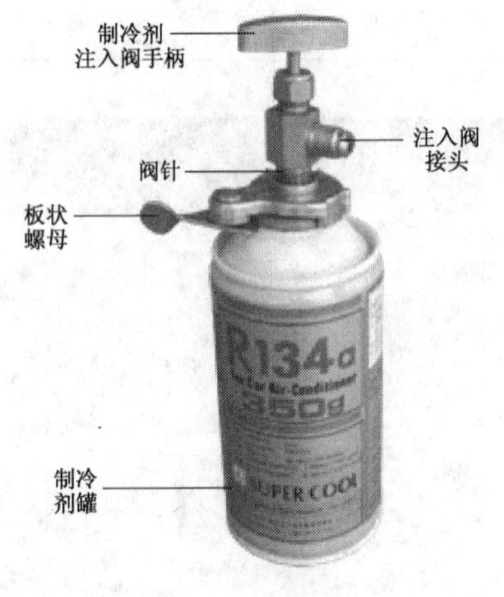

图 4-16　制冷剂注入阀

图 4-17　真空泵

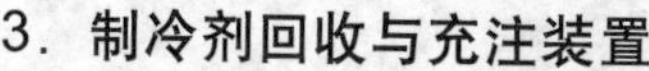

3．制冷剂回收与充注装置

汽车空调制冷系统维修要消耗相当多的制冷剂，每次维修时若直接将原系统内的制冷剂排入大气中，再另行充加新制冷剂，不仅会对大气造成污染，也会浪费制冷剂。因此，维修时要求采用制冷剂回收与充注机对制冷剂进行回收再利用。

各种回收与充注装置的操作方法不完全相同，但基本方法一致。AC350 型汽车用制冷剂回收与充注机是罗宾耐尔公司最新开发生产的一种轻便型半自动充注机，适用于 R12 和 R134a 的回收与充注。它备有高效压缩机、大功率的真空泵、高低压歧管压力表组件、工作罐压力表、制冷剂电子秤以及冷冻机油注入器等，可以实现汽车空调维修时对制冷剂进行的所有操作。

（1）制冷剂回收与充注机的使用（以 AC350 型制冷剂回收与充注机为例进行说明）

提示：*回收之前先要启动空调运行几分钟，以便于回收时将杂质和冷冻机油带出。*

① 回收制冷剂：

a. 检查设备管路连接是否正确，快速接头是否已装在高低压软管上。将红色高压软管上的接头连接到汽车空调系统的高压侧，将蓝色低压软管上的接头连接到汽车空调系统的低压侧。

b. 打开高低压快速接头上的阀门。检查控制面板上的 HP 和 LP 上端的高、低压力表是否指示出正压，如果没有正压，说明没有制冷剂可回收。

c. 慢慢打开排油阀，观察油分离器中是否有油排出，如果有，将油排进集油瓶中，然后关闭排油阀。

d. 打开工作罐上以及与罐相连接的软管上的所有阀门。

e. 打开控制板上 HP(高压)阀门和 LP(低压)阀门。

f. 按状态转换键使回收指示灯亮，然后按启动/停止键。

g. 打开回收（绿）阀，回收正式开始，显示屏上将显示回收制冷剂的质量，同时不凝气体将自动排出，并且可以听到泄压的声音。

h. 当压力表指针指到“0”或更少时，关上回收（绿）阀，然后按住启动/停止键 3 s，停止程序。

i. 为保证回收彻底，停机后静待约 5 min，若压力表回升至“0”以上，则重复步骤 f~j，正常情况下，如果回收充分，保压时间应超过 2 min。

j. 再次打开排油阀排油，仔细观察集油瓶中的油面位置，并把第一次排出的油面高度扣除，记住这一差额。

② 对系统抽真空：

a. 将高压软管和低压软管连接到空调系统上，并打开控制板上的 HP 高压阀和 LP 低压阀，打开快速接头上的阀门。

b. 按状态转换键，直到抽真空指示灯闪动，显示屏上抽真空时间默认值为 20 min。

c. 按上下选择键改变抽真空时间后，按启动/停止键开始抽真空。

d. 打开抽真空（白）阀门。

e. 当屏幕出现“0000”并发出蜂鸣信号后，关闭抽真空（白）阀，然后按启动/停止键。

③ 充注制冷剂：

在进行充注之前，应保证所充注的汽车空调系统处于真空状态，如果不能保证，则进行抽真空操作。

a. 打开快速接头上的红色高压阀和面板上的 HP 阀门。按三次状态转换键后（充注指示灯和补油指示灯闪动），按启动/停止键，显示屏应显示 OIL。

b. 打开冷冻机油注入器（黄）阀门，观察油注入器内的油面变化，当油注入器内油液面降低到规定量（对进行了回收程序的空调系统而言，应加注的油量即为回收时的排油量）时停止注油，加注结束后，关上油注入器阀门。

c. 按启动/停止键，选择合适的制冷剂充注量。屏幕显示的充注量单位是 kg。如果需要充注 650 g，显示屏上的正确显示应是 0.65。

d. 按启动/停止键，显示屏会显示 0.00 并闪动几秒钟然后停止，打开控制面板和快速接头上的相应阀门（空调制造商有特殊要求的按该要求打开指定阀门），然后再慢慢打开控制面板上的充注（红）阀，充注开始，显示屏读数开始增加，这表示制冷剂正流向空调系统。

e. 当显示屏显示的数字与设定值一致时，设备发出蜂鸣信号提示充注程序已经结束，此时关闭充注（红）阀。按启动/停止键停止程序，关闭控制面板上的 HP 高压阀和 LP 低压阀，静置空调系统 2 min 以上。

f. 启动空调系统，保持空调系统运转直到控制面板上的高、低压力表指针稳定，检查指针读数，以确认所充注的系统工作是否正常。

g. 空调系统处于运行状态时，关上红色高压快速接头的阀门，并从汽车空调系统上拆下红色高压软管。

h. 打开控制面板上的红色高压阀和蓝色低压阀，两根管子中的剩余制冷剂将通过蓝色低压管被吸入空调系统。

i. 关闭低压快速接头的阀门，并将设备从汽车空调系统上拆下，然后关闭控制面板上的高、低压阀。

④ 校正不完全充注：

进行制冷剂充注时有时会发现所要充注的制冷剂没有被完全充入空调系统，或制冷剂充注过慢，这是因为工作罐中的压力和空调系统中的压力过于平衡所致。发生这种情况时，为了将剩余的制冷剂注入空调系统，可按如下步骤进行：

a. 关闭控制面板上的红色高压阀和蓝色低压阀。

b. 启动空调系统。

c. 打开控制面板上的低压阀完成充注。

（2）利用歧管压力表组件排放制冷剂

注意：排出制冷剂时，要慢慢打开阀门，让制冷剂慢慢流出，以免带走冷冻机油，并且不可让制冷剂喷到车身壁面或车内，最好通过白毛巾或干净的布料放出，从而方便判断有无油被带出。若发现布上有油迹，则要进一步关小阀门。过快排放制冷剂还可能造成压缩机阀门损坏。

操作步骤：

① 缓慢打开高压手动阀，以调节制冷剂流量，不要把阀门开得太大。

② 检查包在排放口端的毛巾，以确认没有机油排出。

③ 在高压表计数降到 350 kPa 以下时，缓慢打开低压手动阀。

④ 当系统压力下降时，逐渐打开高压和低压手动阀，直到两者压力计的读数达到 0 kPa 为止。

（3）利用歧管压力表组件、真空泵抽真空

汽车冷气系统修理之后，由于接触了空气，必须用真空泵抽真空，排除制冷系统内的水分和空气，以确保空调制冷系统的正常工作。抽真空并不能直接把水分抽出制冷系统，而是系统抽成真空之后，降低了水的沸点，所以水在较低温度下就会沸腾，以蒸汽的形式被抽出。

抽真空之前，应进行泄漏检查。抽真空也是对系统气密性的进一步检查。

① 如图 4-18 所示，把冷气系统、歧管压力表组件以及真空泵连接好。

② 打开歧管压力表组件的高、低压手动阀，启动真空泵，观察低压表指针，应该有真空显示。

③ 操作 10 min 后低压表应达到 79.8 kPa 的真空度（丰田公司标准），高压表指针应略低于零刻度，如果高压指针不低于零刻度，则表明系统内有堵塞，应停止操作，进行清理后，再抽真空。

④ 如果操作 10 min 后低压表达不到 79.8 kPa 的真空度，则应关闭低压手动阀，观察低压表指针，如果指针上升，说明真空有损失，要查泄漏点，进行检修后才能继续抽真空。

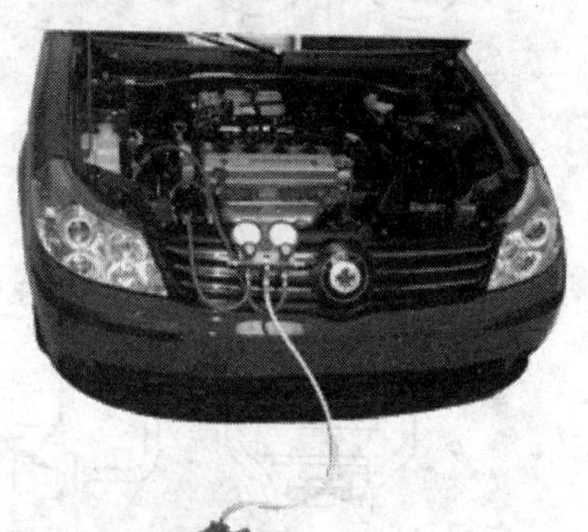

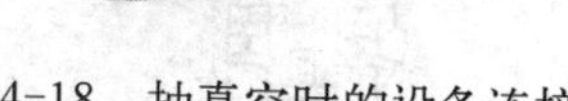

图 4-18　抽真空时的设备连接

⑤ 抽真空的总时间不应少于 30 min，充分排除系统中的水分之后，才可以向系统中充注制冷剂。

(4) 利用歧管压力表组件加注制冷剂

充注制冷剂一般有以下两种情况。

① 充注液态制冷剂（适合给新系统加注制冷剂）：

a. 当系统抽完真空之后，关闭歧管压力表组件的高、低压手动阀。

b. 将中间软管的一端与制冷剂注入阀的接头连接起来，如图 4-19 所示，打开制冷剂罐开启阀，再拧开歧管压力表组件软管一端的螺母，让制冷剂溢出少许，把空气赶走，然后再拧紧螺母。

c. 拧开高压手动阀到全开的位置，把制冷剂罐倒立，以便从高压侧注入液态制冷剂。

d. 从高压侧注入液态制冷剂两罐以上，或按规定的量注入。特别要注意的是：从高压侧向系统注入制冷剂时，千万不能启动发动机，而且充注时不能拧开低压手动阀。

② 充注气态制冷剂（适合给空的或部分空的系统补充加注制冷剂）：

a. 把歧管压力表组件与压缩机和制冷剂罐连接好，如图 4-20 所示。

b. 打开制冷剂罐，拧松中间注入软管在歧管压力表组件侧的螺母，直到听见制冷剂蒸汽有流动的声音，然后拧紧螺母。这样做的目的是将注入软管中的空气赶走。

c. 打开低压手动阀，让制冷剂进入系统。当系统的压力值达到 420 kPa 时，关闭低压手动阀。

d. 启动发动机，把空调开关接通，把鼓风机开关和温度开关都开到最大。

e. 再打开低压手动阀，让制冷剂继续进入冷气系统，直到充注量达到规定值为止。

f. 充注完毕之后，关闭歧管压力表组件的低压手动阀，关闭装在制冷剂罐上的注入阀，使发动机停止运转，从压缩机上迅速拆除制冷剂软管接头。此时要特别注意，高压侧管路里的制冷剂处于高压状态，因此必须十分小心，以防止制冷剂喷出损伤眼睛和皮肤。

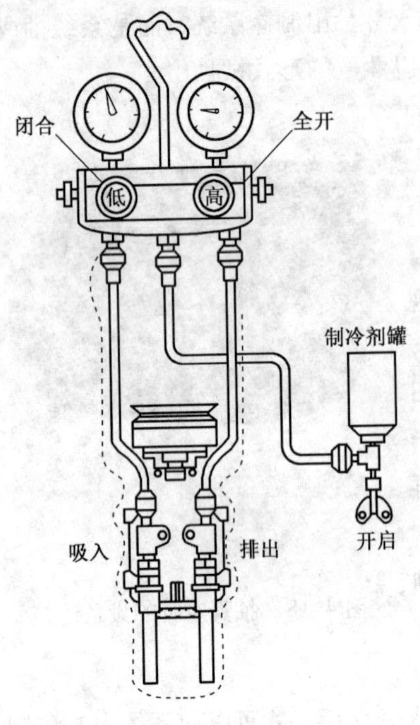

图 4-19 液体充注法

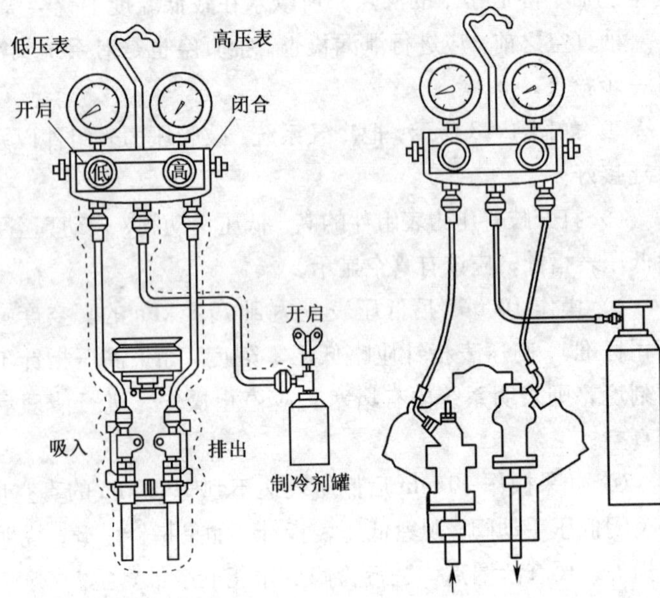

(a) 小客车气体加入时的系统 (b) 大客车气体加入时的系统

图 4-20 气体充注法

4. 压缩机冷冻机油的检查及加注

空调压缩机中的润滑油通常称为冷冻机油，在压缩机运行中起着重要作用。制冷压缩机中冷冻机油的品种、规格及数量是否合适对系统的制冷效果及压缩机的寿命都有极大的影响。修理中，空调系统如果与大气相通，制冷剂便会汽化，而冷冻机油在室温下并不会汽化，几乎全部保留在空调系统中，因此当更换储液干燥器、蒸发器、冷凝器等部件时，必须补充相当于留在旧部件中的冷冻机油量。管路破裂或排放制冷剂时如制冷剂逸出速度过快，将带出冷冻机油，因此在加注制冷剂时应添加适量冷冻机油。另外，系统中冷冻机油如果变质，也将严重影响制冷系统的正常工作。这就要求汽车维修人员能够正确检查和加注冷冻机油。

(1) 冷冻机油的作用和对冷冻机油的要求

空调压缩机冷冻机油是一种在高、低温工况下均能正常工作的特殊润滑油，其作用包括：

① 润滑作用；

② 冷却作用；

③ 密封作用；

④ 降低压缩机噪声。

冷冻机油在空调制冷系统中能完全溶解于制冷剂，并随制冷剂一起在制冷系统中循环，因此，冷冻机油的油温有时会超过 120 ℃，而制冷剂的蒸发温度范围为-30～+10℃，所以它的工作环境是在高温与低温交替的条件下进行的。为保证其正常工作，对冷冻机油提出了一些性能要求：

① 冷冻机油的凝固点要低，在低温下要具有良好的流动性。

② 冷冻机油应具有一定的黏度，且受温度的影响要小。

③ 冷冻机油与制冷剂的溶解性能要好。

④ 冷冻机油要具有较高的热稳定性，即在高温下不氧化，不分解，不结胶，不积炭。

⑤ 冷冻机油的挥发性要差。

⑥ 冷冻机油的化学性质要稳定。与制冷剂和其他材料不会发生化学反应。

⑦ 冷冻机油中应无水分。

（2）冷冻机油的种类和汽车空调用冷冻机油的选择

我国冷冻机油的牌号有 4 个，即 13 号、18 号、25 号和 30 号，牌号越大，其黏度越大。进口的冷冻机油一般有 SUNISO 3GS～SUNISO 5GS 牌号，其牌号越大，黏度也越大。

选择冷冻机油时，要充分考虑空调压缩机内部冷冻机油的工作状态，如吸气、排气温度等。根据冷冻机油的特性，在实际选用时，应以低温性能为主进行选择，但也要适当考虑热稳定性能。汽车空调制冷系统一般选择国产的 18 号、25 号冷冻机油，或进口的 SUNISO5GS 冷冻机油。

（3）冷冻机油变质的主要原因

① 混入水分：由于制冷系统中渗入空气，并且干燥剂已经饱和，此时空气中的水分进入冷冻机油，不仅会产生膨胀阀冰堵、金属材料受腐蚀等问题，也会使冷冻机油黏度降低。

② 氧化：当压缩机排气温度太高时，有可能引起冷冻机油氧化变质，产生残渣乃至结炭，使轴承等处的润滑变坏。有机物、机械杂质等混入冷冻机油中，也会使冷冻机油老化或氧化。

③ 几种不同牌号的冷冻机油混合使用：这样做不仅会降低油的黏度，还会破坏油膜的形成，使压缩机运动部件（特别是轴承）磨损加快。若将不同类型的冷冻机油混用（例如矿物油与合成油混用），情况将会更加严重。

（4）压缩机冷冻机油量的检查

压缩机冷冻机油量的检查一般有以下两种方法：

① 观察视窗：通过压缩机上安装的视窗，可观察压缩机油量，如图 4-21 所示。如压缩机冷冻机油油面达到视窗高度的 80%位置，一般认为是合适的。如果油面在此界线之上，则应引出多余的冷冻机油，如果油面在这界线之下，则应添加冷冻机油。

② 观察量油尺：未装视窗的压缩机，可用量油尺检查其油量，如图 4-22 所示。这种压缩机有一个油塞，油塞下面有的装有油尺，有的没有油尺。若没有油尺，则需另外使用专用油尺插入检查，观察油面的位置是否在规定的上、下限之间。

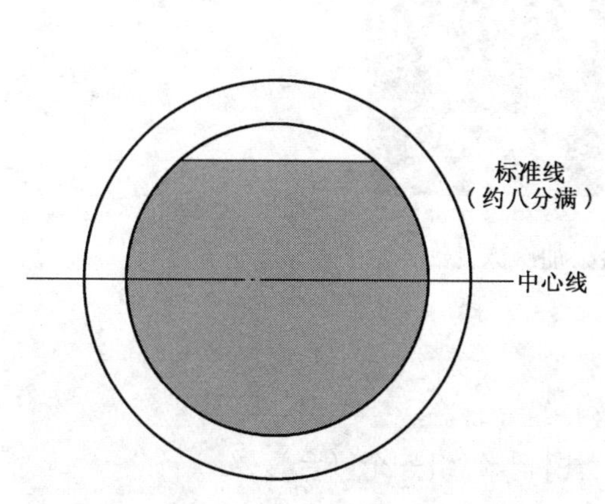

图 4-21　由观察视窗观察冷冻机油量

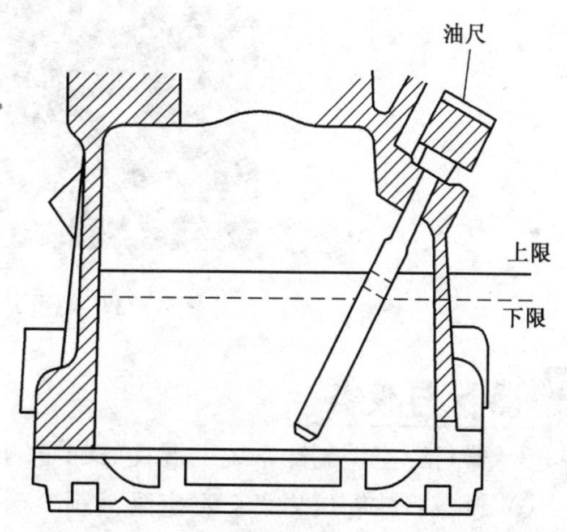

图 4-22　用专用油尺检查压缩机油量

(5) 冷冻机油品质的检查

冷冻机油是否变质需通过一定的化验手段确认。但平时使用时，可从油的颜色、气味等粗略判断油的品质，如有异味，很可能就是冷冻机油变质了，但颜色变深，却不一定表示冷冻机油已变质。因为冷冻机油使用一段时间以后，颜色一般都要变深，简易的判断方法如下：

将油滴在吸水性好的白纸上，若油滴中心部分没有黑色，则说明油没有变质，可以继续使用。若油滴中心部分出现黑色斑点，则说明油质已开始变坏，应该换油了。若油中含有水分，油的透明度会降低，若出现这种情况也需换油。

(6) 添加冷冻机油

添加冷冻机油可用以下两种方法：

① 直接加入法：将冷冻机油按标准量称好或用洁净的量杯量好，直接倒入压缩机内，这种方法只有在更换蒸发器、冷凝器和储液干燥器时方可使用。

② 真空吸入法（见图 4-23）：操作步骤如下。

a．关闭高压手动阀。

b．关闭压缩机上的检修阀。

c．把高压侧软管从歧管压力表组件上卸下，插到冷冻机油杯里。

d．打开检修阀，把冷冻机油从油杯吸入系统。

e．吸油完毕时，要注意立即关闭检修阀，以免吸入空气。

f．把高压侧软管接头拧在歧管压力表组件上，打开高压侧手动阀，开动真空泵，先为高压侧软管抽真空，然后再打开检修阀，为系统抽真空，先抽到 98 kPa，再加到 2 kPa，以便排除随油进入系统里的空气。此时，冷冻机油在高压侧，但在系统运转后，冷冻机油就会返回压缩机。

图 4-23 采用真空吸入法添加冷冻机油

器材与设备

① 器材：空调制冷系统工况良好的车辆或台架，每组一台。

② 设备：歧管压力表、真空泵、制冷剂回收、充注机，每组一个（台）。

③ 工具：扳手等常用维修工具、车辆保护套件等。

④ 其他：冷冻油、罐装制冷剂，足够系统充注。

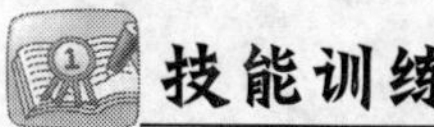

技能训练

① 正确开启车门、发动机盖。

② 安装车辆室内外保护套件。

③ 对制冷系统中的制冷剂进行回收（如系统已空，可略去此步骤）。

④ 连接好歧管压力表和真空泵，对系统抽真空。

⑤ 断开真空泵，并保持真空，确认系统无泄漏。

⑥ 添加适量的冷冻油。

⑦ 连接制冷剂充注机或带注入阀的罐装制冷剂，释放歧管压力表管路中空气，从高压侧向系统中充注制冷剂，直到充不进去为止，关闭歧管压力表阀门。

⑧ 启动发动机至暖机状态，接通空调制冷开关，将鼓风机调到最高转速，将出风口调到最大位置。

⑨ 打开歧管压力表低压侧阀门，从低压对循环着的制冷系统继续充注。

⑩ 充注临近规定量时，随时不断关闭歧管压力表阀门，观察高低压表的示数，直到压力表示数达到规定值为止。

⑪ 感觉驾驶室内出风口空气温度，感觉制冷低压管路温度，并记住这种感觉。

⑫ 整理、清洁实验场地。

实验记录

车型：____________________。空调类型：A. 手动　　B. 自动

① 制冷系统高压维修阀在：__________________，低压维修阀在 ________________。

② 抽真空操作历时 _____________ 分钟，确认系统无泄漏，保持真空 ________ 分钟。

③ 对制冷系统充注冷冻油 ________ ml（g），牌号：______________________。

④ 制冷系统制冷剂型号：__________，充注量：__________ ml（g）。

⑤ 此项操作应注意的事项：

____

____

____

____

____

____

____

项目五

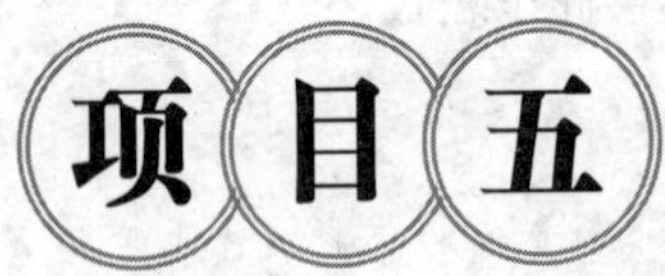

汽车手动空调系统检修

本项目结合检修故障，介绍手动空调制冷系统零部件的结构及工作原理、电路诊断方法、采暖系统的不同结构型式、检修空调系统的注意事项。

活动一　压缩机不转故障

学习目标

① 了解压缩机的结构及工作原理。

② 理解压缩机控制电路。

③ 明确手动空调系统压缩机接合的条件。

技能目标

① 能够正确拆装压缩机。

② 能够对压缩机电路进行检测。

知识链接

制冷循环系统主要机件的构造。

1. 压缩机

压缩机是空调制冷系统的心脏，是制冷剂在制冷管路中循环流动的动力源。一方面，压缩机的抽吸作用，促使制冷剂在蒸发器内降压汽化，产生制冷效果；另一方面，压缩机将制冷剂加压，促使制冷剂在冷凝器内温度升高，加速制冷剂在冷凝器中放热液化。

压缩机安装在发动机前端，由发动机的传动带驱动。同时，通过电磁离合器实现接合与分离，完成制冷与不制冷转换。

汽车空调压缩机的分类如下：

(1) 曲轴连杆式压缩机

曲轴连杆式压缩机对制冷剂蒸汽的压缩是通过活塞往复运动来完成的，如图 5-1 所示。工作时，活塞下行，缸内容积增大，压力减小，吸气阀开启，将制冷剂吸入气缸；活塞上行，缸内容积减小，压力增大，顶开排气阀，将制冷剂压出气缸。

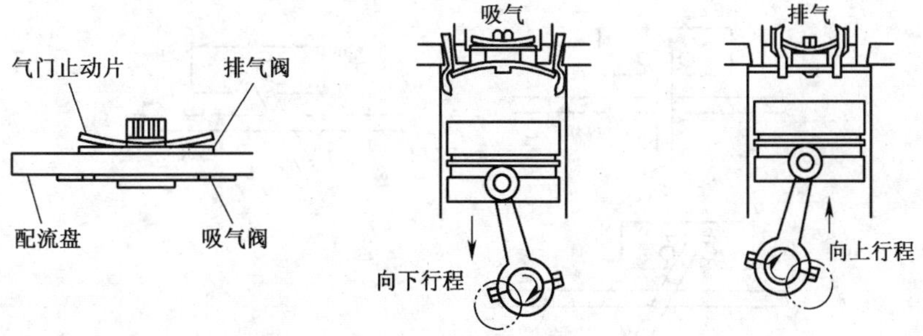

图 5-1　曲轴连杆式压缩机的工作原理

(2) 摆盘式压缩机

摆盘式压缩机的结构原理如图 5-2 所示。压缩机工作时，主轴带动楔板一起旋转，楔形传动板迫使摇板以钢球为中心进行摇摆移动。摇板和传动板之间的有轴承减小摩擦，固定圆锥齿轮与摇板上的齿盘啮合，使得摇板不会跟着楔板转动，只能左右移动，并带动活塞在气缸内作往复运动。

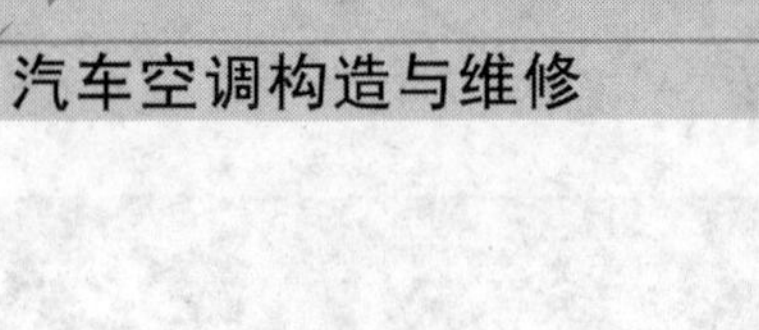

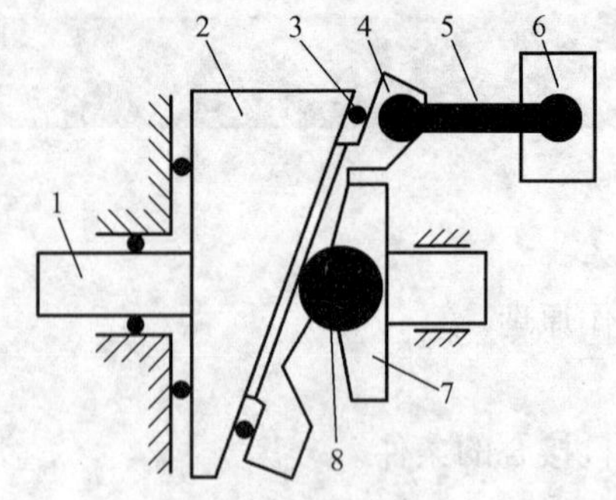

图 5-2　摆盘式压缩机工作原理示意图

1—主轴；2—楔板；3—轴承；4—摇板；5—连杆；6—活塞；7—固定锥齿轮及球座；8—钢球

（3）斜盘式压缩机

斜盘式压缩机和摆盘式压缩机同属于往复活塞式压缩机。不同的是斜盘式压缩机属双向活塞式，如图 5-3 所示。斜盘式压缩机的工作原理如图 5-4 所示。

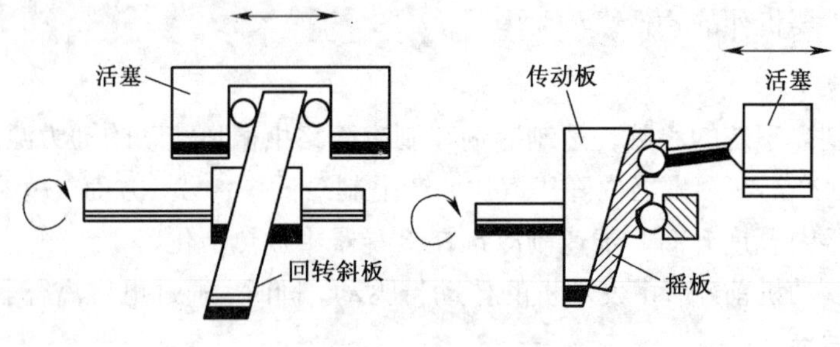

(a) 斜盘式压缩机　　(b) 摆盘式压缩机

图 5-3　斜盘式与摇盘式压缩机原理和结构比较

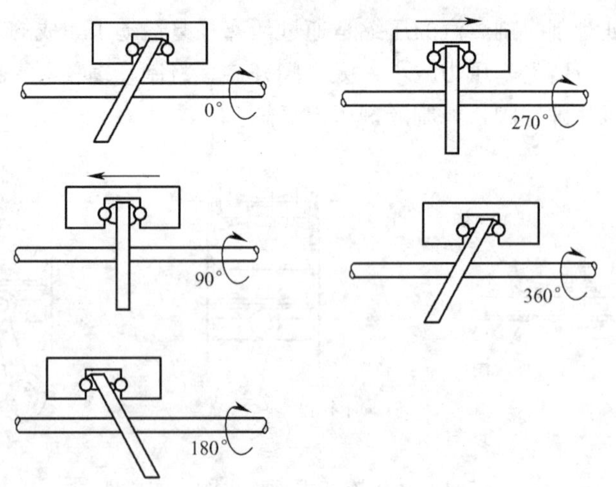

图 5-4　斜盘式压缩机的工作原理示意图

斜盘式压缩机的结构如图 5-5 所示，斜盘式压缩机主要由左右气缸、双向活塞、滚珠、斜盘、主轴等组成。当主轴旋转时，由于斜盘的作用（斜盘与主轴制成一体）使活塞左、右移动，左、右气缸即不断地完成吸气→压缩→排气→吸气过程。

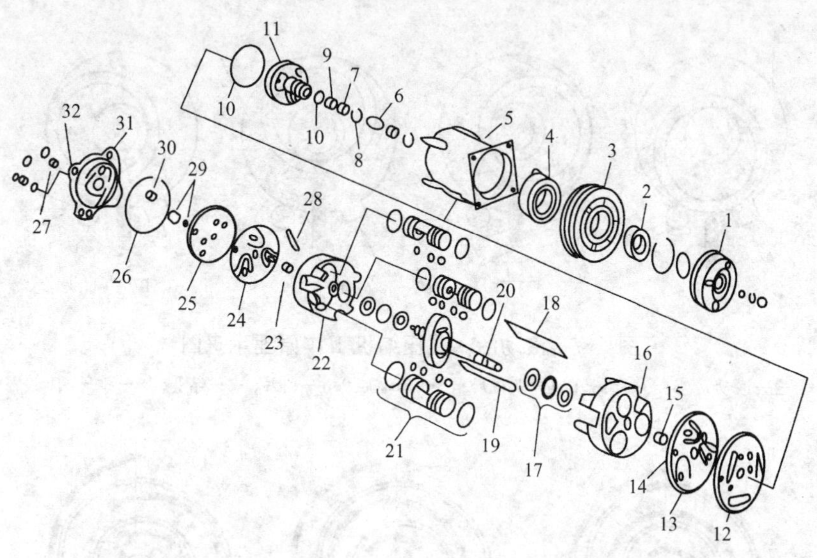

图 5-5　A-6 型斜盘式压缩机的解体图

1—前板和轮毂组件；2—轴承；3—带轮；4—离合器线圈；5—壳体；6—套；7—密封圈；8—卡环；9—密封件；10、26—密封圈；11—前缸盖；12—前排气阀板；13—前吸气阀板；14—套；15—轴承；16—缸体；17—止推轴承；18—吸气口盖；19—排气管；20—主轴和斜盘；21—活塞组件；22—后缸体；23—轴承；24—后吸气阀板；25—后排气阀板；27—过热开关或低压开关；28—机油管；29—油泵转子；30—吸气滤网；31—后缸盖；32—压力安全阀

（4）刮片式压缩机

如图 5-6 所示，刮片式压缩机主要由转子、叶片、定子、壳体、端盖等组成。定子和转子之间有一偏心距，叶片能在转子的叶片槽内往复滑动，当转子旋转时，叶片在离心力的作用下，使叶片紧靠在定子内表面。定子、转子和端盖的空间内，每两个相邻叶片间形成密封的工作容积。当转子顺时针方向旋转时，右侧的叶片逐渐往外伸，密封工作容积逐渐增大，形成吸入腔；左边的叶片逐渐向里缩，密封工作腔逐渐减少，形成压出腔。转子转一圈，吸气、压缩各一次，称为单作用叶片压缩机。

如果将气缸做成椭圆形，则转子与气缸同心安装。当转子转一周时，吸入和压出各两次，称为双作用叶片式压缩机。

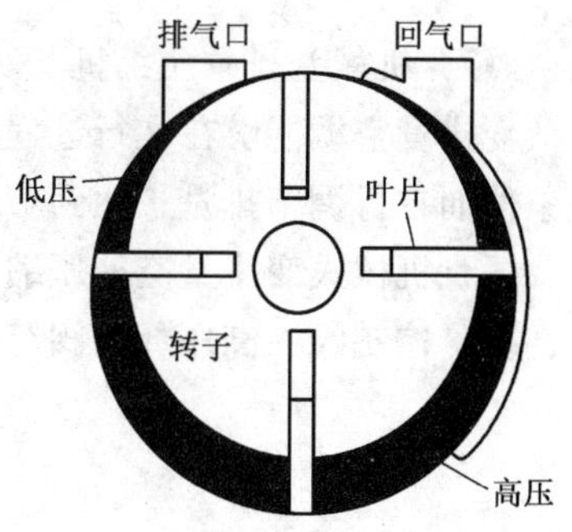

图 5-6　刮片式压缩机组成示意图

（5）滚动活塞式压缩机

滚动活塞活套在曲轴的曲柄销上，活塞的几何中心有一个偏心距。刮片被弹簧推动顶靠在活塞表面，它将气缸分割成吸气腔和压缩腔。曲轴旋转一周，进、排气过程各进行一次。其原理如图 5-7 所示。

滚动活塞式压缩机变排量的实质是：使双缸中的一缸工作。

（6）涡旋式压缩机

涡旋式压缩机是一种新型、先进的压缩机。

涡旋式压缩机的工作原理如图 5-8 所示。定子和转子的形线相同，两者相互错开 180°（几个点上相互接触），整个动圈无自转运动，而是绕中心作公转运动。

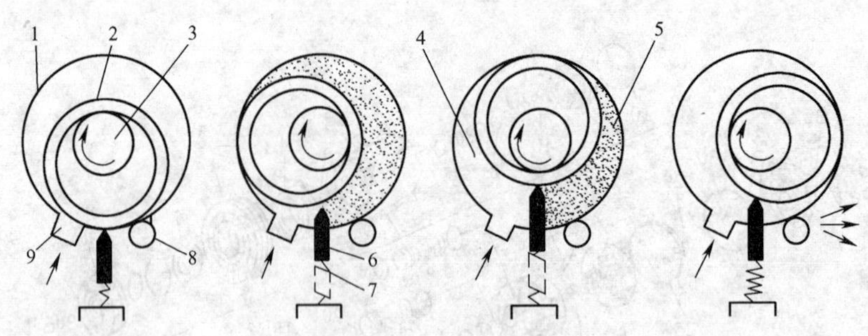

图 5-7 滚动活塞式压缩机工作原理示意图

1—气缸；2—滚动活塞；3—曲轴；4—吸气腔；5—压缩腔；6—刮片；7—弹簧；8—排气阀；9—吸气口

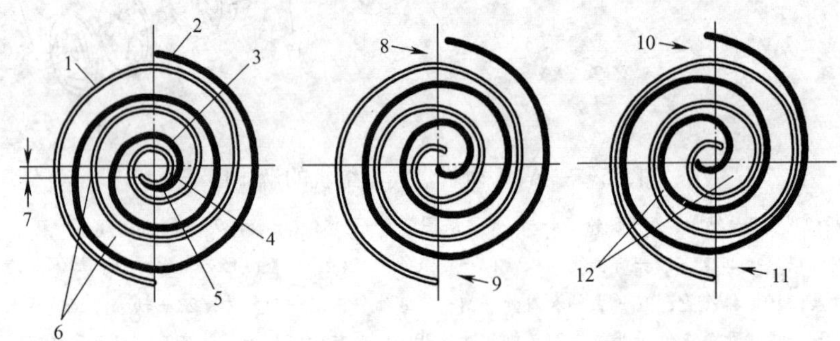

图 5-8 涡旋式压缩机工作原理示意图

1—固定盘；2—动圈；3—固定圈涡旋中心；4、5、6、8—制冷剂蒸汽；7—最小压缩容积；9—排气口；10—动圈涡旋中心；11—最大容积；12—回旋半径

(7) 机械变排量压缩机

变排量空调能够在运行过程中根据转速、排气压力等信号的变化以及汽车运行状况和外界环境条件而自行调节排量，达到节能、降噪和实现车厢环境最优化控制的目的。

摇盘机械式变排量空调压缩机，主要由活塞组、变排量斜盘、大扭力传动带盘、多重保护开关、排量控制阀、高压释放阀等组成，如图 5-9 所示。

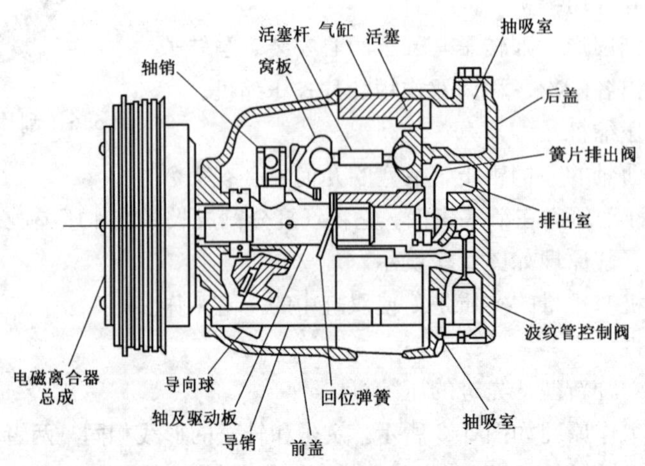

图 5-9 机械变排量压缩机的结构

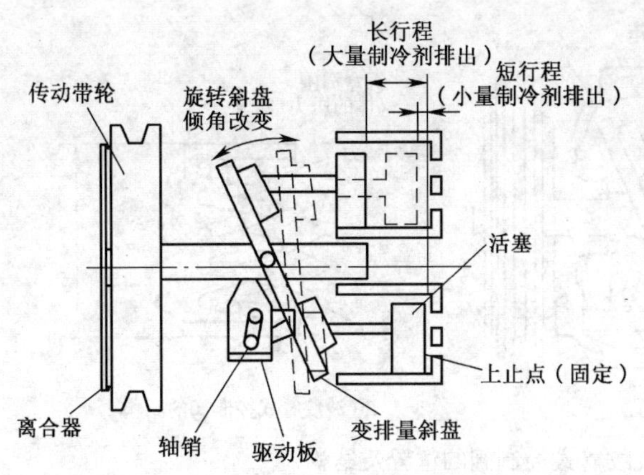

排量控制	排出量 / $(cm^3 \cdot r^{-1})$	活塞行程长度 /mm
最小	3	0.6
最大	146	28.6

图 5-9　机械变排量压缩机的结构（续）

活塞是由斜盘带动的，斜盘的倾角决定了活塞的有效行程，有效行程大则排量大，有效行程小则排量小。变排量摇盘式压缩机的斜盘倾角可变，排量可变。

摇盘式变排量压缩机与定排量压缩机工作对比如图 5-10 所示。

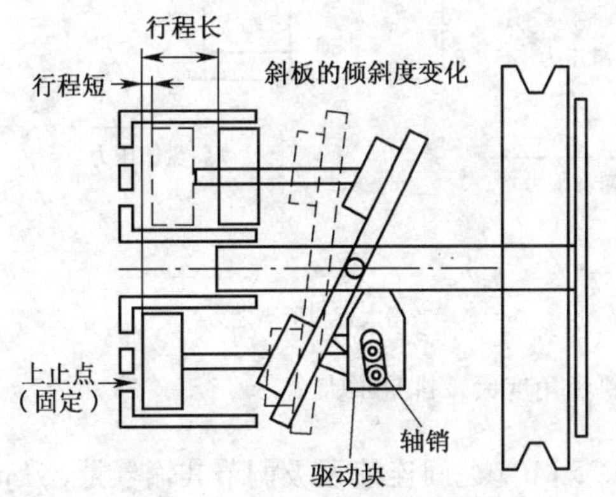

(a) 变排量压缩机活塞有效行程可变

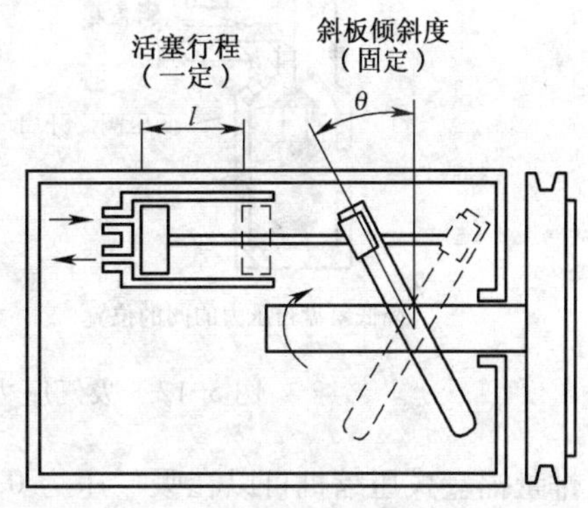

(b) 定排量压缩机活塞有效行程不变

图 5-10　变排量压缩机与定排量压缩机比较

在机械式变排量压缩机中，斜盘的倾斜角是由斜盘后方曲轴箱内的压力来控制的（压力低，摇盘倾角大，排量大；压力高，摇盘倾角小，排量小），曲轴箱压力则由波纹管式控制阀来控制。

波纹管式控制阀的构造如图 5-11 所示，它用金属薄板制成，是一个内部为真空的密闭气囊，其内部装有弹簧。波纹管的长度随周围制冷剂气体的压力而变化，长短变化后的波纹管又控制着一个阀门，该阀门能改变通往压缩机曲轴箱内的制冷剂压力。斜盘前后端的压力差使摇盘倾斜程度改变，从而改变压缩机的排量。

当压缩机吸气侧压力超过了设定值（低压侧压力高，说明需要增加制冷量）时，使波纹管收缩，针阀下落，弹簧及高压侧压力把钢球推向球座，将连接高压侧气体与曲轴箱气体的通道封死，阻止了高压侧气体通向曲轴箱。与此同时，从低压侧到曲轴箱的通道打开，部分曲轴箱内气体流入吸气侧，从而降低了曲轴箱内压力。摇盘倾角增大，排量增大，如图 5-12 所示。反之，低压侧压力低排量减少，如图 5-13 所示。

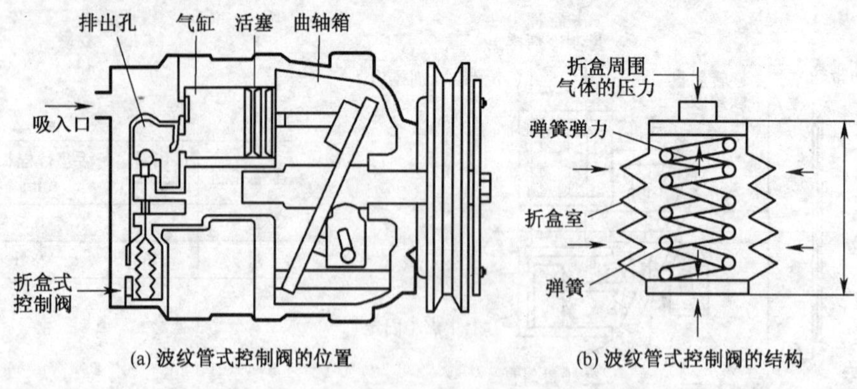

图 5-11　波纹管式控制阀的位置及结构

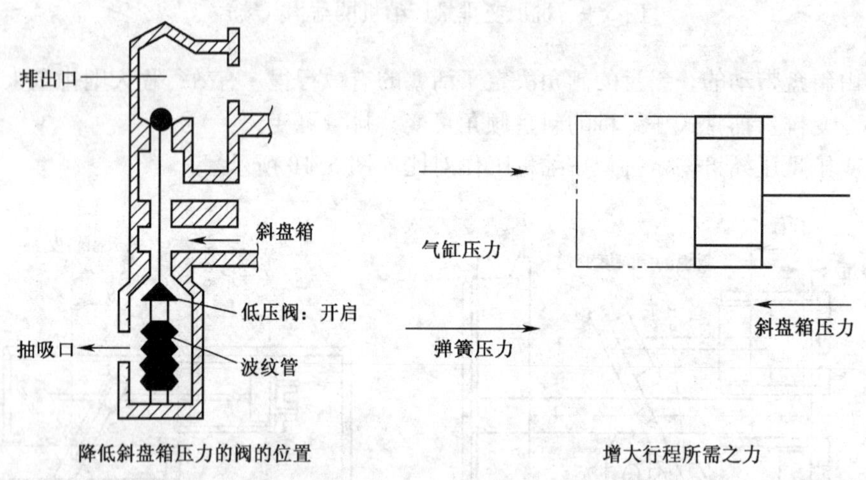

图 5-12　吸气压力低，斜盘角度大，排量增大

变排量摇盘式压缩机可以在吸气压力 0.30～0.35 MPa 之间连续无级调节其输气量，从而实现压缩机的制冷量、功耗与空调在不同工况下的合理匹配，极大限度地改善了汽车空调的舒适性，并降低了能耗，因此其应用越来越广泛。

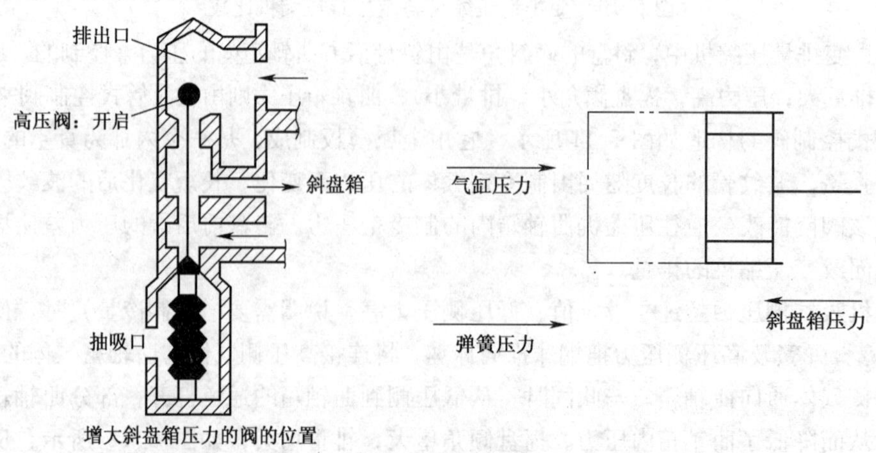

图 5-13　吸气压力高，斜盘斜度减小，排量减少

（8）电控变排量压缩机

电控变排量压缩机没有电磁离合器，没有温控开关。空调启动后，压缩机一直不停，看起来压缩机一直在工作，但不一定能制冷，空调真正工作与否，可通过触摸管道进行判断。

电控变排量压缩机靠由ECU控制的控制阀来改变摇盘的倾斜角，从而控制压缩机排量。

切断空调A/C开关，ECU对电磁阀不施加电压，控制活塞在波纹管压力Ps_1、回位弹簧拉力的共同作用下，处于最右侧位置，如图 5-14 所示。高压侧制冷剂与压缩机曲轴箱相通，压缩机零排量（P_d→控制阀→P_c，斜盘倾斜角最小，压缩机排量最小）。

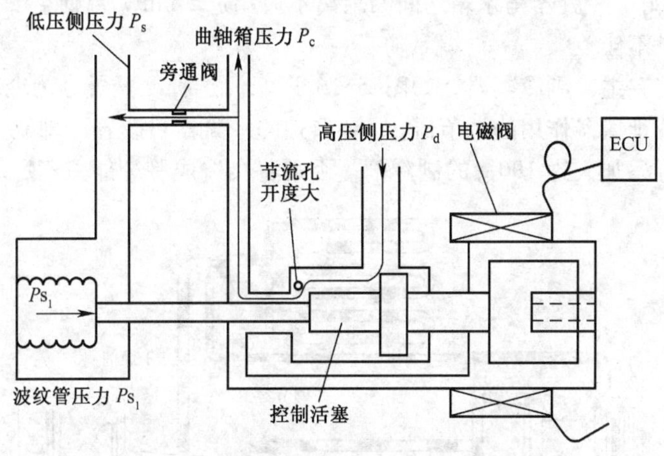

图 5-14　电控变排量压缩机的工作原理（排量最小）

当车内温度远远高于设定温度时，接通空调A/C开关，ECU对电磁阀施加最大电流，控制活塞在波纹管压力Ps_1、回位弹簧拉力、电磁阀吸力的共同作用下，处于最左侧位置。压缩机曲轴箱与低压侧制冷剂相通，曲轴箱内部分制冷剂经旁通阀孔流入低压腔而压力变小，斜盘倾斜角最大，压缩机排量最大。

当车内温度高于设定温度一定程度时，接通空调A/C开关，ECU对电磁阀施加不同程度的电流，控制活塞处于中间某一位置。高压侧部分制冷剂与压缩机曲轴箱相通，斜盘倾斜角处于最大与最小之间，制冷强度处于最大与最小之间的理想强度。

2. 冷凝器

汽车空调系统冷凝器均采用风冷式结构，结构形式有管片式、管带式和平等流式 3 种，如图 5-15 所示。外界空气强制通过冷凝器的散热片，使高温的制冷剂蒸汽的热量被周围空气带走，迅速完成冷凝过程。

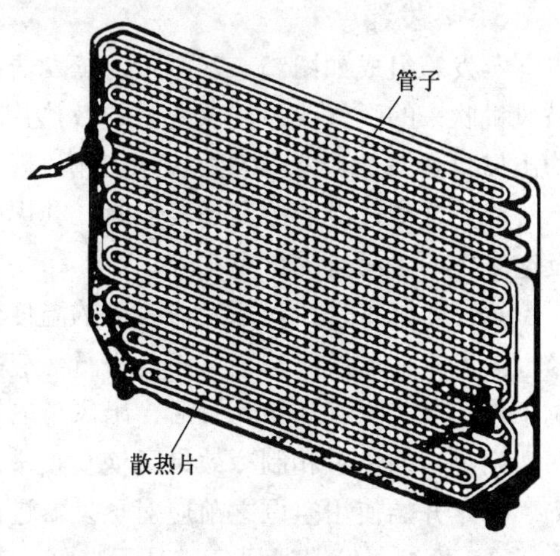

图 5-15　冷凝器结构示意图

小轿车的冷凝器一般安装在发动机水箱的前面，也有安装在水箱两侧的；为了能让制冷剂快速冷凝，要求冷凝器必须散热良好，表面清洁，通风良好。

冷凝器的检修：

① 检查冷凝器表面及管子接头处（包括储液罐接头处）应无油迹。

② 检查冷凝器表面应无脱漆，以免锈蚀。

③ 冷凝器翅片无变形：弯曲则用尖嘴钳小心扳直，或用专用翅片梳子梳直；冷凝器管被石头等外力击打而弯曲、压扁、破损，应及时修理。

④ 检查冷凝器表面及冷凝器与发动机水箱之间（停机检查）是否有碎片、杂物、泥污，并进行清理和用水清洗。冷凝器可用长毛刷蘸水轻轻刷洗，千万不要用蒸汽冲洗。

⑤ 导风罩应完好，冷凝器与水箱之间的距离不应超过 5 mm，否则空气在这中间循环会产生紊流，会使冷却效果不佳。

部分汽车上安装有主、副冷凝器，如图 5-16 所示。这种冷凝器分为冷凝部分和过冷部分，同时还有一个起储液干燥器作用的调节器，这种形式的冷凝器可改善冷却能力，但加注制冷剂时，需在气泡消失后，再添加大约 100 g 的制冷剂，否则将会造成制冷能力不足。

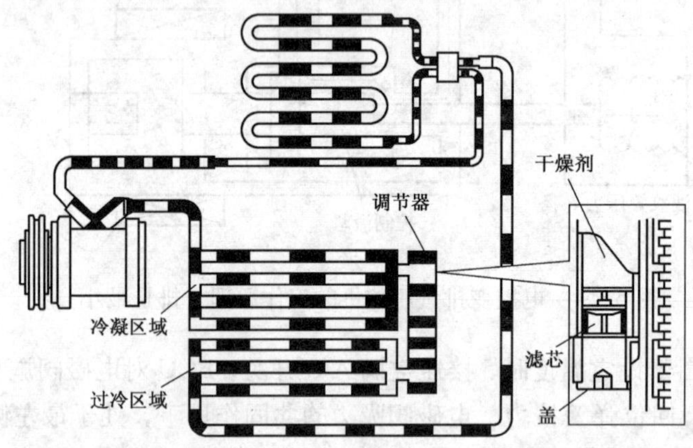

图 5-16　主、副冷凝器制冷系统

3．蒸发器

蒸发箱组成如图 5-17 所示。蒸发器内液态制冷剂的蒸发需要从周围环境中吸收大量的热，鼓风机吹来的暖气流通过蒸发器的散热片和管子，热量被蒸发器吸收，从而变成冷气流从驾驶室的出风口吹出。蒸发器的结构和工作原理如图 5-18 所示。

当空气流过冷的蒸发器表面时，其中的水分会凝结成水滴，通过蒸发器箱底部的排放口将水及空气中的尘污自动排出车外。

蒸发器结霜是指当蒸发器表面的温度低于 0 ℃时，水蒸气凝结并附在蒸发器表面，阻碍空气经过蒸发器，蒸发器与空气不能进行热交换，制冷效果逐步变差。蒸发器结霜的典型症状是当空调工作一段时间（30 min）后，出风口的风量逐步减少，冷度减弱。关闭空调一段时间后重新打开，出风口的风量和制冷效果又恢复正常。

每年开始使用空调之前应对蒸发器进行一次检查：

① 检查蒸发器通风气道是否良好。若通风不良，拆下仪表台及通风箱，清洁蒸发器、加热器芯及风道，安装时膨胀阀感温包与蒸发器出口管路贴紧，隔热保护层包扎牢靠，保持箱体密封，风道连接可靠。

② 清洗或更换蒸发器进风滤网。

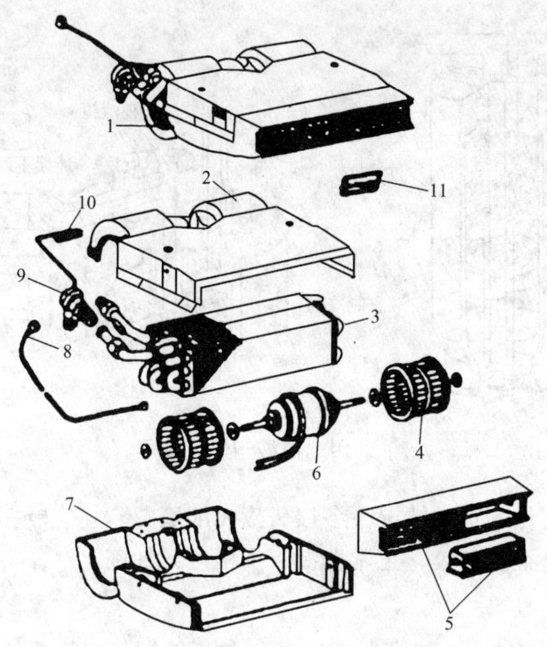

图 5-17　蒸发器组成

1—蒸发器组；2—上盖；3—蒸发器芯；4—鼓风机；5—出风口；
6—直流电动机；7—下盖；8—热敏电阻；9—膨胀阀；10—感温包；11—调速电阻

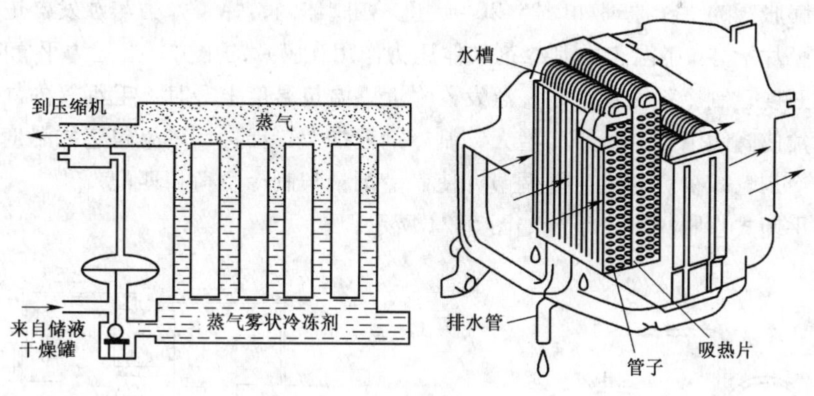

图 5-18　蒸发器的结构与工作原理

4. 储液干燥过滤器

储液干燥过滤器的作用：存储多余的液态制冷剂、吸收系统中的水分、过滤制冷剂中的杂质、安全保护、通过观察窗可分析制冷系统的故障。

储液干燥过滤器的结构如图 5-19 所示。从冷凝器来的液态制冷剂进入干燥器内，经过滤网和干燥剂除去杂质和水分后进入中心管，最后从出口流向膨胀阀。

干燥过滤器的检修：

① 制冷系统接通时，用手触摸储液干燥过滤器，如果进口很烫，而且出口管接近气温，可能储液器中的滤网堵塞或干燥剂散了并堵住出口，应更换储液干燥过滤器。建议每两年更换一次干燥器。

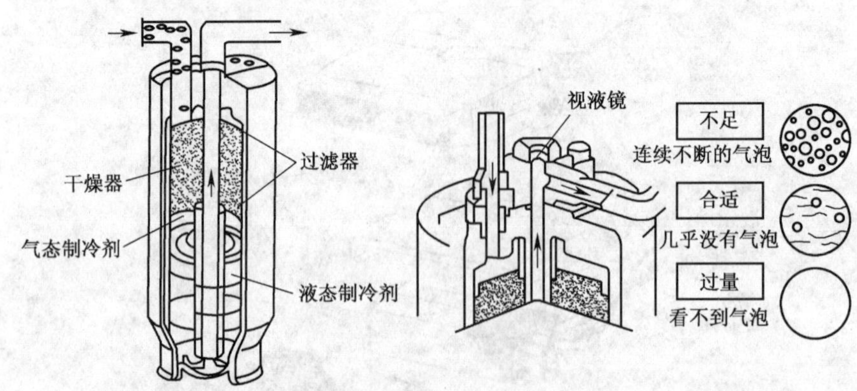

图 5-19　储液干燥过滤器

② 检查易熔塞是否熔化，正常情况下各接头应无油迹。

③ 检查视液镜玻璃是否有裂纹，正常情况下周围应无油迹。

5．膨胀阀

膨胀阀又称节流阀，安装在蒸发器的入口处。与压缩机一起将系统分成高压区和低压区，使制冷剂在不同的压力区沸点不同，能顺利完成液化和蒸发。同时还控制进入蒸发器的液态制冷剂量，使之适应制冷负荷的变化。常用膨胀阀有内平衡式、外平衡式、H 型 3 种。

(1) 内平衡式膨胀阀

内平衡式膨胀阀的工作原理如图 5-20 所示。在阀体内，弹簧弹力与蒸发器进口处制冷剂压力共同作用在膜片下方，感温包内制冷剂气体压力作用在膜片的上方。当三力平衡时，膜片不动，阀门保持固定开度，制冷剂流量一定。蒸发器附近感温包温度上升时，毛细管内气体膨胀，压力上升，推动膜片使阀门下行，阀开度增大，制冷剂量加大；反之，感温包感知温度变低时，会使阀门上行，制冷剂量减少。如此反复调节，使制冷剂量与制冷负荷相匹配。

恒温器内平衡式膨胀阀制冷系统如图 5-21 所示。

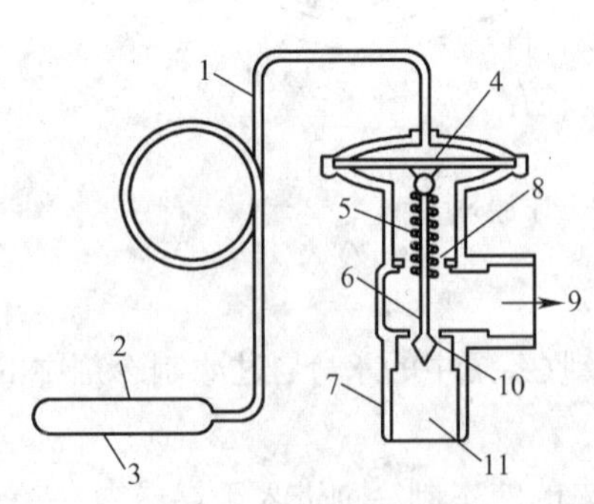

图 5-20　内平衡式膨胀阀的结构原理示意图

1—毛细管；2—感温包；3—感应蒸发器出口壳体温度；4—膜片；5—弹簧；6—针阀；7—阀体；8—内平衡口；9—至蒸发器入口；10—阀座；11—接储液干燥器

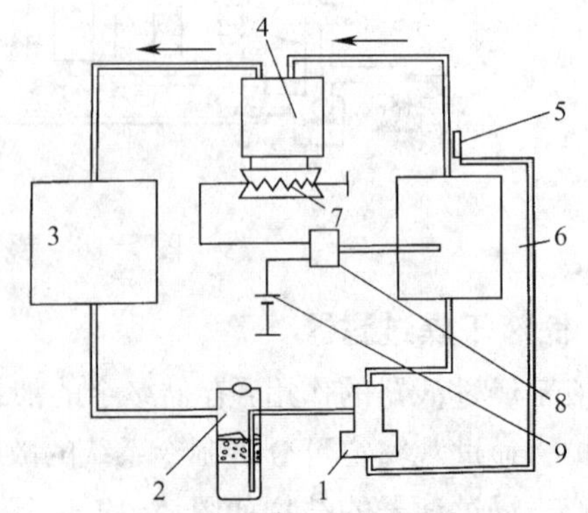

图 5-21　恒温器内平衡式膨胀阀系统示意图

1—内平衡式膨胀阀；2—储液干燥罐；3—冷凝器；4—压缩机；5—毛细管及感温包；6—蒸发器；7—电磁线圈；8—恒温器；9—蓄电池

膨胀阀调节进入蒸发器的制冷剂量，在蒸发器的温度下降到0℃以下，吹出的冷风在0~4℃时，恒温器切断离合器的电磁线圈回路，使压缩机停止运行。这样便可防止蒸发器表面发生冻结。

（2）外平衡式膨胀阀

外平衡式膨胀阀的工作原理如图 5-22 所示。同样是由膜片的上下运动控制阀开度大小。膜片上方是感温包内气体的压力，膜片下方是弹簧弹力和蒸发器出口制冷剂的压力。

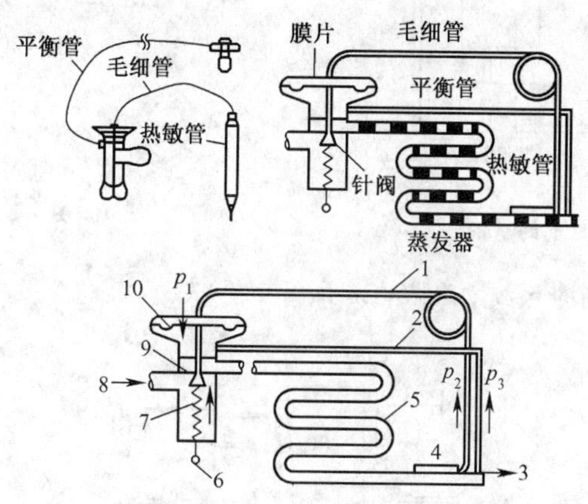

图 5-22　外平衡式膨胀阀的工作原理

1—毛细管；2—外平衡管；3—至压缩机；4—感温包；5—蒸发器；6—调整螺钉；7—弹簧；8—进口；9—阀；10—膜片

（3）H 型膨胀阀

H 型膨胀阀的原理如图 5-23 所示。高压液体进口和出口之间，有一个球阀控制的节流孔，节流孔的开度大小由弹簧和感温器控制。感温包内部的制冷剂直接感受从蒸发器出来的蒸汽温度，以控制杆端部球阀的左右运动，并与弹簧一起控制流量的大小。当蒸发器的温度高时，感温包内压力大，球阀开度增大，制冷量增大。

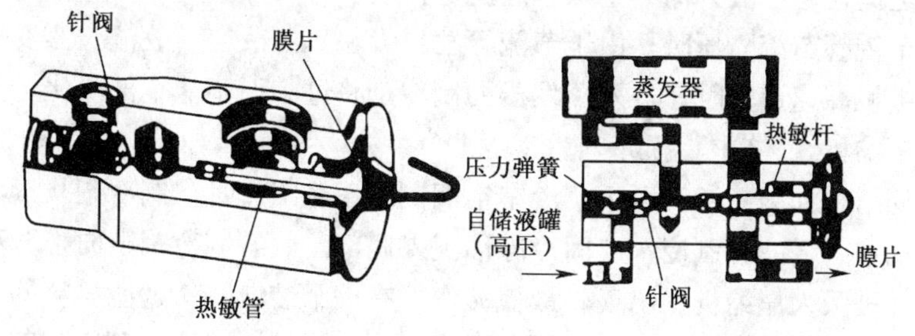

图 5-23　H 型膨胀阀

H 型膨胀阀制冷系统如图 5-24 所示。

6. 节流管

膨胀节流管的结构如图 5-25 所示。在一根工程塑料管的中间装置了一条节流用的铜管，铜管的内孔孔径为 3~5 mm，塑料管两端装有金属过滤网。一端插进蒸发器，一端插进从冷凝器来的橡胶管。由于孔管没有运动件，所以结构简单，不易损坏，唯有滤网会发生堵塞，这时只需拆下来清洗，或者换上一个新的滤网即可。

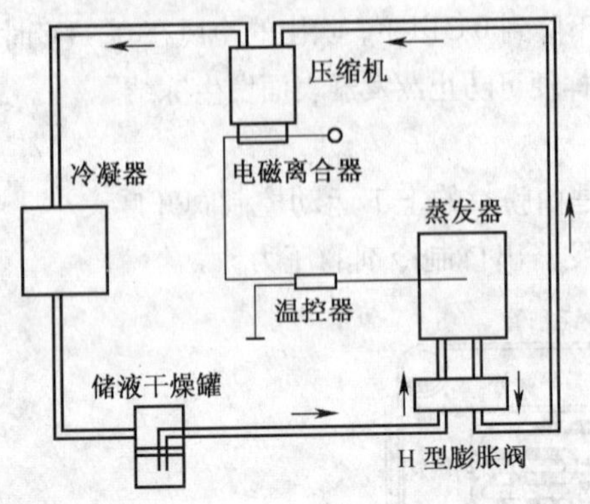

图 5-24　H 型膨胀阀制冷系统

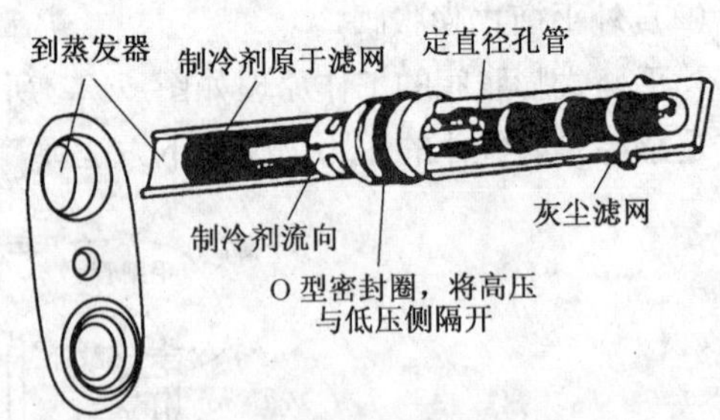

图 5-25　膨胀节流管

用压力控制的 CCOT 制冷系统如图 5-26 所示。

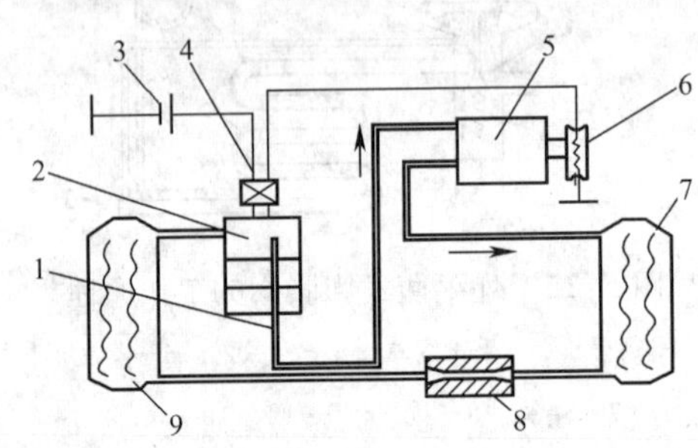

图 5-26　用压力开关控制的 CCOT 制冷系统

1—溢油孔；2—液气分离器；3—蓄电池；4—压力开关；5—压缩机；6—电磁离合器；7—冷凝器；8—孔管；9—蒸发器

7．气液分离器

气液分离器又名积累器、吸气储液器、集液器、干燥罐，用于节流管式制冷系统，它安装在蒸发器与压缩机之间，起气液分离、干燥、过滤等作用。

当使用膨胀节流管节流降压时，由于节流管孔口大小不能改变，故流入蒸发器的制冷剂流量不能被控制。压缩机高速运转时，进入蒸发器的制冷剂将过多而不能全部汽化，液态制冷剂便进入压缩机，造成压缩机　“液击”损坏。

气液分离器的结构如图 5-27 所示。汽车空调制冷系统工作时，制冷剂从蒸发器出来后，从气液分离器的上部进入，液态制冷剂连同冷冻油沉入底部。气态制冷剂则向上聚积并从上部出气管口进入出气管，被吸入压缩机。出气管最低转弯处有一个装着特殊过滤材料的小孔，提高少许冷冻油能经小孔渗入出气管中，与气态制冷剂一同进入压缩机，而液态制冷剂则不能通过。

8．油分离器

有些汽车空调系统在压缩机与冷凝器之间装有油分离器，其作用是将从压缩机出来的夹杂在制冷剂中的冷冻润滑油重新排回压缩机中。减少冷凝器和蒸发器管壁上形成的附着油膜，使其热交换能力，从而提高制冷效率。

如图 5-28 所示。从压缩机排出的高压制冷剂气体进入油分离器时，流速突然降低，气态制冷剂中夹杂的冷冻油便沉积到油气分离器的底部。当聚集的油量达到一定程度时，浮球浮起，阀门被打开，聚集的油便被压回到压缩机的曲轴箱内。

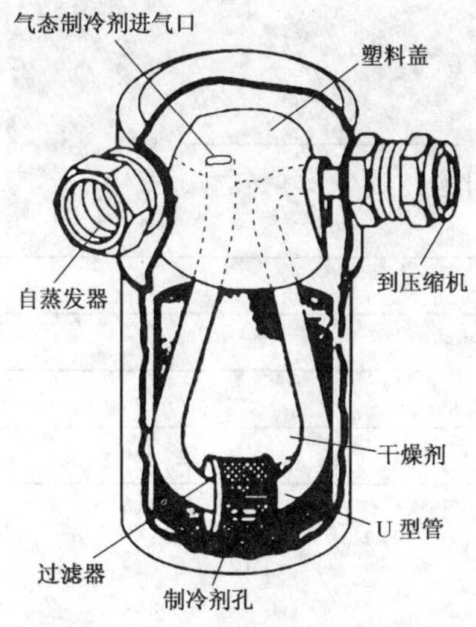

图 5-27　气液分离器示意图

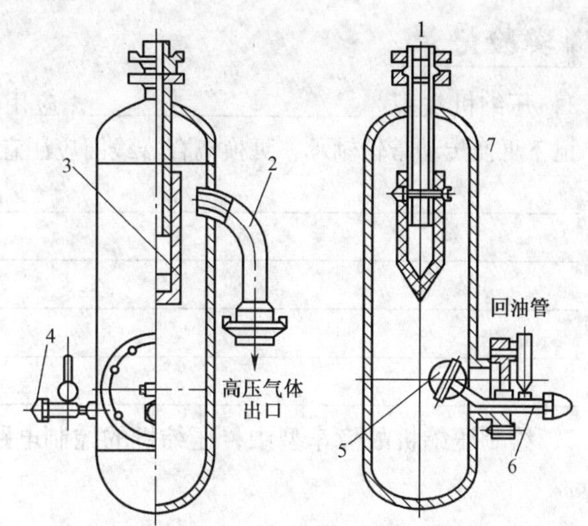

图 5-28　油分离器

1—进口；2—出口；3—滤网；4—手动回油阀；
5—浮球阀组；6—回油阀；7—阀体

器材与设备

① 器材：压缩机，每组一台；用于固定传动带轮的专用工具，每组一件。（或传动带轮顶出螺栓，每组一颗）；车辆保护套件，每辆车一套。

② 设备：空调制冷系统电路工作正常的车辆或台架，每组一台；尾气排放装置，每组一台；试灯，每组一台；导线若干。

③ 工具：常用拆装工具，每组一套。

技能训练

1. 压缩机拆装

① 压缩机解体；

② 压缩机工作原理演示；

③ 压缩机组装；

④ 转动压缩机离合器、传动带轮，检验进出气口状态及传动带轮运转情况是否符合规定；

⑤ 整理、清洁场地。

2. 空调压缩机不转故障诊断（教师结合实际车型事先设定）

① 正确开启车门及发动机盖；

② 安装车内外保护套件，接好尾气排放管；

③ 发动机暖机，按下空调制冷开关，空调压缩机离合器不接合；

④ 发动机熄火，根据电路图分析故障可能发生的部位；

⑤ 接通点火开关及空调制冷开关，用导线短接法或用试灯沿压缩机供电线路找出故障所在；

⑥ 排除故障点，启动发动机，接通空调制冷开关进行检验；

⑦ 整理、清洁场地。

实验记录

1．压缩机类型：________________。应用车型：________________。

记下更换传动带轮轴承、更换离合器线圈应注意哪些问题：

2．绘制压缩机故障车型中，压缩机的控制电路：

3．总结压缩机不转故障的诊断思路：

活动二　电子扇不转故障

知识目标

① 掌握电子扇工作原理。

② 理解电子扇的控制方式。

技能目标

能够对电子扇故障进行诊断。

知识链接

1．检测工具及检测方法

(1) 跨接线

跨接线（见图 5-29）是简易而有效的检测工具。通过使用导线“跨接”电路被怀疑为开路的部分，来确认故障点。

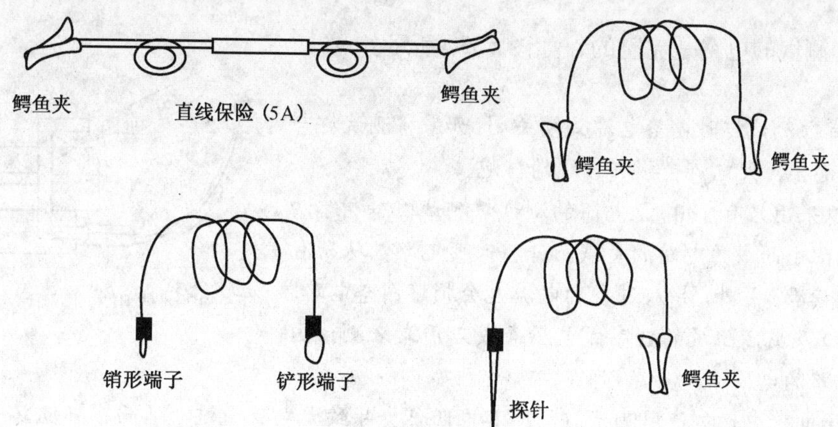

图 5-29　跨接线

采用跨接线时，是用已知良好的导体替代可能的故障部位，如图 5-30 所示。如果采用跨接线时电路运行正常，否则就不正常，这表明“跨接”范围内存在“断口”。跨接线只能用在无电阻元件的那部分电路上使其旁通，如开关、接头及导线段。

注意：切勿在灯、电动机、点火线圈及任何负载上使用跨接线。这样做会减少电路的电阻，导致很大的电流，造成短路。大的电流将会损坏线束和元件。

（2）测试灯

使用的测试灯有两种：测电压的无源测试灯及测电路导通性的有源测试灯。

① 无源测试灯：使用无源测试灯测电压，如图 5-31 所示。测试灯为带有一对导线的 12 V 灯泡。其中一根导线接地后，再将另一根导线同电路上任何一个有电压的点连接。若灯泡亮起，说明被测试的点上有电压。

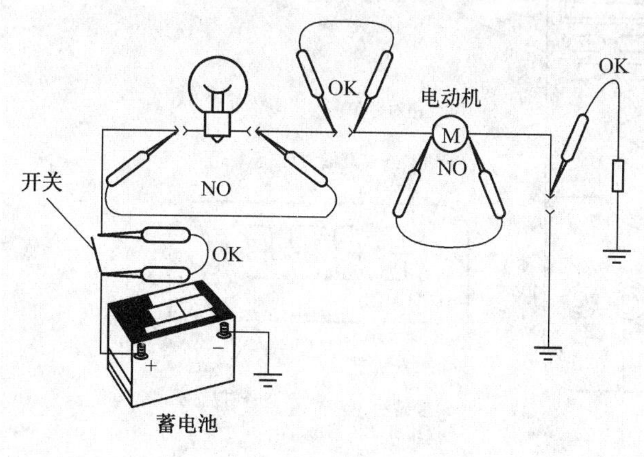

图 5-30　跨接线的使用部位

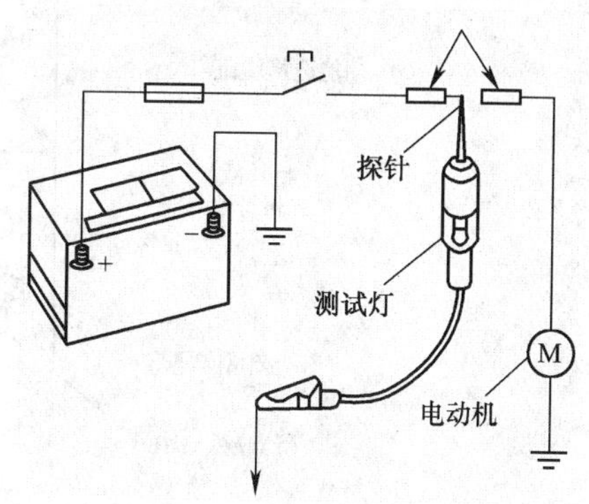

图 5-31　使用无源测试灯测电压

② 有源测试灯：使用有源测试灯可以检测导通性。此工具由灯泡、电池和两条导线组成，当两根导线碰在一起时灯泡即亮。

有源测试灯只用于未接通电源的电路。先断开车上蓄电池或拆下保持电路运行的熔断器。沿电路选定应是导通的两点，将有源测试灯的两条导线分别与两点相连，如果是导通的，灯泡即亮，说明被测试灯测试的电路是完整的，如图 5-32 所示。

注意：

① 使用有源测试灯时电路电源必须关闭，如果将测试灯与“带电”回路相连接，大电流会损坏 3 V 的灯泡。

② 不可以采用只有 100 Ω 电阻的测试灯测试固态电路，那样会因其电阻小而成为电路的负载，并将改变电路，从而有可能产生错误读数。另外，导入过多的电流也会损坏固态电路。只能用 10M Ω 及更高阻抗的数字式电压表或万用表来测试固态控制模块电路的电压。

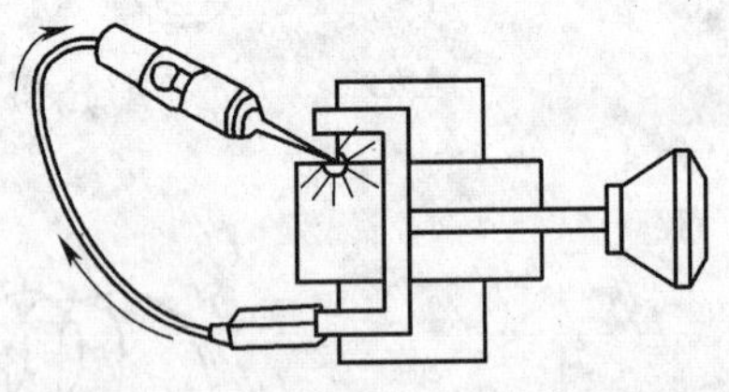

图 5-32　使用有源测试灯检验导通性

③ 在电子电路中切勿使用测试灯，因其电阻低会导致大电流通过，从而损坏电路中的一些敏感的电子元件。

(3) 数字万用表

数字万用表（DMM）能显示测试值的电子数字，具有使测试精确的电子电路，其准确度超过 0.1%，远远超过模拟表。数字万用表已日益普遍用于电气诊断和检测，尤其是电气系统的检测。

推荐使用至少 10 MΩ 输入阻抗的数字万用表进行电路检测，如图 5-33 所示。万用表只有用于电压挡时，输入阻抗对它才适用。对汽车电路而言，10 MΩ 电阻既可以对电路上某些敏感的元件进行测试，又可做到不损坏和改变它们的电路。

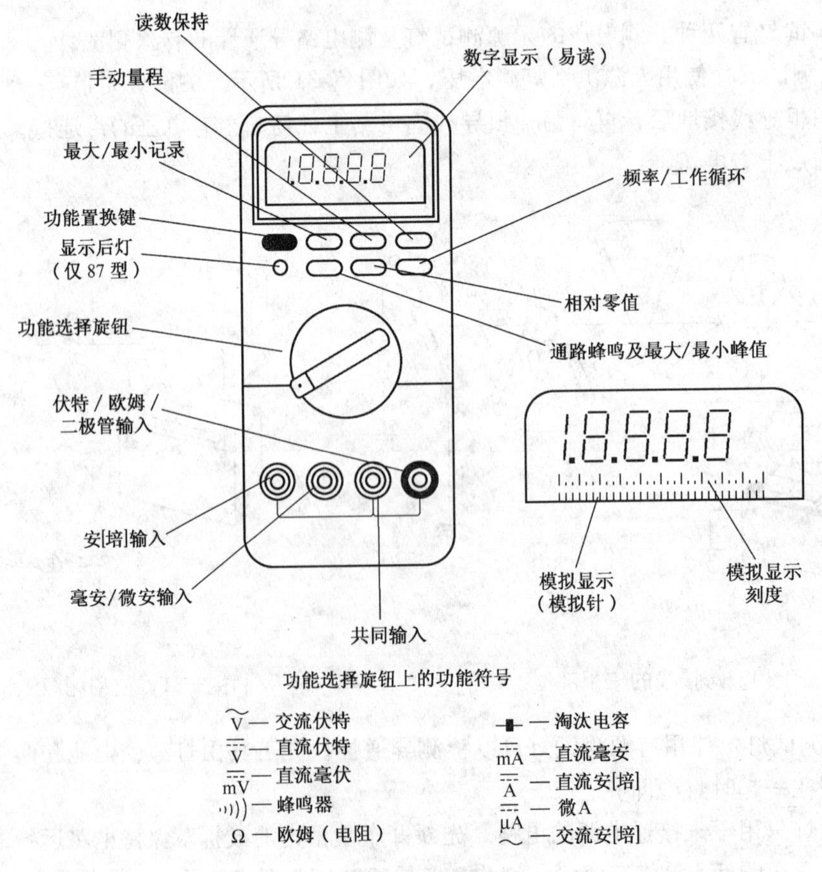

图 5-33　数字万用表

（4）数字万用表的使用

① 用数字万用表测电压。对电路的检测往往都是从检测电源电压是否正常开始的。如果检测结果为无电压或电压过高或过低，应首先使电压正常再去做进一步检测。

图 5-34 所示为测试电压时，数字万用表在串联电路中的连接。

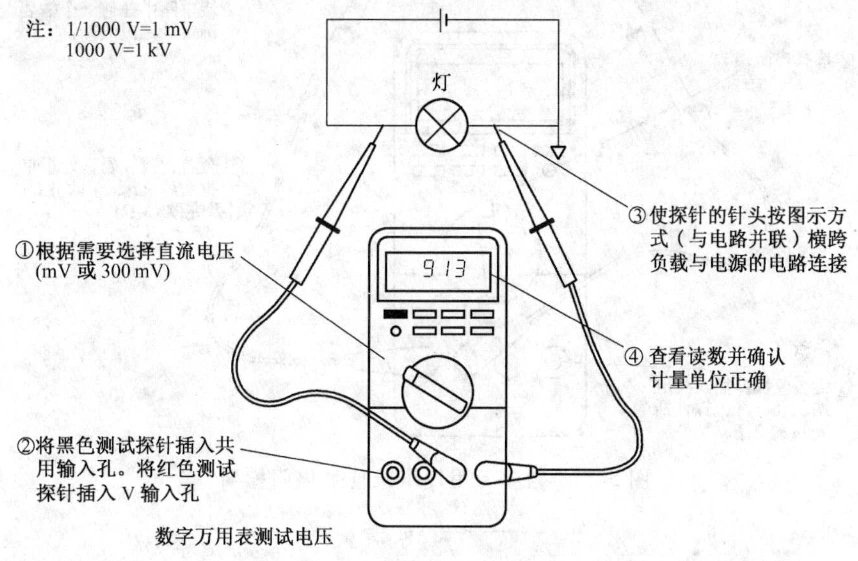

图 5-34　用数字万用表测试电压

注意：将红色测试探针插入电路的正极插孔，黑色探针插入负极插孔或接地，便可测得正确极性（±）的正确度数。如果对上述做反向连接，带有自动极性的数字万用表将在数值前显示代表负极的负号。

② 用数字万用表进行电阻检测：测量电阻的单位为欧姆（Ω）。

测电阻时应断开电路电源，否则将会损坏电路和万用表。

测量时如果数字万用表提供的测试电压低于直流 0.5 V，就可测试在电路中被二极管或半导体接头阻隔开的电阻器阻值，而不用将它们拆下。

③ 导通性检测：导通性检测是一种连通/断开测试，以判别断路和通路。

采用带有通路信号装置的数字万用表进行通路测试既快又容易，如图 5-35 所示。当测到通路时万用表会发出嘟嘟声，不用查看即可知道。不同型号的数字万用表对引发其发出嘟嘟信号装置的电阻值的要求也不尽相同。

导通性检测确定熔断器良好或熔丝熔断、导体断路或短路、开关状况、电路线路（通过对电路或导体的跟踪检测）。

④ 用数字万用表测量电流（A）：用数字万用表测量电流与测量其他参数不同，电流是串联测量，而电压或电阻是并联测量。要测量的全部电流都流经电流表，而且测试导线必须插进万用表的不同输入插孔，如图 5-36 所示。

注意：测试导线还留在电流输入插孔中就去测量电压，这是常犯的错误。这样电源电压会直接流过电流表内的低值电阻导致短路。如果电流表没有足够的保护装置，一个大电流通过时会使表及电路严重损坏，也会伤害操作人员。

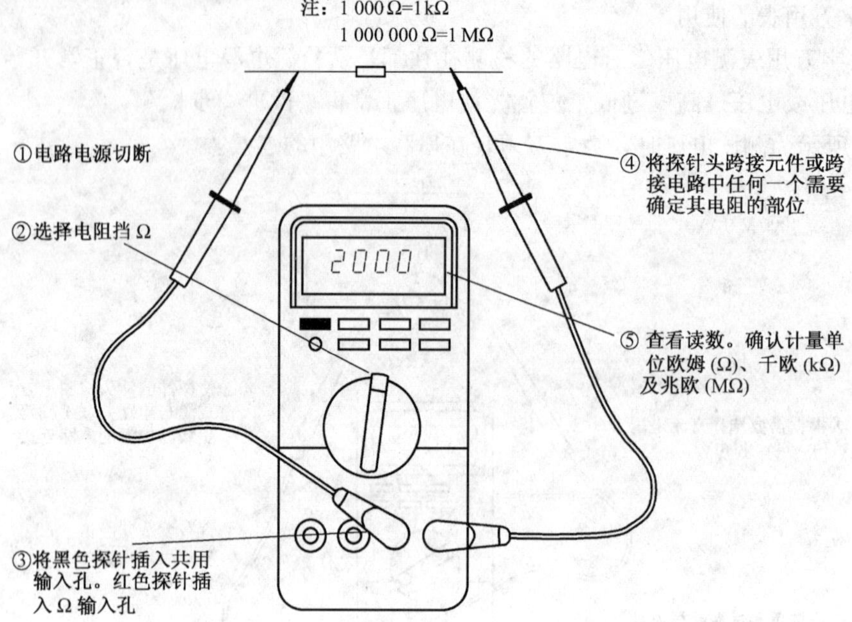

图 5-35　数字万用表作导通性/电阻检测

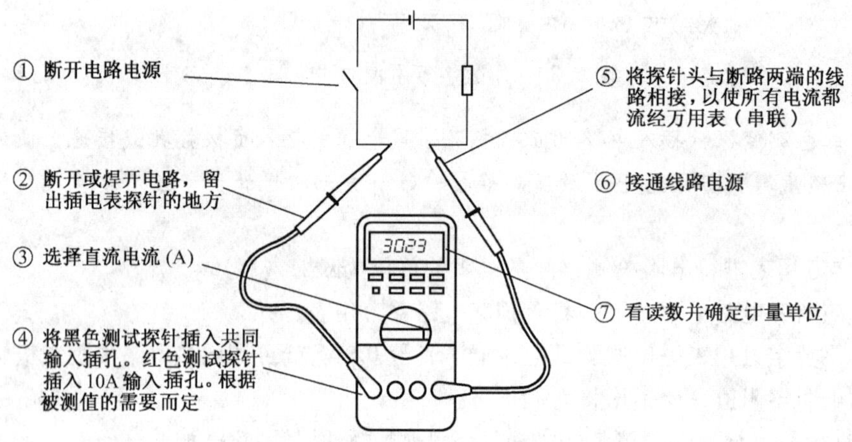

图 5-36　用数字万用表测量电流

在断开或焊开电路，插入万用表测量电流之前一定要断开电源，哪怕是很小一点电流也是危险的。不能用电流插孔中的测试导线去测电压，这样会损坏万用表或伤害人员。

⑤ 二极管检测：二极管就像一个电子开关，当电压超过一定值时（一般硅二极管电压为 0.6 V）二极管接通，使电流沿着一个方向流动。

有些万用表具有一种特殊状态被称做二极管测试。在这种状态下，从一个方向跨接二极管的测量值应为 0.6～0.7 V，换相反方向测试时，显示断路。这样的二极管工作状况良好。假如两次读数均显示断路，二极管即为断路；假如两次读数显示通路，二极管即为短路。

⑥ 检测晶体管：使用数字万用表，调至二极管检测挡位就可以检查晶体管是否能正常，如图 5-37 所示。将 PN 结看成是一只二极管，进行检测（中间为 B，两端分别为 C 或 E。测量时依次为 B—C、C—B、B—E 和 E—B）。

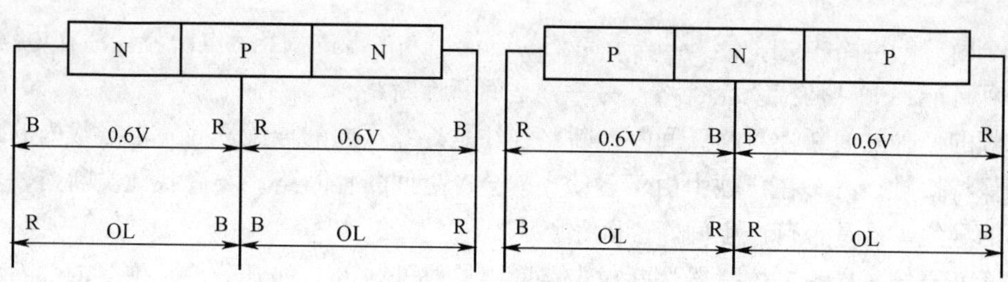

图 5-37 晶体管的检测

R—红色导线；B—黑色导线；OL—开路

将万用表红色导线接至基极，黑色导线接至集电极，数字万用表应显示出约 0.6 V 电压。TO-5 型晶体管的集电极就是晶体管的壳体。基极脚处通常印有 B 的字样，而发射极脚处有 E 的字样。

将红色导线接至基极，黑色导线接至发射极，该仪表也应显示 0.6 V 电压。如两条导线互换位置，那么基极与发射极，基极与集电极之间在仪表上显示的应为"断路"。

这种测试仅对双极晶体管有效。对 PNP 晶体管的读数应是相同的，只是仪表导线的位置是相反的。

注意：如果晶体管未通过这项检查，则说明该晶体管有故障。即使通过了这项检测，它也仍有可能在电路中不能正常工作。

2. 电路故障及诊断

(1) 基本电路

要使一个电气装置能够工作，必须有一条从电源到电气装置再回到电源的完整通路。这样一个环形通路就叫做完整电路或闭合电路。大多数基本电路需要一根连接电源与负载的导线，以及一根由负载回到电源的导线作为地线。这样，整个电路就形成一个闭合回路，电流才能在电路中流动，电路中的负载才能作有用功。

将汽车上所有电气系统的地线都通过单独导线的形式接回电源是不实际的，这样将成倍地增加车上导线的数量。因此，大部分汽车电路是利用车身、发动机缸体或车架作为接回电源的地线。车身、发动机和底盘的钢质结构使汽车的这些部件能够为电流提供良好的通道，如图 5-38 所示。

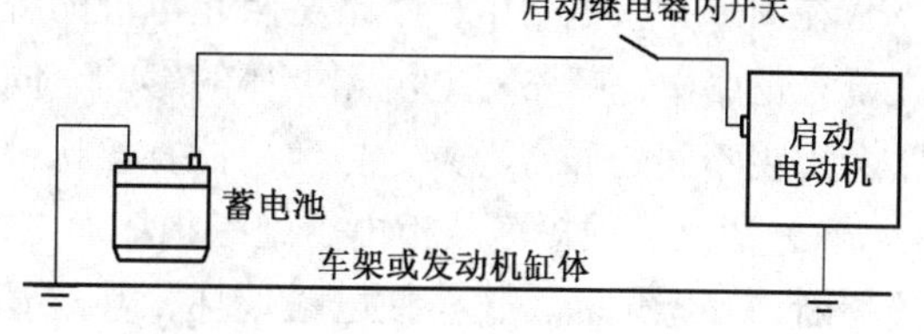

图 5-38 简单启动电路

如果连接负载或电源的导线被切断，电路将被断开，一个完整的闭合电路就不再存在。这种电流不能流通的情况就称为开路或断路。此时，电压只存在于断开处的电源一侧。

如果在电路正极和地线之间产生了某个多余的支路，电流将绕过负载流回地线，即发生了短路。负载可限定电路中的电流大小，而短路却会产生极大的电流。

注意：电流总是选择电路中电阻最小的途径，这是个重要的概念。

(2) 电路故障

① 断路：指电流通道的机械型断开。在串联电路中，如电流中断，则电路停止工作。在并联电路中，如果一条支路断开，则这条支路停止运行，其他支路照常工作。使用电阻计进行导通性检测时，可发现电路断路。

在一个断开的电路中，由于没有一个完整的电流出入电源的回路，电流就无法在电路中流动。断路有两种可能：一种是持续性断路，另一种是间断性断路。

最麻烦的一种是间断性断路。间断性断路往往是绝缘层内的导线已断，但导线内的断开处在停车时仍保持接触。汽车在行驶中由于震动，就会产生间断性断路。要查找此类断路，可用手摆动所怀疑的导线，看是否可产生间断性断路。

导线断开或接头松脱，熔断器烧断或电路断路器跳开，部件如开关、灯泡等内部断路，都是断路的例子。

电阻极高，往往表现出与断路一样的症状。

导线断开造成的断路往往是由于意外损坏或震动造成。损坏造成的断路一般较容易被观察到；震动造成的断路往往导线绝缘层还完整，所以不易查找，一般只能用测试仪器查到，这种断路很有可能是间断性的。接头松动也可能由震动或组装不当造成。

熔断器烧断和电路断路器跳开都表现为断路。这类断路是由于电路超负荷造成的。此时，为了保护电路和部件，保险装置会主动切断电路，观察熔断器是否烧断可确定其好坏。这类断路往往是电路中断路或超负荷的症状。

一些部件的正常耗损会造成部件（如灯泡）的内部断路（烧断）。正常耗损也同样发生在其他长期使用后的部件上，如开关和电动机。但如果这类部件在短时间就耗损，就应该寻找造成这些部件提前损坏的原因。

电阻过高如同断路一样，因为过高的电阻使电流无法通过电路。电阻过高往往是由于接线端和地线接头的腐蚀造成的。

对电路的判断，首先要寻找明显的起因，如断开过的导线、磨损的绝缘和腐蚀的接头等。在简单的串联电路中，断路会阻止电流的流通，造成这一电路中所有负载不工作，如电动机不转、灯不亮等。在断路点之前，电路与地线之间还存在电压，断路点另一侧电压就不存在了。

在简单并联电路中，断路将阻止电流的流通，所有与电源相连的各点电压与电源电压相同。在复合电路中，断路对电流和电压的影响不同，复合电路中电流可能会选择其他支路，不同的电路会出现不同的异常现象，导致不能直接认识故障。查对电路图会有助于解释这些异常现象。

② 短路：线短路是指由于绝缘损坏而造成的电路导线接地，如图 5-39 所示。引起熔断器连接烧断，如无熔断器，会使电路烧坏，甚至着火。如果短路发生在负载之后，电路控制装置可能失去作用，这时测试灯就显得很重要。将测试灯放在熔断器位置，按顺序并合理地断开电路元件，若测试灯熄灭，即可找到电路的故障。

电源短路是由于绝缘损坏而造成导线与另一电路导线相触及，如图 5-40 所示。这样会使电路运行异常，出现一些奇怪的现象而且不易查找。为查出这类问题，必须观察征兆，辨认有关电路，拆除保险查找有关的电路支路，然后在关键部位检查电压及电阻，这样就会查出故障所在。

③ 电阻过大：往往是最难查找的故障，这时使用检测仪表就显得非常重要，插头松动、污脏或腐蚀都可以引起电阻过大，电流减小（见图 5-41），致使灯光暗淡或闪烁或元件失效。

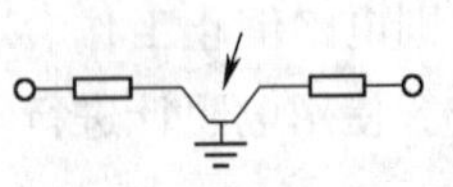

图 5-39　线短路

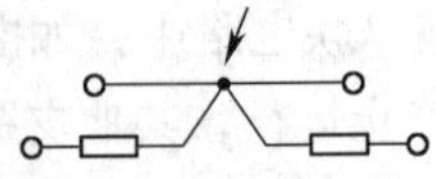

图 5-40　电源短路

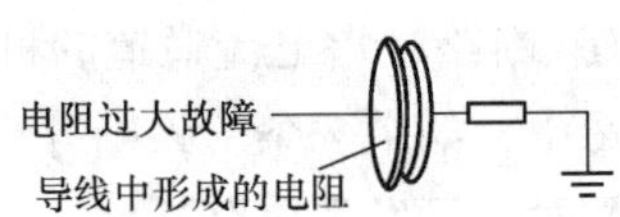

图 5-41　电阻过大

作为一种故障，电阻过大是指任何电路中的电阻超出其原设计的指标，电阻过大经常是由接线端、接头和地线的腐蚀、松动，以及接触面积不足造成，电阻过大也可以发生在部件内部。

电阻过大使电路产生负荷，而电路中附加的负荷，会使电路中其他负载的供电减少。电阻过大时，会出现灯光变暗、电动机转速减慢等现象。在更严重的情况下，高电阻就如同断路一样，如果地线接线端腐蚀，这一地线（电阻本应为零）将由于其过大的电阻使这一电路上的所有负载不能工作。

接头、接线端和地线的电阻过大往往是由与水、溶雪盐，以及渗入接头处的机油、黄油和脏物所致。负载也可因内部损坏、磨损、超负荷或震动而造成电阻过大，这类部件内部电阻过大，如同部件损坏一样，难以用肉眼查找。接头、接线端和接地处的腐蚀和油污有的可以看见，有的却无法看见，此时必须借助测试仪器进行检查。

④ 间歇性故障：大部分电路的间接性电气故障是由有故障的电气接头和导线引起，也可能由元件或继电器黏附引起，在决定是否报废一个元件或导线组件以前先检查以下各项：

a．插接器是否连接良好。

b．端子是否伸展或推出。

c．在导线组件上的端子是否完全插入插接器/元件中并锁定位置。

d．端子上是否有污物或锈蚀，锈蚀和有污物可能引起电路间歇性故障。

e．插接器/元件外皮的损坏使元件暴露于污物和潮气中。

f．导线绝缘层磨穿引起对地短路。

g．一些或所有股导线内部绝缘破损。

h．导线内部绝缘是否破损。

（3）查出故障

电路中故障可能发生在以下 4 个地方：

① 负载故障：不工作的负载是最容易查出的一种故障，其原因可能是负载故障、负载与地线之间有问题或只有少量或没有电流供给负载。

② 负载与电源之间的故障：一般来说，如果系统中只有一个部件不工作，就应从这一部件着手诊断，这个建议必须建立在逻辑的基础上。例如，一个电动车窗的电动机不工作，就不应从将门拆开检查电动机开始。为了节省时间，应从电动车窗和电源与开关之间容易检查的部位着手，而不应在故障范围排除到电动机本身之前，就进行费时的电动机的检查工作。如果电路中有几个负载不工作，应从负载共同的供电点开始检查。

③ 负载与地线之间的故障：不良的接地是造成电气系统故障的主要原因。因此，要经常检查接地的情况。如果接地没有问题，问题就可能在电源和负载之间。

④ 电源故障；如同负载故障一样，比较容易诊断，因为它将导致所有接受这一电源供电的负载无法工作。如果系统中所有负载都不工作，应该怀疑是否是蓄电池没电、蓄电池电缆损坏、负极电缆接地不良等。

蓄电池是电源源头，也可将点火开关、保险、其他开关和电路分点看成是第二电源。

利用电路图在头脑中简化电路，会使你不用触及汽车或无须检测仪器就可以迅速地诊断故障，节省了时间和精力。

（4）系统检测

有时无法查出故障，或只能借助逻辑和电路图来查出故障。在这种情况下，各种检测仪器的价值就不大了。要有效地使用检测仪器，常常要将一个复杂电路实际分解成几个简单电路。

① 分解成简单电路：为了检测，可用两种方法将电路分解成较简单的电路，一是在接头和开关处分解；二是切断线路，测试后再重新连接上。

② 从接头和开关处分解：通过分离接头可达到简化电路的目的，同时接头内的线段也为测试提供了途径，也可通过断掉开关来形成较简单的电路。

③ 切断和连接：在电路中的某些地方只能用切断的方法来使其简化。这种方法只有在无法使用上述方法或无法找到其他断开线路的方法时才能使用，将切断后的导线的绝缘体剥去一些，以便进行检测，检测结束后，将两导线金属部分扎入平接头，并将其接好。无论采用什么方法，目的都是简化电路，从而更有效地使用检测仪器。

(5) 诊断检测

① 电压检测（见图 5-42）：

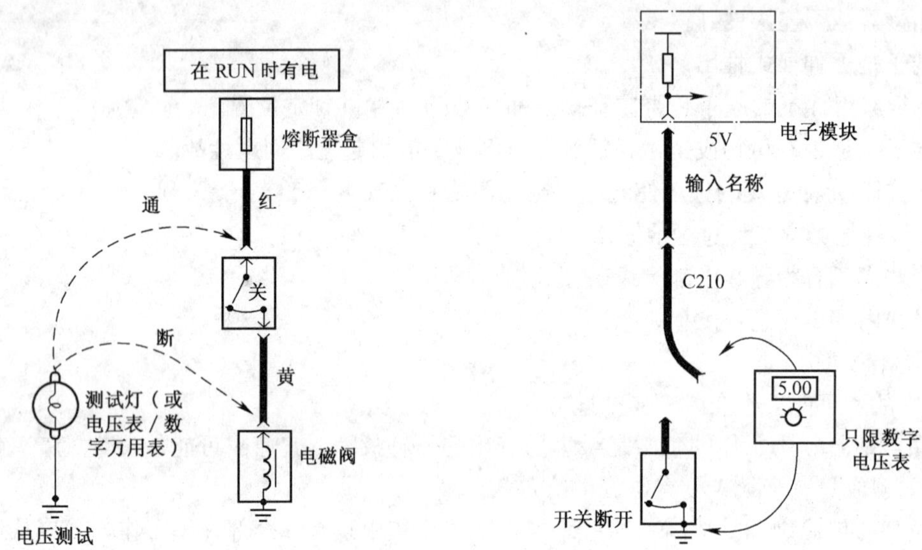

图 5-42　电压检测

a. 使测试灯的一条导线接地良好，如果采用电压表，则应确认电压表的负极接地。

b. 将测试灯或电压表的另一极接至选定的测试点（插头或端子）。

c. 如果测试灯发光，则表明有电压存在。如使用电压表，则记下电压读数，该读数与被测试电池电压相比应在 1 V 范围内变动。

d. 如果变动范围超过 1 V，则表明电路有问题。

e. 利用固态模块的输出电压对导线导通性进行快速测试。如果导线导通性良好，在开关插头处可以测得 5V 的电压值，该检测只能用数字电压表进行，模拟表或测试灯不适用于检测该电路。

② 导通性检测（见图 5-43）：

a. 断开车用蓄电池。

b. 将有源测试灯或电阻表的一条导线接至将要检测的电路部分的一端。

c. 将另一条导线接至电路的另一端。

d. 如果有源测试灯发光，则表明导通性良好。如果采用电阻计，低电阻或无电阻则意味着导通性良好。

③ 用电压表或数字万用表检测电压降（见图 5-44）：

该检测用来检查电压在导线中或在通过连接点及开关时的损耗。

a. 将电压表或数字万用表的正极导线接至离蓄电池较近的导线的一端（或连接点，开关的一侧）。

b. 将负极导线接至导线的另一端（或连接点，开关的另一侧）。

c. 接通电路。

d. 电压表或数字万用表将显示出两点之间的电压降。高于 1V 的电压差异（或降低）表明存在故障。

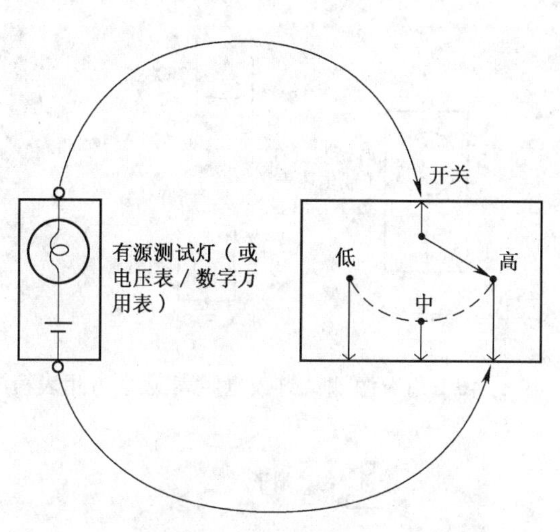

图 5-43　导通性检测

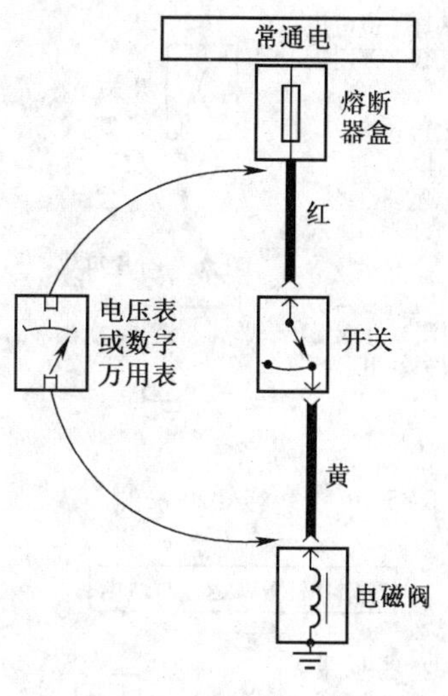

图 5-44　用电压表或数字万用表检测电压降

④ 地线短路检测（见图 5-45）：

用测试灯或电压表/数字万用表检测。

a. 拆下熔断的熔断器并断开负载。

b. 将测试灯或电压表/数字电压表与熔断器端子（确认熔断器已断开）连接。

c. 从熔断器盒旁开始，左右摆动导线，在观察测试灯或电压表时，在导线合适处（约 6 in 间距）继续摆动。

d. 测试灯发光或电压表有读数时，在该处附近导线接地短路。

⑤ 用有源测试灯或电阻表/数字万用表检测（图 5-46）：

a. 拆下熔断的熔断器并断开蓄电池和负载。

b. 将有源测试灯或电阻表/数字万用表的一条导线接至负载端的熔断器端子。

c. 将另一条导线良好接地。

d. 从熔断器盒旁开始，左右摆动导线，观察有源测试灯或电阻表时，在导线合适处（约 6 in 间距）继续摆动。

e. 有源测试灯发光或电阻表/数字万用表有读数时，在该处附近导线接地短路。

⑥ 电流检测（见图 5-47）：

检测电流用的仪表必须串联在电路中，测量电流时需要断开电路。电路中电流流过表头，显示出电流的安[培]或毫安数。

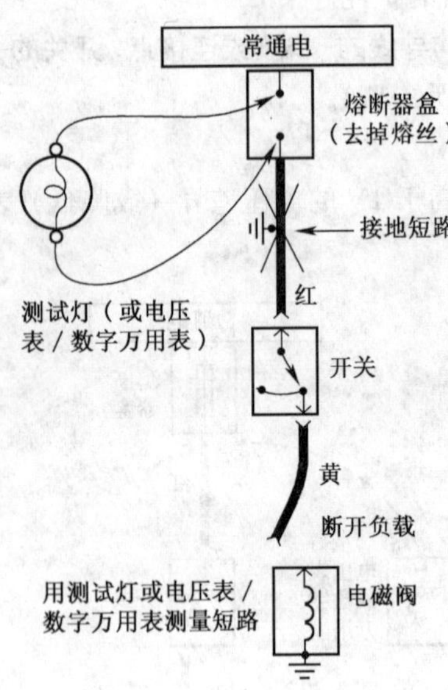

图 5-45　地线短路检测

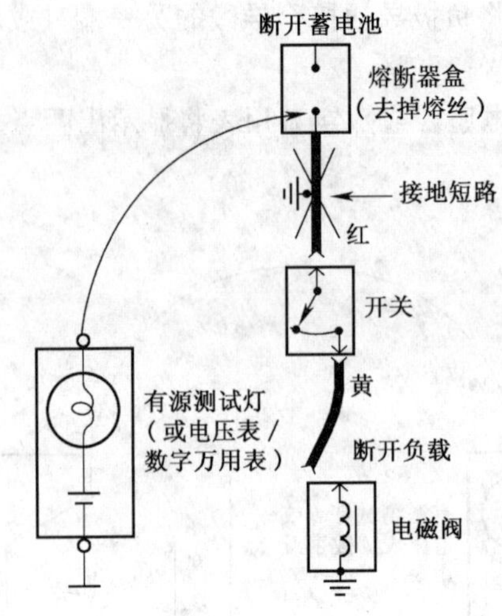

图 5-46　用有源测试灯或电阻表/数字万用表检测

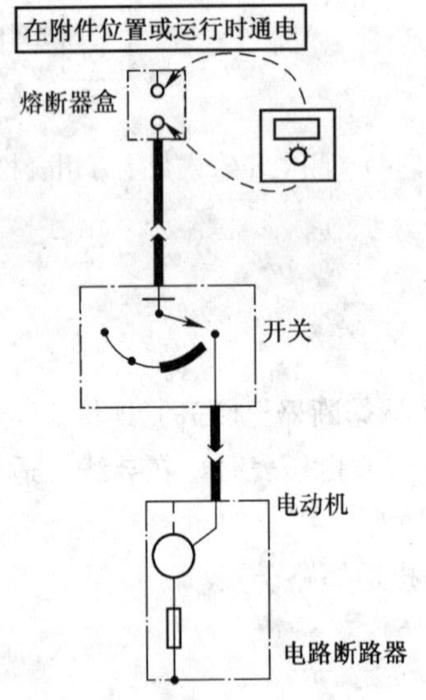

图 5-47　电流检测

注意：勿用电流表测量电压，否则会导致电流表、电路或二者严重损坏。

电流测定点常处在熔断器和蓄电池两侧。

器材与设备

① 器材：万用表，每组一只；导线若干。

② 设备：空调制冷系统电路工作正常的车辆或台架，每组一台。

③ 工具：车辆保护套件，每辆车一套。

技能训练

电风扇不转故障诊断：（教师结合实际车型事先设定）

① 正确开启车门及发动机盖。

② 安装车内外保护套件，接好尾气排放管。

③ 发动机暖机，按下空调制冷开关，电风扇不转（发动机冷却液温度未使电风扇转动）。

④ 发动机熄火，根据电路图分析故障可能发生的部位。

⑤ 接通点火开关及空调制冷开关，用万用表测量供电线路找出故障所在。

⑥ 排除故障点，启动发动机，接通空调制冷开关进行检验。

⑦ 整理、清洁场地。

实验记录

1. 实验车型：________________。

2. 绘制该车型中，电风扇的控制电路。

3. 根据该车型电风扇电路进行分析，若接通点火开关，电风扇一直转动不停，故障原因是什么？

____

____

____

____

活动三　空调系统冷风不冷、热风不热故障

知识目标

① 理解空调系统冷风不冷、热风不热故障的原因。

② 掌握诊断方法。

技能目标

能够对空调系统冷风不冷、热风不热故障进行分析、诊断与维修。

知识链接

1. 汽车采暖系统的种类

汽车采暖系统的种类很多，根据热源不同汽车采暖系统可分为以下几种：

① 水暖式暖风系统：热源来自发动机冷却液。水暖式暖风系统多用于轿车、大型货车及采暖要求不高的客车上。

② 暖气式暖风系统：热源来自发动机排气系统。气暖式暖风系统多用于风冷式发动机汽车上。

③ 独立燃烧式暖风系统：热源来自专用燃料燃烧的热量。独立燃烧式暖风系统多用于大客

车上。

④ 综合预热式暖风系统：热源来自发动机冷却液的热量和专用燃料燃烧装置的热量两个方面。综合预热式暖风系统多用于大客车。

⑤ 电加热器：热源来自电加热器。

不论是利用何种热源，热量都是通过热交换装置传递给空气，并通过鼓风机把热空气送入车内，将热交换器、风机和机壳组合在一起的装置称为空气加热器。

2. 汽车采暖系统的结构与工作原理

(1) 水暖式暖风系统

① 发动机冷却液直接供暖。水暖式暖风系统的工作原理如图 5-48 所示。将水冷式发动机冷却系统中的冷却液引入车内的热交换器（加热器）中，鼓风机将车内的循环空气或外部空气吹向加热器，变成热空气后被导入车内。

水暖式暖风系统在车上的安装位置如图 5-49 所示。

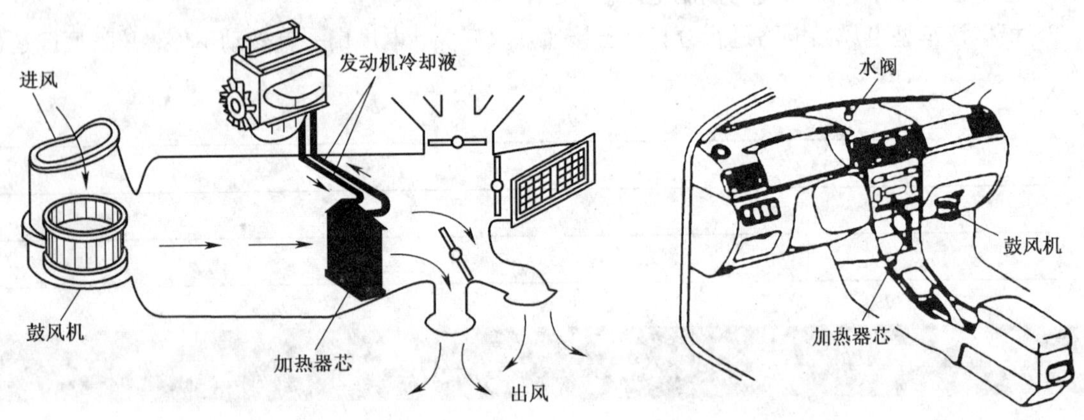

图 5-48 水暖式暖风系统的工作原理示意图　　图 5-49 水暖式暖风系统主要机件的安装位置

- 鼓风机：由可调节速度的直流电动机和鼠笼式风扇组成，结构如图 5-50 所示。
- 加热器：其结构如图 5-51 所示，它由水管和散热器片组成。发动机的冷却液进入加热器的管道，通过散热器片散热器后，再返回发动机的冷却系统。

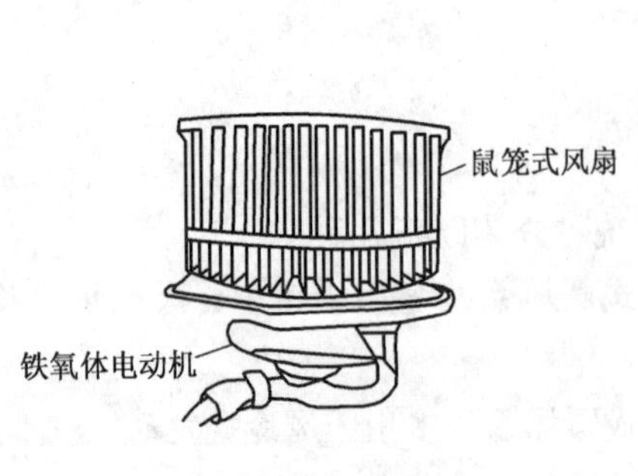

图 5-50 鼓风机

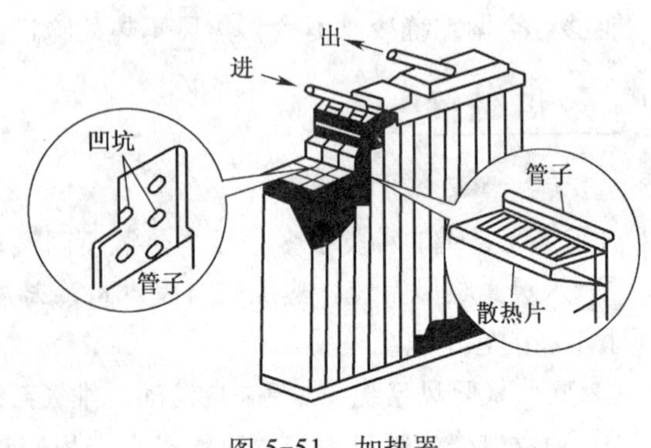

图 5-51 加热器

● 热水调节阀：其结构如图 5-52 所示，可通过控制面板上的调节杆或旋钮来控制进入加热器的水量，进而调节暖风系统的热量。

车内暖气温度的调节方式有两种：空气混合型和水流调节型。

● 空气混合型：这种类型的暖风系统在暖风的气道中安装空气混合调节风门，这个风门可以控制通过加热芯的空气和不通过加热芯的空气的比例，实现温度的调节。目前绝大多数汽车均采用这种方式，其示意图如图 5-53（a）所示。

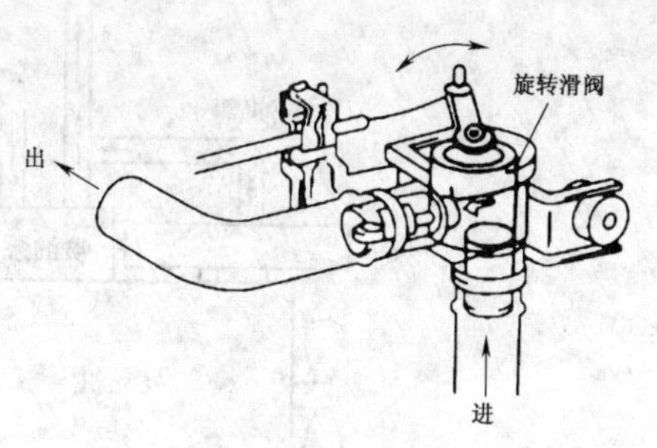

图 5-52　热水调节阀

● 水流调节型：这种类型的暖风系统在加热器芯的进水或回水管路中加装有水阀，通过控制水阀的开度，调节进入加热器芯的水量，实现对加热器温度的调节，如图 5-53（b）所示。

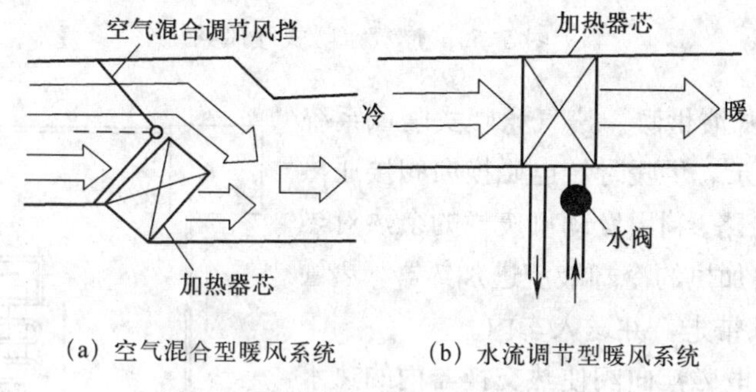

（a）空气混合型暖风系统　　（b）水流调节型暖风系统

图 5-53　升高车内温度的方式

水暖式暖风系统的冷却液循环路线如图 5-54 所示。

水暖式暖风系统的最大缺点是供暖必须在发动机冷却液温度上升到大循环时方能开始，因此在严冬季节，下坡、停车或汽车刚起步时，热源就显得不足。如果使用不当，发动机容易发生过冷现象。

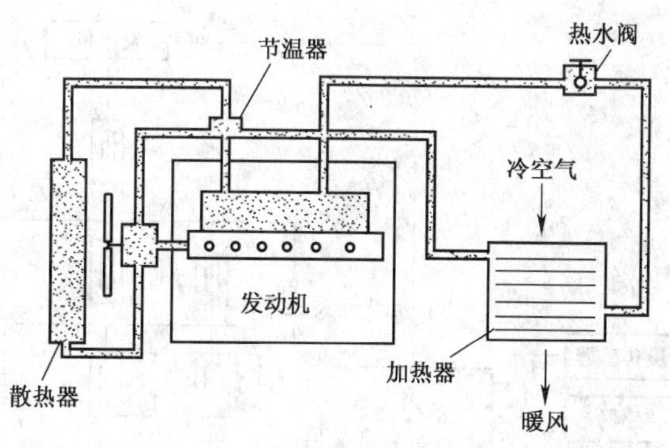

图 5-54　水暖式暖风系统冷却水循环路线示意图

② 燃料燃烧加热冷却液供暖。在大、中型客车上，常采用燃气取暖系统。燃气取暖系统的示意图如图 5-55 所示，燃油和空气在燃烧室中混合燃烧，加热发动机的冷却液，加热后的冷却液进入加热器芯向外散热，降温后返回发动机再进行循环。

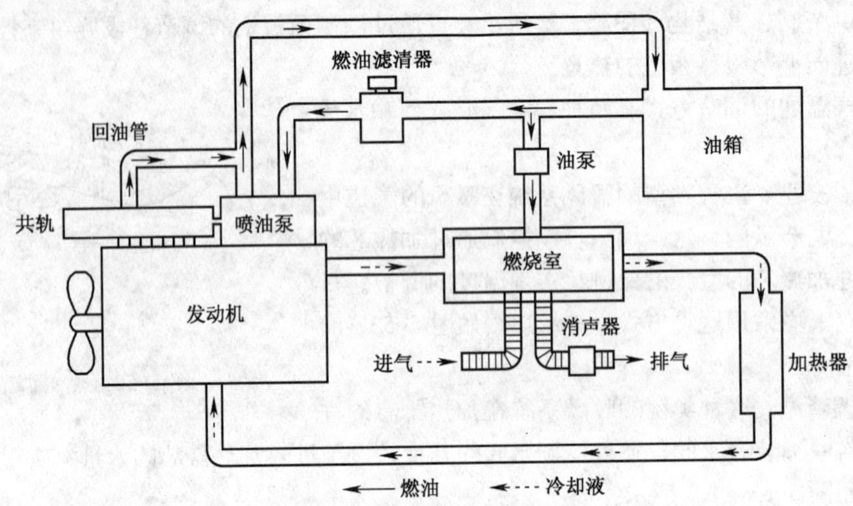

图 5-55　燃气水暖式暖风系统

③ 废气加热冷却液供暖。废气水暖式暖风系统的布置如图 5-56 所示。供暖时，电磁换向阀接通热交换器与加热器的管路，利用发动机废气的余热对热交换器进行加热，被加热的冷却液流进加热器，热量被鼓风机送来的空气带走，并送入车内。

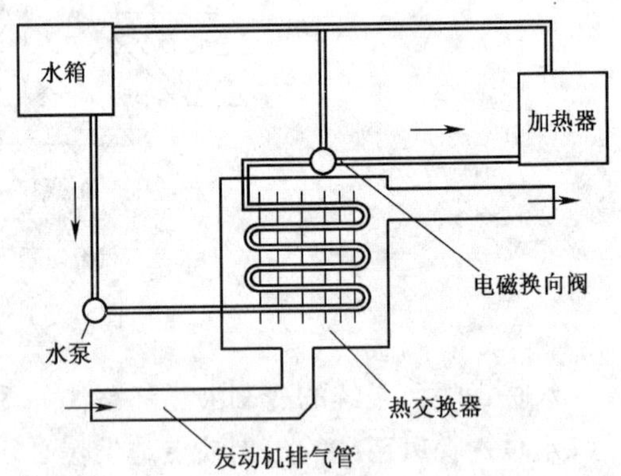

图 5-56　废气水暖式暖风系统

不需要供暖时，电磁换向阀使热交换器内的热水直接流回水箱，不经过加热器，只在水箱与热交换器之间循环，加热器内无流动的热水。

④ 电加热水暖式暖风系统。PTC 加热器系统如图 5-57 所示，电气型电动加热器系统如图 5-58 所示，黏液型电动加热器系统如图 5-59 所示。

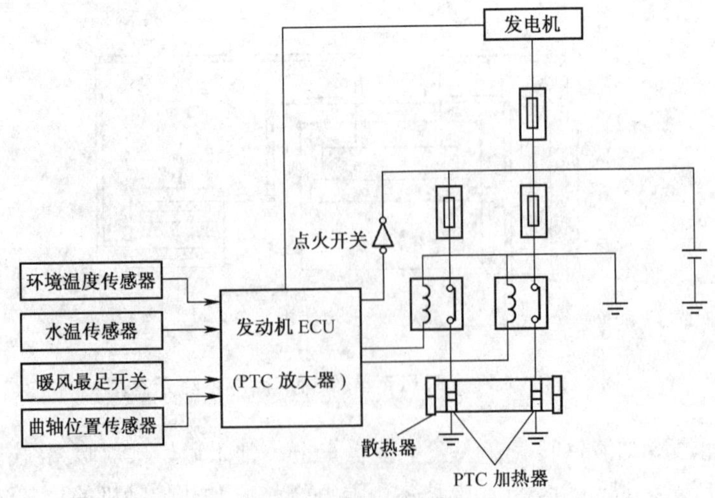

图 5-57　PTC（正温度系数热敏电阻）加热器系统

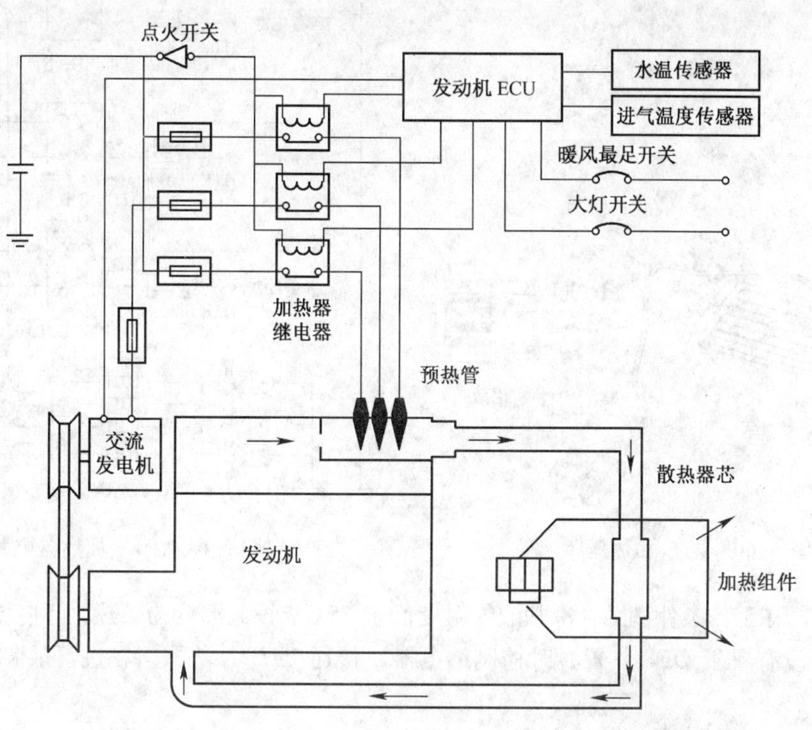

图 5-58　电气型电动加热器系统

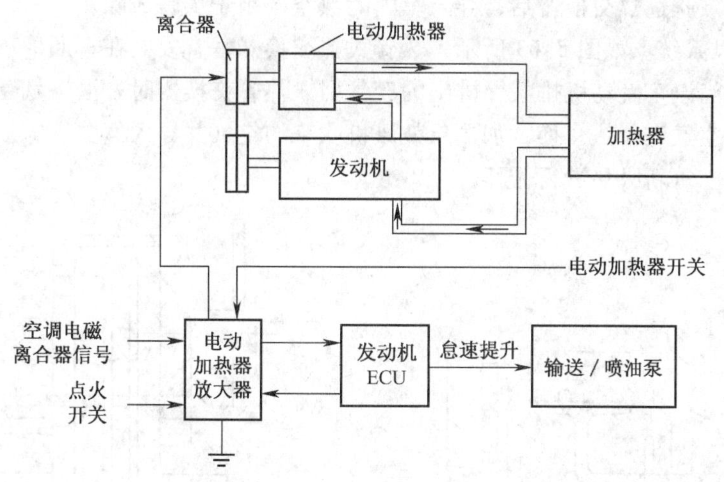

图 5-59　黏液型电动加热器系统

图 5-60 所示为 PTC 加热器，图 5-61 所示为 PTC 加热器电路。PTC 加热器的工作条件：PTC 加热器的通断功能由空调放大器根据冷却液温度、环境温度、发动机转速、空气混合设备和电气负载（采集信号有发动机信号、前大灯信号等）来控制。

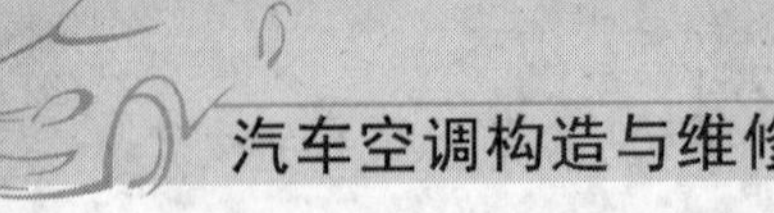

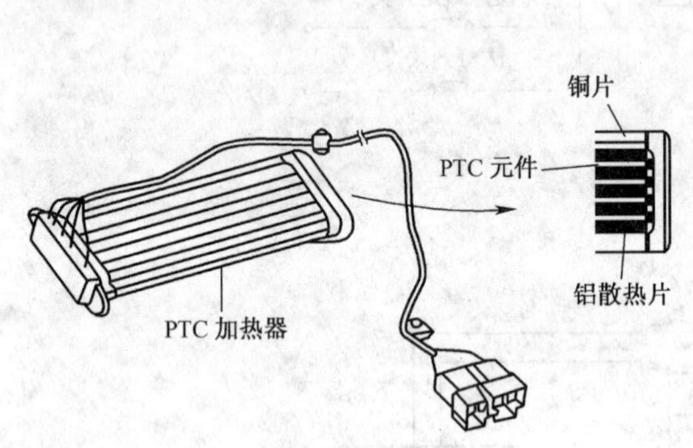

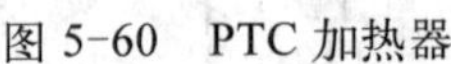

图 5-60　PTC 加热器

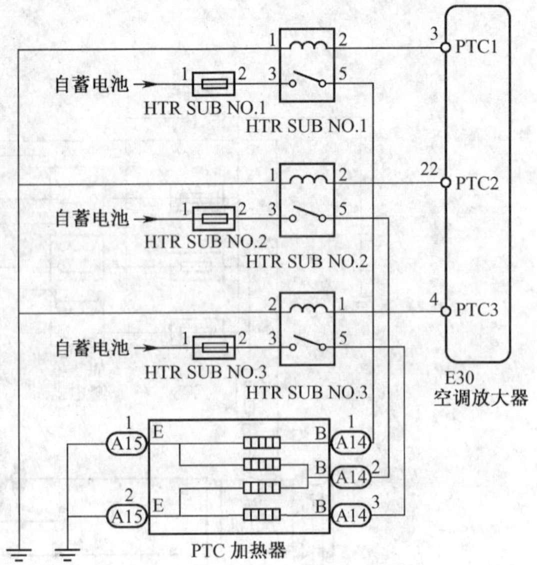

图 5-61　PTC 加热器电路

空调放大器在工作条件满足（冷却液的温度低于 65℃、设置温度为最热、环境温度低于 10℃，且鼓风机开关没有置于 OFF 位置）时控制继电器，接通 PTC 加热器。在进行故障排除时应断开其他电气部件。

(2) 气暖式暖风系统

① 热交换器式暖风系统。如图 5-62 所示，供暖时，废气阀门将排气管的热气导入热交换器内，鼓风机将冷空气吹过热交换器后，导入车内的热空气用于供暖或除霜。

② 热管式暖风系统。如图 5-63 所示，热管式热交换器垂直安装在车厢地板中，在热管交换器中装有液态氨，当汽车发动机排气管排出的废气引入热管交换器时，液态氨受热后汽化上升到热管交换器上部与空气进行热交换，加热从鼓风机吹来的空气并导入驾驶室。放出热量冷凝的氨气流回交换器下部，重新吸热进行循环。

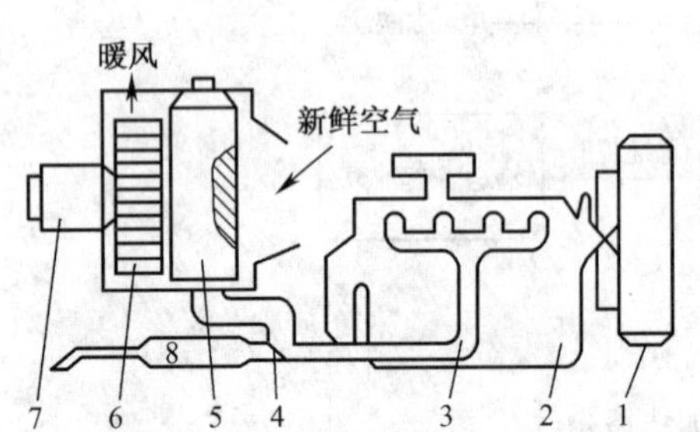

图 5-62　废气热交换器式暖风系统

1—主发动机散热器；2—主发动机；3—主发动机排气管；4—废气阀门；5—热交换器；6—鼓风机；7—鼓风机电动机；8—消声器

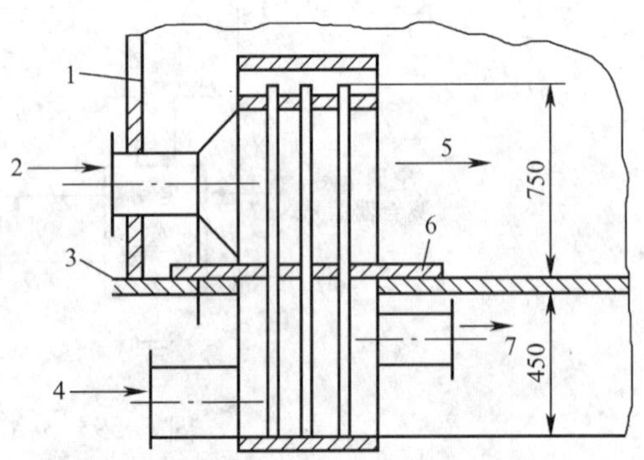

图 5-63　热管交换器式暖风系统

1—车头窗口；2—新鲜空气进口；3—汽车地板；4—废气进口；5—空气出口；6—热管交换器隔板；7—废气出口

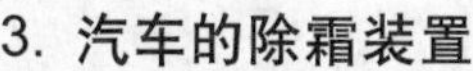

3. 汽车的除霜装置

除霜装置的作用是消除严寒季节在风窗玻璃上集结的霜、雪，以及防止玻璃上起雾。当风窗玻璃表面的温度低时，驾驶室内气体中的水分会凝结或冻结在玻璃上，这时的除雾和除霜非常必要。

除霜器喷口安装在风窗玻璃下部，可直接利用暖风来将玻璃吹热，融化或去除覆盖于风窗玻璃内外表面的雾、霜或冰雪。

有些轿车安装有除霜玻璃（导电玻璃）。一般采用网板印刷法将导电性胶印刷在玻璃上使玻璃加热除霜，但线条印在玻璃上会影响视线，因此这种玻璃仅适用于后窗。

器材与设备

① 器材：空调制冷系统电路工作正常的车辆，每组一台；歧管压力表、万用表，每组一只；车辆保护套件，每辆车一套。

② 设备：空调采暖系统（水暖式）工作正常的车辆，每组一台。

③ 工具：常用拆装工具，每组一套。

技能训练

1. 空调制冷系统出风口空气不凉故障诊断（教师结合实际车型事先设定）

① 正确开启车门及发动机盖。

② 安装车内外保护套件，接好尾气排放管。

③ 发动机暖机，空调面板调到制冷模式，按下空调制冷开关，空调压缩机离合器接合。

④ 空气分配到面部出风模式，鼓风机转速开到最大。

⑤ 用手感觉出风口空气不凉。

⑥ 观察电风扇是否正常工作，如有必要进行检修。

⑦ 连接好歧管压力表，测试制冷系统压力是否正常，如有必要调节系统内制冷剂量。

⑧ 持续接通空调一段时间，观察压缩机离合器是否有频繁离合状态。

⑨ 检查冷凝器、发动机散热器表面是否脏污或翅片变形，如有必要进行清洁或修复。

⑩ 检查出风口风量是否充足，如有必要检修鼓风机或拆下仪表台，清洁蒸发器表面及通风箱。

2. 空调采暖系统出风口空气不热故障诊断（教师结合实际车型事先设定）

① 正确开启车门及发动机盖。

② 安装车内外保护套件，接好尾气排放管。

③ 发动机暖机，在空调面板上选取采暖模式。

④ 空气分配到面部及脚下出风模式，鼓风机转速开到最大。

⑤ 用手感觉出风口空气不热。

⑥ 检查冷却液是否经过加热芯进行循环，如有必要，检查水阀是否开启，（通过用手摸水阀两侧水管温度是否一致）、管路或加热芯是否有堵塞。

⑦ 检查出风口风量是否充足，如有必要检修鼓风机或拆下仪表台，清洁蒸发器、加热芯表面及通风箱。

实验记录

1. 实验车型：________________。

2. 记下制冷系统故障的诊断过程：

故障点在：____。

3. 记下采暖系统故障的诊断过程：

故障点在：____。

活动四 制冷系统抽真空与冷冻油、制冷剂充注

知识目标

掌握对手动空调系统抽真空与充注的方法。

技能目标

能够对手动空调系统进行抽真空与充注操作。

知识链接

维修操作注意事项：

① 避免吸入空调系统制冷剂 R134a 和润滑油蒸汽或油雾，暴露其中会刺激眼睛，鼻子和咽部，应在通风良好的区域作业。

② 为了保护人身安全，在操作中包括打开制冷系统时，务必戴好防尘风镜和手套，接头、阀门和连接部位必须用清洁的抹布包扎。

③ 如 R134a 与身体接触会造成严重冻伤和人身伤害，受伤的暴露部位应立即用冷水冲洗并及时治疗。

④ 使用系统允许的制冷剂及相匹配的润滑油。

R12 制冷剂和 R134 a 制冷剂不能混合，即使少量也不行。R12 注入 R134a 系统会造成制冷剂油沉淀。因为两者不相容，R134a 系统加注专用润滑油：聚亚烷基二醇 PAG 合成制冷剂油。安装螺纹和 O 形密封圈处，只能使用矿物基 525 黏度制冷剂油。如使用了不同型号的润滑油，极易发生压缩机故障和附件卡滞。

⑤ 如果在回收过程过程中从空调系统清除了制冷剂油，那么在重新添加过程中应向系统补

充相同量的制冷剂油。如果由于部件更换或突然丢失而造成机油损失，必须补充制冷剂油。

⑥ 应使用经授权的装在密闭带密封的容器中的压缩机机油，加注制冷剂油时，传输装置和容器应洁净干爽，须最大限度地减小污染的可能性，制冷剂油是无水的，易从空气中吸水。在维修程序需要用油前不要打开装油的容器。用后立即盖好盖子。始终要把压缩机油贮存在密闭封装的容器内。在开口或封装不当的容器内剩余的压缩机油会吸水，从制冷系统泄放出的压缩机油不能再用。按照当地规定适当处理用过的压缩机油。

⑦ 禁止在装有空调管路或部件的车辆上或其附近进行焊接或蒸汽清洗作业。

器材与设备

① 器材：空调制冷系统工况良好的车辆或台架，每组一台；车辆保护套件，每组一套；冷冻油（与制冷系统匹配），若干；手套，护目镜等防护器工具，每组一套。

② 设备：歧管压力表、真空泵、制冷剂回收、充注机（足够系统充注的罐装制冷剂），每组一个（台）。

③ 工具：常用维修工具每组一套。

技能训练

（建议学生操作，教师指导考核）

① 正确开启车门、发动机盖。

② 安装车辆室内外保护套件。

③ 对制冷系统中的制冷剂进行回收（如系统已空，可略去此步骤）。

④ 连接好歧管压力表和真空泵，对系统抽真空。

⑤ 断开真空泵，并保持真空，确认系统无泄漏。

⑥ 添加适量的冷冻油。

⑦ 连接制冷剂充注机或带注入阀的罐装制冷剂，释放歧管压力表管路中空气，从高压侧向系统中充注制冷剂，直到充不进去为止，用制冷剂充注机可直接充注到规定量，且不必做⑨⑩两步骤，关闭歧管压力表阀门。

⑧ 启动发动机至暖机状态，接通空调制冷开关，使鼓风机处于最高转速，出风口处于最大位置。

⑨ 打开歧管压力表低压侧阀门，从低压对循环着的制冷系统继续充注。

⑩ 充注临近规定量时，随时不断关闭歧管压力表阀门，观察高低压表的示数，直到压力表示数达到规定值为止。

⑪ 感觉驾驶室内出风口空气温度，感觉制冷低压管路温度，确认制冷系统工作正常。

⑫ 整理、清洁实验场地。

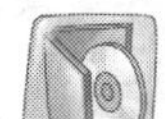

实验记录

车型：____________________。空调类型：A. 手动　　B. 自动

1. 制冷系统高压维修阀在：____________，低压维修阀在____________。
2. 抽真空操作历时____________分钟，确认系统无泄漏，保持真空____________分钟。
3. 对制冷系统充注冷冻油____________ml（g），牌号：____________。
4. 制冷系统制冷剂型号：____________，充注量：____________ml（g）。

项目六 汽车自动空调电控系统

本项目主要介绍汽车自动空调电控系统的组成及电控原理。

活动一　汽车空调电控系统组成

知识目标

① 理解电控空调系统的组成。

② 掌握各元件的作用及工作原理。

③ 识记各元件的安装位置。

技能目标

能够对电控空调系统的组成元件作用进行说明。

知识链接

1．轿车空调的发展过程

第一代轿车空调属于冷暖分离式。其特征是把冷风机和暖风机独立地安装在车厢内，它们有各自的送风机、风道和出风口，控制也是分开的。

第二代轿车空调属于冷暖一体式。其特征是把冷暖两个送风机合并为一个风机，空调器壳连成一体，共用风道，冷、暖风有独特的送风口，并各自独立操作和送出。送冷风时，加热器不能通入热水；送暖风时，制冷系统不得运行。前几年生产的许多轿车都属于这种类型。

第三代轿车空调属于冷暖混合式，或称为再加热型空调。其特征是能将冷风和暖风根据需要并按适当的比例混合在一起，在结构上出现了一个可连续调节的混合风门。自动恒温空调系统越来越多地安装在轿车上，除了传统意义上的热交换和制冷系统外，车厢通风自动控制，温度自动调节、车窗除雾和加热、后座空调系统、辅助加热系统、空气质量调节等均成为自动恒温系统的一部分。通过系统内部各控制模块之间的数据交换，自动恒温系统可将原来各自独立的各个功能综合在一起，再辅以人体功能学原理，运用模糊逻辑概念加以自动调节控制，以达到人体最佳舒适程度。

2．全自动空调控制系统的组成（以 LS400 轿车空调为例）

全自动空调的控制电路由传感器、空调 ECU 和执行元件三部分组成。

(1) 传感器

① 车内温度传感器：安装在仪表板的下端。当车内温度发生变化时，热敏电阻的阻值改变，从而向空调 ECU 输送车内温度信号。有些车型的车内温度传感器带有引风机，使检测的温度更为精确。

② 车外环境温度传感器：一般安装在前保险杠附近，向空调 ECU 输送车外温度信号。

③ 蒸发器温度传感器：安装在蒸发器壳体上，用以检测制冷装置内部的温度变化。当蒸发器表面温度发生变化时，向空调 ECU 输出电信号。

④ 光照传感器：也称为阳光强度传感器，内部有光电二极管，安装在轿车前风窗玻璃下面。该传感器利用光电效应，将阳光辐射强度转变成电信号，并输送给空调 ECU。

⑤ 水温传感器：直接安装在发动机冷却循环的水路上，检测冷却液温度,一般与电控发动机共用一个。产生的水温信号输出给空调 ECU，用于低温时对鼓风机转速进行控制。

⑥ 压缩机锁止传感器：这是一种磁电式传感器，安装在空调装置的压缩机内，检测压缩机转速。

（2）执行元件

执行元件包括风门伺服电动机、鼓风机及压缩机电磁离合器等。

① 进风伺服电动机：该电动机控制空调的进风方式，电动机的转子经连杆与进风风门相连。该伺服电动机内装有一个电位计，向空调 ECU 反馈进风伺服电动机的位置情况。当驾驶员使用进风方式控制键选择“车外新鲜空气导入”或“车内空气循环”模式时，空调 ECU 即控制进风伺服电动机带动连杆顺时针或逆时针旋转，从而带动进风风门闭合或开启，达到改变进风方式的目的。当按下“自动控制”键时，空调 ECU 首先计算出所需要的送风温度，并根据计算结果自动改变进风伺服电动机的转动方向，从而实现进风方式的自动调节。

② 空气混合伺服电动机：当进行温度调节时，空调 ECU 控制空气混合伺服电动机连杆顺时针或逆时针转动，改变空气混合风门的开启角度，从而改变冷、暖空气的混合比例，调节送风温度。电动机内电位计的作用是向空调 ECU 输送空气混合风门的位置信号。

③ 送风方式控制伺服电动机：当按下操纵面板上的某个送风方式键时，空调的 ECU 便将对应的电动机的相应端子搭铁，而电动机内的驱动电路使电动机连杆转动，将送风控制风门转到相应的位置上，打开某个送风通道。当按下“自动控制”键时，空调 ECU 根据计算结果（送风温度）在吹脸、双向或吹脚三者之间自动改变送风方式。

④ 最冷控制伺服电动机：该电动机操纵的最冷控制风门有全开、半开和全闭 3 个位置。当空调 ECU 使某个位置的端子搭铁时，电动机驱动电路使电动机旋转，带动最冷控制风门处于相应的位置。

⑤ 鼓风机：鼓风机的转速可通过操作空调控制面板上的“高速”、“中速”和“低速”按键设定。当按下“自动控制”键时，空调 ECU 根据送风温度自动调节鼓风机转速，若水温传感器检测到水温低于 40℃时，ECU 控制鼓风机停止转动。

⑥ 电磁离合器：电磁离合器接受空调 ECU 的指令，控制压缩机的工作。

（3）空调 ECU

空调 ECU 与操纵面板制成一体，它对输入的各种传感器信号和功能选择键的输入指令进行计算、分析、比较后，发出指令，控制各个执行元件动作，使车内温度、空气流动状况等始终保持在驾驶员设定的水平上。另外，空调 ECU 还有故障自诊断功能。

3. 空调自动控制系统

微机控制的全自动空调系统利用各种传感器随时检测车内外温度、阳光强度等信号，并把传感器的信号送到空调系统的电子控制单元（ECU）。电子控制单元按照预先编制的程序对传感器信号进行处理，并通过执行元件不断地对风机转速、出风温度、送风方式及压缩机工作状况等进行调节，从而使车内温度、空气流动状况等始终保持在驾驶员设定的水平上。

为了保证空调系统在任何情况下都能有效地工作，并使空调系统、发动机在恶劣的情况下得到保护，需要对一些极端工况条件采取自动控制。

（1）发动机冷却系统的控制

电动风扇旋转由发动机冷却液温度和受空调系统压力控制的温控电路控制。

① 冷却液达到 96 ℃时，电动风扇低速运转。

② 冷却液达到 101 ℃时，电动风扇高速运转。

③ 冷却液达到 101 ℃时，报警。

④ 接通空调系统，电动风扇低速运转（即便是冷却液温度表达到 96 ℃）。

⑤ 空调系统高压侧的压力达到 1.9 MPa 时，风扇高速运转。

⑥ 冷却液达到 112 ℃时，切断通往压缩机的电源。

⑦ 冷却液超过 112 ℃时，停机后，电动风扇仍然低速运转，进行 6 min 的延时冷却（发动机延时冷却保护）。

⑧ 若冷却液温度传感器损坏，温控电路得不到正确的冷却液温度信号时，将认为发动机处于大负荷运转状况，使电动风扇高速运转。

（2）空调系统的压力保护

空调系统的压力保护由装在干燥罐上的压力开关来实现。

① 低压保护：$p<0.25$ MPa 时，断开压缩机电路。

② 超压保护：$p>2.4$ MPa 时，断开压缩机电路。

③ 正常压力为 0.25～2.4 MPa，控制空调怠速。

④ 控制高压：$p\geqslant 0.17$ MPa，控制电动风扇高速运转。

（3）蒸发器温度的控制

为了防止蒸发器周围潮气冻结，由蒸发器温度传感器和空调压缩机组成温度调节装置。

① 蒸发器温度传感器的电阻值：10 ℃时为 9 250 Ω；20 ℃时为 5 850 Ω；25 ℃时为 4 650 Ω；30 ℃时为 4 000 Ω。

② 空调压缩机工作界限值：1 ℃时，温度传感器电阻为 15 500 Ω，压缩机断开；3 ℃时，传感器电阻为 14 000 Ω，压缩机接通。

器材与设备

① 器材：常用拆装工具，每组一套；

② 设备：车辆保护套件（驾驶室内外），每组一套；

③ 工具：带有自动空调系统的车辆，每组一台。

技能训练

① 正确开启车门、发动机盖。

② 安装车辆室内外保护套件。

③ 熟悉空调控制面板及空调使用操作方法。

④ 对照该车型的空调系统电路图，找出各电气元件（如有必要拆下仪表台）。

⑤ 明确各元件的安装位置及作用。

⑥ 整理、清洁实验场地。

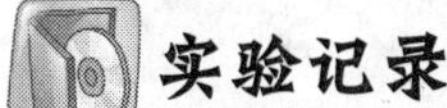

实验记录

车型：＿＿＿＿＿＿＿＿＿＿。

1．绘制该车型空调系统框图：

2．记录该空调系统的组成元件位置及作用：

____

____

____

____

____

____

____

____

____

____

____

____

____

活动二　空调电控原理

学习目标

① 掌握电控空调的控制原理。

② 明确电控空调系统各元件的作用及控制方式。

技能目标

① 能够借助电路图运用电控空调的控制原理进行系统工作过程描述。

② 能够正确使用微计算机检测仪对车辆空调系统做诊断。

知识链接

1．必要的出气温度（TAO）

TAO 是使车内温度保持在设定温度所必要的鼓风机送出的空气温度。这是空调 ECU 根据温度控制开关或控制杆的状态以及来自传感器（即车内温度传感器、车外温度传感器、太阳能传感器）的信号计算出来的。

如图 6-1 所示，空调 ECU 根据这个 TAO 使自动空调放大器输出驱动信号至伺服电动机和鼓风机电动机，实现自动控制系统（除压缩机控制外）运行。

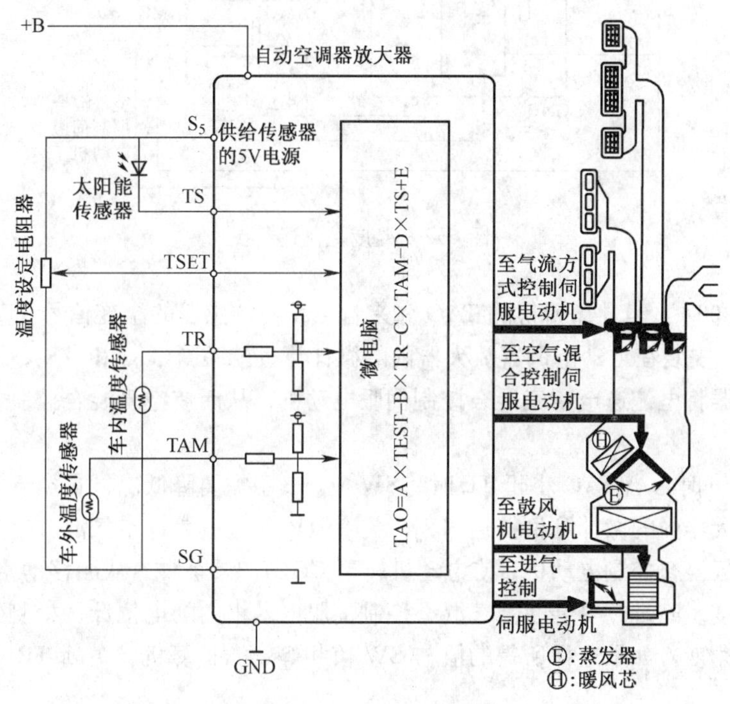

图 6-1　出气温度控制图

公式中 A、B、C、D、E 为温度修正系数；S5—供给传感器 5V 电源；TS—太阳能温度传感器温度信号；

TSET—温度设定；TR—车内温度信号；TAM—车外气温信号；SG—传感器搭铁

如果温度控制开关或控制杆置于 MAX COOL（最大冷风）或 MAX　WARM（最大暖风）位置，则微计算机就采用一固定值，而不进行计算。

2．温度控制

（1）配置

温度控制系统包括车内气温传感器、车外气温传感器、太阳能传感器、蒸发器传感器、温度设定电阻器、空气混合控制伺服电动机、空气混合控制伺服电动机放大器等部件。

（2）运行

如图 6-2 所示，安装在自动空调器放大器内的微计算机，根据计算所得的 TAO 和来自蒸发器传感器的信号（TE），计算空气混合控制风挡的开度 SW（开度信号）允许空气混合控制伺服电动机确定电源方向。以图 6-2 所示方式驱动空气混合控制伺服电动机，从而控制鼓风机空气温度。

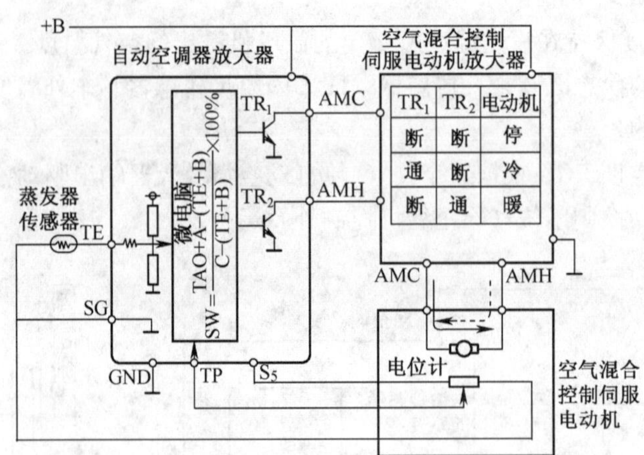

图 6-2　温度控制运行图

① SW 接近 0 时：当计算所得的 TAO 和来自蒸发器传感器的温度信号 TE 几乎相等时，SW 就接近 0。这时，安装在自动空调器放大器内的微计算机就关断 TR_1 和 TR_2，防止空气混合控制伺服电动机放大器将电流送至空气混合控制伺服电动机，从而使空气混合控制风挡保持在当时的位置不变。

② SW 小于 0 时：当 TAO 小于 TE 时，SW<0，表明需要降低出气口空气温度。这时，安装在自动空调器放大器内的微计算机接通 TR_1，关断 TR_2。这就允许空气混合控制伺服电动机放大器将电流送至空气混合控制电动机，使电动机转至 COOL（冷）侧，从而移动空气混合控制风挡，以降低出气口温度。同时，安装在空气混合控制伺服电动机内的电位计，检测到空气混合控制风挡实际已移动的角度。如果这样所得的值与 SW 值相等，微计算机就关断 TR_1，以使伺服电动机停转。

③ SW 大于 0 时：当 TAO 大于 TE 时，SW>0，表明需要提高出气口空气温度。这时，安装在自动空调器放大器内的微计算机关断 TR_1，接通 TR_2，空气混合控制伺服电动机放大器将电流送至空气混合控制伺服电动机，使电动机转至 WARM（热）侧，从而移动空气混合控制风挡，以提高出气口空气温度。同时，安装在空气混合控制伺服电动机内的电位计，检测到空气混合控制风挡实际已移动的角度，如果所得的值与 SW 值相等，微计算机就关断 TR_2，以使伺服电动机停转。

3．鼓风机转速控制

如图 6-3 所示，鼓风机转速控制由鼓风机转速控制开关电路和水温控制开关电路构成。鼓风机转速控制开关包括：自动空调放大器、鼓风机电阻器和功率晶体管。功率晶体管根据来自空调器放大器的 BLW 端子的鼓风机驱动信号，改变流至鼓风机电动机的电流，从而改变鼓风机转速。功率晶体管有一个熔点为 114 ℃的温控熔断器，以保护晶体管不致因过热而损坏。水温控制开关电路是由水温传感器感知发动机冷却液温度，进行发动机预热控制。

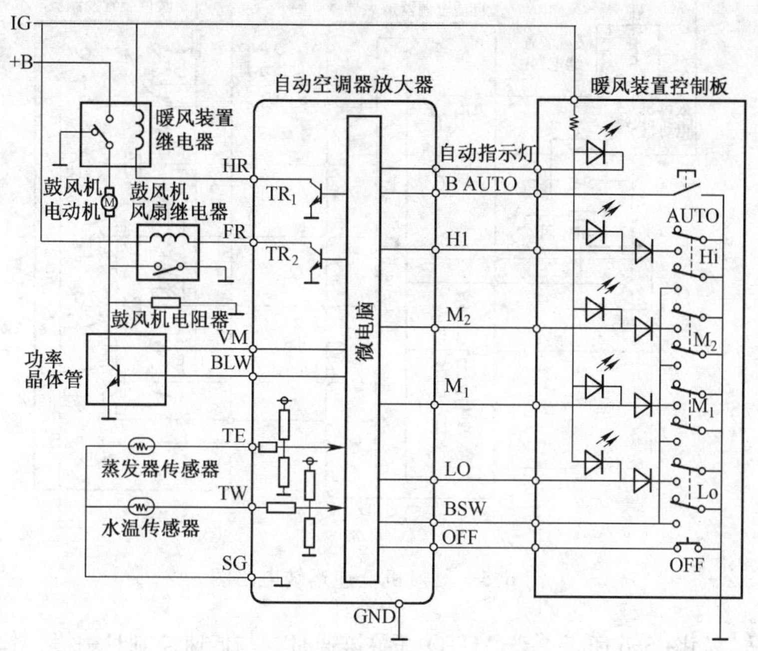

图 6-3　鼓风机控制电路图

鼓风机转速控制运行过程如下：

(1) 鼓风机转速的自动控制

鼓风机转速的自动控制过程与温度控制相似，是根据 TAO 值自动控制鼓风机转速。

AUTO（自动）开关位于暖风装置控制板上。当这个开关接通时，自动空调器放大器根据 TAO 的电流强度控制鼓风机转速，如图 6-4 所示。

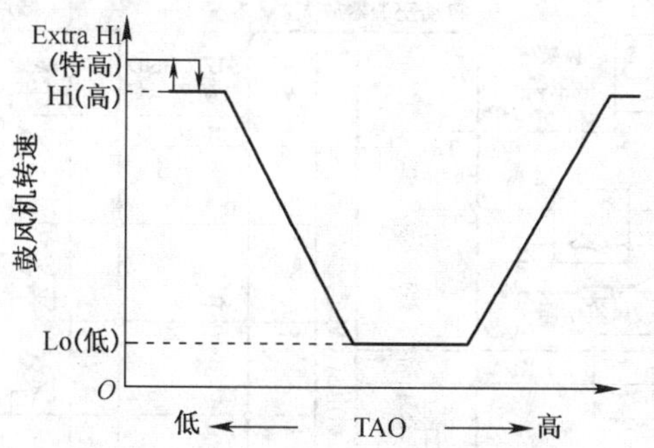

图 6-4　鼓风机转速与 TAO 值的关系

① 低速运转。如图 6-5 所示，AUTO 开关位于暖风装置控制板上。当这个开关接通时，安装在自动空调器放大器内的微计算机接通 TR_1，起动暖风装置继电器。这使电流从蓄电池流至暖风装置继电器，然后流至鼓风机电动机，再流至鼓风机电阻器，然后接地。这样，就使鼓风机电动机低速运转，同时 AUTO（自动）和 Lo（低速）指示灯亮。

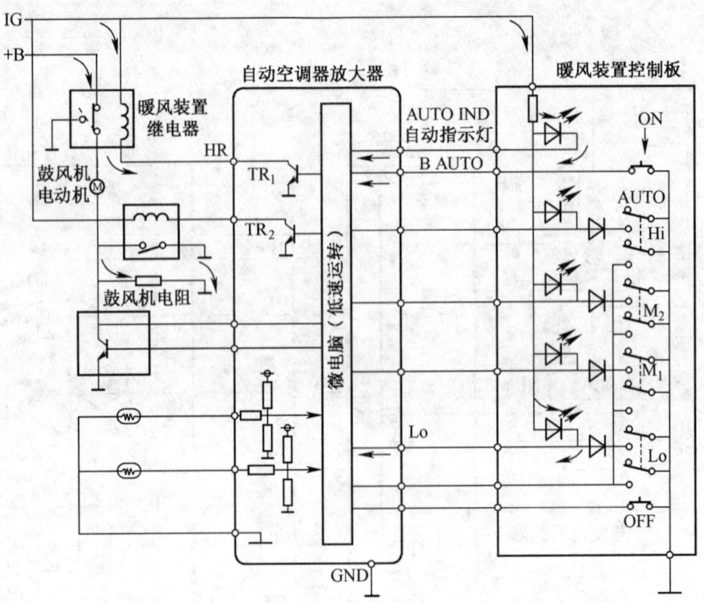

图 6-5　鼓风机低速运转电路图

② 中速运转。如图 6-6 所示，当 AUTO 开关接通时，与低速控制时一样，起动暖风装置继电器。安装在自动空调器放大器内的微计算机（ECU），将从 TAO 值计算所得的鼓风机驱动信号，经 BLW 端子输出至功率晶体管。于是，电流从蓄电池流至暖风装置继电器，然后至鼓风机电动机，再流至功率晶体管和鼓风机电阻后接地。这样，就使鼓风机电动机以相应于鼓风机驱动信号的转速运转。同时 AUTO（自动）指示灯点亮，Lo（低）、M_1（中 1）、M_2（中 2）、Hi（高）指示灯也根据情况可能发亮。

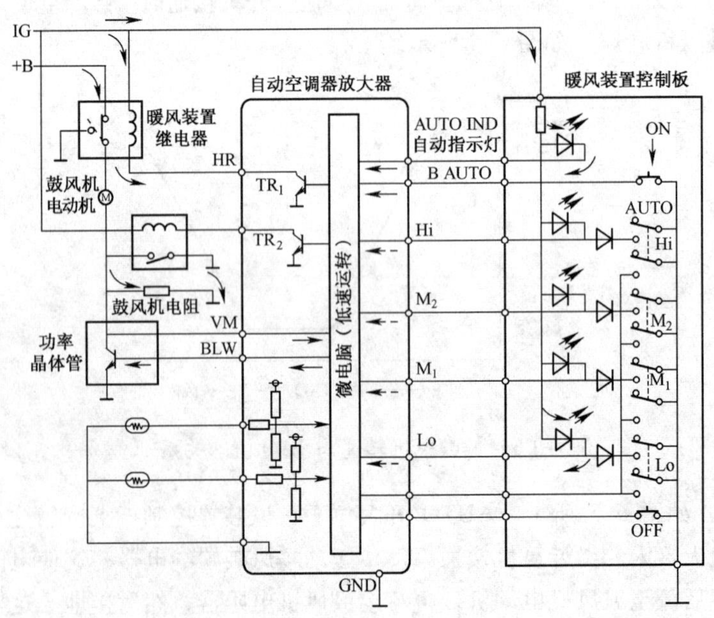

图 6-6　鼓风机中速运转电路图

从功率晶体管进入自动空调器放大器的 VM 端子的信号，是反映鼓风机实际转速的信号。微计算机参考这个信号校正鼓风机驱动信号。

③ 特高速度运转。如图 6-7 所示，当 AUTO 开关接通时，允许安装在自动空调器放大器内的微计算机接通 TR_1 和 TR_2，驱动暖风装置继电器和鼓风机继电器。于是，电流从蓄电池流至暖风装置继电器，然后至鼓风机电动机，再至鼓风机风扇继电器后至接地。这样，就使鼓风机电动机以特高速度运转。同时，AUTO 和 Hi 指示灯亮。

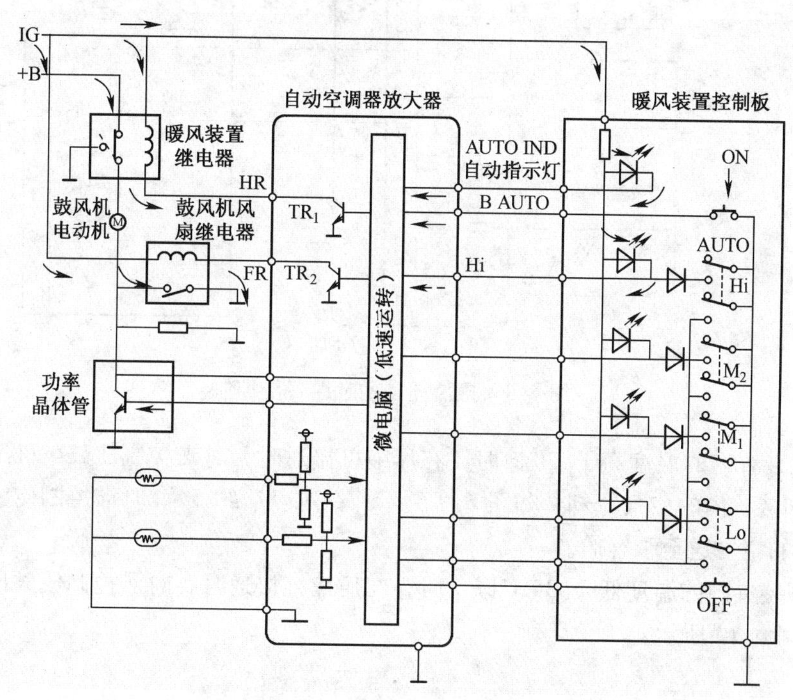

图 6-7　鼓风机特高速度运转电路图

(2) 预热控制

如图 6-8 所示，用水温传感器检测发动机冷却液的温度，实现微计算机控制自动空调器内的预热控制功能。当冷却液的温度不低于 30 ℃或 40 ℃（因车型不同而不同）时，鼓风机电动机首先转动。只有位于暖风装置控制板上的 AUTO 开关接通，且气流方式设置在 FOOT 或 BI-LEVEL 时，这个控制才起作用。

(3) 时滞气流控制（仅用于降温）

车辆如长时间停驻在炎热阳光下，空调器启动后，往往会立即放出热空气。装有时滞气流控制功能的空调器能防止这类问题发生。

当以下条件满足而且在发动机启动时，这个控制可根据蒸发器传感器检测到的冷气装置内的温度而运行。

① 压缩机启动。

② 位于暖风装置控制板上的 AUTO 开关接通。

③ 当 BI-LEVEL 开关按下时，气流方式设置在 FACE，或已设置在 BI-LEVEL。

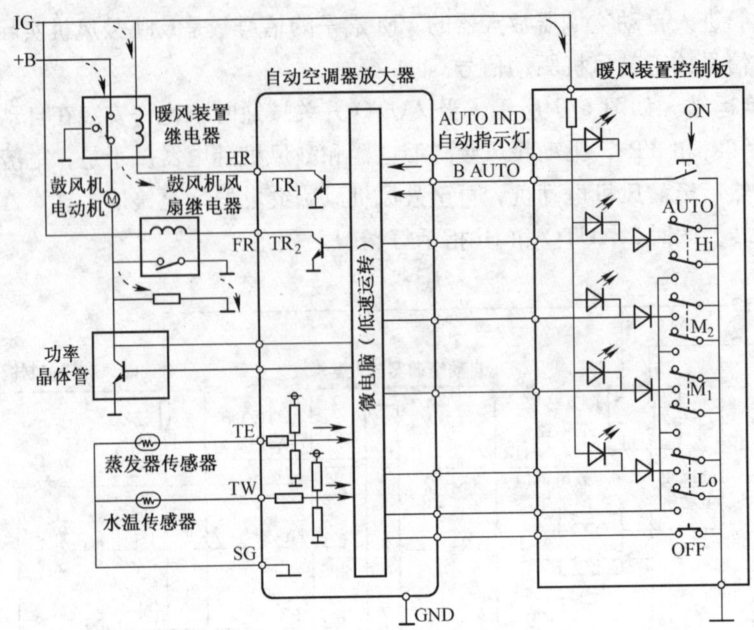

图 6-8 预热控制和时滞气流控制

a. 当冷风装置内的温度高于 30 ℃时，在压缩机接通时，时滞控制使鼓风机风扇关断并保持约 4 s，使冷却装置内的空气冷却，如图 6-9 所示。在这以后约 5 s，时滞控制使鼓风机以低速运转，将已冷却的空气送至乘客舱。

b. 当冷却装置内的温度低于 30 ℃以下时，在压缩机接通时，时滞控制使鼓风机先以低速运转约 5s ，如图 6-10 所示。

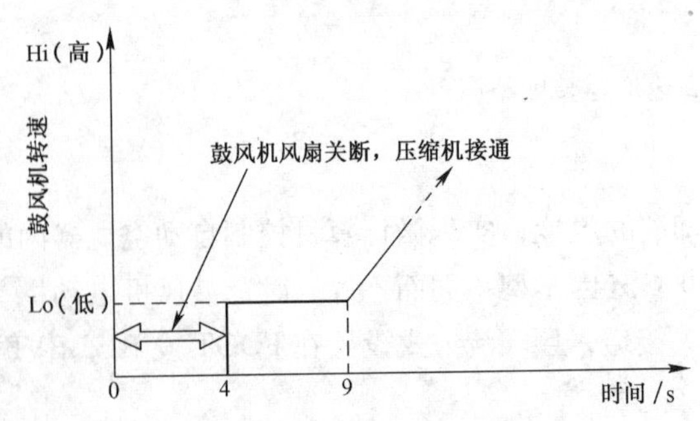

图 6-9 温度高于 30 ℃时的时滞控制过程

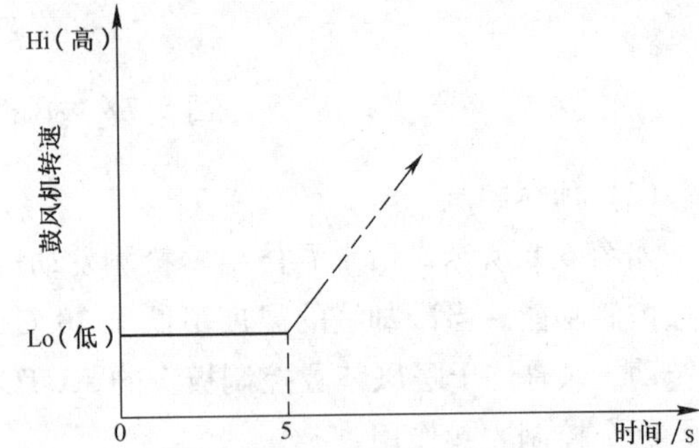

图 6-10 温度低于 30 ℃时的时滞控制过程

(4) 鼓风机启动控制

如图 6-11 所示，鼓风机启动控制是使鼓风机驱动信号在鼓风机开关先接通约 2 s 后，才传送至功率晶体管，以防止功率晶体管被启动电流冲击而损坏。在这 2 s 内，鼓风机启动控制使鼓风机低速运转。

(5) 手动控制

根据手动开关的操纵，将鼓风机驱动信号传送至功率晶体管。若操纵 Hi（高速）开关，直接接通鼓风机风扇继电器，使鼓风机以特高转速运转。

4．气流方式控制（出气控制）

在放大器控制的自动空调器中，当按下暖风装置控制板上的自动方式开关 AUTO 时，气流方式改变至 FACE、BI–LEVEL 或 FOOT 方式（视温度控制杆的位置而定），如图 6-12 所示。当温度控制杆从冷移至暖时，不管压缩机是否运转，气流方式都从 FACE 方式移至 FOOT 方式。当温度控制杆从暖移至冷时，若压缩机运转，气流方式从 FOOT 方式移至 BI–LEVEL 方式；若压缩机不运转，则气流方式仍为 FOOT 方式。当温度控制杆从中点移至“冷”时，不管压缩机是否运转，气流方式都从 BI–LEVEL 方式移至 FACE 方式。

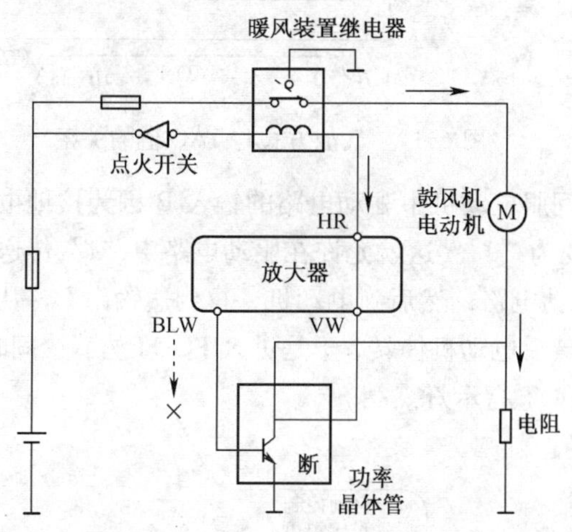

图 6-11　鼓风机启动控制

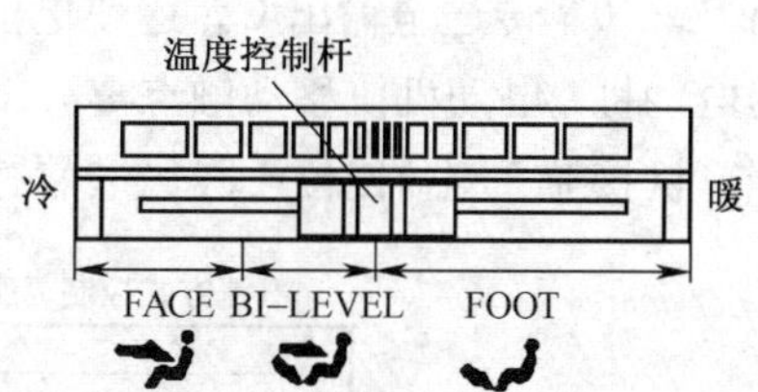

图 6-12　气流方式与温度控制杆位置的关系

如图 6-13 所示，微计算机控制自动空调器的气流方式控制与放大器控制自动空调器的基本一样，是由自动空调器放大器传送信号至伺服电动机，伺服电动机正向或反向转动，经连杆使气流方式控制风挡位置改变。

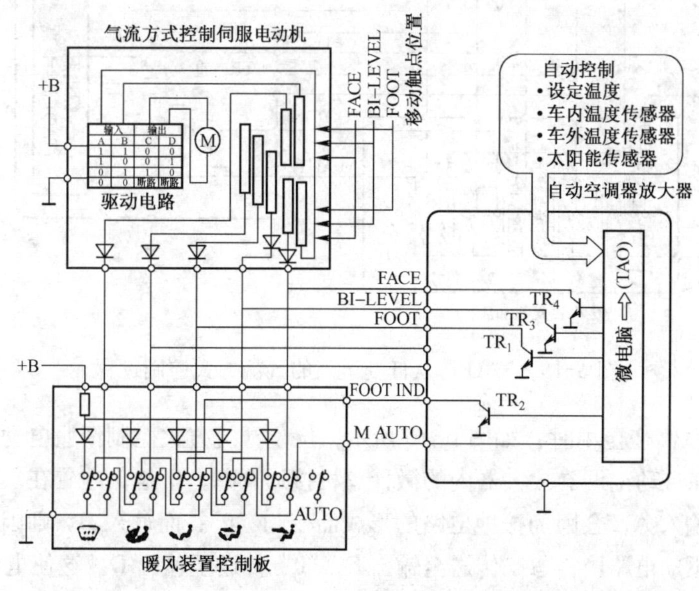

图 6-13　气流方式控制原理图

其运行方式如下：

(1) 自动控制

气流方式自动控制，与前面所讲解的温度控制和鼓风机转速控制相似，是根据 TAO 值自动控制出气方式。

当位于暖风装置控制板上的 AUTO（自动）开关接通时，安装在自动空调器放大器内的微计算机便收到这个信息，然后根据 TAO 值，按如图 6-14 所示方式控制出气方式。

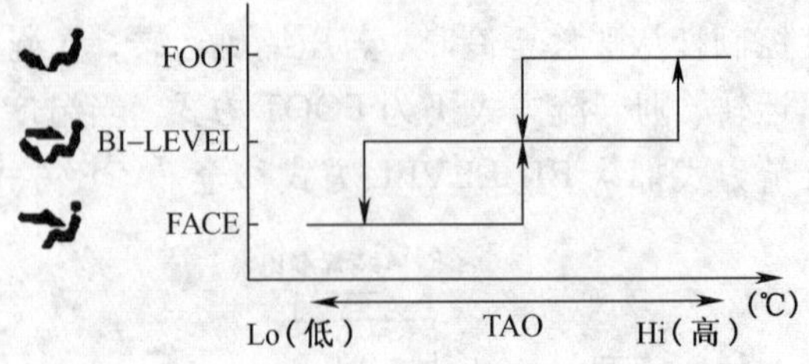

图 6-14　气流方式与 TAO 值的关系

① 当 TAO 值从低变至高时：如图 6-15 所示，位于气流方式控制伺服电动机内的移动触点在 FACE 位置。安装在自动空调器放大器内的微计算机（ECU）接通 TR_1，于是，内置在气流方式控制伺服电动机中驱动电路的输入 B 因为接地电路的形成而变为“0”；而输入 A 则因为电路断路而变为“1”。这就允许在驱动电路中“1”传送至输出 D，“0”传送至输出 C。这使电流输出 D 到驱动电路，然后到电动机，再到达输出 C，从而起动电动机，电动机使移动触点离开 FOOT 触点，最后电动机停转，于是进入 FOOT 方式。同时，微计算机接通 TR_2，使位于暖风装置控制板上的 FOOT 指示灯点亮。

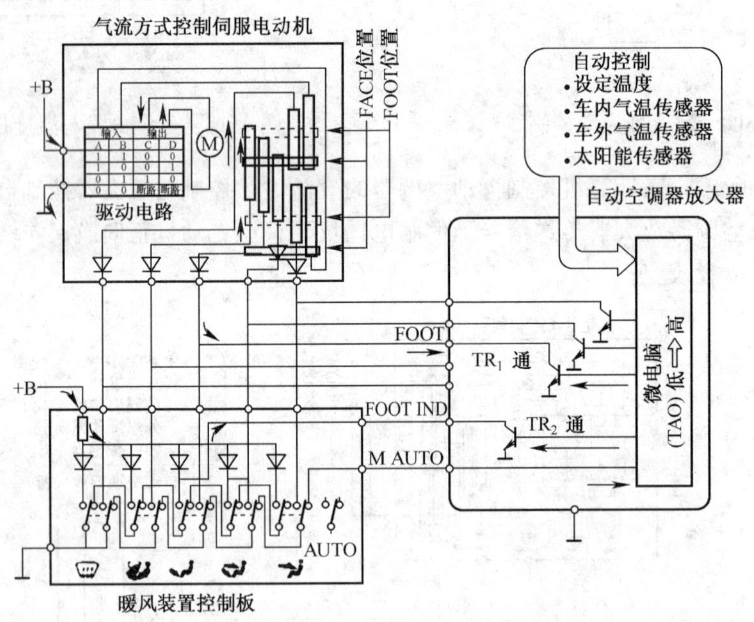

图 6-15　TAO 值从低变至高的气流方式控制过程

② 当 TAO 值从高变至中时：如图 6-16 所示，位于气流方式控制伺服电动机内的移动触点在 FOOT 位置。安装在自动空调器放大器内的微计算机接通 TR_3。于是，内置在气流方式控制伺服电动机中驱动电路的输入 A，会因为接地电路的形成而变为“0”；而输入 B，则因为电路断路而变为“1”。这就允许在驱动电路中，“1”传送至输出 C，“0”传送至输出 D。这使电流输出 C 到驱动电路，然后到电动机，再到达输出 D，从而启动电动机，电动机使移动触点离开 BI–LEVEL 触点，

最后电动机停转，于是进入 BI–LEVEL 方式。同时，微计算机使位于暖风装置控制板上的 BI–LEVEL 指示灯点亮。

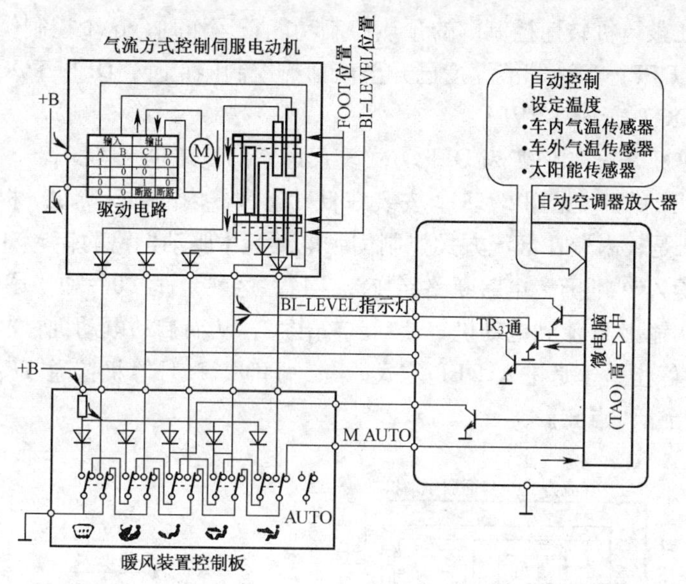

图 6-16　TAO 值从高变至中的气流方式控制过程

③ 当 TAO 值从中变至低时：如图 6-17 所示，位于气流方式控制伺服电动机内的移动触点在 BI–LEVEL 位置。安装在自动空调器放大器内的微计算机接通 TR_4。于是，内置在气流方式控制伺服电动机中驱动电路输入 A 因为接地电路的形成而变为“0”；而输入 B 则因为电路断路而变为“1”。这就允许在驱动电路中“1”传送至输出 C，“0”传送至输出 D。这使电流流经输出 C 到达电动机，然后到达输出 D，从而启动电动机，电动机使移动触点离开 FACE 触点最后停止，于是进入 FACE 方式。同时，微计算机使位于暖风装置控制板上的 FACE 指示灯点亮。

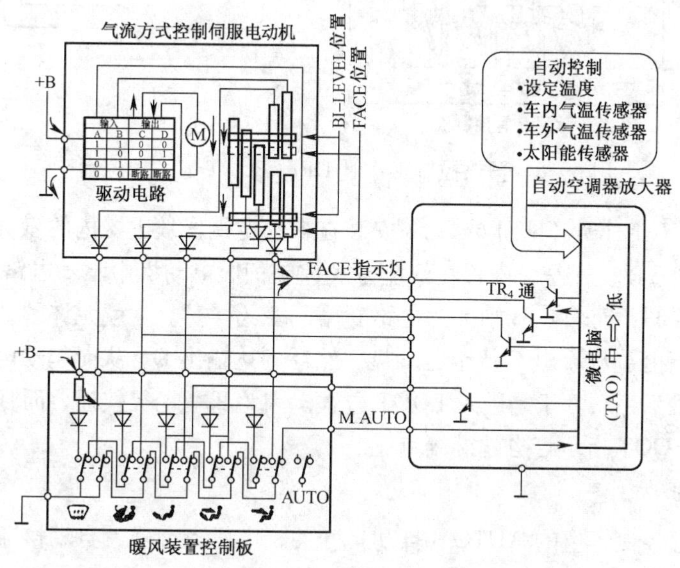

图 6-17　TAO 值从中变至低的气流方式控制过程

(2) DEF–FOOT 方式控制

DEF–FOOT 方式控制，是防止迎面吹来的空气（由车辆向前运动所产生的）以如下方式吹在乘客脚部：当内置在鼓风机转速控制内的预热控制功能正运作时，这个控制使气流方式从 FOOT 或 BI–LEVEL 变为 DEF；当冷却液温度已升至使预热控制停止时，DEF–FOOT 方式控制使气流方式从 DEF 变为 FOOT 或 BI-LEVEL。

下面讲解从 FOOT 方式如何变为 DEF 方式，反过来的变化也一样。

① 当预热控制工作时（见图 6-18），安装在自动空调器内的微计算机，根据来自水温传感器的数据接通 TR_5。于是，内置在气流方式控制伺服电动机中驱动电路的输入 B 因为接地电路的形成而变为“0”；而输入 A 则因为电路断路而变为“1”。这就允许“0”和“1”分别输出至输出 C 和 D。因此，电流从输出 D 流到电动机，然后到输出 C，从而启动电动机，电动机使移动触点离开 DEF 触点，然后停止，于是进入 DEF 方式。与此同时，微计算机接通 TR_2，使位于暖风装置控制板上的 FOOT 指示灯点亮。

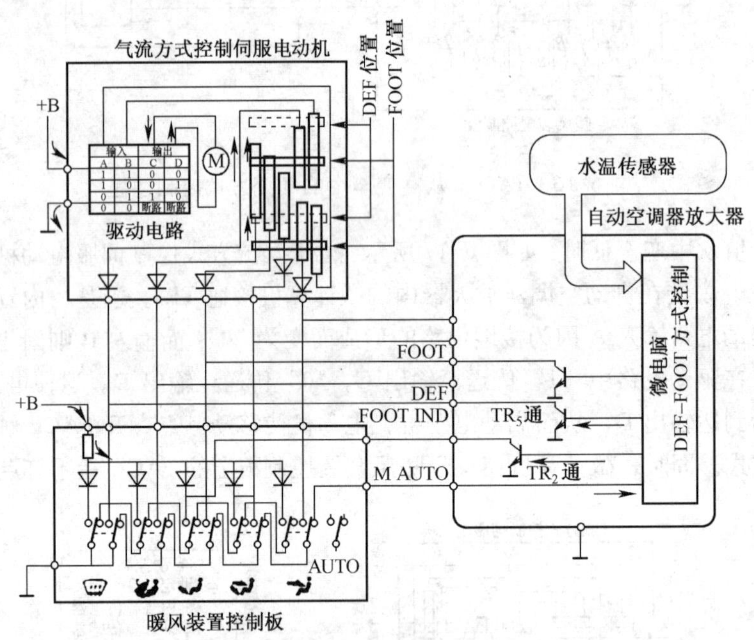

图 6-18　预热控制工作时 DEF–FOOT 方式的控制

② 当预热控制不工作时（见图 6-19），安装在自动空调器放大器内的微计算机，根据来自水温传感器的数据接通 TR_1。于是，内置在气流方式控制伺服电动机中驱动电路的输入 A 因为接地电路的形成而变为“0”；而输入 B 则因为电路断路而变为“1”。这就允许“1”和“0”分别输出至输出 C 和 D。因而电流从输出 C 流至电动机，然后到达输出 D，从而起动电动机，使移动触点离开 FOOT 触点，最后停转，于是进入 FOOT 方式。因为 TR_2 已经接通，而且继续接通，位于暖风装置控制板上的 FOOT 指示灯也就继续点亮。

5. 压缩机控制

若按下暖风装置控制板上的 AUTO（自动）开关，电磁离合器就自动接通，使压缩机启动。离合器根据车外温度或蒸发器温度（因车型而异）自动反复接通和关断。

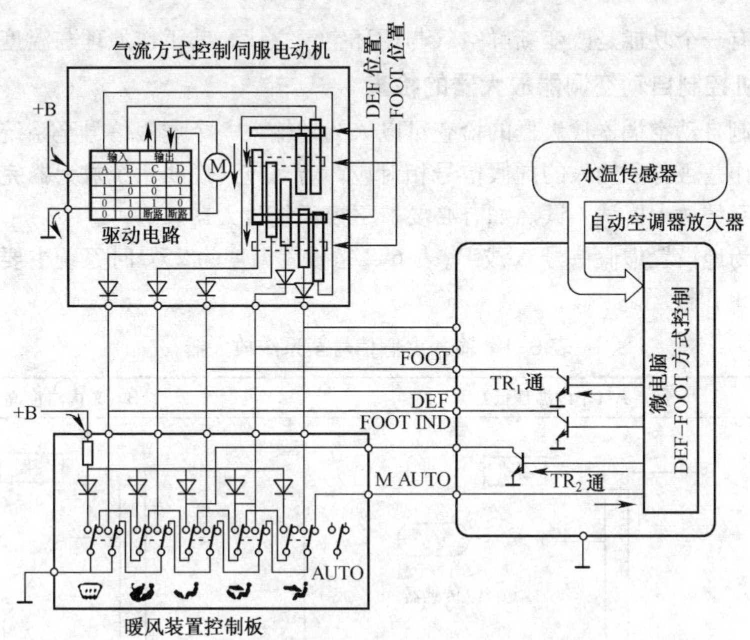

图 6-19　预热控制不工作时 DEF-FOOT 方式的控制

6．进气控制

进气控制仅用于某些特定国家的车型。这个控制是根据 TAO 值来确定 RECIRC（室内空气循环）或 FRESH（室外新鲜空气循环）是否作为当时工作方式，并将这个决定输出至进气控制伺服电动机，从而执行控制。如图 6-20 所示，当电压施加在端子①与②或①与③上时，电动机启动。内置于自动空调器放大器中的微计算机，参考 TAO 值，确定何种方式作为当前工作方式，并根据这一决定（在图 6-20 中的示例是 FRESH 方式），接通 FRS（新鲜空气）晶体管。这使触点 B 接地，在端子①与③之间产生一电压差，这一电压差使电流从端子①流至电动机，经移动触点至端子③，然后至 FRS Tr，最后至接地，从而启动电动机，使移动触点离开 RECIRC 位置至 FRESH 位置。这就将移动触点从触点 B 拉开，进入 FRESH 方式。

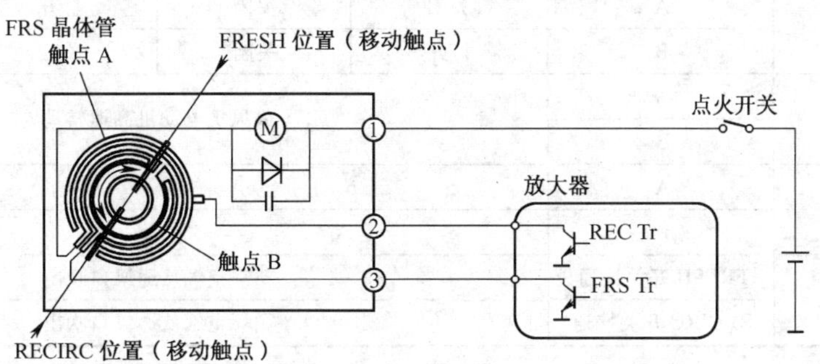

图 6-20　丰田“陆地巡洋舰”进气控制电路

若微计算机参考 TAO 值，确定这个系统当前要在 RECIRC 方式工作，其运作程序与进入 FRESH 方式相似。

进气控制还有一个新鲜空气强制进气控制。当按下 DEF 开关时，就强制将进气方式转至 FRESH，清除风窗玻璃内侧上的雾气，并防止雾气继续形成。

进气控制还有一个功能是改变新鲜空气与循环空气之比，其工作原理与温度控制相同。

7. 微计算机控制自动空调器放大器的检查

微计算机控制自动空调器放大器的检查可以人为地输入一个虚假信号至系统放大器，观看系统主要部件的工作是否与所输入的虚假信号相对应，若对应，说明系统放大器完好；若不对应，则换一个完好的系统放大器试一试。如有必要，更换系统放大器。

表 6-1 是人为地设置虚假信号 A 或 B。表 6-2 是设置温度为 25℃时系统主要部件与虚假信号 A 和 B 相对应的工作情况。

表 6-1　输入虚假信号至系统放大器

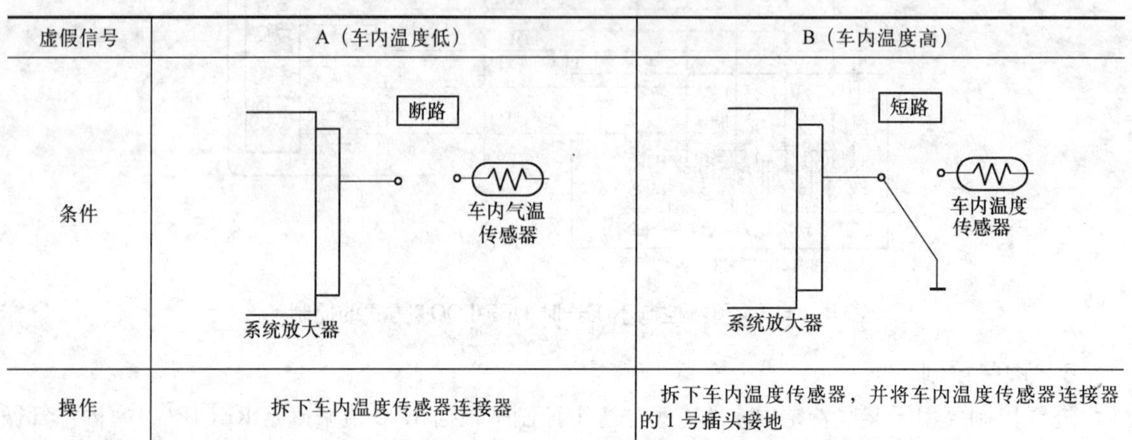

虚假信号	A（车内温度低）	B（车内温度高）
条件	断路；车内气温传感器；系统放大器	短路；车内温度传感器；系统放大器
操作	拆下车内温度传感器连接器	拆下车内温度传感器，并将车内温度传感器连接器的 1 号插头接地

表 6-2　有虚假信号输入时系统的工作（设置温度为 25℃）

<table>
<tr><th>系统主要部件</th><th>虚假信号</th><th colspan="4">运作</th></tr>
<tr><td rowspan="2">空气混合控制伺服电动机</td><td>A</td><td colspan="4">空气混合控制伺服电动机轴移向 MAX-HOT（最大暖气）</td></tr>
<tr><td>B</td><td colspan="4">空气混合控制伺服电动机轴移向 MAX-COOL（最大冷气）</td></tr>
<tr><td rowspan="4">气流方式控制伺服电动机</td><td rowspan="2"></td><td colspan="4">气流方式风挡</td></tr>
<tr><td>FACE</td><td>BI-LEVEL</td><td>FOOT</td><td>DEF</td></tr>
<tr><td>A</td><td>关闭</td><td>关闭</td><td>打开</td><td>关闭</td></tr>
<tr><td>B</td><td>打开</td><td>关闭</td><td>关闭</td><td>关闭</td></tr>
<tr><td rowspan="2">鼓风机电动机</td><td>A</td><td colspan="4" rowspan="2">鼓风机电动机高速转动</td></tr>
<tr><td>B</td></tr>
<tr><td rowspan="2">水阀</td><td>A</td><td colspan="4">打开</td></tr>
<tr><td>B</td><td colspan="4">关闭</td></tr>
<tr><td rowspan="2">进气控制伺服电动机</td><td>FRESH 开关接通</td><td colspan="4">新鲜空气从通风口吹出</td></tr>
<tr><td>RECIRC 开关接通</td><td colspan="4">循环空气从通风口吹出</td></tr>
</table>

器材与设备

① 器材：自动空调系统工作正常的车辆或台架一部；车辆保护套件一套。

② 设备：车辆计算机诊断仪一台。

③ 工具：常用拆装工具。

技能训练

① 正确开启车门、发动机盖。

② 安装车辆室内外保护套件。

③ 将计算机诊断仪与车辆连接。

④ 接通点火开关，进入空调系统诊断界面。

⑤ 进行故障码读取与清除操作（教师事先设置电路故障）。

⑥ 启动发动机，接通空调，设置好室内温度、通风方式和鼓风机转速（或采用“自动”方式），读取系统各传感器数据。

⑦ 断开空调，发动机熄火，接通点火开关，进行元件功能测试。

⑧ 断开点火开关，断开计算机诊断仪与车辆的连接。

⑨ 整理、清洁实验场地。

实验记录

车型：____________________。

1．记录检测出的故障码及含义，并说明故障现象：

2．记录该空调系统运行时各传感器的数据：

3．该计算机诊断仪可以对空调系统的哪些执行元件进行功能测试？

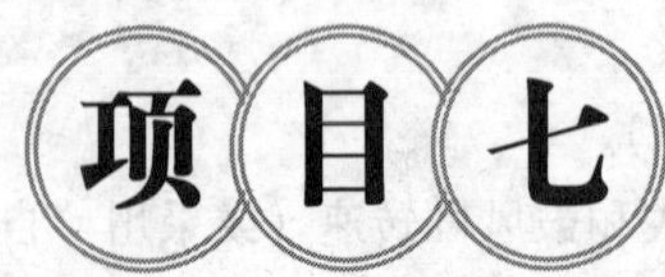

项目七

汽车空调电控系统故障诊断

本项目以空调电控系统常见主要故障为例进行分析，列举典型电路介绍诊断、检修方法。

活动一　压缩机不转故障

知识目标

① 理解空调电控系统传感器及执行器电路。

② 明确空调电控系统各元件的检测方法。

③ 明确压缩机不转故障的诊断方法。

技能目标

① 能够看懂电路图。

② 能够对系统元件进行测量。

③ 能够排除压缩机不转故障。

知识链接

对空调系统元件的检测：

1. 驾驶室温度传感器电路

如图 7-1 所示，驾驶室温度传感器用于检测驾驶室内的温度，并将相应的信号传送至空调控制总成。

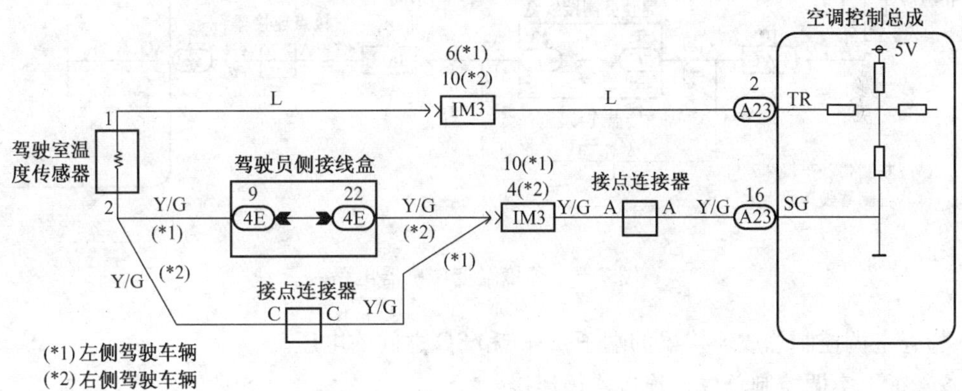

图 7-1　驾驶室温度传感器电路

① 检查空调控制总成连接器端子 TR 和 SG 之间的电压

准备：拆下空调控制总成，连接器仍连接。

检查：a. 接通点火开关。

b. 在下列温度下，测量空调控制总成连接器端子 TR 和 SG 之间的电压。

正常电压：

1.8～2.2 V（25 ℃）

1.2～1.6 V（40 ℃）

备注：电压随温度上升而下降。

② 检查室内温度传感器电阻，如图 7-2 所示。

准备：a. 脱开室内温度传感器连接器。

b. 拆下室内温度传感器。

检查：在下列各个温度，检查室内温度传感器连接器端子 1 和 2 之间的电阻。

正常电阻：

1.6～1.8 kΩ（25 ℃）

0.8～1.0 kΩ（40 ℃）

备注：电阻随温度上升而下降。

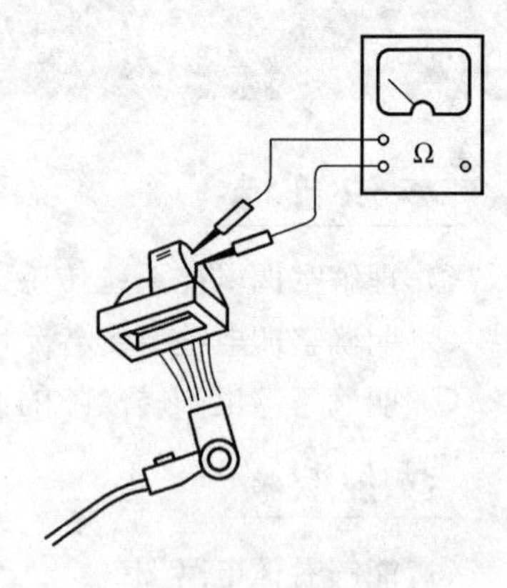

图 7-2 驾驶室温度传感器测量

2. 环境温度传感器电路

环境温度传感器的热敏电阻封装在一个注塑树脂壳内，以防止对温度的突然变化作出反应。如图 7-3 所示，传感器检测环境温度，并将相应信号传送至空调控制总成。

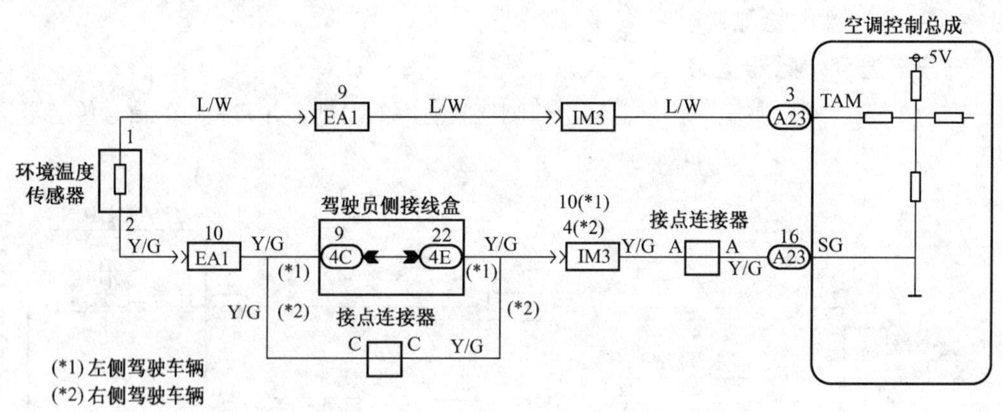

图 7-3 环境温度传感器电路

① 检查空调控制总成连接器的端子 TAM 和 SG 之间的电压。

准备：拆出空调控制总成，连接器仍连接。

检查：a. 接通点火开关。

b. 在下列每个温度，检查空调控制总成连接器的端子 TAM 与 SG 之间的电压。

正常电压：

1.35～1.75 V（25 ℃）

0.85～1.25 V（40 ℃）

备注：电压随温度上升而下降。

② 检查环境温度传感器电阻，如图 7-4 所示。

准备：a. 拆出散热器前护栅。

b. 脱开环境温度传感器连接器。

检查：在下列各个温度，检查环境温度传感器连接器端子 1 和端子 2 之间的电阻。

正常电阻：

1.6～1.8kΩ（25℃）

0.5～0.7kΩ（50℃）

备注：电阻随温度上升而下降。

3．蒸发器温度传感器电路

如图 7-5 所示，蒸发器温度传感器检测蒸发器出气口的空气温度，并将相应的信号传至空调器总成。

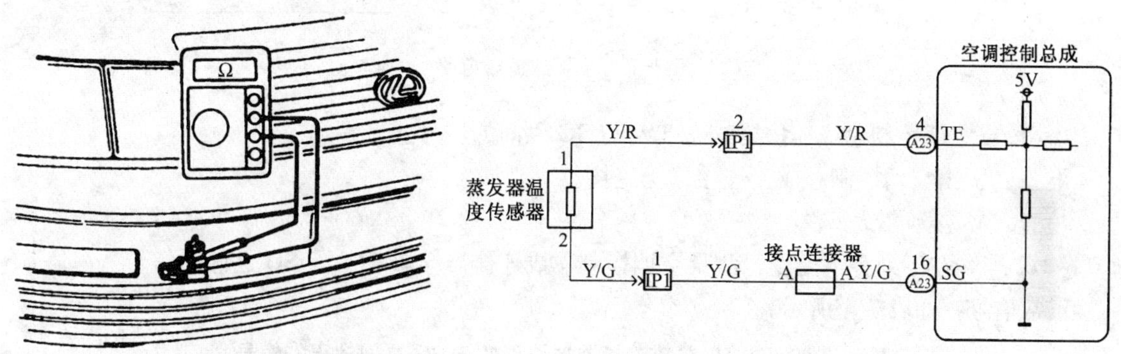

图 7-4　环境温度传感器测量

图 7-5　蒸发器温度传感器电路

① 检查空调控制总成连接器的端子 TE 与 SG 之间的电压。

准备：拆出空调控制总成，连接器仍连接。

检查：a. 接通点火开关。

b. 在下列各个温度，测量空调控制总成连接器的端子 TE 与 SG 之间的电压。

正常电压：

2.0～2.4 V（0 ℃）

1.4～1.8 V（15 ℃）

备注：电压随着温度上升而下降。

② 检查蒸发器温度传感器电阻，如图 7-6 所示。

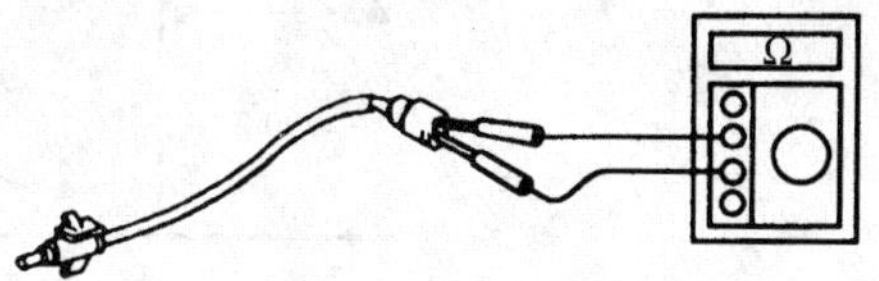

图 7-6　蒸发器温度传感器测量

准备：拆出蒸发器温度传感器。

检查：在下列各个温度，检查蒸发器温度传感器连接器端子 1 和端子 2 之间的电阻。

正常电阻：

4.5～5.2 kΩ（0 ℃）

2.0～2.7 kΩ（15 ℃）

备注：电阻随温度上升而下降。

4．水温传感器电路

如图 7-7 所示，水温传感器检测出发动机冷却液温度，并将相应信号传送至发动机和 ECT ECU，该 ECU 将水温信号进行加工，再传输给空调控制总成。水温信号在发动机冷态时用于预热控制。

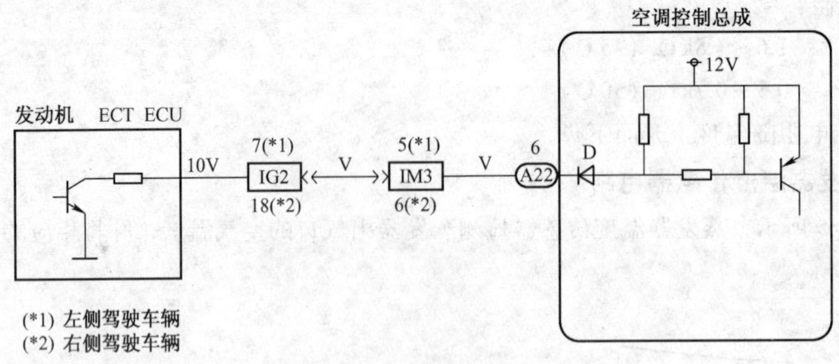

图 7-7 水温传感器电路

① 检查空调控制总成连接器端子 TW 与 SG 之间的信号。

准备：拆出空调控制总成，连接器仍连接。

检查：a. 接通点火开关。

b. 在下列各个温度，测量空调控制总成连接器端子 TW 与 SG 之间的信号。

正常信号：如表 7-1 所示。

表 7-1 空调控制总成连接器端子 TW 与 SG 之间的正常信号

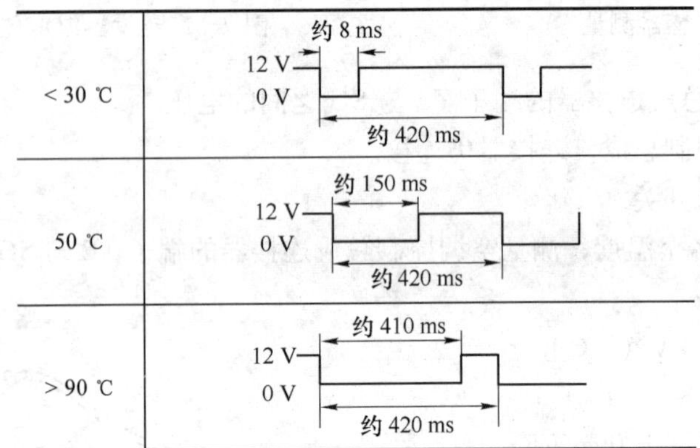

② 检查空调控制总成与发动机和 ECT ECU 之间的配线和连接器。

5. 空气管道传感器电路（驾驶员侧）

如图 7-8 所示，空气管道传感器用于检测驾驶室内空气温度，并将相应信号传输至空调控制总成。

① 检查空调控制总成连接器的端子 TFACE Dr 与 SG 之间的电压。

准备：拆出空调控制总成，连接器仍连接。

检查：a. 接通点火开关。

b. 在下列各个温度，检查空调控制总成连接器端子 TFACE Dr 与 SG 之间的电压。

正常电压：

1.95 ~ 2.05 V（0 ℃）

0.95 ~ 1.15 V（50 ℃）

备注：电压随着温度上升而下降。

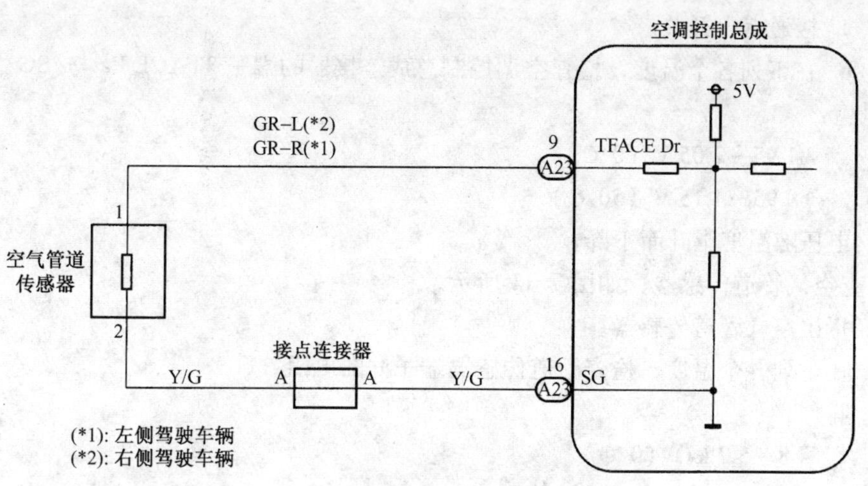

图 7-8　空气管道传感器电路（驾驶员侧）

② 检查空气管道传感器电阻，如图 7-9 所示。

准备：拆出空气管道传感器。

检查：在下列各个温度，检查管道传感器端子间的电阻。

正常电阻：

4.8～5.2 kΩ（0 ℃）

1.6～2.0 kΩ（50 ℃）

备注：电阻值随温度上升而下降。

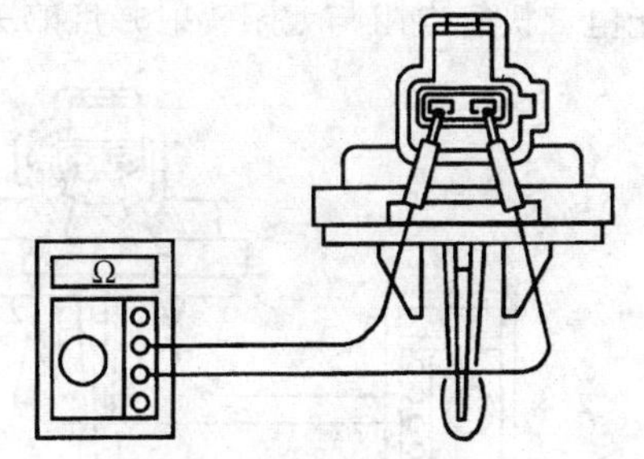

图 7-9　空气管道温度传感器测量（驾驶员侧）

6. 空气管道传感器电路（乘客侧）

如图 7-10 所示，空气管道传感器用于检测车内温度，并将相应信号传输至空调控制总成。

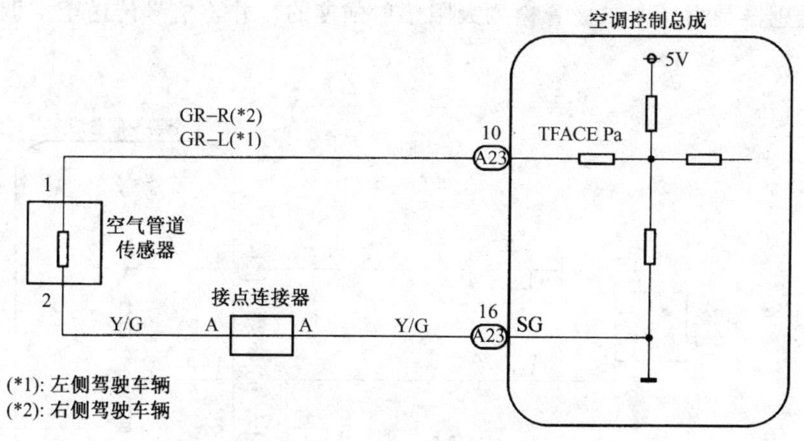

图 7-10　空气管道传感器电路（乘客侧）

① 检查空调控制总成连接器的端子 TFACE Pa 与 SG 之间的电压。

准备：拆出空调控制总成，连接器仍连接。

检查：a. 接通点火开关。

b. 在下列各个温度，检查空调控制总成连接器的端子 TFACE Pa 与 SG 之间的电压。

正常电压：

1.95～2.05 V（0 ℃）

0.95～1.15 V（50 ℃）

备注：电压随温度上升而下降。

② 检查空气管道传感器，如图 7-11 所示。

准备：拆出空气管道传感器。

检查：在下列各个温度，检查管道传感器端子间的电阻。

正常电阻：

4.8～5.2 kΩ（0 ℃）

1.6～2.0 kΩ（50 ℃）

备注：电阻值随温度上升而下降

7. 太阳能传感器电路（乘客侧）

光电二极管电阻与太阳辐射强度的关系如图 7-12 所示。

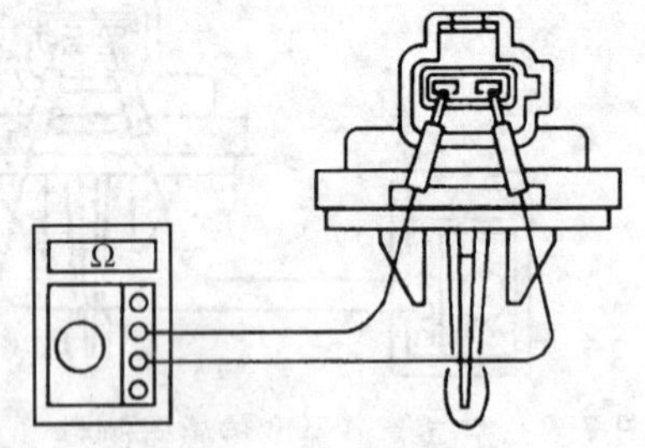

图 7-11　空气管道温度传感器测量（乘客侧）

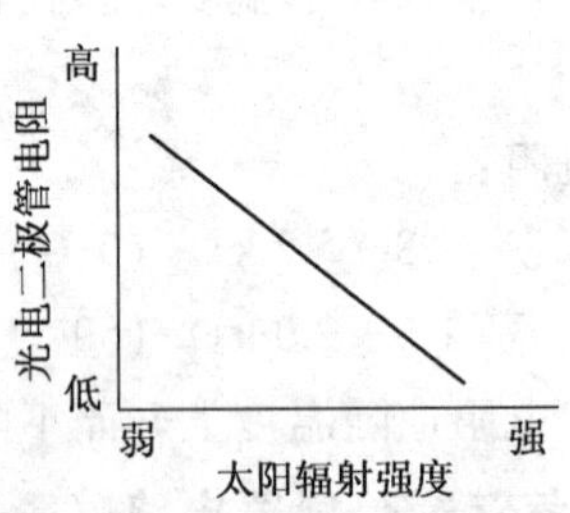

图 7-12　光电二极管电阻与太阳辐射强度的关系

太阳能传感器是用光电二极管检测太阳辐射强度的，并将信号传送至空调控制总成，如图 7-13 所示。

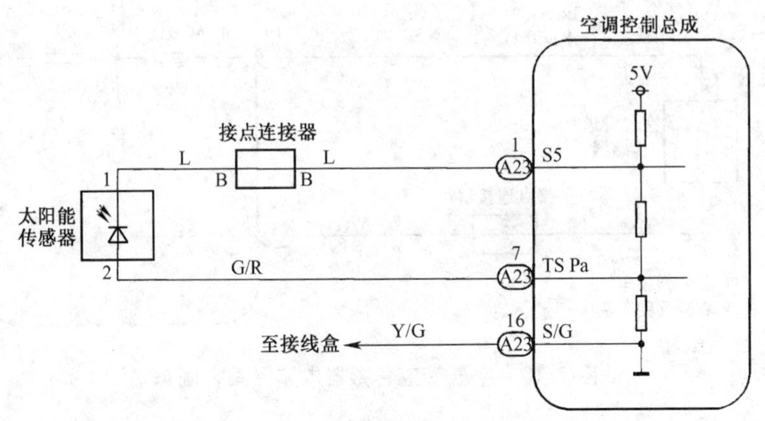

图 7-13　太阳能传感器电路

① 检查空调控制总成连接器端子 TS Pa 与 SG 之间的电压。

准备：拆出空调控制总成，连接器仍连接。

检查：a. 接通点火开关。

b. 在太阳能传感器受电灯照射及用布遮住时，测量空调控制总成连接器端子 TS Pa 与 SG 之间的电压，

正常电压：如表 7-2 所示。

表 7-2　太阳能传感器端子电压

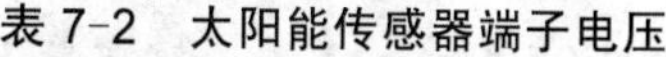

条件	电压/V
传感器受电灯照射	>1
传感器被布遮住	<1

② 检查太阳能传感器电阻，如图 7-14 所示。

准备：a. 拆出小工具箱。

b. 脱开太阳能传感器连接器。

检查：c. 用布遮住传感器。

d. 测量太阳能传感器连接器端子 1 和 2 之间的电阻。(将欧姆表的正极⊕引线连接至太阳能传感器的端子 1，负极⊖引线连接至端子 2)

正常电阻：(不导通)。

检查：a. 从太阳能传感器上除去遮布，使其受电灯照射。

b. 测量电阻。

正常电阻：约 4 kΩ （导通)。

备注：电灯从传感器处移开时，电阻随之下降。

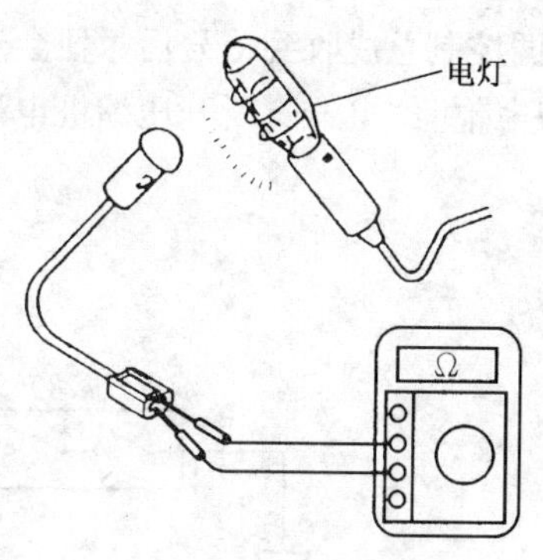

图 7-14　太阳能传感器测量

8. 压缩机锁止传感器电路

如图 7-15 所示，发动机每转动一圈，压缩机锁止传感器便将 4 个脉冲信号输送至空调控制总成。当压缩机转速除以发动机转速而得出的比值小于预定值时，空调控制总成便会关断压缩机。指示灯以约 1 s 的间隔闪烁。

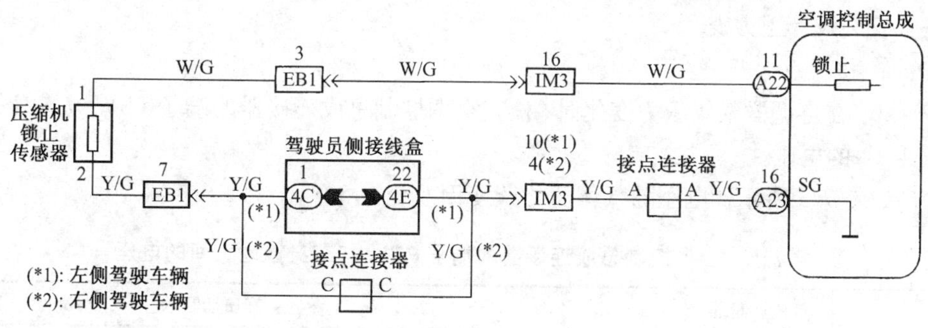

图 7-15　压缩机锁止传感器电路

① 检查压缩机：

a．检查压缩机传动传动带张力。

b. 启动发动机，将鼓风机开关和空调开关均置于 ON（接通)，检查压缩机在运转过程中是否被锁止。

② 检查压缩机锁止传感器，如图 7-16 所示。

准备：a. 举升车辆。

b. 脱开压缩机锁止传感器连接器。

检查：测量压缩机锁止传感器连接器端子 1 和 2 之间的电阻。

正常电阻：

1 050～570 Ω（20 ℃）

1 440～720 Ω（100 ℃）

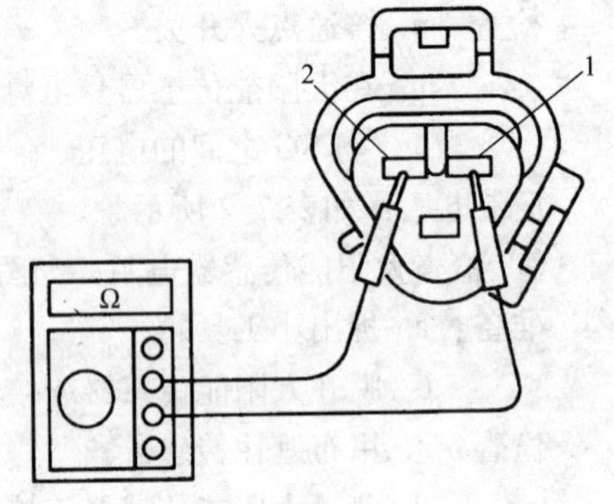

图 7-16 压缩机锁止传感器检测

9. 压力传感开关电路

如图 7-17 所示，空调制冷剂压力降得太低或升得太高时，压力传感开关便将相应信号传送至空调控制总成。空调控制总成收到信号后，便会通过 ECU 输出信号，关断压缩机继电器，断开压缩机电磁离合器。

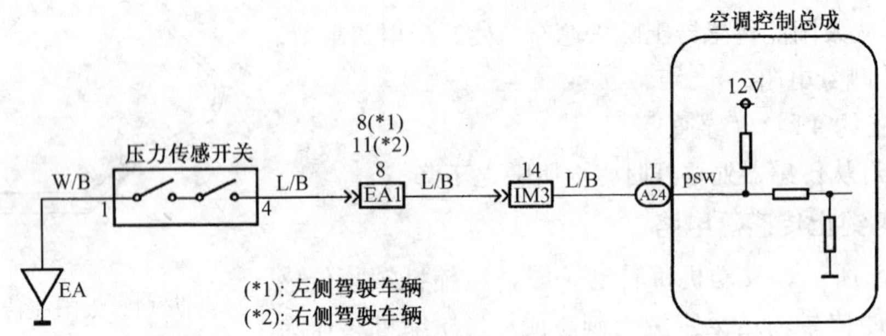

图 7-17 压力传感开关电路

① 检查空调控制总成的端子 PSW 与车身接地之间的电压

准备：安装歧管压力表。

检查：a. 接通点火开关。

b. 在空调器气体压力变化时，检查空调控制总成连接器的端子 PSW 与车身接地之间的电压。

正常：如表 7-3 所示，电压随气体压力改变而改变。

表 7-3 空调控制总成连接器的端子 PSW 与车身接地之间的电压

低压切断端	参考：高压切断端
通（0 V） 196 kPa 断（12 V）	通（0 V） 断（12 V） 3 140 kPa

② 检查压力传感开关：

准备：脱开压力传感开关连接器，如图 7-18 所示。

图 7-18　压力传感开关及连接器

检查：a. 接通点火开关。

b. 在空调器气体压力变化时，检查压力传感开关端子 1 和端子 4 之间的导通情况。

正常：如表 7-4 所示，导通随气体压力而改变。

表 7-4　压力传感开关端子 1 和端子 4 之间的导通情况

低压切断端	参考：高压切断端
通（导通） 196 kPa 断（不导通）	通（导通） 3 140 kPa 断（不导通）

10. 太阳能传感器电路（驾驶员侧）

如图 7-19 所示，太阳能传感器中的光电二极管检测出太阳辐射强度，并将信号传送至空调控制总成。

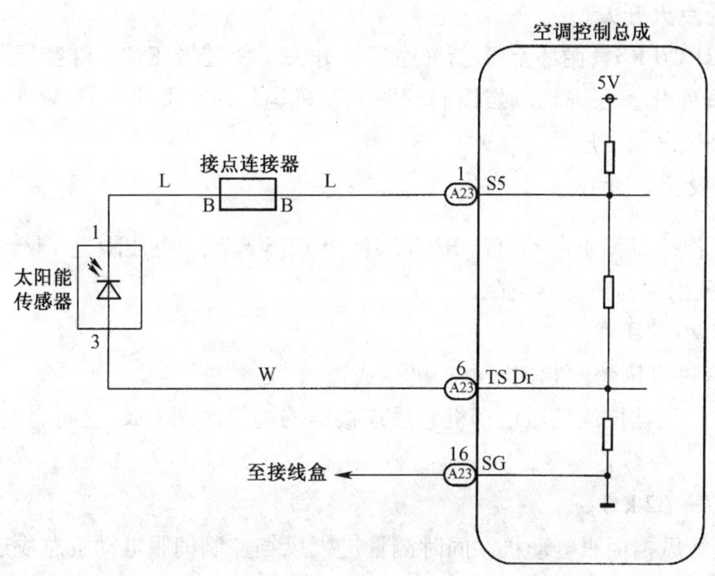

图 7-19　太阳能传感器电路（驾驶员侧）

检查及数据同乘客侧太阳能传感器。

11．进气风挡位置传感器电路

进气风挡开启角与TPI端子电压的关系如图7-20所示。

进气风挡位置传感器用于检测进气风挡的位置，并将相应信号送至空调控制总成。该传感器安装在进气风挡控制伺服电动机总成内，如图7-21所示。

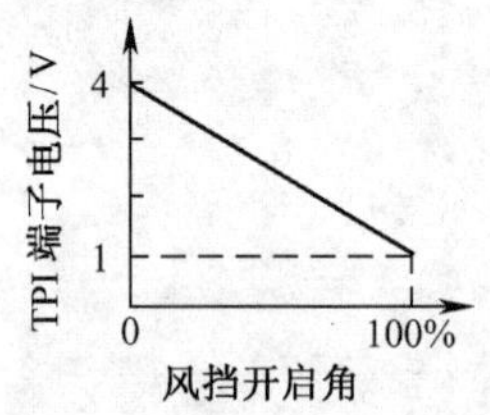

图7-20　TPI端子电压与风挡开启角的关系

① 检查空调控制总成连接器的端子TPI与SG之间的电压。

准备：拆出空调控制总成，连接器仍连接。

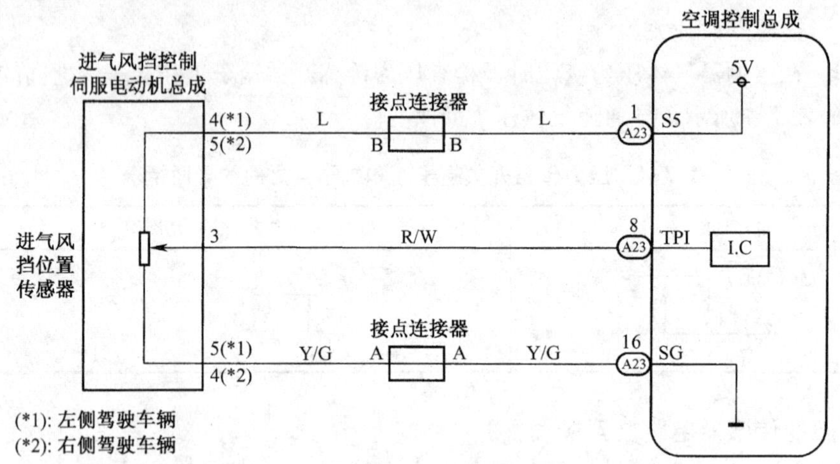

图7-21　进气风挡位置传感器电路

检查：a. 接通点火开关。

b. 按REC/FRS（循环空气/新鲜空气）开关，使进气在“新鲜空气”与“循环空气”之间变化。在进气风挡控制伺服电动机运转时，测量空调控制总成的端子时 TPI与SG之间电压。

正常电压：如表7-5所示。

备注：进气风挡控制伺服电动机从REC端移至FRS端时，电压随之下降

② 检查进气风挡位置传感器电阻。

准备：a. 拆出小工具箱。

b. 断开进气风挡控制伺服电动机总成连接器。

检查：测量进气风挡控制伺服电动机总成连接器的端子S5与SG之间的电阻，如图7-22所示。

正常电阻：4.7～7.2 kΩ。

检查：操纵进气风挡伺服电动机，同时测量进气风挡控制伺服电动机总成连接器的端子 TPI与SG之间的电阻。

正常电阻：如表7-6所示。

表 7-5　空调控制总成的端子时 TPI 与 SG 之间的电压

FRS-REC 开关	电压/V
REC（循环空气）	3.5～4.5
FRS（新鲜空气）	0.5～1.8

表 7-6　进气风挡控制伺服电动机总成连接器的端子 TPI 与 SG 之间的电阻

风挡位置	电阻/ kΩ
REC 端	3.76～5.76
FRS 端	0.94～1.44

备注：进气风挡控制伺服电动机从 REC 端移至 FRS 端时，电阻随之下降。

12．最大冷气风挡位置传感器电路（驾驶员侧）

风挡开启角与 TPB 端子的电压关系如图 7-23 所示。

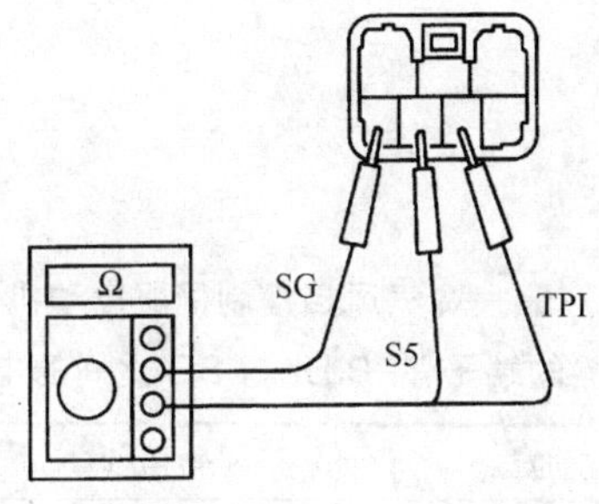

图 7-22　进气风挡位置传感器测量

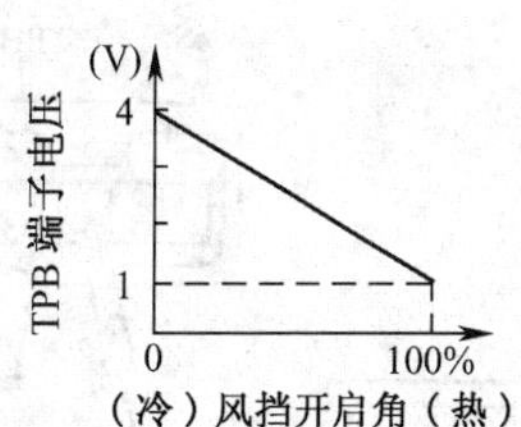

图 7-23　TPB 端子电压与风挡开启角的关系

如图 7-24 所示，最大冷气风挡位置传感器用于检测最大冷气风挡的位置，将相应信号送至空调控制总成。该位置传感器安装在最大冷气风挡控制伺服电动机总成内。

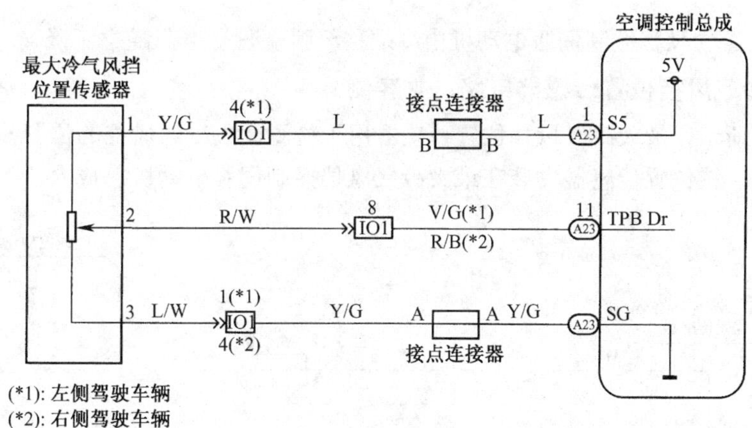

图 7-24　最大冷气风挡位置传感器电路（驾驶员侧）

① 检查空调控制总成连接器的端子 TPB Dr 与 SG 之间的电压。

准备：拆出空调控制总成，连接器仍连接。

检查：a. 接通点火开关。

b. 改变设定温度以启动最大冷气风挡控制伺服电动机。在每次改变设定温度时，测量空调控制总成连接器的端子 TPB Dr 与 SG 之间的电压。

正常电压：如表 7-7 所示。

备注：设定温度上升，电压随之下降。

② 检查最大冷气风挡位置传感器电阻。

准备：a. 拆出小工具箱。

b. 脱开最大冷气风挡控制伺服电动机总成连接器。

检查：测量最大冷气风挡控制伺服电动机总成连接器的端子 S5 与 SG 之间的电阻，如图 7-25 所示。

正常电阻：4.7～7.2 kΩ。

表 7-7 空调控制总成连接器的端子 TPB Dr 与 SG 之间的电压

设定温度	电压/V
最冷	3.5～4.5
最热	0.5～1.8

检查：操纵最大冷气风挡伺服电动机，同时测量最大冷气风挡控制伺服电动机总成连接器的端子 TPB Dr 与 SG 之间的电阻。

正常电阻：如表 7-8 所示。

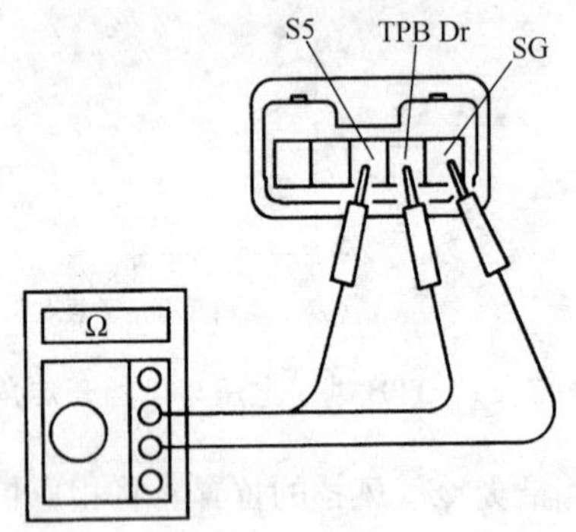

图 7-25 进气风挡位置传感器测量

表 7-8 最大冷气风挡控制伺服电动机总成连接器的端子 TPB Dr 与 SG 之间的电阻

位置	电阻/ kΩ
最冷	3.76～5.76
最热	0.94～1.44

备注：最大冷气风挡控制伺服电动机由冷端移至暖端时，电阻随之下降。

13. 最大冷气风挡位置传感器电路（乘客侧）

如图 7-26 所示，最大冷气风挡位置传感器用于检测最大冷气风挡的位置，并将相应信号送至空调控制总成。该位置传感器安装在最大冷气风挡控制伺服电动机总成内。

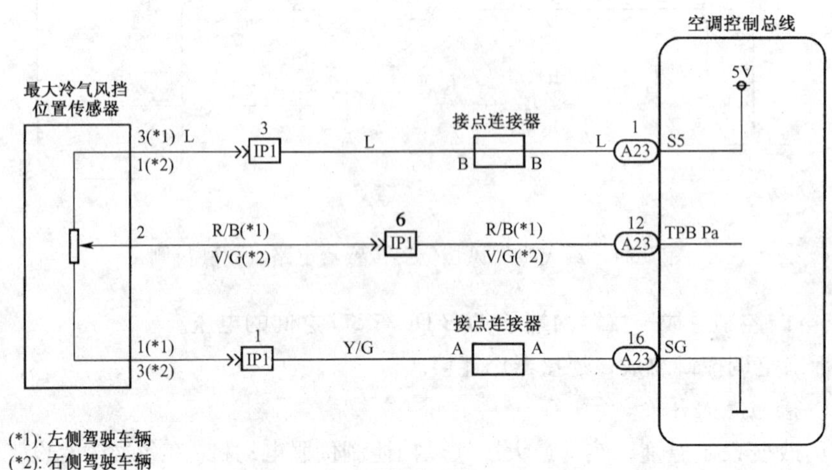

图 7-26 最大冷气风挡位置传感器电路（乘客侧）

检查及数据同驾驶员侧进气风挡位置传感器。

14. 进气风挡控制伺服电动机电路

如图 7-27 所示，进气风挡控制伺服电动机由空调控制总成控制，将进气风挡移至所需位置。

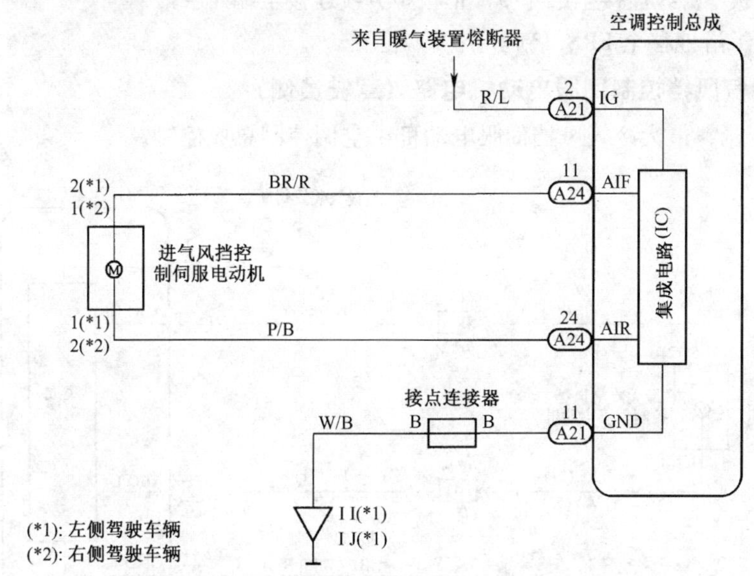

图 7-27　进气风挡控制伺服电动机电路

① 检查执行器：

准备：a. 拆出小工具箱，查看进气风挡的工作情况。

b. 设定至执行器检查模式。

c. 按下 UP 开关，将其变为步进显示。

检查：依次按下“UP”开关，检查进气风挡的工作。

正常：如表 7-9 所示。

表 7-9　进气风挡的工作情况

显示码	进气风挡
20～21	FRS（新鲜空气）
22	FIR（前／后送风）
23	REC（循环空气）
24～29	FRS（新鲜空气）

② 检查进气风挡控制伺服电动机，如图 7-28 所示。

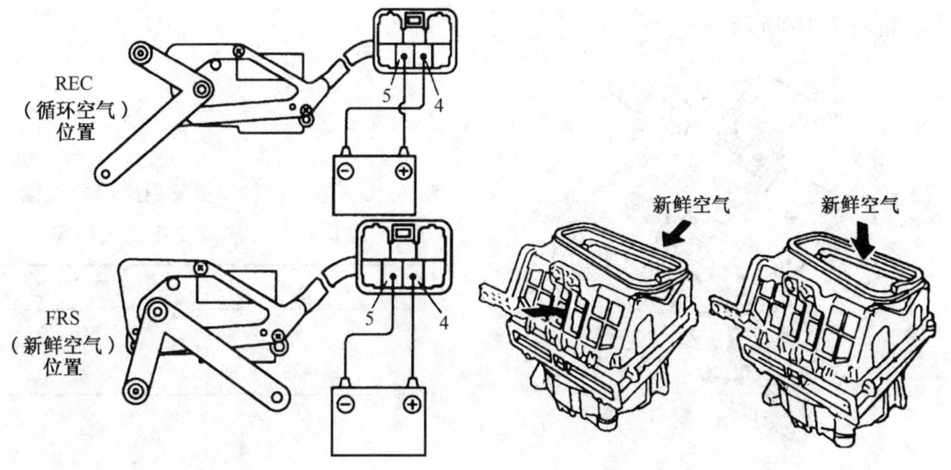

图 7-28　检查进气风挡控制伺服电动机

准备：拆出冷却组件。

检查：将正极⊕引线连接至端子 5，负极⊖引线连接至端子 4。

正常：推杆平滑地移至 REC（循环空气）位置。

检查：将负极⊖引线连接至端子 5，正极⊕引线连接至端子 4。

正常：推杆平滑地移至 FRS（新鲜空气）位置。

15. 最大冷气风挡控制伺服电动机电路（驾驶员侧）

如图 7-29 所示，最大冷气风挡伺服电动机由空调控制总成控制。

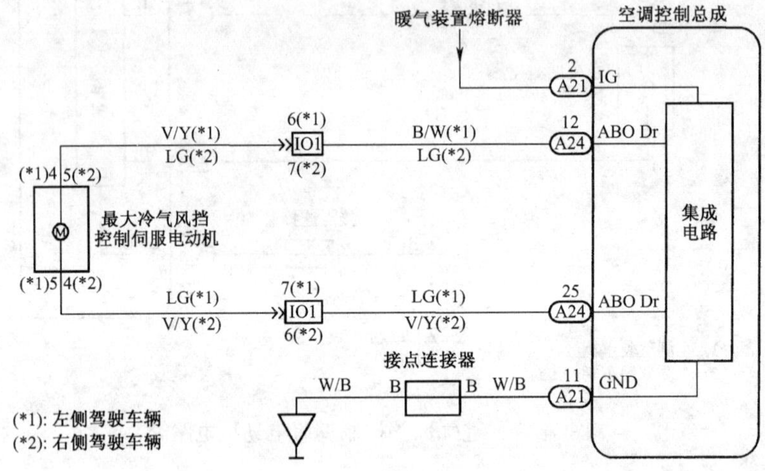

图 7-29　最大冷气风档控制伺服电动机电路（驾驶员侧）

将最大冷气风挡移至所需位置，如图 7-30 所示。

① 执行器检查

准备：a. 设定至执行器检查模式。

b. 按下 UP 开关，将其变为步进工作。

检查：按下温度控制开关，检查最大冷气风档随通风鼓风机输出功率及风挡工作噪声变化的工作情况。

正常：如表 7-10 所示。

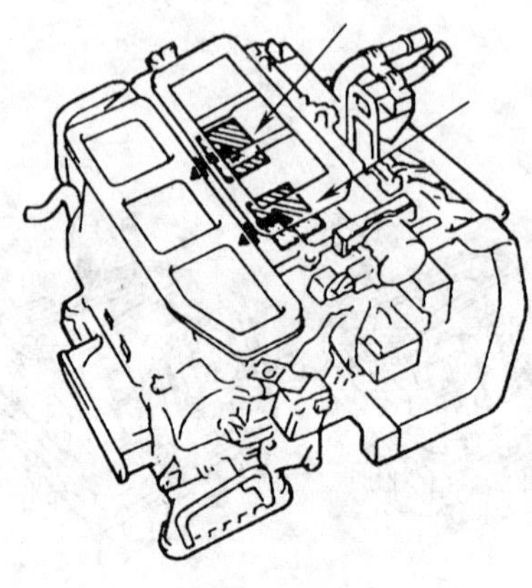

图 7-30　最大冷气风档

表 7-10　最大冷气风挡随通风鼓风机输出功率及风挡工作噪声变化的工作情况

显示代码	最大冷气风挡
20～22	打开
23～29	关闭

② 检查最大冷气风挡控制伺服电动机，如图 7-31 所示。

准备：拆出暖气装置。

检查：将正极⊕引线连接至端子 5，负极⊖引线连接至端子 4。

正常：推杆平滑地移至 Shut（关闭）位置。

检查：将负极⊖引线连接至端子 5，正极⊕引线连接至端子 4。

正常：推杆平滑地移至 OPEN（打开）位置。

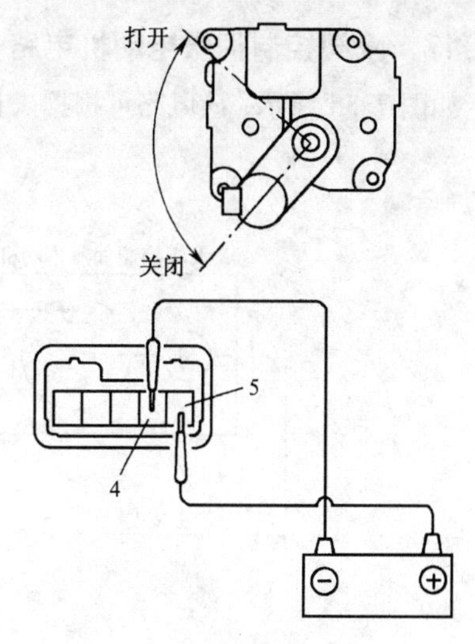

图 7-31　最大冷气风挡控制伺服电动机检查

16. 最大冷气风挡控制伺服电动机电路（乘客侧）

如图 7-32 所示，最大冷气风挡伺服电动机由空调控制总成控制，将最大冷气风挡移至所需位置。检查方法及结果同驾驶员侧。

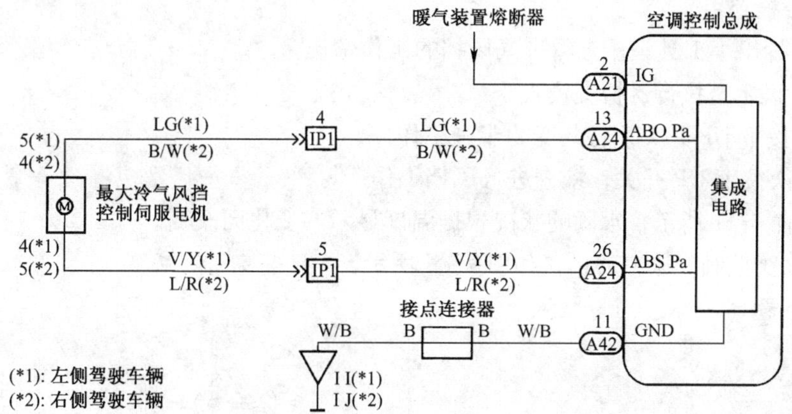

图 7-32　最大冷气风挡控制伺服电动机电路（乘客侧）

检查最大冷气风挡控制伺服电动机，如图 7-33 所示。检查方法及结果同驾驶员侧。

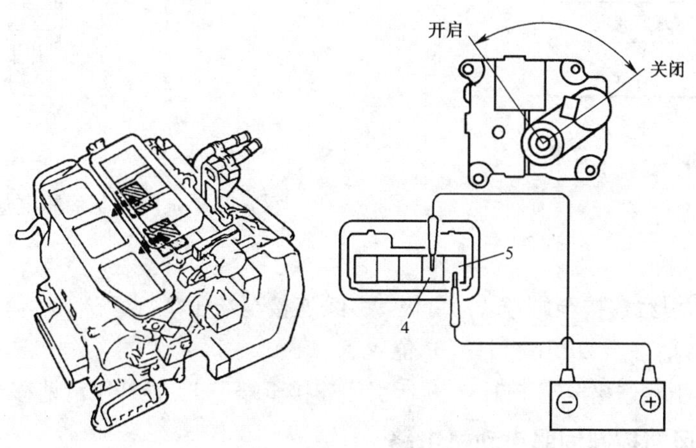

图 7-33　最大冷气风挡控制伺服电动机检查

17．水阀控制伺服电动机电路

如图 7-34 所示，该电路可根据来自空调控制总成的信号操纵伺服电动机，改变水阀的开关状态。

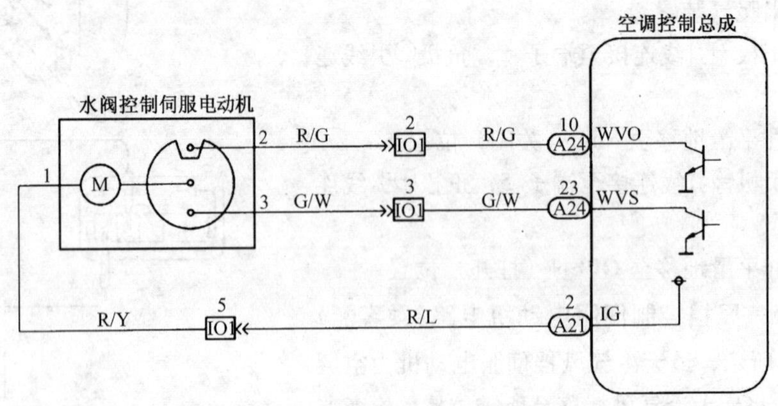

图 7-34　水阀控制伺服电动机电路

① 执行器检查：

准备：a. 拆出小工具箱，查看进气风挡的工作情况。

b. 设定至执行器检查模式。

c. 按下 UP 开关，将其变为步进工作。

检查：依次按下 UP 开关，检查进气风挡工作。

正常：如表 7-11 所示，水阀的状况根据温度显示的变化而改变。

② 检查水阀控制伺服电动机，如图 7-35 所示。

表 7-11　水阀根据温度显示变化的状况

显示代码	水阀状况
20～22	关闭
23～29	打开

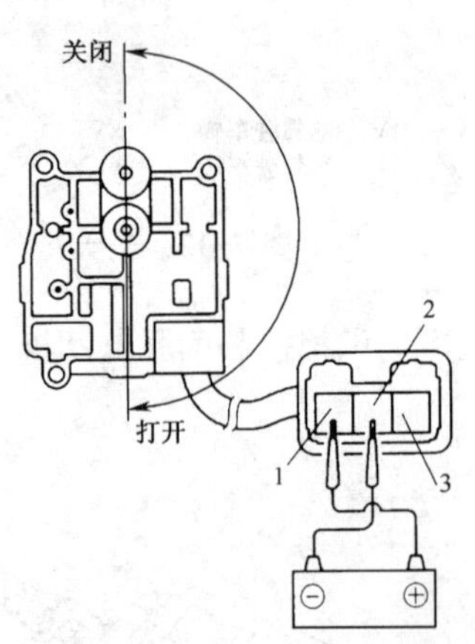

图 7-35　水阀控制伺服电动机检查

准备：拆出冷气机。

检查：将正极⊕引线连接至端子 1，负极⊖引线连接至端子 2。

正常：推杆平滑地移至 OPEN（打开）位置。

检查：将负极⊖引线连接至端子 3，正极⊕引线连接至端子 1，推杆平滑地移至 Shut（关闭）置。

18．通风模式风挡控制伺服电动机电路

如图 7-36 所示，该电路根据来自空调控制总成的信号操纵伺服电动机，改变每种模式的风

挡位置。AUTO（自动）开关接通时，空调控制总成便根据设定温度而自动变为（脸部送风）、（双层送风）、（脚部送风）等通风模式。

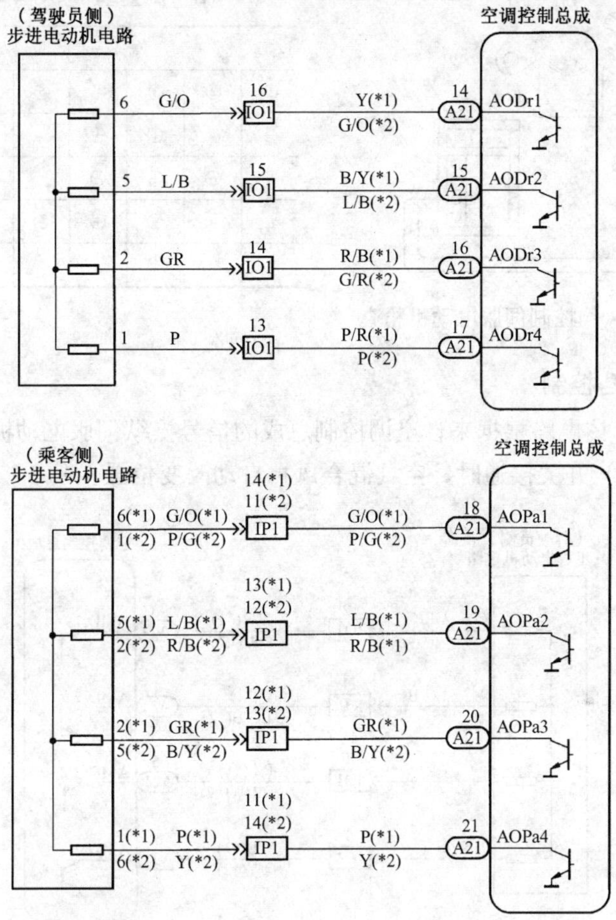

图 7-36　通风模式风挡控制伺服电动机电路

① 执行器检查：

准备：a. 设定至执行器检查模式。

b. 按下 UP 开关，将其变为步进工作。

检查：依次按下 UP 开关，检查气流模式情况。

正常：模式随温度显示的变化而改变。

注意：如执行器检查的结果为“不正常”，则应进行初始化设定，然后再次检查执行器。

② 检查通风模式风挡控制伺服电动机，如图 7-37 所示。

准备：拆出暖气装置。

检查：测量端子 3、4 与其他端子间的电阻。

正常电阻：如表 7-12 所示。

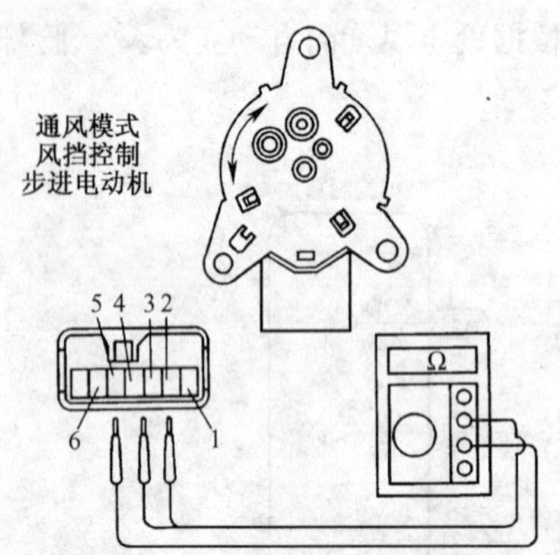

图 7-37　通风模式风挡控制伺服电动机检查

表 7-12　测量端子 3、4 与其他端子间的电阻

端子						标准值
①	②	③	④	⑤	⑥	
⊖		⊕	⊕			16.0～18.0Ω
	⊖	⊕	⊖			↑
		⊕	⊕	⊖		↑
		⊕	⊕		⊖	↑

19. 空气混合风挡控制

如图 7-38 所示，该电路根据来自空调控制总成的信号操纵伺服电动机，改变各种模式的风挡位置。AUTO（自动）开关接通时，空气混合风挡自动改变位置。

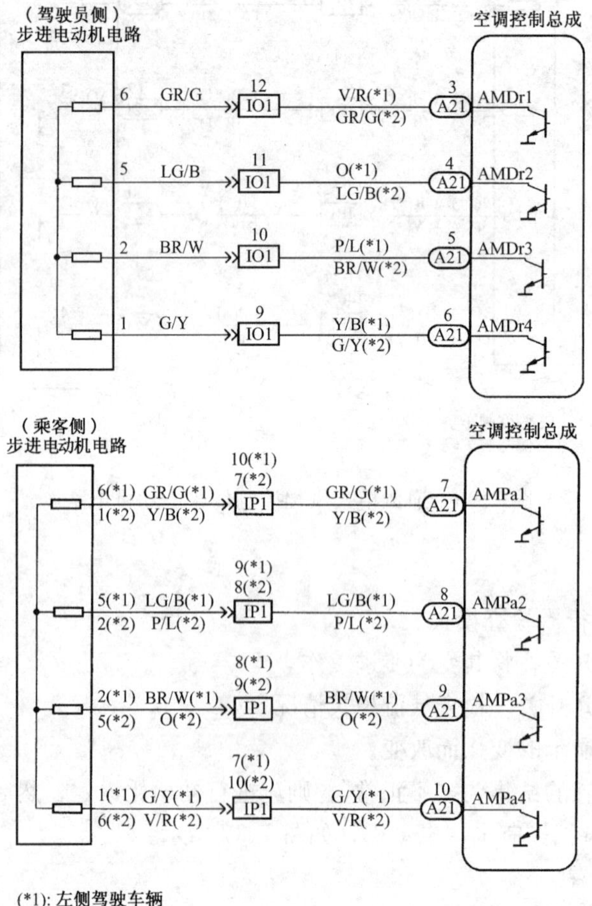

图 7-38　空气混合风挡控制

① 检查执行器

准备：a. 预热发动机。

b. 设定至执行器检查模式。

c. 按下 UP 开关，将其变为步进工作。

检查：按下 UP 开关，检查空气混合风挡的工作及鼓风机的状况。

正常：如表 7-13 所示。

注意：如执行器检查的结果为“不正常”，则应进行初始化设定，然后再次检查执行器。

表 7-13　空气混合风挡的工作及鼓风机的状况

显示代码	空气混合风挡	状况
20～23	完全关闭	冷气出来
24～26	50%	冷暖混合
27～29	完全打开	暖气出来

② 检查空气混合风挡控制伺服电动机，如图 7-39 所示。检查及结果同通风模式风挡控制伺服电动机。

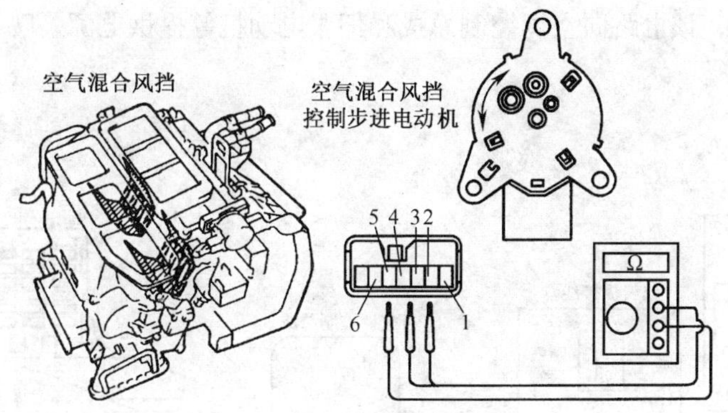

图 7-39　空气混合风挡控制伺服电动机检查

20. 备用电源电路

如图 7-40 所示，备用电源电路用于空调控制总成的备用电源。即使断开点火开关，仍有电源供应。该电源用于诊断码存储器等部件，ECU-B 熔断器位置及检查如图 7-41 所示。

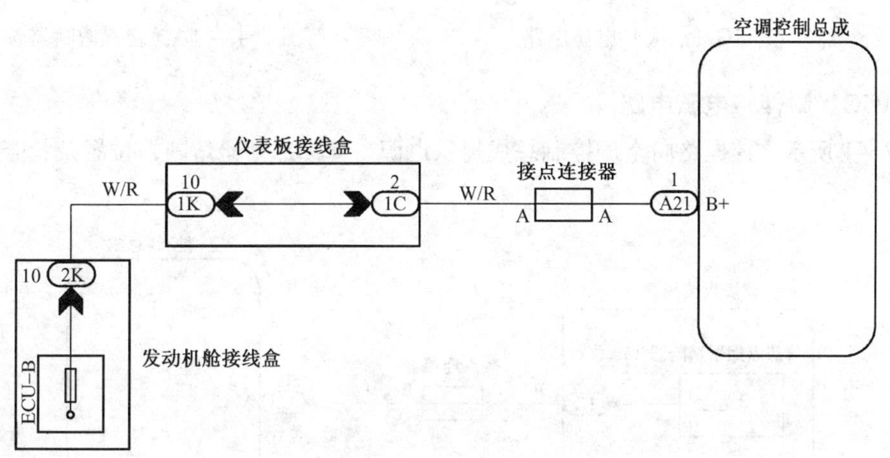

图 7-40　备用电源电路

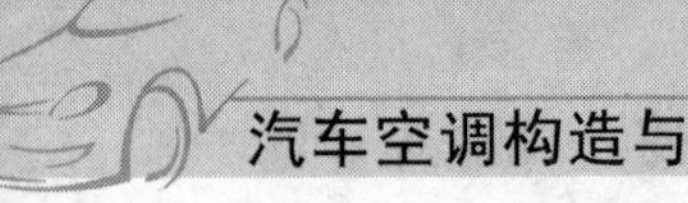

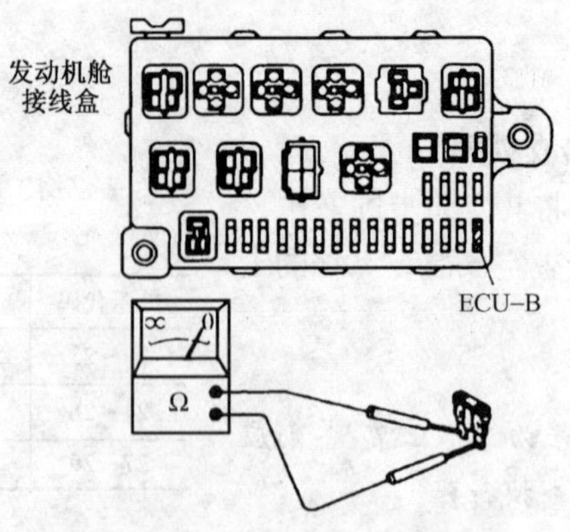

图 7-41　ECU–B 熔断器位置及检查

21. IG（点火）电源电路

如图 7-42 所示，该电路向空调控制总成和伺服电动机等提供电源。暖气装置熔断器位置及检查如图 7-43 所示。

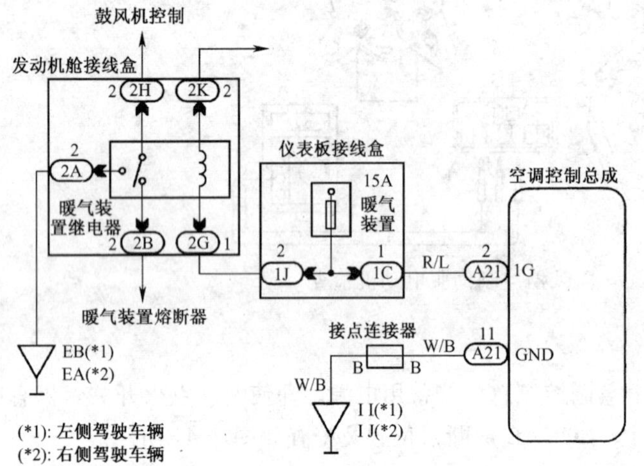

图 7-42　IG（点火）电源电路

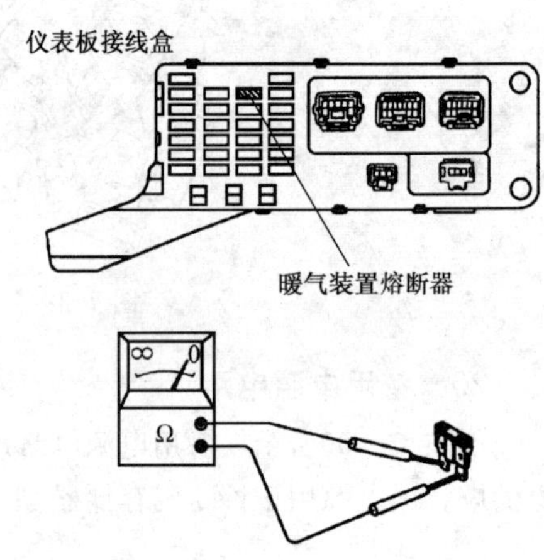

图 7-43　暖气装置熔断器位置及检查

22. ACC（附件）电源电路

如图 7-44 所示，该电路向空调控制总成提供电源。前部点烟器熔断器位置及检查如图 7-45 所示。

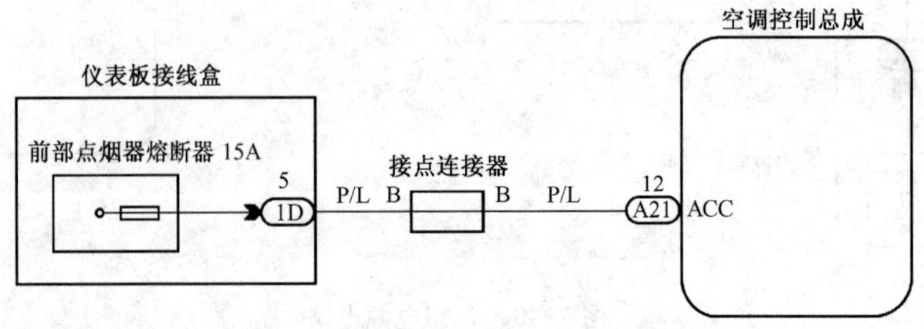

图 7-44　ACC（附件）电源电路

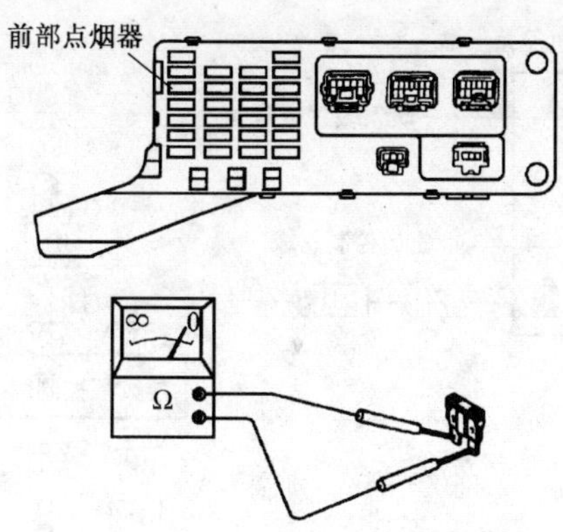

图 7-45　暖气装置熔断器位置及检查

23. 暖气装置继电器电路

如图 7-46 所示，来自空调控制总成的信号使暖气装置继电器接通，将电源接至鼓风机电动机。暖气装置继电器端子及内部线路如图 7-47 所示。

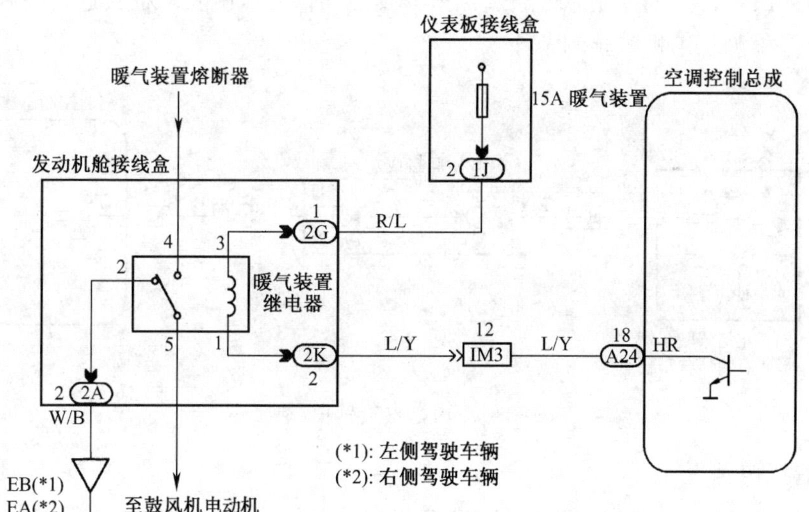

图 7-46　暖气装置继电器电路

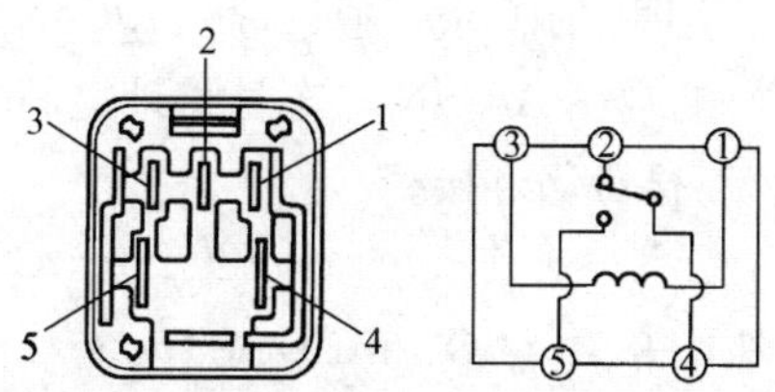

图 7-47　暖气装置继电器端子及内部线路图

24. 鼓风机电动机电路

如图 7-48 所示，该电路向鼓风机电动机提供电源。

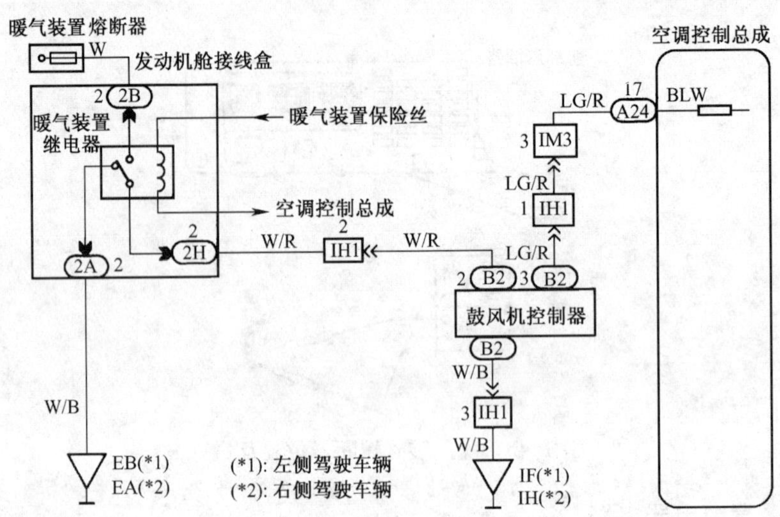

图 7-48　鼓风机电动机电路

25. 点火器电路

如图 7-49 所示，空调控制总成通过点火器发出的信号监测发动机转速，并利用这些信号和压缩机转速信号检测压缩机锁止的条件。

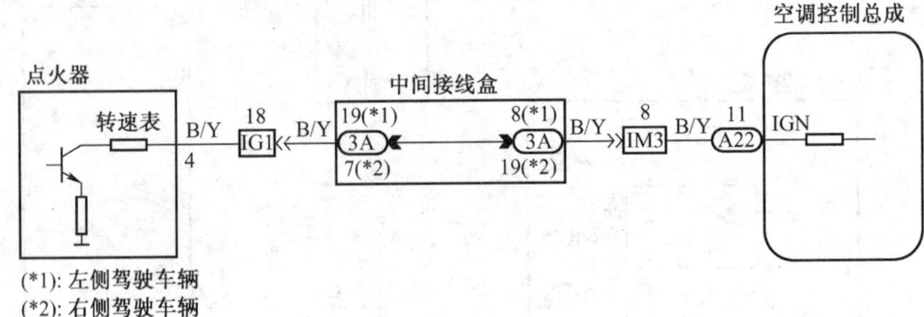

图 7-49　点火器电路

26. 压缩机电路

如图 7-50 所示，空调控制总成从端子 MGC 将电磁离合器 ON（接通）信号输出至发动机和 ECT ECU。发动机 ECT ECU 收到该信号时，便会由端子 ACMG 传送信号，接通空调电磁离合器的继电器，从而接通空调压缩机电磁离合器。空调控制总成还通过端子 A/C IN 监测电力是否输至电磁离合器。

① 检查空调控制总成连接器的端子 A/C IN 与车身接地之间的电压。

准备：拆出空调控制总成，连接器仍连接。

检查：a. 启动发动机。

b. 按下鼓风机任一速度开关（LO、MED 或 Hi）。

c. 接通和断开空调开关时，检查空调控制总成连接器端子 A/C IN 与车身接地之间的电压。

正常电压：如表 7-14 所示。

② 检查空调控制总成连接器的端子 MGC 与车身接地之间的电压

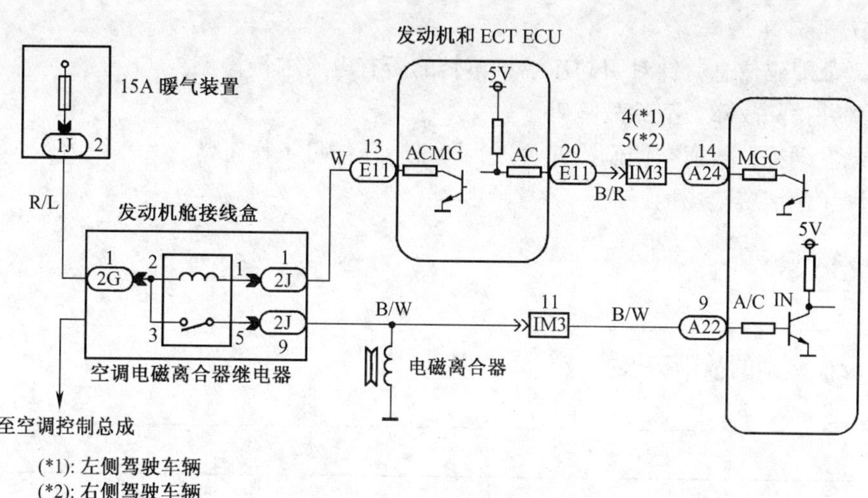

图 7-50　压缩机电路

检查：a. 接通点火开关。

b. 按下鼓风机任一速度开关（LO、MED 或 Hi）。

c. 接通和断开空调开关时，检查空调控制总成连接器端子 MGC 与车身接地之间的电压。

正常电压：如表 7-15 所示。

表 7-14　空调控制总成连接器端子 A/C IN 与车身接地之间的电压

空调开关	电压/V
ON（通）	蓄电池电压
OFF（断）	0

表 7-15　空调控制总成连接器端子 MGC 与车身接地之间的电压

空调开关	电压/V
ON（通）	0V
OFF（断）	10～14

器材与设备

① 器材：自动空调工作正常的车辆或台架，每组一部；发动机室内外保护套件，每组一套。

② 设备：计算机检测仪，每组一台；万用表，每组一块；歧管压力表，每组一块；制冷剂回收、充注机，每组一台。

③ 工具：常用拆装工具，每组一套。

技能训练

① 正确开启车门、发动机盖。

② 安装车辆室内外保护套件，接好尾气排放管。

③ 起动发动机，接通空调制冷开关，检验故障现象——压缩机不转（教师事先设定）。

④ 发动机熄火，点火开关断开，将计算机诊断仪与车辆连接。

⑤ 接通点火开关，读取空调系统故障码。

⑥ 根据故障码信息，进行相关元件电路系统的检测，如有必要，进行制冷系统压力检测及

制冷剂量的修正。

⑦ 若无故障码信息，针对引起压缩机不转的所有电路进行检测。

⑧ 找到并排除故障，清除故障码。

⑨ 启动发动机，接通空调制冷开关进行验证，压缩机工作正常。

⑩ 整理、清洁实验场地。

实验记录

车型：____________。

1. 记录检测到的故障码及含义：

____

____

2. 绘制出你准备检测部位的电路图：

3. 记录测量部位、元件及测量结果，并验证是否正常：

____

____

____

活动二　电风扇不转故障

知识目标

① 了解计算机组成。

② 理解计算机数据及其传输方式。

③ 明确电风扇不转故障的诊断方法。

技能目标

① 能对电控空调系统电风扇故障进行诊断。

② 能对电风扇电路进行分析和测量。

知识链接

1. 汽车计算机

汽车计算机系统中的小型计算机通常被称为“黑匣子”，当它们不工作时，只能更换，而无法修理。然而，判断它们是否能够正常工作或需要更换，只能依据认可的故障检查程序和维修说明来进行。

2. 计算机对话

计算机是利用电压进行对话的。电压信号是通过改变电压电平，改变电压脉冲形状，或改变信号开关电平的速度来传递信息的。另外，电压使电流流向工作装置，如电磁阀、继电器和灯等。

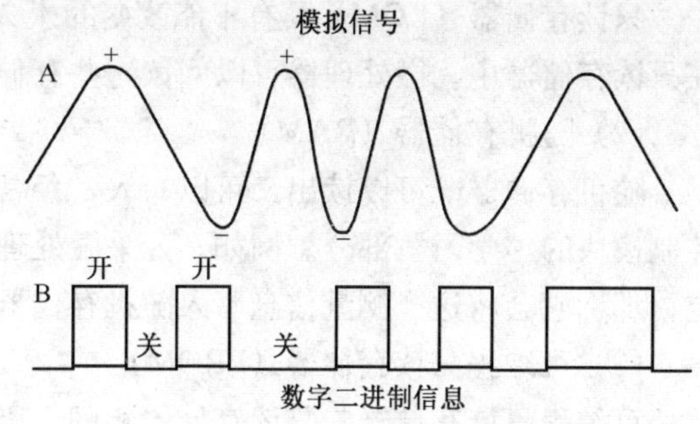

图 7-51　模拟信号与数字信号

计算机的对话涉及两种信号——模拟信号和数字信号，如图 7-51 所示。模拟信号是连续可变的，可以是给定范围内的任何电压。数字信号与之相比则具有一定的数值（通常仅有两个数值），无法代表数值之间的任何值。模拟型号用于在一个范围内不断变化的信息，例如温度或压力。数字信号用于在对两者之间进行选择的时候，例如，一或零、是或否、开或关、高或低等。

3. 二进制码（字）

计算机将一系列的数字信号串连起来，组成被称为“字”的有用的联合体，这与老式 Morse 电报码通信系统类似，但是速度要快得多。每个数字信号都叫做“位”，8 位组成一个字，如图 7-52 所示。在使用中，被称作二进制码，通常是用数字 1 和 0 代表。例如，11001011 这个字可能意味着“危险，燃油快用尽了!”

注意：二进制码可以使计算机迅速地进行数学运算，按照这种编码，零是“0”，壹是“1”，贰是“10”，叁是“11”，肆是“100”，伍是“101”等等。有些计算机具有瞬间处理大量系列数字信号的能力，有时耗时仅为千分之几秒，它们对变化着的条件能做出有效的反应，这一点可以使汽车处在理想的状态。

4. 计算机的存储器

计算机能够存储二进制码信息。当需要这些信息时，可以将它们传递到能够处理二进制数的其他电子装置。信息存储在存储芯片上，这些存储是专用的，如图 7-53 所示。

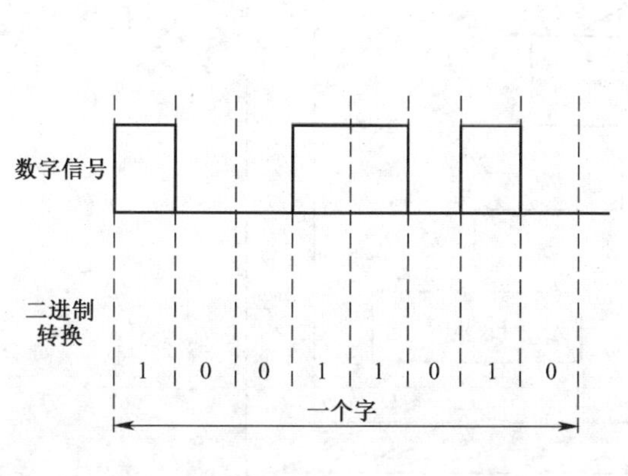

图 7-52　计算机的字、二进制码

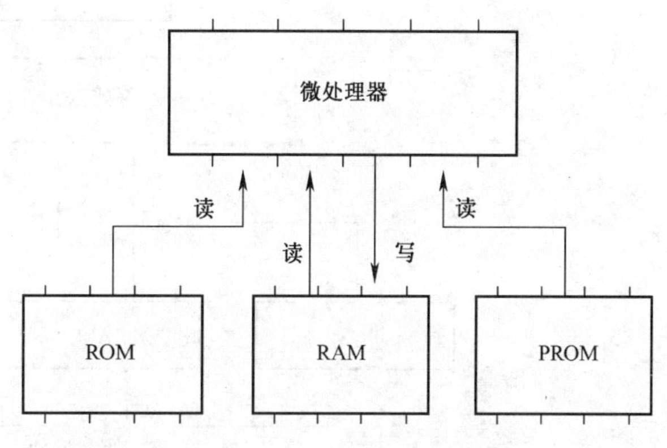

图 7-53　计算机的存储器

(1) 只读存储器（ROM）

只读存储器（ROM）具有不能改变的永久信息。制造计算机时，控制微处理器的程序就存储在只读存储器中。微处理器可以阅读这些存储器指示，但无法写入新信息。

(2) 随机存储器（RAM）

随机存储器既可以读出又可以写入，经常用于无须改变的临时存储的信息，这里包含发动机控制模块的“学习”部分。例如，如果微处理器接收到一个测量信息，需要它做出几种不同的决定，那么它会将这个测量信息写入随机存储器，当每次需要时，再将其读出。

(3) 可编程只读存储器（PROM）

可编程只读存储器与只读存储器相同，因为它仅能读出而无法写入。但是，它又不同于只读存储器，可编程只读存储芯片可以从计算机中取出，一个带有不同程序的新芯片可以装入。在汽车计算机系统中，可以使用可编程只读存储器向该系统加入新的信息而不用改变原有程序。例如，电子控制模块的可编程只读存储器存储着有关不同车型的不同特性。

(4) 电可擦可编程只读存储器（EEPROM）

电可擦可编程只读存储器是一种可编程只读存储器，它能够被电子重新编程而不需要将其从汽车中取出。重新编程需要专门的工具。

(5) 存储校准器（MEM–CAL）

存储校准器于 1986 年引入一些车型。它取代了可取出的可编程只读存储器，存储标准器由一个可编程只读存储器和一个用于燃油备用的校准包组成。

5. 计算机时钟

到现在为止，所描述的计算机均具有一个可与若干存储器对话的微处理器，所使用的语言是二进制码，即长串的 0 和 1。这种长串的 0 和 1 自计算机的一个部分向另一个部分稳定地脉动传输。那么，接收器如何知道一个脉冲何时结束，而另一个脉冲何时开始？比如，它是如何区分 01 和 0011 的呢？

计算机中带有时钟发生器，它可以发出稳定的脉冲，每个脉冲就是一个位的长度，存储器在读取或发送数据时关注着时钟脉冲，所以知道每个电压脉冲（位）的时间长度。这样，计算机的元件就能够分辨出 01 和 0011 的区别，如图 7–54 所示。

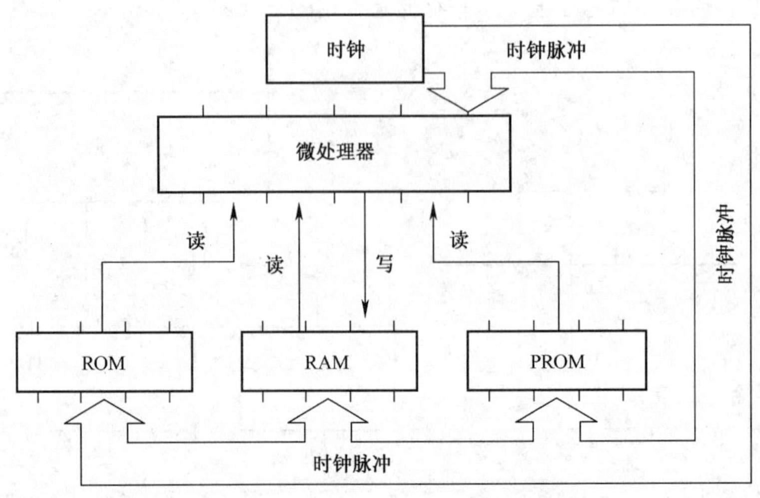

图 7–54　时钟发生器发出时钟脉冲

6．计算机输入信号

有许多来源可向计算机发送信号。电子控制模块（像 ECM 一样的计算机，可以控制发动机功能）是输入信号的其中一个来源。ECM 具有一个由传感器和开关构成的网络，可发出汽车运行情况的信息，如图 7-55 所示。仪表板上的显示盘发出来自驾驶员的信号，ECM 将这些信号作为指令接收下来。ECM 也接收反馈信号，反馈信号提示 ECM 元件对 ECM 的输出是如何控制的。

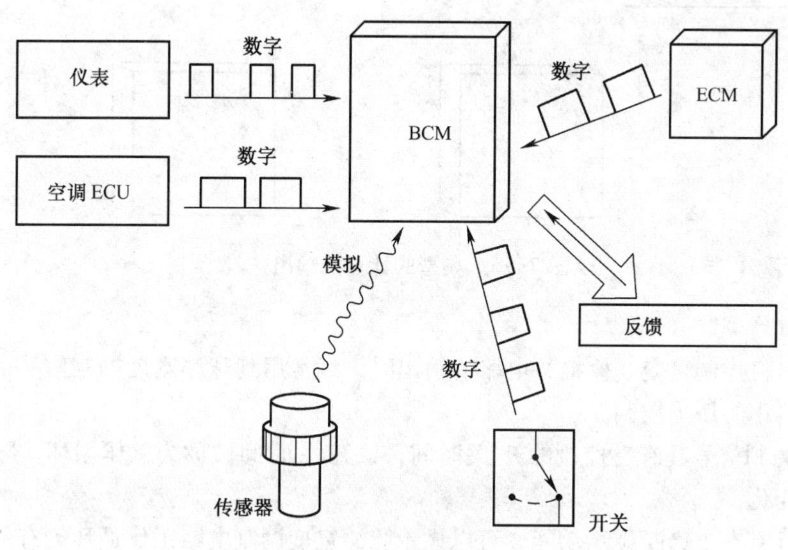

图 7-55　计算机输入

来自开关、发动机控制模块和显示盘的信号是以二进制码的形式进入计算机的。而来自传感器的信号是模拟信号，它们必须转换成计算机使用的二进制语言，然后输入并存储到 RAM 的各个空间。计算机要对输入信息进行检测，以保证传送信息的电路工作正常。计算机知道，当输入电路断路时，其每个输入电路产生什么电压。计算机监视着每个输入信息，以保证其处于两个电压之间；如果不是的话，计算机会怀疑该电路工作有故障。这种接收、存储和检测信息的过程实际上是连续的。

7．接收、存储和检测输入信息

需要计算机做出决定时，计算机要对每个存储的输入信息进行判断。有时做出某些决定是很简单的。例如，当发动机冷却液温度高到一定程度时，风扇开始转动或冷却液温度指示灯亮起。计算机需要做的是观察温度，将其与程序中的设定值加以比较。

其他的决定要复杂得多。例如，在计算机接通空调压缩机之前，它需要检查发动机若干情况、驾驶员要求的状态及车外空气温度等。一般来说，做出决定的过程需要进行计算、比较和检查，这个步骤被称为数据处理。

8．计算机输出信号

在数据处理步骤之后，计算机可以发出若干输出信号，可以向显示盘发信号，以便驾驶员得到发出的信息，它也可以向发动机控制模块发出信号，使发动机计算机了解它有关的工作状态。通常，计算机也向执行器发出信号，以执行其决定，如图 7-56 所示。

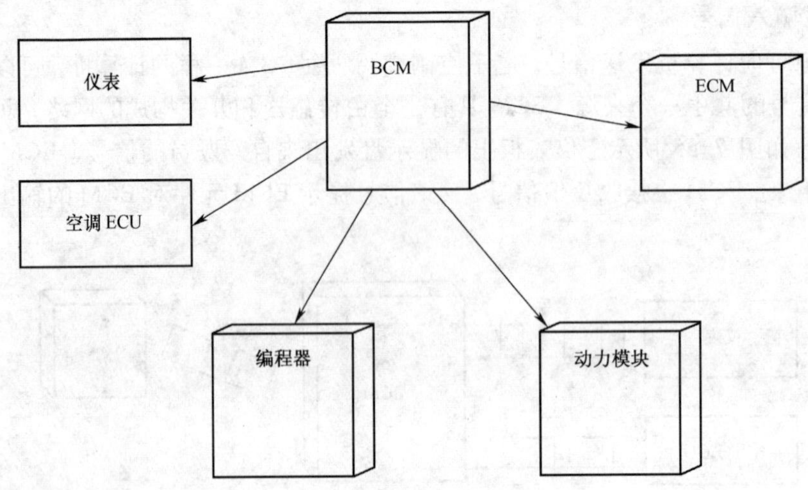

图 7-56　典型的计算机输出信号

（1）脉冲宽度调制（PMW）

当使用计算机控制可变（模拟）电路的输出时，经常用到脉冲宽度调制信号，一个很好的例子是自动变速器中的压力控制。

脉冲宽度调制信号具有受控制的开/关时间，该开/关时间被称为工作循环。脉冲宽度调制信号的频率没有变化。

有的汽车具有车上诊断显示功能，可以显示脉冲宽度调制电路工作循环的有关信息。该型车辆内置有诊断系统，能够显示 VF 亮暗的工作循环和 CS 发电机中转子电路的工作循环。该工作循环是以百分比表示的，显示在该电路处于开启状态时该循环的比例。

（2）工作循环

工作循环用于对时间长度进行测量，与 100%时间因素相比较，电路处于 ON 与 OFF 之间的百分比。工作循环可以显示为正或负值，如图 7-57 所示。

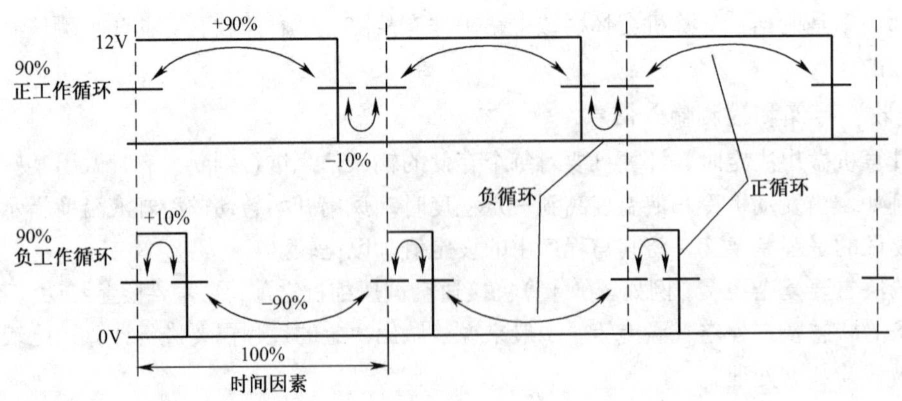

图 7-57　脉冲宽度调制——正工作循环和负工作循环

① 正工作循环：对电路处于高电压状态（ON）所占时间的百分比的计算和表示。在顶部，A 表示 90%正工作循环。当电路的带电侧（高电压）用来控制电路中的部件时使用正工作循环。

② 负工作循环：对电路处于低电压状态（ON）所占时间的百分比的计算和表示。在底部，“B”表示 90%负工作循环。当电路的接地侧（低电压）用来控制电路中的部件时使用负工作循环。

③ 脉冲宽度调制：仅用于对固定工作循环的简单变化。

④ 频率调制：当工作循环保持恒定值时信号频率的变化，典型的应用包括电控悬架/DRAC电路和一些防抱死制动系统。

器材与设备

① 器材：自动空调工作正常的车辆或台架，每组一部；发动机室内外保护套件，每组一套。

② 设备：制冷剂回收、充注机，每组一台；计算机检测仪，每组一台；万用表，每组一块；歧管压力表，每组一块。

③ 工具：常用拆装工具，每组一套。

技能训练

① 正确开启车门、发动机盖。

② 安装车辆室内外保护套件，接好尾气排放管。

③ 起动发动机，接通空调制冷开关，检验故障现象——电风扇不转（教师事先设定）。

④ 发动机熄火，点火开关断开，将计算机诊断仪与车辆连接。

⑤ 接通点火开关，读取空调系统故障码。

⑥ 根据故障码信息，进行相关元件电路系统的检测，如有必要，进行制冷系统压力检测及制冷剂量的修正。

⑦ 若无故障码信息，针对引起电风扇不转的所有电路进行检测。

⑧ 找到并排除故障，清除故障码。

⑨ 启动发动机，接通空调制冷开关进行验证，电风扇工作正常。

⑩ 整理、清洁实验场地。

实验记录

车型：____________________。

1．记录检测到的故障码及含义：

____

____

2．绘制出该车型电风扇控制电路图：

3．记录测量部位、元件及测量结果，并验证是否正常：

活动三　空调系统冷风不冷、热风不热故障

学习目标

① 了解静电放电的原因。

② 明确静电放电的危害。

③ 理解空调系统冷风不冷、热风不热故障的诊断方法。

技能目标

能够对电控空调系统冷风不冷、热风不热故障进行诊断与故障排除。

知识链接

1．静电放电电压

当感到静电放电时，静电放电电压为 3 000～4 000V，如图 7-58（a）所示；当感到并听到放电的声音时，静电放电电压至少在 6 000V，如图 7-58（b）所示；感到、听到并看到放电时，静电放电电压在 10 000 V 以上，如图 7-58（c）所示。

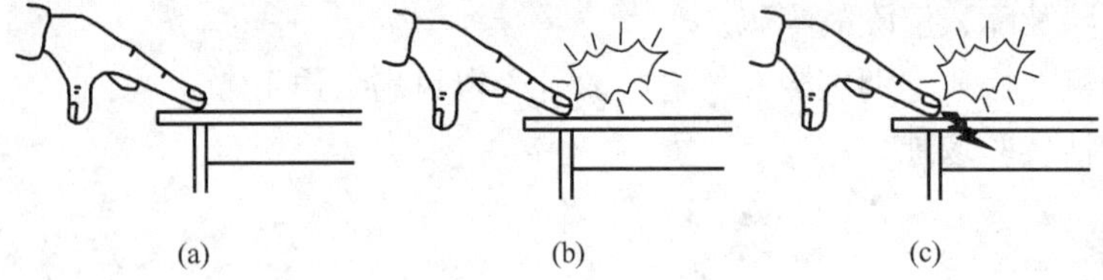

图 7-58　静电放电电压

静电放电的电压会很高，那么为什么人们不会因此而严重受伤或致死呢？有几个原因：首先，放电的电流通常比许多交流和直流电路的电流要小得多，虽然 25 000 V 的放电电压听起来惊人的高，但是该电压仅是电子后面的一种推力。电压本身不会造成伤害，但电流即大量流动的电子会造成伤害。静电放电时的电流是很低的。

另一个原因是人的身体对电流产生阻力，该阻力有时非常高，皮肤干燥时一般在 100 000 Ω 以上（出汗会降低身体的电阻，皮肤也会因此受伤）。

静电不会致伤的最后一个原因是时间，典型的静电放电仅需不到 1s，不足以造成伤害。

2．静电放电造成损坏的类型

大多数电子元件会由静电放电造成损坏，最薄弱的部件应属高密度集成电路（IC）片，集成电路片在很小的一块空间排列许多电路。用于制成集成电路的材料非常薄，电路间的绝缘很小，

它们是被用来在微安电流和非常低的电压信号上工作的。另外，它们对信号的响应时间仅为十亿分之一秒。所以，对集成电路片来说很小的放电也会造成巨大的损坏。

静电放电能损坏的部件包括：

收音机、供电中心、自动昼夜镜、发动机控制模块（ECM）、控制器、半导体接收器、编程器、放大器、组合仪表。对这些部件可以贴上“静电放电敏感部件”的标签，如图 7-59 所示。

静电敏感部件
勿使本品接触静电

图 7-59　静电放电敏感部件标签

3．防止静电放电造成损坏

当处理零件前，应触摸在车上的已知接地点。因为鞋的摩擦和轻微的动作，以及更常见的在座椅上移动由站立到坐下和行走等，都能产生静电，所以在处理部件前应反复接地。

① 切勿用手指或任何工具触摸暴露的电气端子、部件和插头，切记所检查的插头可能与电路相接，静电放电可能会损坏该电路。

② 使用螺丝刀或类似工具断开插头时，勿使该工具与裸露的端子部分接触，勿将其插入两个裸露的端子之间。

③ 在未查明故障以前，注意不要跨接导线、接地或在任何元件或插头上使用测试设备的导线探针，需要使用测试设备时，应首先将导线接地。

④ 在未做好该部件的安装准备工作前，勿将固态元件的包装打开。

⑤ 在开启固态元件包装前应将其接地，因固态元件因下列情况也会损坏：

a. 撞击和跌落。

b. 置于金属工作台上或置于带电元件时，如收音机、电视机或示波器等。

4．电磁干扰（EMI）

电磁干扰产生于高电流部件和导体，典型的情况是，点火和充电系统将产生最大的电磁干扰，如果电磁干扰不被控制，则会严重影响半导体元件，并在收音机中明显听出干扰的声音。当汽车加速时，电磁场增大，会产生更大的干扰。因此，点火和充电系统的设计中考虑到了对电磁干扰的抑制。

注意：

① 电磁干扰会影响电子燃油系统的运行，行车时会不时地出现车轮打滑或摆动的现象。

② 该症状会被误认为是变速器故障。按维修手册的检查步骤，进行合理诊断是很重要的。

器材与设备

① 器材：电控空调制冷系统电路工作正常的车辆，每组一台；电控空调采暖系统（水暖式）工作正常的车辆，每组一台；车辆保护套件，每辆车一套。

② 设备：计算机检测仪，每组一台；歧管压力表、万用表，每组一只。

③ 工具：常用拆装工具，每组一套。

技能训练

1．电控空调制冷系统出风口空气不凉故障诊断（教师结合实际车型事先设定）

① 正确开启车门及发动机盖。

② 安装车内外保护套件，接好尾气排放管。

③ 发动机暖机，按下空调制冷开关，空调压缩机离合器接合。

④ 空气分配到面部出风模式，鼓风机转速开到最大。

⑤ 用手感觉出风口空气不凉。

⑥ 用计算机检测仪调取故障码。

⑦ 根据故障码信息进行电路故障检测。

⑧ 若无故障码，连接好歧管压力表，测试制冷系统压力是否正常，如有必要调节系统内制冷剂量。

⑨ 持续接通空调一段时间，观察压缩机离合器是否有频繁离合状态。

⑩ 检查冷凝器、发动机散热器表面是否脏污或翅片变形，如有必要进行清洁或修复。

⑪ 检查出风口风量是否充足，如有必要检修鼓风机或拆下仪表台，清洁蒸发器表面及通风箱。

⑫ 整理、清洁实验场地。

2．空调采暖系统出风口空气不热故障诊断（教师结合实际车型事先设定）

① 正确开启车门及发动机盖。

② 安装车内外保护套件，接好尾气排放管。

③ 发动机暖机，在空调面板上选取采暖模式。

④ 空气分配到面部及脚下出风模式，鼓风机转速开到最大。

⑤ 用手感觉出风口空气不热。

⑥ 用计算机检测仪调取故障码。

⑦ 根据故障码信息进行电路故障检测。

⑧ 若无故障码，检查冷却液是否经过加热芯进行循环，如有必要，检查水阀是否真正开启；(通过用手摸水阀两侧水管温度是否一致)、管路或加热芯是否有堵塞。

⑨ 检查出风口风量是否充足，如有必要检修鼓风机或拆下仪表台，清洁蒸发器、加热芯表面及通风箱。

⑩ 整理、清洁实验场地。

实验记录

1．实验车型：________________。

2．记下制冷系统故障的诊断过程：

故障点在：____。

3．记下采暖系统故障的诊断过程：

故障点在：____。

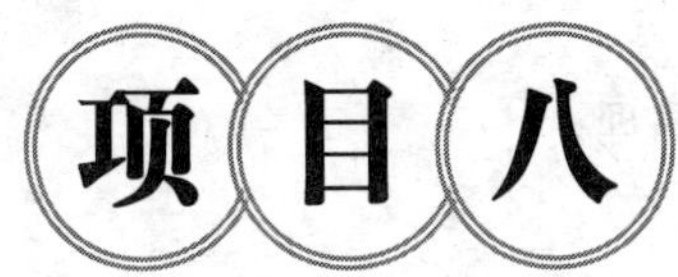

项目八 汽车空调系统举例

本项目列举了常见车型的空调制冷系统，参照相关维修手册，重点从制冷系统电路原理、电路检修、系统拆装角度各有侧重地进行说明，以便作为整车实训时的参考。

活动一　桑塔纳 3000 轿车空调系统

知识目标

① 了解桑塔纳 3000“超越者”轿车空调系统。

② 理解桑塔纳 3000“超越者”轿车空调系统电路工作原理。

③ 明确桑塔纳 3000“超越者”轿车空调系统检修方法。

技能目标

能够对桑塔纳 3000“超越者”轿车空调系统进行故障诊断与排除。

知识链接

1. 桑塔纳 3000“超越者”的空调电路

桑塔纳 3000“超越者”的空调电路如图 8-1 所示。

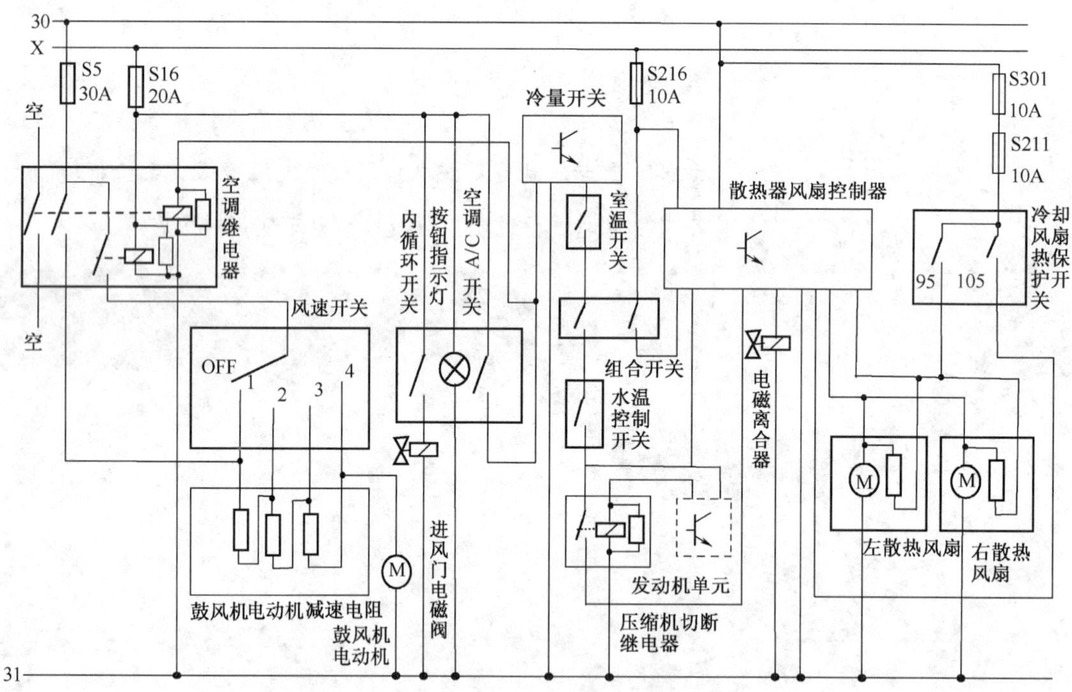

图 8-1　桑塔纳 3000“超越者”空调电路图

2.桑塔纳 3000“超越者”空调电路的特点

桑塔纳 3000“超越者”空调电路是在桑塔纳 2000“时代俊杰”的空调电路基础上变化而来的，系统设有环境温度传感器、冷却液温度开关，并结合制冷系统高、低压压力开关控制电磁离合器。

3.鼓风机及其控制电路分析

鼓风机除了在制冷系统工作时将冷风吹向车厢内各个角落外，还要用于车厢内的通风与暖气以及前风窗玻璃的除霜去雾等功能的吹风，所以它应该在点火开关接通后即可进行控制操作。根

据鼓风机工作情况，鼓风机电动机电路可分为两种工况进行分析。

（1）点火开关接通后通风或去雾除霜功能的电路分析

根据车辆通风或去雾除霜功能的要求，无论发动机处于熄火状态还是工作状态，都应进行车辆通风或去雾除霜功能的基本操作。为此，只要点火开关接通，中央继电器板内X线就应有电，这将导致空调继电器的一组触点进入工作状态，即图中空调继电器中间的线圈与对应所控制的触点。其工作状况如下：

点火开关除启动状态和熄火状态外，X线始终有电。于是电源X线→熔断器S16→空调继电器中间线圈→搭铁，形成闭合回路，使得电源由30→熔断器S5→空调继电器内开关（已被吸合）→鼓风机风速开关。当鼓风机风速开关处于任意速度位置（除OFF外）时，鼓风机电动机都会运转。通过操作空调面板上的出风方向控制旋钮，即可改变出风的流动方向，以实现通风取暖和除霜去雾等不同功能。

（2）空调开关接通后鼓风机运转的电路分析

发动机启动后，如果直接接通空调开关，即使鼓风机开关位于OFF位置，但鼓风机仍将以最低转速自动运转，以保证汽车空调在制冷系统工作后，有循环风吹经蒸发器的散热片及蛇形管的表面，不至于因蒸发器表面温度太低而结霜，同时也不会使蒸发器内制冷剂由于吸收不到热量而以液态形式进入压缩机。此时鼓风机运转的电路为：电源X线→熔断器S16→空调A/C开关→空调继电器右侧线圈→搭铁，使得空调继电器内相对应的触点被吸合而导通，电源30→熔断器S5→空调继电器开关（已被吸合）→鼓风机电动机减速电阻→鼓风机电动机→搭铁，鼓风机通过3个串联电阻获得电压，以最低转速运转。此时，如果操作鼓风机开关，仍可改变不同转速。对于桑塔纳3000“超越者”的空调操作开关，由于在空调A/C开关不工作时可单独操作内循环开关，故在进行取暖或除霜去雾工作时，可进行内外循环工作方式的切换。

4. 散热器风扇及其控制电路分析

散热器风扇的运转及对应转速受到发动机冷却水温度以及空调运转工况的双重控制。

（1）当发动机水温达到95℃时

安装在发动机散热器上冷却风扇热保护开关（热敏开关）的低温挡触点闭合，电源30→熔断器S301→熔断器S211→冷却风扇热保护开关95℃触点（已闭合）→左右散热器风扇电阻→左右散热器风扇电动机→搭铁，形成闭合电路。由于此时有电阻与散热器风扇串联，于是两散热器风扇以低速运转。

（2）当发动机冷却温度达到105℃时

冷却风扇热保护开关的高温挡触点闭合，电源30→熔断器S301→熔断器S211→冷却风扇热保护开关105℃触点（已闭合）→左右散热器风扇电动机→搭铁，形成闭合电路。由于此时蓄电池电压直接加在散热器风扇上，于是两散热器风扇以高速运转。

（3）当空调A/C开关接通时，散热器风扇会低速旋转

空调A/C开关接通后，有电流从电源X线→熔断器S16→空调A/C开关散热器风扇控制器，当散热器风扇控制器接到此电源信号后，只要空调A/C开关一接通，散热器风扇就会低速运转，以满足空调工作时对冷凝器的散热要求。

（4）运行中的空调系统在高压压力达到1.77 MPa时冷凝风扇会高速旋转

当运行中的空调系统高压压力达到1.77 MPa时，安装在储液干燥器上的组合开关（复合压力开关）另一触点闭合（图中开关内部右侧触点），于是有电流从电源X线→熔断器S216→组合开关（右侧触点，闭合）→散热器风扇控制器，当散热器风扇控制器接到此电源信号后，就会从与

散热器风扇直接连接的端子输出高电压信号至左右散热器风扇，使其以高速挡转速运转，以加大冷凝器的散热速度，直至系统压力下降到 1. 37 MPa 以下时，散热器风扇控制器才断开该输出端子的高电压，冷凝风扇又回到低速挡运转状态。

5. 电磁离合器及其控制电路分析

压缩机电磁离合器的控制部分，是指空调 A/C 开关闭合后所控制的所有电路，这些电路可分成四个部分，其中有些部分在前述电路中已介绍。

（1）空调继电器的控制电路

在发动机工作以后，中央继电器板内 30 号线、15 号线与 X 号线都已有电。此时接通空调 A/C 开关，将导致空调电磁离合器接合；鼓风机以最低转速运转；散热器风扇低速或高速运转（根据冷却液温度）。此时，如果操作鼓风机风速开关，可改变鼓风机的转速。

（2）内外循环控制电路

当空调 A/C 开关接通后，内循环开关的触点也将同步闭合，有电源从 X 线→熔断器 S16→内循环开关（闭合）→进风门电磁阀→接地。于是进风门电磁阀接通了控制进风门真空伺服器的真空源，真空伺服器通过拉杆驱动进风门，使其从外循环位置转向内循环位置。

（3）散热风扇控制器的空调开关信号电路

当空调开关闭合后，就有空调开关的信号电流通到散热风扇控制器，其电路描述见上述散热器风扇控制。其中，冷量开关（蒸发器表面防霜开关）大约在 0℃以上为接通状态，低于 0℃为断开状态；室温开关（环境温度开关），大约在 2℃以上为接通状态，2℃以下为断开状态；安装在储液干燥器上的组合开关（复合压力开关），其中左侧触点在空调系统制冷剂压力大于 0.196 MPa 及小于 3.14 MPa 时接通，而右侧触点则在系统制冷剂压力大于 1.77 MPa 时接通，而小于 1.37 MPa 时又切断；水温控制开关（发动机高温开关），当发动机水温在 120 ℃以上时切断，120 ℃以下则接通。

（4）与发动机控制单元相联系的控制电路

发动机控制单元不仅与空调 A/C 开关相连，还通过安装在发动机舱继电器一熔断器盒内的空调压缩机切断继电器与散热风扇控制器相连接，对空调实现如下的控制功能：

在发动机正常工况条件下，如果接通空调 A/C 开关，发动机控制单元会在接到空调信号后接通压缩机电磁离合器线圈电路，空调便开始工作。由于空调工作要引起发动机输出功率和转速的变化，为此发动机控制单元通过节气门控制部件来维持发动机的怠速稳定。

另外发动机在下列工况下，发动机控制单元将切断空调压缩机的工作：

① 当驾驶员急加速把油门突然踩到底时；

② 当发动机节气门控制器处于紧急运行模式时；

③ 当发动机冷却水温度超过 120 ℃时。

所以，与发动机控制单元相联系的控制电路如下：

当发动机工作后，按下空调 A/C 开关，发动机计算机获得信号电流从电源 X 线→熔断器 S16→空调 A/C 开关（闭合）→冷量开关（导通）→室温开关（闭合）→组合开关（左侧触点，闭合）→水温控制开关（闭合）→发动机单元。如果发动机控制单元不允许空调电路工作，就会输出低电压信号至压缩机切断继电器，继电器内线圈无电流通过，其触点断开，该继电器给散热器风扇控制器输送 0 电压信号。散热器风扇控制器接到此信号后，不会向压缩机电磁离合器线圈输送电压，压缩机不会运转。如果发动机控制单元允许空调电路工作，就会输出高电压信号至压缩机切断继电器，继电器内线圈获得电压，其触点被吸合，该继电器给散热器风扇控制器输送高电压信号，散热器风扇控制器接到此信号后，就会向压缩机电磁离合器线圈输送高电压，压缩机电磁离合器吸合，制冷系统进行循环工作。

器材与设备

① 器材：桑塔纳3000“超越者”轿车，每组一辆；车辆窗内外保护套件，每组一套。

② 设备：制冷剂回收、充注机，每组一台；歧管压力表，每组一块；万用表，每组一块。

③ 工具：常用拆装工具，每组一套。

技能训练

① 正确开启车门及发动机盖。

② 安装车内外保护套件。

③ 认知空调制冷、采暖系统的部件及安装位置。

④ 对照电路图，找到电路系统元件，并明确元件作用及系统工作原理。

⑤ 用万用表对电路进行逐段测量。

⑥ 将歧管压力表接到制冷系统中，接好尾气排放管，启动发动机，接通制冷开关，检查制冷系统正常压力。

⑦ 调整空调控制面板开关、旋钮或滑杆，感觉制冷，采暖系统工作时出风口空气温度。

⑧ 整理、清洁实验场地。

实验记录

1．实验车型制冷系统形式：________　　A. 膨胀阀式　B. 节流管式

2．记下制冷系统正常工作时高、低压表示数：

高压：____________ MPa；　低压：____________ MPa。

3．写出压缩机电路中串联了哪些电路元件：

____

____

4．写出电风扇由哪些电路元件控制：

____

____

5．写出出风方式风门由哪些电路元件控制：

____

____

活动二　丰田威驰轿车空调系统

知识目标

① 了解丰田威驰轿车空调系统。

② 理解丰田威驰轿车空调系统电路工作原理。

③ 明确丰田威驰轿车空调系统检修方法。

技能目标

能够对丰田威驰轿车空调系统进行故障诊断与排除。

知识链接

1. 丰田威驰轿车空调系统电路图

丰田威驰轿车空调系统电路图，如图 8-2 所示。

2. 电路图标注说明

① 导线旁边大写字母标注为导线颜色：

导线的颜色用字母代码表示：B=黑色、W=白色、BR=棕色、L=蓝色、V=紫色、SB=浅蓝色、R=红色、G=绿色、LG=浅绿色、P=粉红色、Y=黄色、GR=灰色、O=橙色。

第一个字母表示基色，第二个字母表示条纹颜色。例如 L-Y，如图 8-3 所示。

② 带有颜色的方框为电气元件，旁边标注有元件名称。

③ 电气元件周围连线旁的数字标注为连接器端子号，端子的排号顺序在插头和插座上有所区别，如图 8-4 所示。全车电路图都采用上述的排号系统。

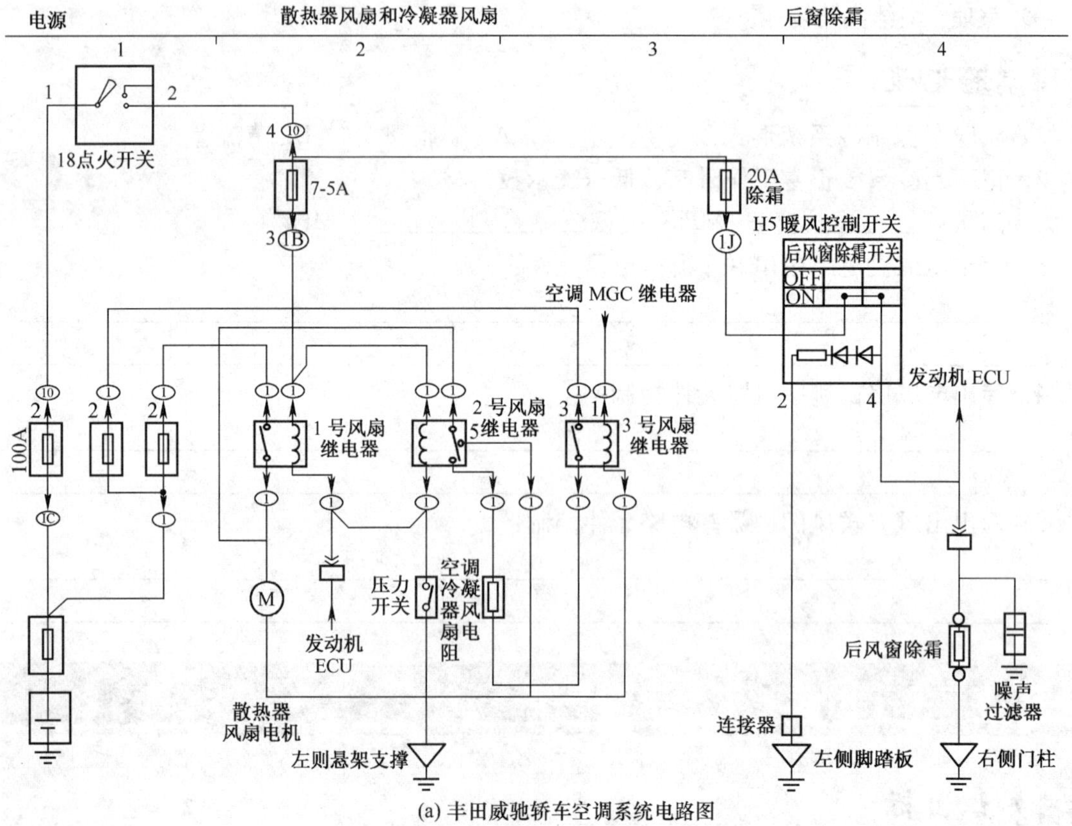

电源 | 散热器风扇和冷凝器风扇 | 后窗除霜

1 2 3 4

18点火开关 7-5A 20A 除霜 H5 暖风控制开关 后风窗除霜开关 OFF ON 空调 MGC 继电器 100A 1 号风扇继电器 2 号风扇继电器 3 号风扇继电器 发动机 ECU 压力开关 空调冷凝器风扇电阻 散热器风扇电机 左则悬架支撑 连接器 左侧脚踏板 后风窗除霜 噪声过滤器 右侧门柱

(a) 丰田威驰轿车空调系统电路图

图 8-2 丰田威驰轿车空调系统电路图

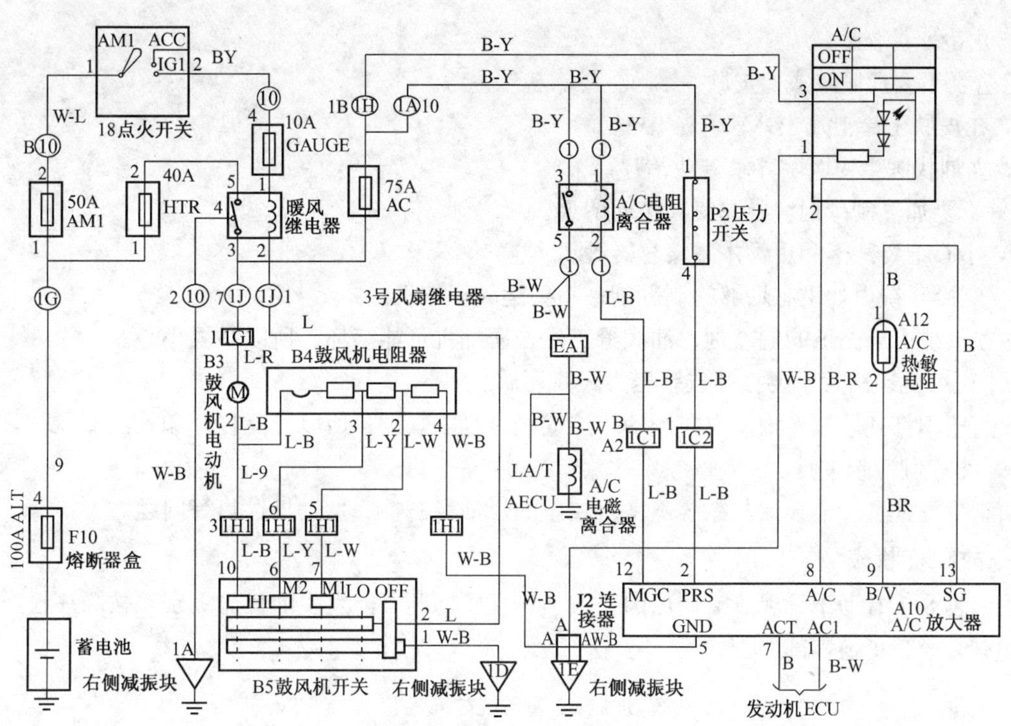

(b) 丰田威驰轿车空调系统电路图

图 8-2　丰田威驰轿车空调系统电路图(续)

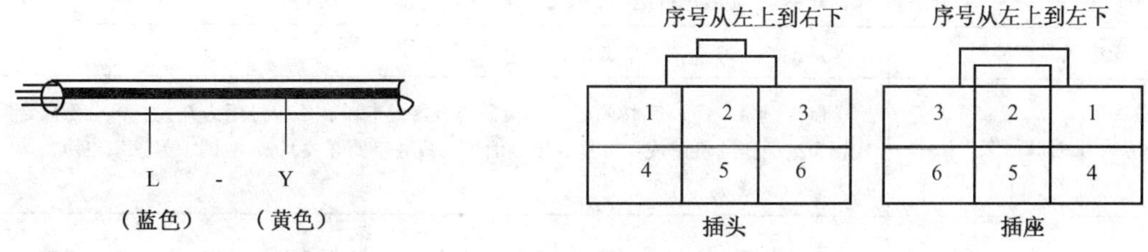

图 8-3　导线颜色标注含义

图 8-4　连接器端子排号顺序

④ 继电器连接导线上的圆圈内的数字标注为继电器盒号码。

⑤ 类似1(1G)的标注为接线盒，圆圈中的号码是接线盒号，连接器号码写在旁边。

⑥ 带箭头的断开导线，箭头或箭尾标注为相关联的系统。

⑦ 线路中类似3[1H1]的标注为线束和线束的连接器，带插头的线束用箭头表示，外侧号码是端子号。

⑧ 电路图下方倒三角形内外标注为搭铁位置。

3. 空调系统维修预防措施

① 不要在封闭的空间或接近明火的地方操作制冷剂。

② 始终带好眼罩。

③ 小心液体制冷剂接触眼睛和皮肤。

如有液体制冷剂接触眼睛或皮肤：

a. 用冷水冲洗。

警告：不要揉眼睛或擦皮肤。

b. 在皮肤上涂上凡士林软膏。

c. 立刻找医生或医院寻求专业治疗。

④ 不要加热制冷剂容器或使其接近明火。

⑤ 小心不要跌落和用物体碰接容器罐。

⑥ 制冷系统中如没有足够的制冷剂，不要运转压缩机。

如在系统中无充足的制冷剂，油润滑不足，压缩机可能烧坏，所以必须小心。

⑦ 压缩机运转时不要打开歧管压力表高压阀。

如高压阀打开，制冷剂反方向流动，造成制冷剂罐爆裂，所以只能打开和关闭低压阀。

⑧ 小心制冷剂过量。

如制冷剂过量，会导致制冷量不良、较差的燃油经济性、发动机过热等问题。

4. 故障症状表

使用表 8-1 有助于发现故障的原因，数字标出了问题可能发生的优先级别，按顺序检查各部分。如有必要，更换零部件。

表 8-1　空调系统故障症状表

症　状	可　疑　部　位
无鼓风机运作	①GAUGE 熔断器；②HTR 熔断器；③加热器鼓风机继电器；④集成控制面板总成（鼓风机开关）；⑤鼓风机电阻；⑥鼓风机/风扇电动机；⑦线束
无空气温度控制	①发动机冷却液量；②空调控制总成
无压缩机运作	①制冷剂量；②A/C 熔断器；③电磁离合器继电器；④1 号压力开关；⑤电磁离合器总成；⑥空调压缩机总成；⑦集成控制面板总成（空调开关）；⑧空调 1 号热敏电阻；⑨空调放大器；⑩线束
制冷不足	①制冷剂量；②制冷剂压力；③驱动传动带；④空调 1 号热敏电阻；⑤集成控制面板总成（空调开关）；⑥电磁离合器总成；⑦空调压缩机总成；⑧冷凝器；⑨储液罐；⑩膨胀阀；⑪蒸发器；⑫制冷剂管路；⑬1 号压力开关；⑭空调放大器；⑮空调控制总成；⑯线束
空调离合器 ON（接通）时无发动机怠速	①空调放大器；②怠速控制系统；③线束；④ECM
无空气输入控制	①空调控制总成
无模式控制	①空调控制总成
无冷凝器风扇运作（低速状况）	①ECM-IG 熔断器；②RD1 熔断器；③1 号风扇继电器；④冷却风扇电动机；⑤线束
无冷凝器风扇运作（高速状况）	①CDS 熔断器；②3 号风扇继电器；③空调冷凝器风扇电动机；④2 号风扇继电器；⑤冷却风扇电动机

5.车上检查

(1) 检查 1 号压力开关

检查压力开关的运作：

① 安装歧管仪表。

② 连接欧姆表正表笔到端子 4，负表笔到端子 1，检查电磁离合器控制。

③ 连接欧姆表正表笔到端子 2，负表笔到端子 3，检查冷却风扇控制。

④如图 8-5 所示，测量制冷剂压力变化时各端子的导通性。

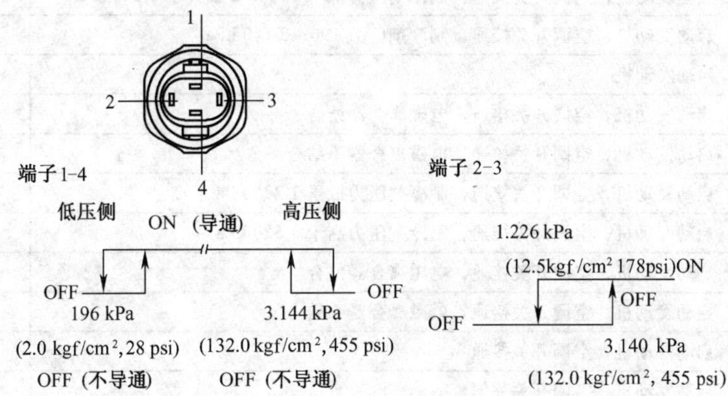

图 8-5　制冷剂压力变化时各端子的导通性检查

如运作不符合规范，更换压力开关

（2）检查空调放大器电路

① 断开空调放大器的连接器，如图 8-6 所示，测量线束侧，标准状况如表 8-2 所示。

表 8-2　空调放大器的连接器线束侧端子测量

测试器连接	情　况	测 量 情 况
3-13	蒸发器温度：25℃	1.5 kΩ
5-接地	恒定	导通
8-接地	点火开关接通，空调开关接通	蓄电池电压
8-接地	点火开关接通，空调开关接通	无电压

如电路符合规范，更换新的空调放大器。如电路不符合规范，检查电路与其他部分的连接。

② 连接端子到放大器，从后侧检查线束侧的端子，如图 8-7 所示，标准如表 8-3 所示。

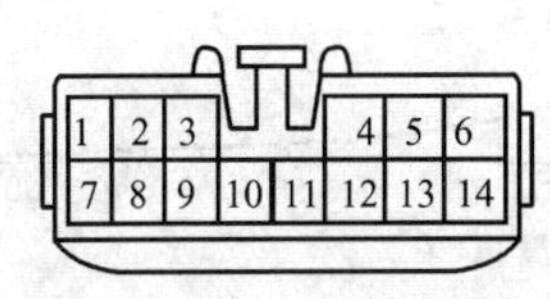

图 8-6　空调放大器的连接器线束侧

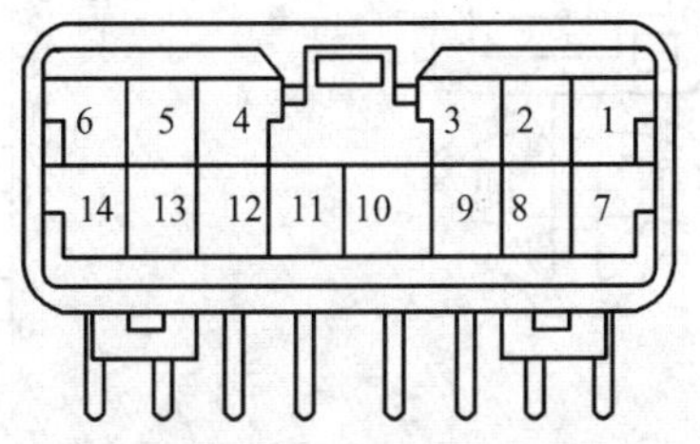

图 8-7　空调放大器线束侧的端子后侧

表 8-3　空调放大器线束侧的端子后侧测量

测试器连接	情　　况	规 范 情 况
1-接地	启动发动机，空调开关接通，发动机转速：怠速	无电压
1-接地	启动发动机，空调开关接通，发动机转速：怠速提升	低于 1 V
2-接地	启动发动机，空调开关接通，制冷剂压力低于 196 kPa 或大于 3 140 kPa	低于 1 V
2-接地	启动发动机，空调开关接通，制冷剂压力 196～3 140 kPa	蓄电池
4-接地	启动发动机	脉冲发生
6-接地	启动发动机，空调开关接通，电磁离合器结合	低于 2 V
6-接地	启动发动机，空调开关接通，电磁离合器不结合	蓄电池电压
6-接地	启动发动机，空调开关接通，制冷剂压力低于 1 226 kPa	蓄电池电压
6-接地	启动发动机，空调开关接通，制冷剂压力高于 1 520 kPa	低于 1 V
7-接地	启动发动机，空调开关接通，电磁离合器结合	低于 1 V
7-接地	启动发动机，空调开关接通，电磁离合器不结合	无电压
10-接地	启动发动机，空调开关接通	低于 4 V
10-接地	启动发动机，空调开关关闭	无电压
12-接地	启动发动机，空调开关接通，电磁离合器结合	低于 3 V
12-接地	启动发动机，空调开关接通，电磁离合器不结合	蓄电池电压

如电路符合规范，更换新的空调放大器，如果电路不符合规范，检查电路与其他部分的连接。

(3) 有电磁离合器的空调压缩机总成

① 连接蓄电池正接线柱到端子，负接线柱到壳体。

② 检查通电下的电磁离合器。

如运作不符规范，更换电磁离合器总成。

6. 电路及元件检查

(1) 空调热敏电阻

检查空调热敏电阻各个温度下 1、2 端子之间的阻值，如图 8-8 所示。

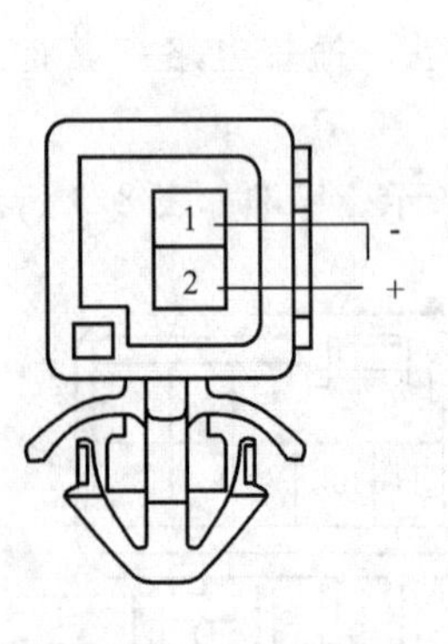

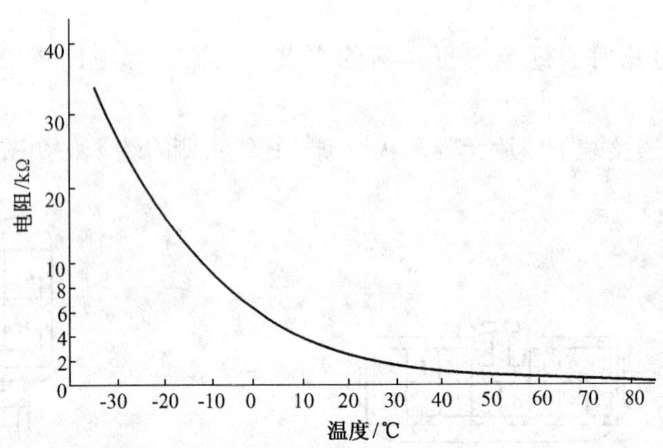

图 8-8　空调热敏电阻的阻值检查

如电阻不符规范，更换传感器。

(2) 集成控制面板总成

① 检查鼓风机开关导通性，如图 8-9 和表 8-4 所示。

表 8-4　鼓风机开关导通性

情况/电路	测试器连接	规范情况
OFF	-	不导通
LO	1-2	导通
M1	1-2-7	导通
M2	1-2-6	导通
HI	1-2-10	导通

如导通性不符合规范，更换集成控制面板总成。

② 检查照明运作。连接蓄电池的正极引线到端子 1，负极导线到端子 4，(见图 8-9)。再检查照明灯是否亮。如灯泡不亮，更换灯泡。

③ 检查空调开关导通性。如图 8-10 所示，检查当开关压下时，端子 2-3 的导通性，如表 8-5 所示。

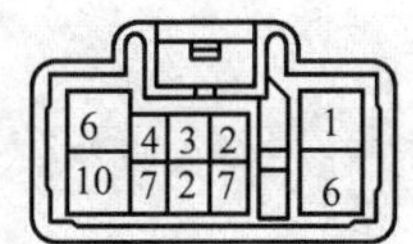

图 8-9　鼓风机开关及照明电路接线端子

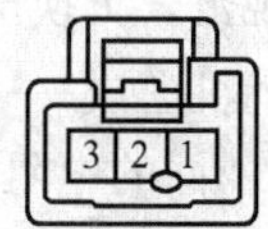

图 8-10　空调开关及指示灯电路接线端子

如导通性不符合规范，更换空调开关。

④ 检查指示灯工作。连接蓄电池的正极引线到端子 2，负极引线到端子 1，(见图 8-10)，检查指示灯亮否。如不亮起，更换集成控制面板总成。

(3) 鼓风机电阻

测量各端子间的电阻，如图 8-11 及表 8-6 所示。

表 8-5　空调开关端子的导通性

测试器连接	规范情况
2-3	导通

表 8-6　鼓风机电阻接线端子电阻测量

测试器连接	规范情况
1-2	0.363～0.417Ω
2-3	1.386～1.594Ω
1-4	2.595～2.985Ω

如电阻不符合规范，更换鼓风机电阻。

(4) 鼓风机

连接蓄电池的正极引线到端子 2，负极引线到端子 1，如图 8-12 所示。检查电动机工作平顺性。

如果工作不符合规范，更换鼓风机的电动机。

(5) 加热器鼓风机电动机继电器总成，如图 8-13 所示。

图 8-11　鼓风机电阻接线端子

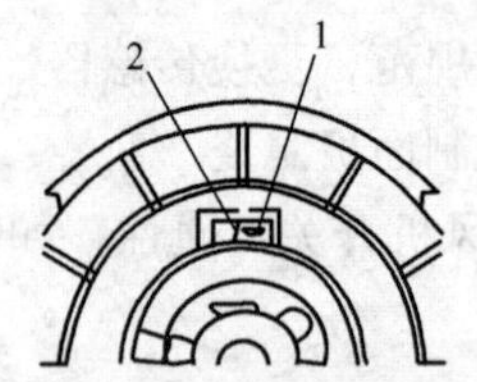

图 8-12　鼓风机电动机接线端子

检查继电器导通性，如表 8-7 所示。

表 8-7　鼓风机电动机继电器导通性检查

情　　况	测试器连接	规范情况
恒定	1-2 3-4	导通
在端子 1、2 之间施加蓄电池正电压	3-5	导通

如导通性不符合规范，更换加热器鼓风机电动机的继电器。

（6）电磁离合器总成

① 连接蓄电池的正极引线到端子，负极引线到壳体。

② 检查电磁离合器工作。

如工作不符规范，更换电磁离合器总成。

（7）空调压缩机总成

测量端子 2、4 间的电阻，如图 8-14 所示。

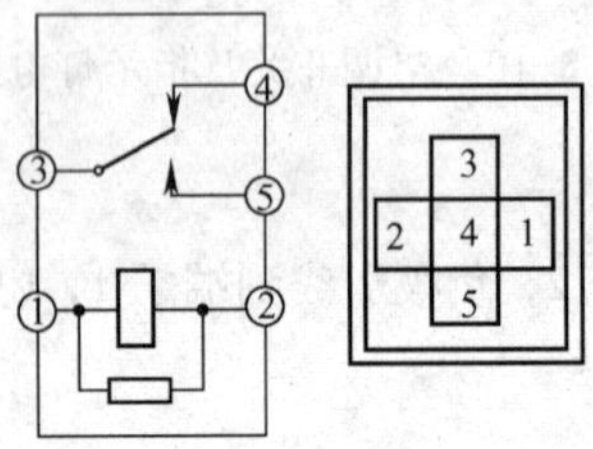

图 8-13　鼓风机电动机继电器内部电路及外部端子

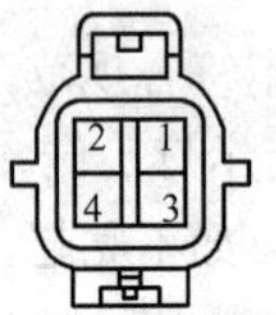

图 8-14　压缩机总成接线端子

标准电阻：165～205 Ω（20 ℃）。

若电阻不符合规范，更换空调压缩机总成。

（8）电磁离合器继电器

检查继电器导通性，如图 8-15 及表 8-8 所示。

表 8-8　电磁离合器继电器检查

情　况	测试器连接	规范情况
恒定	1-2	导通
在端子 1、2 之间施加蓄电池正电压	3-5	导通

如果导通性不符合规范，更换电磁离合器继电器。

7. 制冷剂

（1）检查制冷剂量

观察在制冷液体管上的观察玻璃窗，如图 8-16，症状说明如表 8-9 所示。

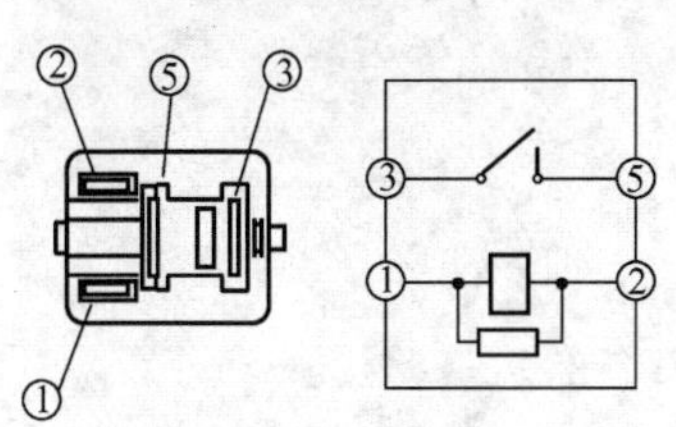

图 8-15　电磁离合器继电器外部端子及内部电路

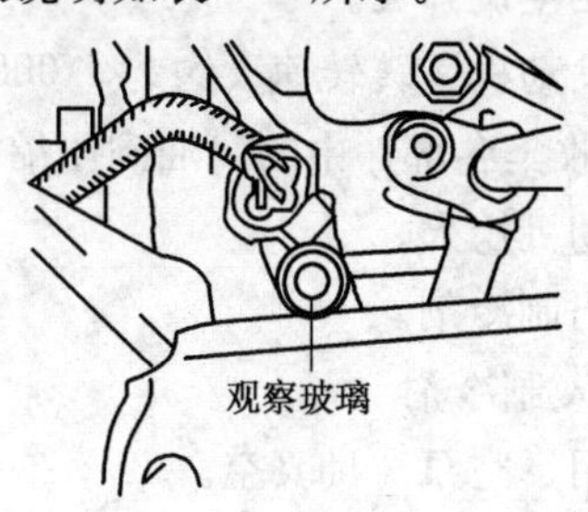

图 8-16　制冷液体管上的观察玻璃口

测试条件：

① 发动机转速：1 500 r/min。

② 鼓风机转速控制开关：HI“高”。

③ 空调开关：接通。

④ 温度控制盘：MAX COOL“最大制冷”。

⑤ 车门全开。

表 8-9　制冷液体管上的观察玻璃窗症状说明

序号	症　状	制冷剂量	正 确 处 理
1	存在泡沫	不足*	① 检查气体泄漏，如有必要进行修理 ② 加制冷剂直到泡沫消失
2	无泡沫	空，不足或超出	参考 3 和 4
3	在压缩机输入和输出之间无温度差异	空或接近满	① 用检漏仪检查气体泄漏，如有必要进行修理 ② 加制冷剂直至泡沫消失
4	在压缩机输入和输出之间有相当大的温度差异	恰当或超出	参考 5 和 6
5	空调关后，制冷剂立即澄清	超量	① 放出制冷剂 ② 排除空气，加入适量纯净制冷剂
6	空调关后，制冷剂立即起泡而后澄清	适量	—

*：如制冷量足够，环境温度高于正常情况，观察玻璃中所见的气泡可视为正常。

(2) 用歧管压力表检查制冷剂压力

测试工况：

① 发动机转速：1 500r/min。

② 鼓风机转速控制开关：高。

③ 温度控制盘：制冷。

④ 空调开关：接通。

⑤ 所有车门全开。

具体压力表指示参见项目四图 4-7～图 4-15，相关说明参见表 4-1～表 4-8。

8. 更换

(1) 从制冷系统中放出制冷剂

① 开启空调开关。

② 在发动机运转转速大约为 1 000r/min 的情况下，使空调压缩机工作 5～6 min，循环制冷剂并尽可能收集各部件中的残油到压缩机。

③ 发动机熄火。

④ 放出制冷剂。

(2) 加入制冷剂

① 使用真空泵，抽真空。

② 加入 HFC−134a（R134a）。

标准：420 g ± 30 g(14.8 oz ± 1.06 oz)。

(3) 运行空调制冷系统。

发动机暖机，接通空调制冷开关，运行空调 3～5 min，使空调制冷管路达到正常工作压力后，断开空调开关并将发动机熄火。

(4) 检查制冷剂泄漏

使用电子卤素测漏仪，检查制冷剂泄漏情况。

使用气体测漏仪，检查制冷剂泄漏。

9. 制冷管路组件

制冷管路组件如图 8-17 所示。

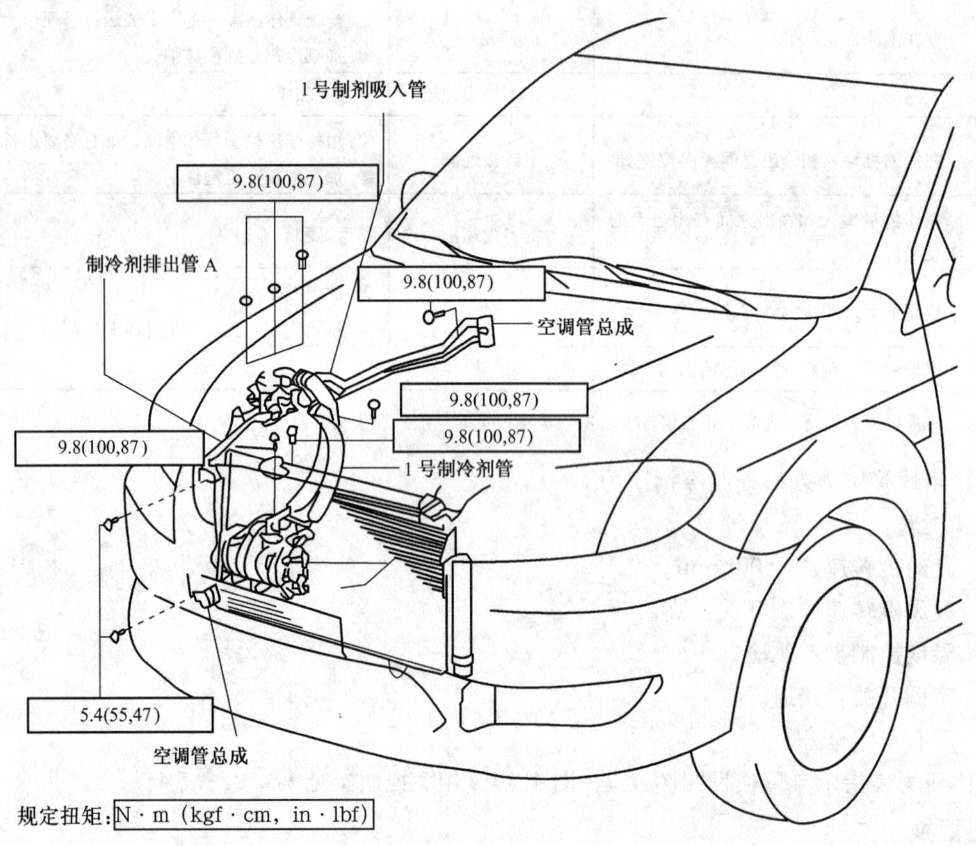

图 8-17　制冷管路组件

(1) 1号V型传动带（空调压缩机到曲轴传动带轮）更换

① 拆下右侧发动机下盖。

② 拆下1号V型传动带，如图8-18所示。

a. 松开螺母A。

b. 松开螺栓B，拆下1号V型传动带。

③ 安装1号V型传动带。如图8-19所示，暂时安装1号V型传动带。

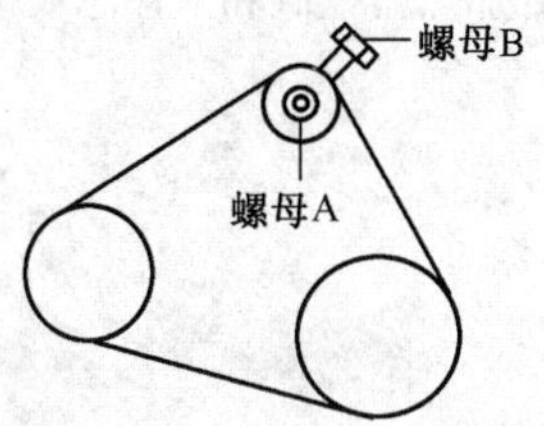

图8-18　拆下V型传动带

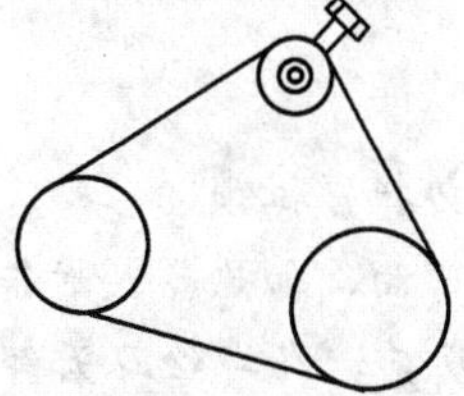

图8-19　安装1号V型传动带

④ 调整1号V型传动带。

a. 上紧螺母A，扭矩：2.5 N·m（25 kgf·cm）。

b. 通过转动螺栓B调整传动带张紧力，如图8-20所示。

传动带变形：新传动带：6.5～7.0 mm，旧传动带：8.0～9.0 mm。

提示：

- 新传动带为在发动机上使用不超过5 min的传动带。
- 旧传动带指在发动机上使用5 min以上的传动带。
- 安装驱动传动带，检查传动带与传动带槽是否贴合，如图8-21所示。
- 用手确认传动带不在传动带槽内滑动。

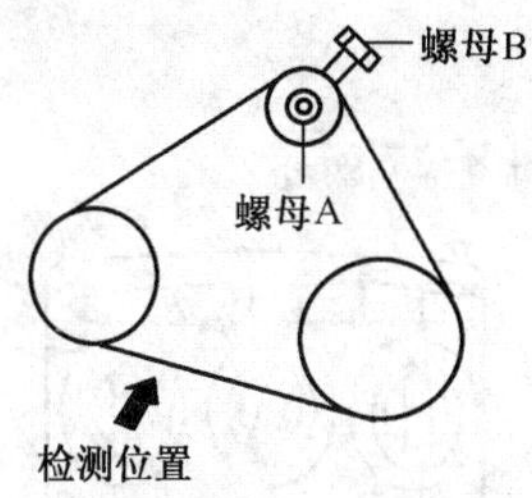

图8-20 调整传动带张紧度

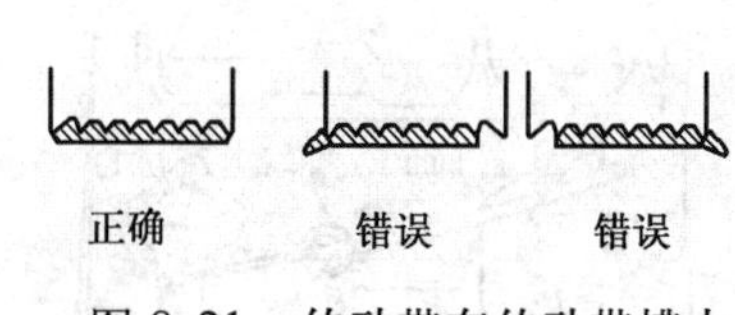

图8-21　传动带在传动带槽内

⑤ 上紧1号V型传动带，上紧螺母A，如图8-22所示。

扭矩：39N·m（390 kgf·cm）。

(2) 加热器或鼓风口控制总成更换

① 打开加热器控制和附件总成：

a. 松开6各锁扣，如图8-23所示，拉出加热器控制和附件总成。

b. 用螺丝刀打开拉锁夹箍的锁扣，拆下进气风挡控制拉锁总成，如图8-24所示。

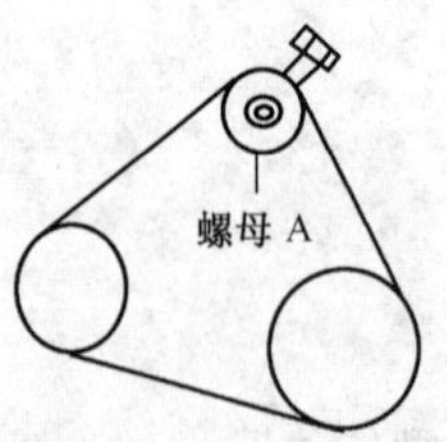

图 8-22　紧固螺母 A

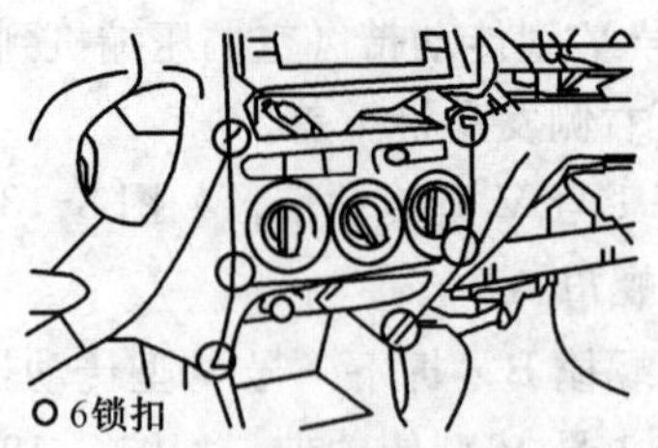

图 8-23　加热器控制和附件总成锁扣位置

注意：

- 小心，勿扭弯拉锁。
- 如拉锁弯曲，加热器或附件总成运作就会有故障。

提示：使用前，在螺丝刀头部缠上胶带。

c. 用螺丝刀打开拉锁夹箍锁扣，拆下空气混合风挡控制拉锁总成，如图 8-25 所示。

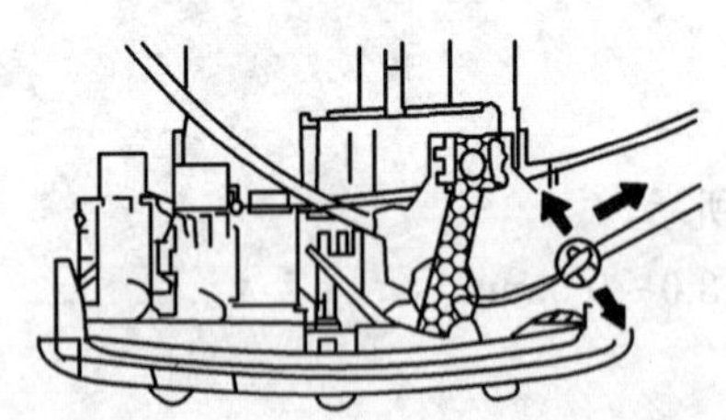

图 8-24　拆下进气风挡拉索

图 8-25　拆下混合风挡控制拉索

操作注意事项同 b。

d. 用螺丝刀打开拉锁夹箍的锁扣，拆下除雾风挡控制拉锁总成，如图 8-26 所示。

操作注意事项同 b。

e. 断开所有连接器，拆下加热器控制和附件总成。

② 拆下加热器控制旋钮。拆下 3 个加热器控制旋钮，如图 8-27 所示。

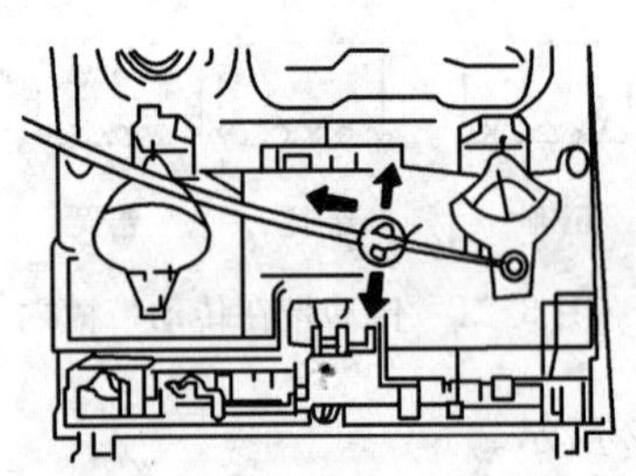

图 8-26　拆下除雾风挡控制拉锁

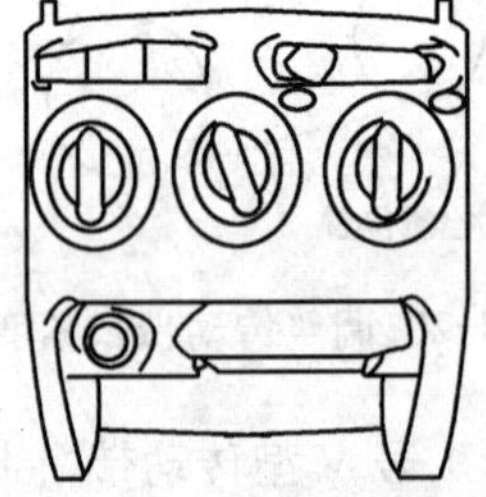

图 8-27　拆下加热器控制旋钮

③ 拆下中下部仪表控制面板分总成。拆下 2 个螺钉和中下部仪表控制面板总成，如图 8-28 所示。

④ 拆下进气风挡控制杆。松开固定锁扣，如图 8-29 所示，拆下进气风挡控制杆。

⑤ 拆下加热器或鼓风口控制总成。

⑥ 安装加热器控制和附件总成。

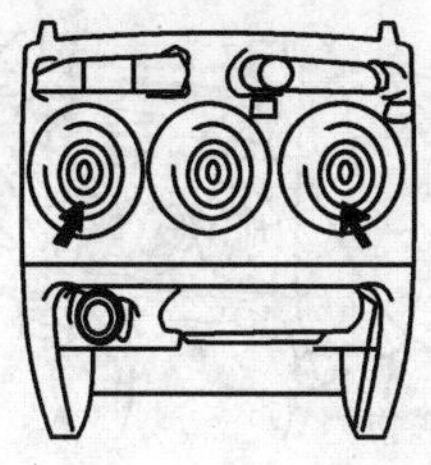

图 8-28 拆下 2 个螺钉和中下部仪表控制面板

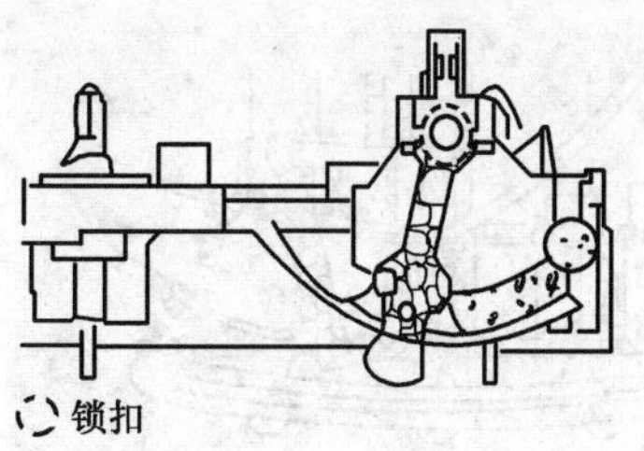

图 8-29　松开进气风挡控制杆固定锁扣

a. 在加热器控制杆上安装除霜风挡控制拉锁总成内拉索端头。

b. 在拉索夹箍上安装除雾风挡控制拉索总成拉索，如图 8-30 所示。

注意：

- 小心，勿扭弯拉索。
- 如拉索弯曲，加热器控制或附件总成就会出现故障。
- 操作加热器控制杆，检查控制杆在 FACE 和 DEF 位都能停下，确认无回弹。
- 从加热器和附件总成拉动拉线，检查外拉线应不能拉动。

c. 在加热器控制杆上，安装空气混合风挡控制拉杆分总成的内拉索。

d. 在拉索夹上，安装空气混合风挡控制拉线分总成的外拉索，如图 8-31 所示。

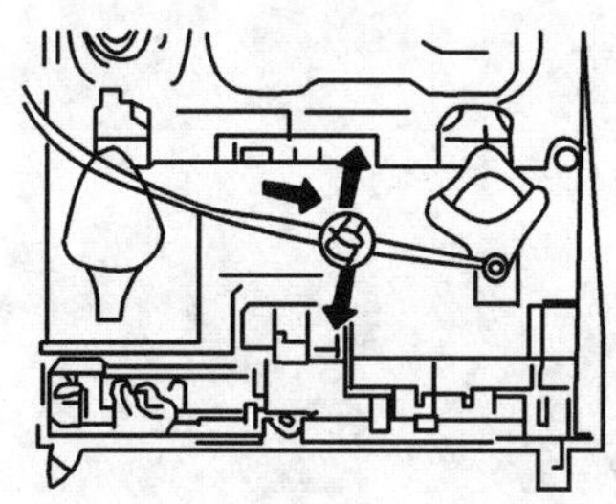

图 8-30　安装除雾风挡控制拉索

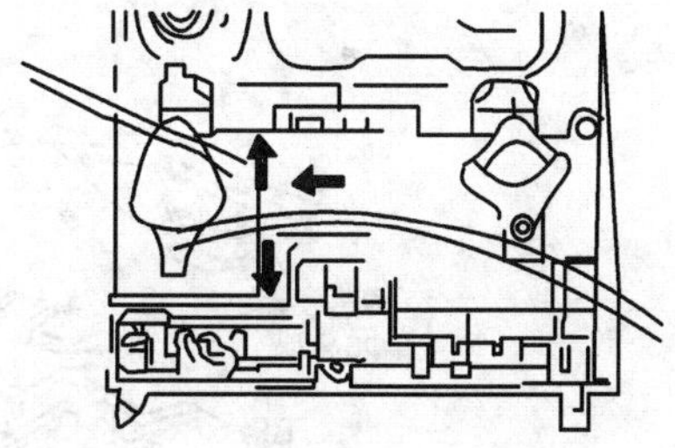

图 8-31　安装空气混合风挡控制拉杆

注意：

- 小心，勿扭弯拉索。
- 如拉索弯曲，加热器控制和附件总成就会出现故障。
- 操作加热器控制旋钮，检查控制杆在最大制冷和最大制热位置都能停下，确认无回弹。
- 从加热器和附件总成拉动拉线，检查外拉线应不能拉动。

e. 在加热器控制杆上，安装进气风挡控制拉索总成的内拉索。

f. 在拉索夹上，安装进气风挡控制拉索总成的外拉索，如图 8-32 所示。

注意：

- 小心，勿扭弯拉索。
- 如拉索弯曲，加热器控制和附件总成就会出现故障。
- 操作加热器控制旋钮，检查控制杆在内循环和外循环位置都能停下，确认无回弹。
- 从加热器和附件总成拉动拉线，检查外拉线应不能拉动。

g. 连接各连接件，安装加热器控制和附件总成，如图 8-33 所示。

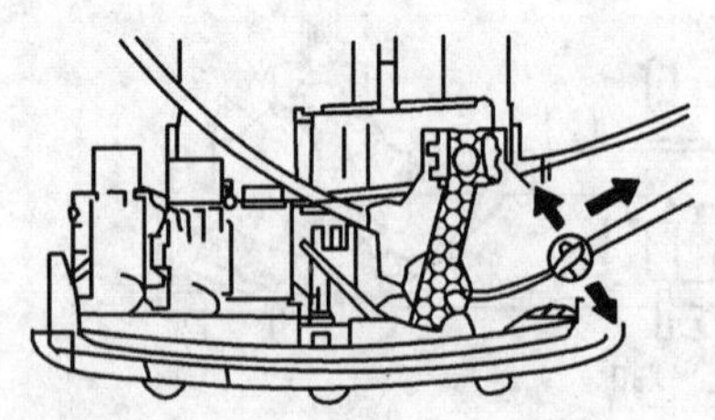

图 8-32　安装进气风挡控制拉索

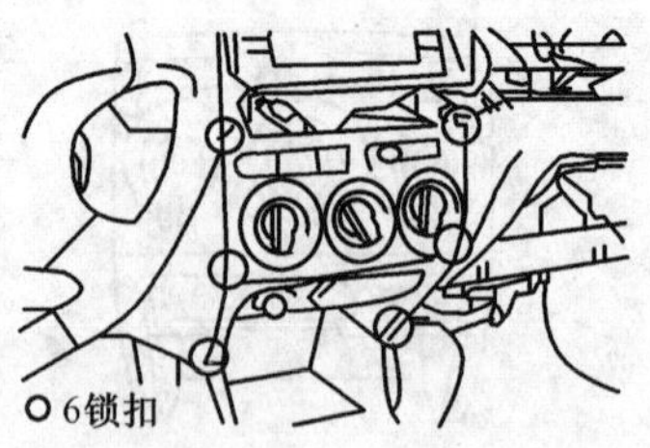

图 8-33　安装加热器控制和附件总成

10. 空调蒸发器单元总成

空调蒸发器单元总成组件如图 8-34、图 8-35 所示。

大修提示：从系统排放出制冷剂。

(1) 断开空调管路总成

① 拆下螺栓，断开空调管路总成，如图 8-36 所示。

② 从空调管路总成上拆下 2 个 O 型环。

(2)（从加热器单元上）断开加热器排水管 A

① 用手钳夹住夹子的两端，滑出夹子（从加热器单元上）。

② 断开加热器排水管 A，如图 8-37 所示。

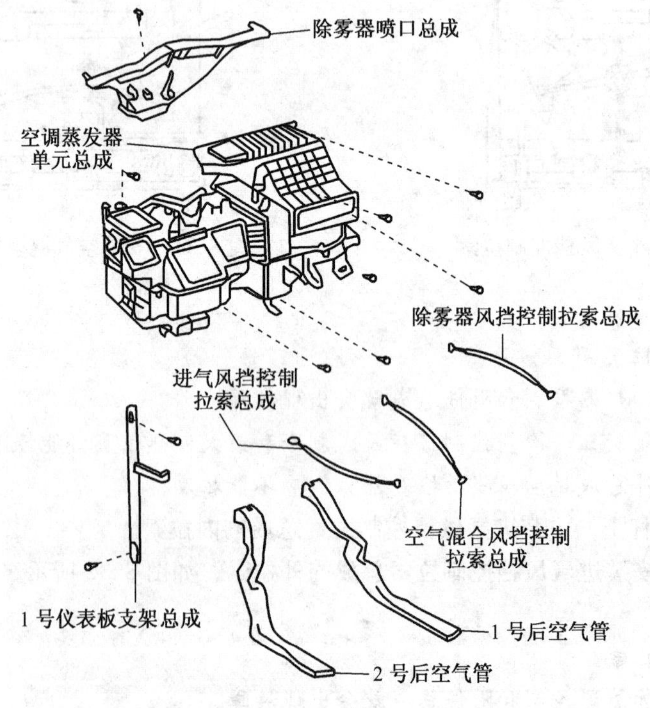

图 8-34　空调蒸发器单元总成组件（1）

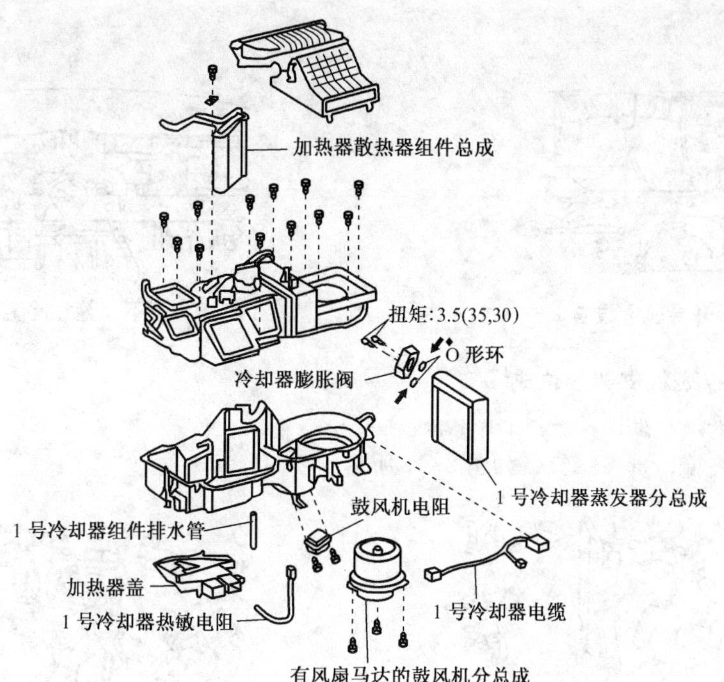

图 8-35　空调蒸发器单元总成组件（2）

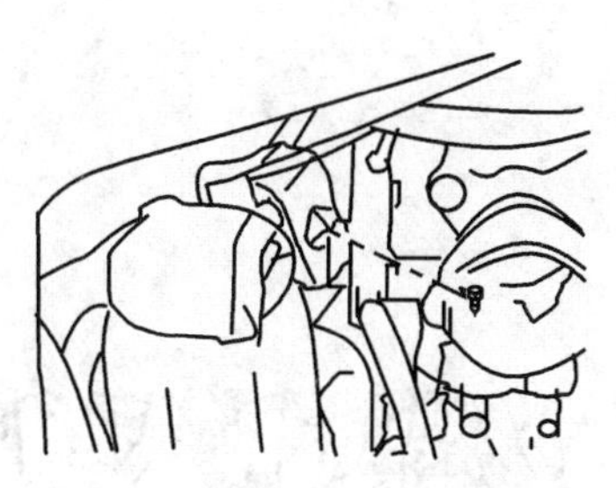

图 8-36　拆下空调管路螺栓

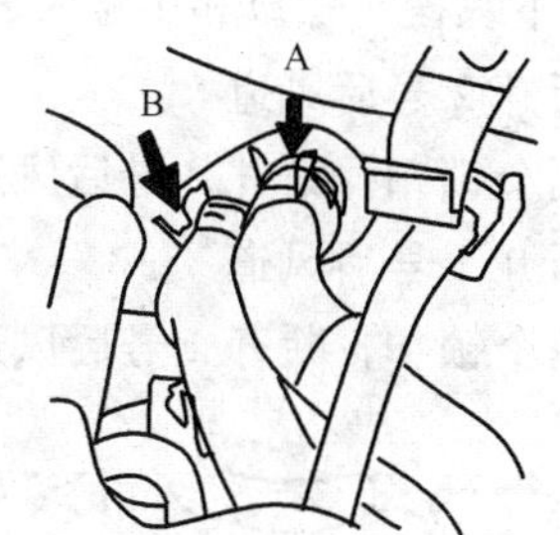

图 8-37　断开加热器排、进水管 A、B

（3）断开加热器进水管 B

用与断开加热器排水管 A 的同样方法（从加热器单元上）断开集热器进水管 B，如图 8-37 所示。

（4）拆下下侧仪表板分总成

参见前述拆下下侧仪表板总成的指南。

（5）拆下除雾器喷口总成

① 松开夹箍，拆下螺钉。

② 拆开导航天线总成，如图 8-38 所示。

③ 松开两个锁扣，拆下夹箍和除雾器喷口总成，如图 8-39 所示。

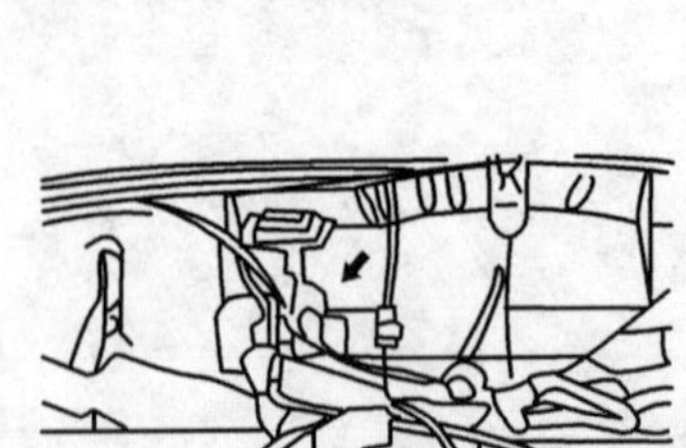

图 8-38　拆开导航天线总成

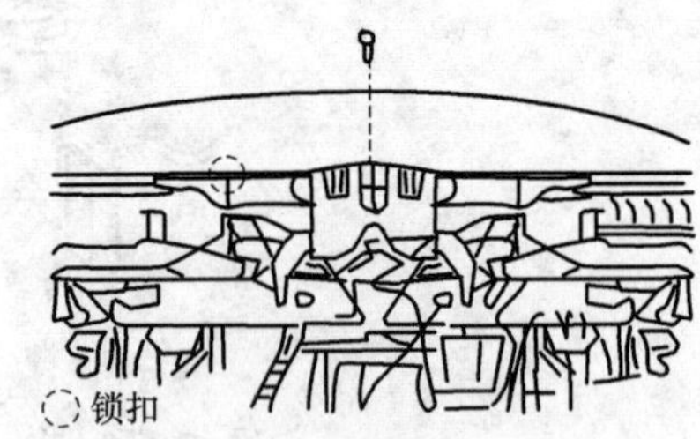

图 8-39　拆下夹箍和除雾器喷口总成

（6）拆下 1 号仪表板支架分总成

① 先后拆下夹箍，如图 8-40 所示。

② 松开 3 个夹箍，拆下螺钉，如图 8-41 所示。

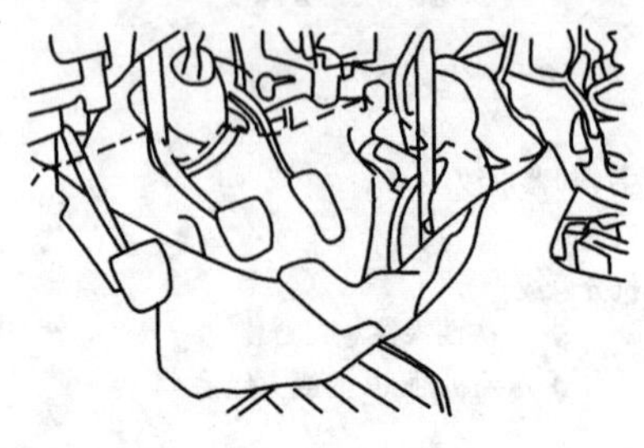

图 8-40　拆下夹箍

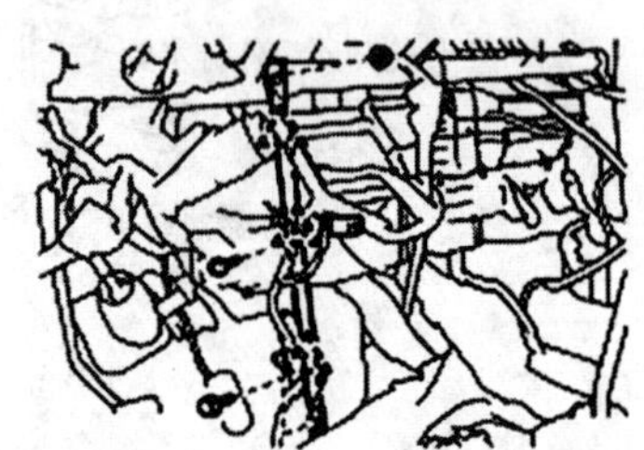

图 8-41　松开 3 个夹箍、拆下螺钉

③ 拆下螺栓、螺母和 1 号仪表板支撑总成。

（7）断开 2 号后风道

松开两个锁扣。断开 2 号后风道，如图 8-42 所示。

（8）断开 1 号后风道

松开两个锁扣，断开 1 号后风道，如图 8-43 所示。

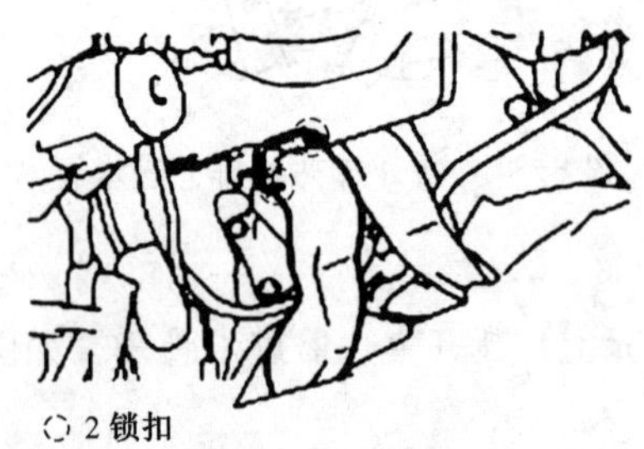

图 8-42　松开 2 号后风道两个锁扣

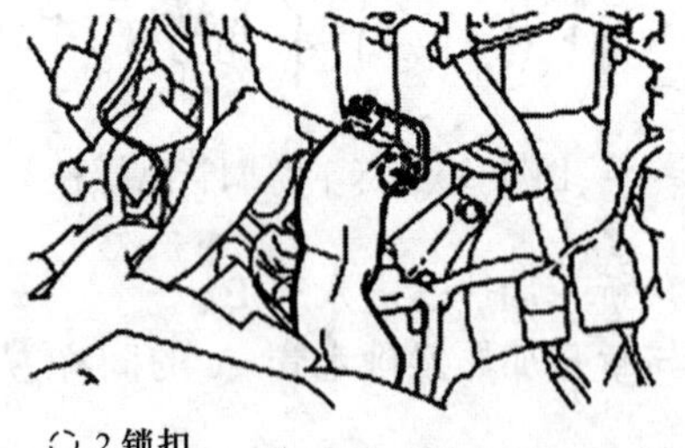

图 8-43　松开 1 号后风道两个锁扣

（9）拆下空气囊 ECU 总成

拆下 4 个螺栓，断开空气囊 ECU 总成，如图 8-44 所示。

（10）断开 ECM

拆下 2 个螺栓，断开 ECM，如图 8-45 所示。

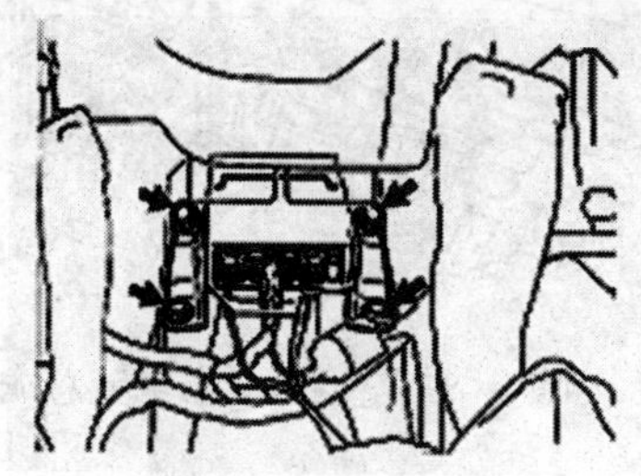
图 8-44　拆下空气囊 ECU 总成 4 个螺栓

图 8-45　拆下 ECM 2 个螺栓

注意：

① 不要用太大的力拆 ECM 的接头。

② 不要碰撞 ECM。

(11) 拆下除雾器风挡控制拉索分总成

① 从夹箍上断开外拉索，如图 8-46 所示。

② 断开内拉线和除雾器风挡控制拉索总成。

注意：

a. 小心，勿扭弯拉线。

b. 如拉线弯曲，空调控制总成的工作就会出问题。

(12) 拆下空气混合风挡控制拉索总成

① 从夹箍上断开外拉线，如图 8-47 所示。

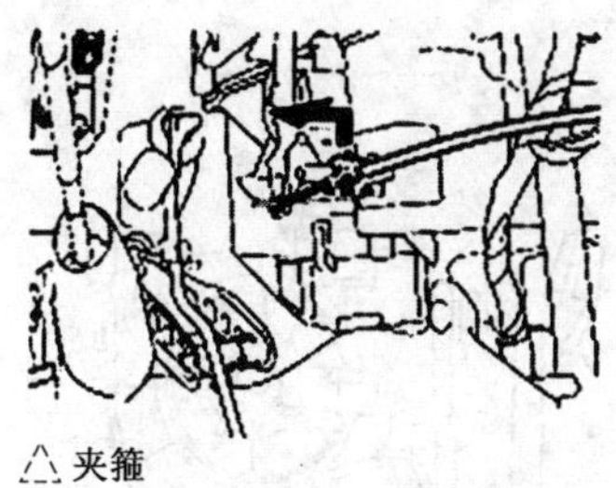

图 8-46　从夹箍上断开除雾器风挡控制拉索

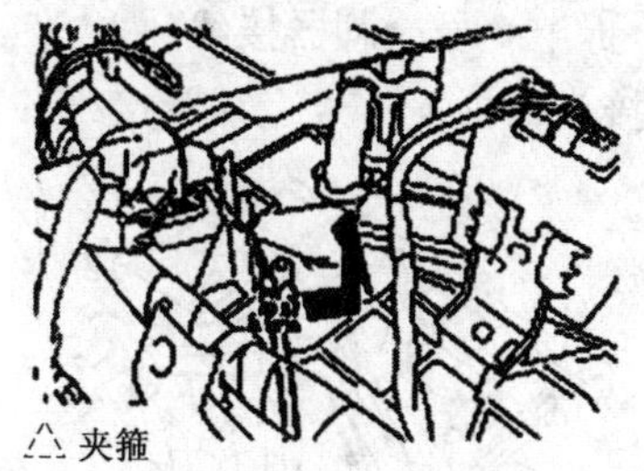

图 8-47　从夹箍上断开混合风挡控制拉线

② 断开内拉线和空气混合风挡控制拉索总成。

注意事项同除雾器风挡控制拉索。

(13) 拆下进气风挡控制拉索总成

① 从夹箍上断开外拉线，如图 8-48 所示。

② 断开内拉线和除雾器风挡控制拉索分总成。

注意事项同除雾器风挡控制拉索。

(14) 拆下空调蒸发器单元总成

① 松开夹箍，如图 8-49 所示。

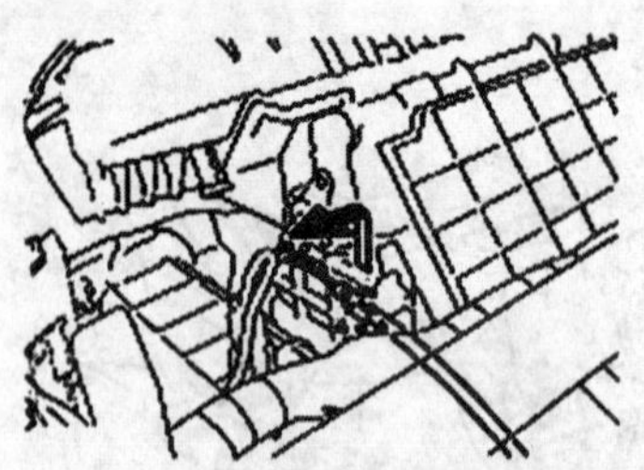

图 8-48 从夹箍上断开进气风挡控制外拉线

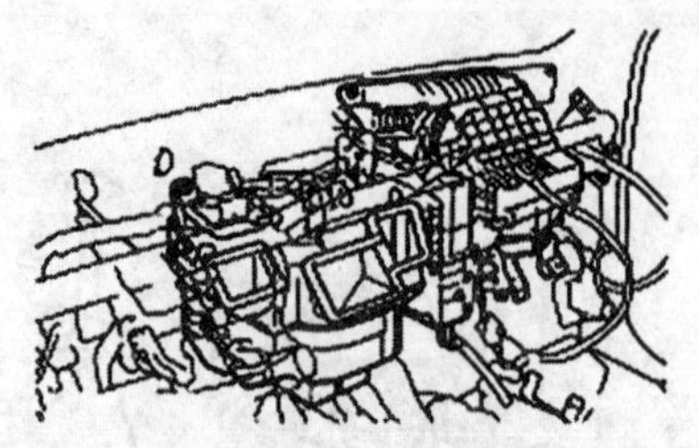

图 8-49　松开空调蒸发器单元总成夹箍

② 断开接头。

③ 拆下 2 个螺栓、5 个螺母和空调蒸发器单元总成，如图 8-50 所示。

(15) 拆下加热器散热器单元分总成

① 松开 2 个锁扣，拆下风道分总成，如图 8-51 所示。

图 8-50　拆下空调蒸发器单元总成

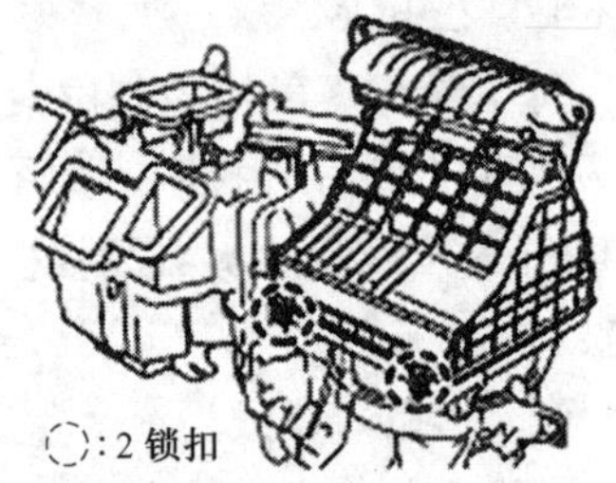

图 8-51 松开加热器散热器单元分总成锁扣

② 拆下螺栓、夹箍和加热器散热器单元总成，如图 8-52 所示。

(16) 拆下 1 号冷却器接线

断开接头，拆下 1 号冷却器接线，如图 8-53 所示。

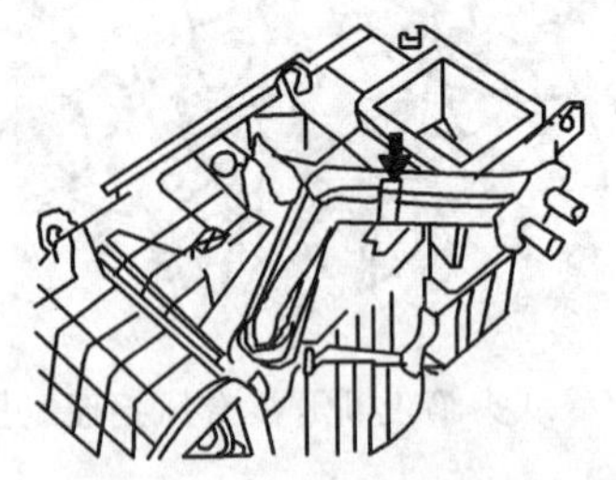

图 8-52　拆下空调蒸发器单元总成

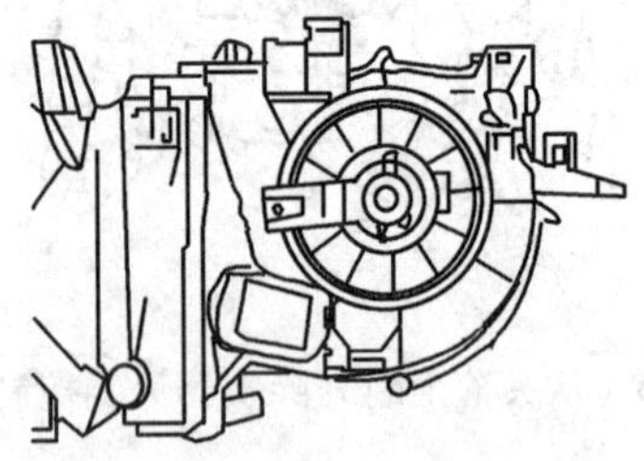

图 8-53　拆下 1 号冷却器接线

(17) 拆下风扇电阻

拆下 2 个螺钉和鼓风机电阻，如图 8-54 所示。

(18) 拆下有风扇电动机的鼓风机总成

拆下 3 个螺钉和有电动机的鼓风机分总成，如图 8-55 所示。

(19) 拆下加热器盖

拆下 4 个锁扣和加热器盖，如图 8-56 所示。

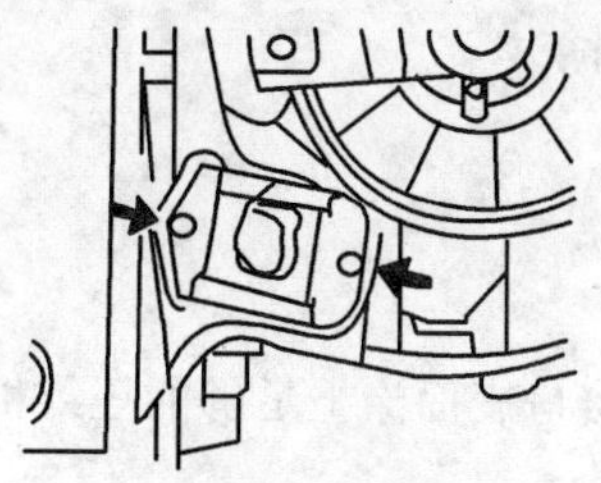
图 8-54　拆下鼓风机电阻

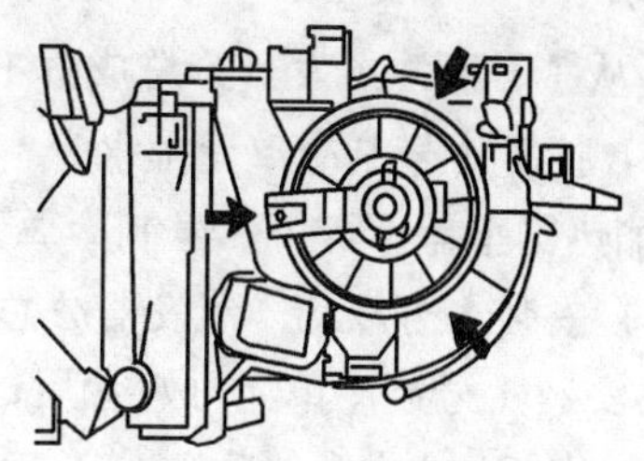
图 8-55　拆下有风扇电动机的鼓风机分总成

（20）拆下冷却膨胀阀

使用 5.0 mm 六角扳手拆下 2 个六角螺栓和空调膨胀阀，如图 8-57 所示。

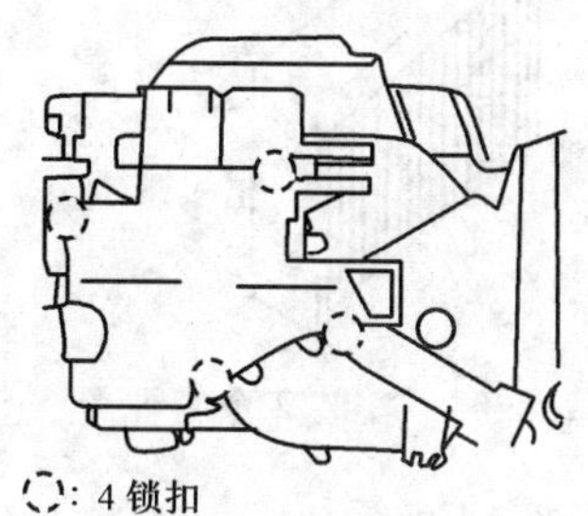

图 8-56　拆下加热器盖

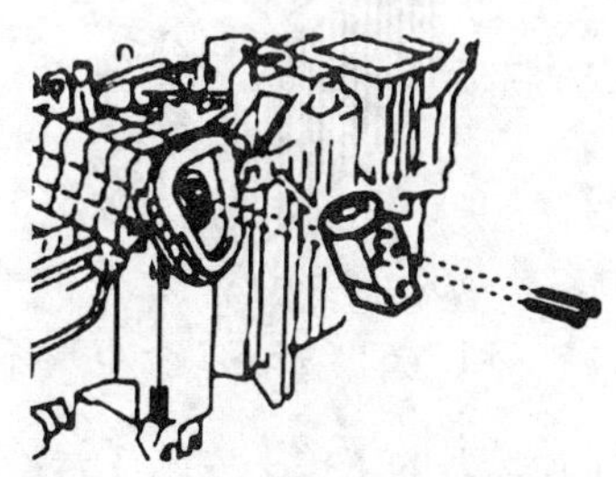
图 8-57　拆下冷却膨胀阀

（21）拆下 1 号制冷热敏电阻

① 断开模式杆，如图 8-58 所示。

② 拆下 12 个螺钉和加热器上盖，如图 8-59 所示。

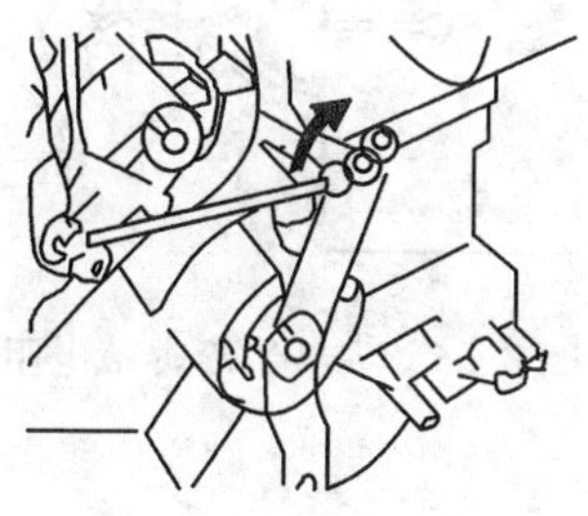
图 8-58　断开模式杆

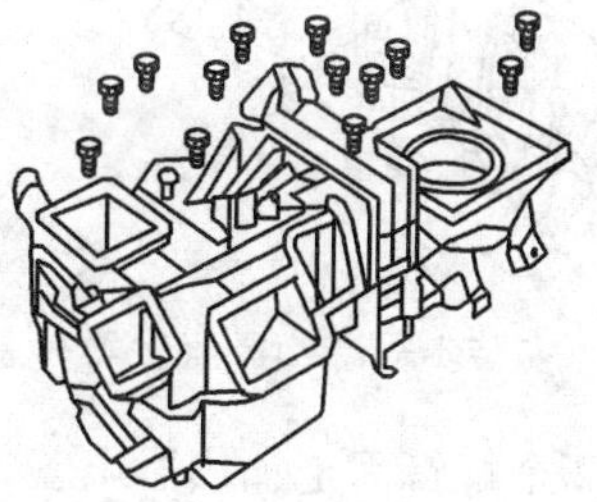
图 8-59　拆下加热器上盖

③ 从 1 号冷却器蒸发器分总成上拆下 1 号冷却器热敏电阻，如图 8-60 所示。

（22）拆下冷却器蒸发器分总成

① 从加热器的下盖上拆下 1 号制冷蒸发器总成，如图 8-61 所示。

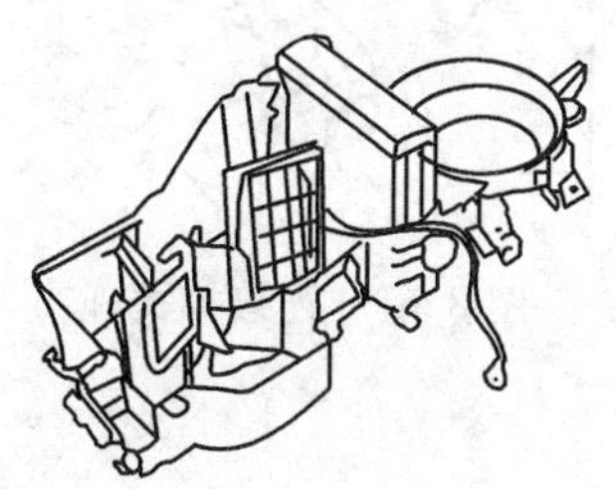
图 8-60　拆下 1 号冷却器热敏电阻

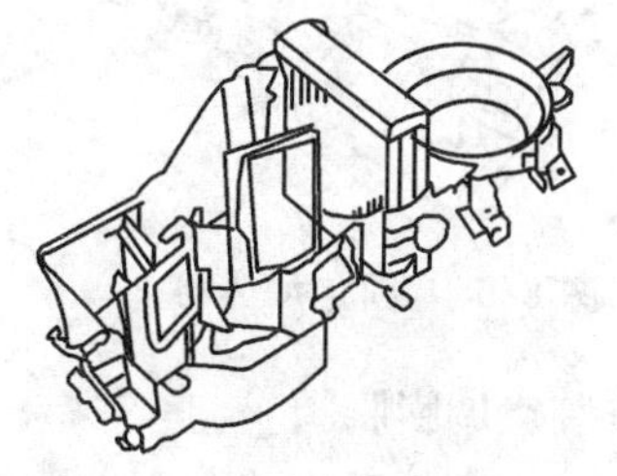
图 8-61　拆下 1 号制冷蒸发器总成

② 从 1 号制冷蒸发器分总成拆下 2 个 O 形环，如图 8-62 所示。

(23) 拆下 1 号制冷单元排水管

从加热器下盖上拆下 1 号制冷单元排水管。

(24) 安装 1 号冷却器蒸发器分总成

① 安装 1 号制冷单元排水管后，给 2 个 O 形环和膨胀阀接口表面涂上足够的压缩机油。压缩机油：ND-OIL8 或类似物。

② 在 1 号冷却器蒸发器总成安装 2 个 O 形环，如图 8-63 所示。

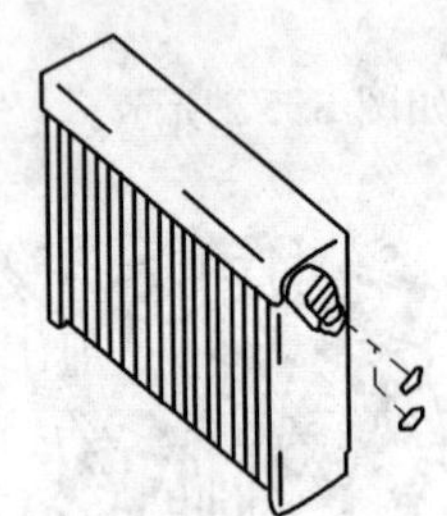

图 8-62 拆下 2 个 O 形环

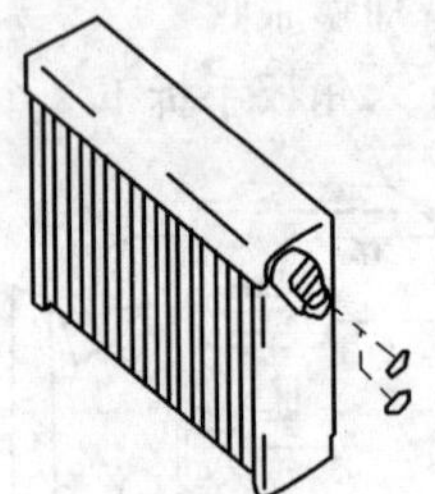

图 8-63 安装 2 个 O 形环

③ 在加热器的下盖上安装 1 号冷却器蒸发器总成，如图 8-64 所示。

(25) 安装 1 号冷却器热敏电阻

① 如图 8-65 所示，安装制冷热敏电阻。

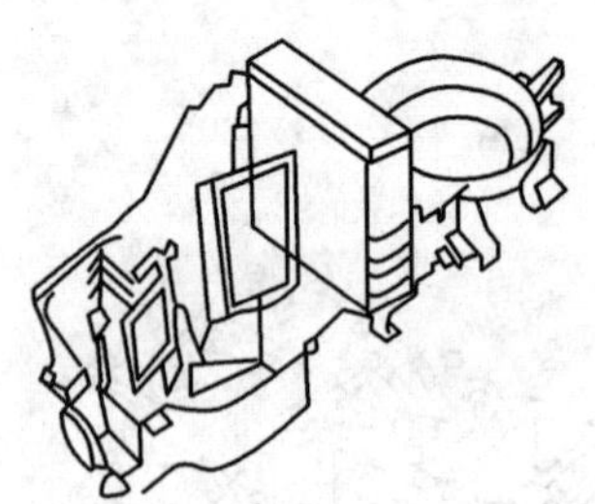

图 8-64 安装 1 号冷却器蒸发器分总成

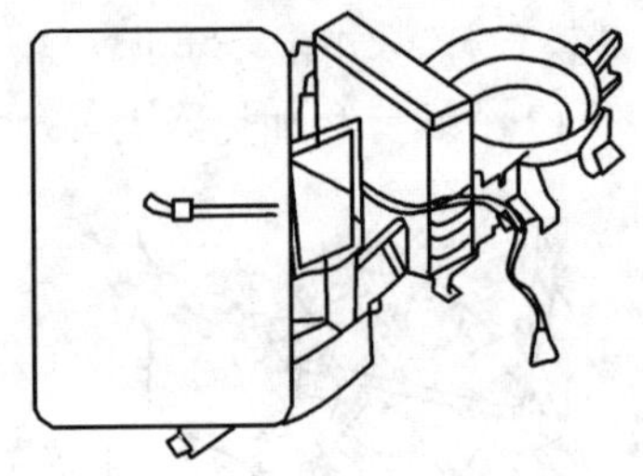

图 8-65 安装制冷热敏电阻

② 用 12 个螺钉固定加热器上盖，如图 8-66 所示。

③ 连接模式杆，如图 8-67 所示。

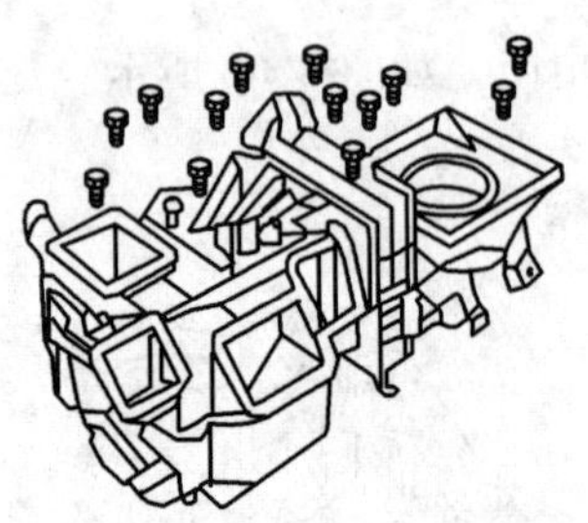

图 8-66 固定加热器上盖

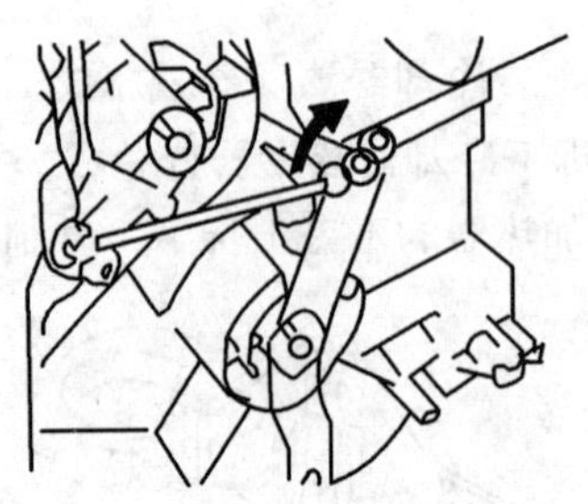

图 8-67 连接模式杆

(26) 安装空调膨胀阀

用 5.0 mm 六角扳手安装 2 个六角螺栓，如图 8-68 所示。

扭矩：3.5 N·m(35 kgf·cm)。

(27) 安装空调蒸发器单元总成

① 用 2 个螺栓和 5 个螺母安装空调蒸发器单元总成，如图 8-69 所示。

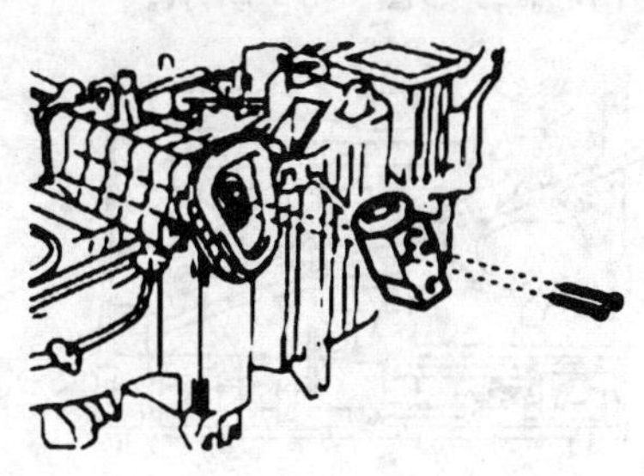

图 8-68　安装空调膨胀阀

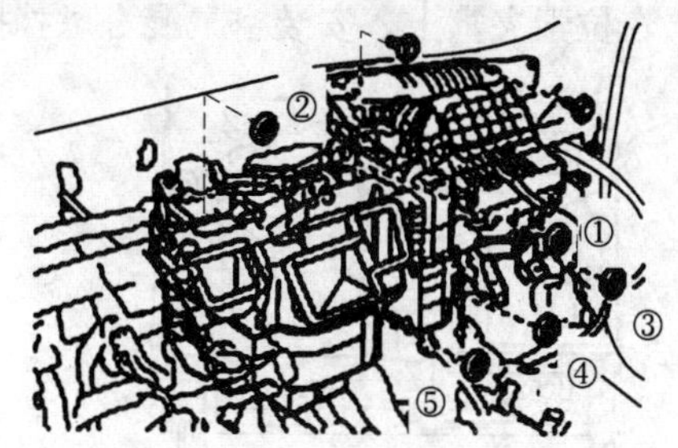

图 8-69　安装空调蒸发器单元总成

注意：安装空调蒸发器单元总成时，按如图 8-69 所示顺序紧固螺母。

② 连接接头。

③ 安装夹箍，如图 8-70 所示。

(28) 安装 ECM

用 2 个螺栓安装 ECM，如图 8-71 所示。

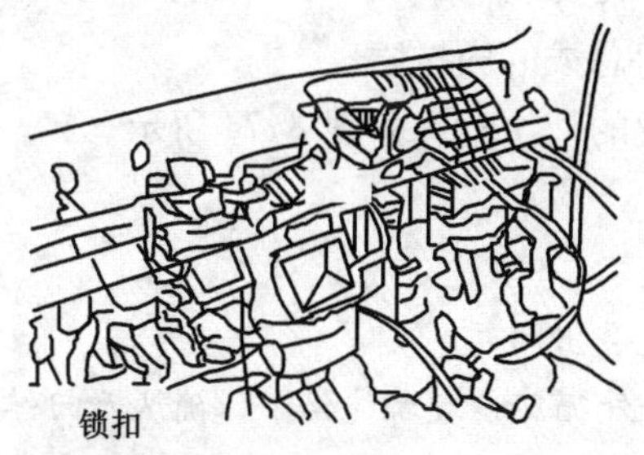

图 8-70　安装夹箍

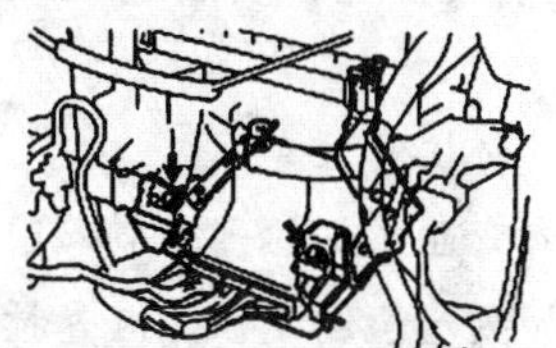

图 8-71　安装 ECM

扭矩：3.0 N·m（30kgf·cm）。

注意：

① 不要用太大的力连接 ECU 接头;

② 不要碰撞 ECU。

(29) 安装空气囊 ECU 总成

安装空气囊 ECU 总成，拧紧 4 个螺栓，连接并锁紧导线接头。

(30) 安装下侧仪表板分总成

参见前述安装下侧仪表板分成的指南。

(31) 安装加热器控制和附件总成

① 在加热器控制杆上，安装除雾器风挡控制拉锁总成的内拉索。

② 在拉锁夹箍上，安装除雾器风挡控制拉索总成的外拉索，如图 8-72 所示。

注意：

a. 小心，勿扭弯拉索。

b. 如拉索弯曲，加热器控制和附件总成的工作就会出问题。

c. 操作加热器控制旋钮，检查在 FACE 和 DEF 位置都能停下，确认无回弹。

d. 从加热器控制和附件总成上拉拉索，检查外拉索应不能拉开。

③ 在加热器控制杆上，安装空气混合风挡控制拉索总成的内拉索。

④ 在拉索夹箍上，安装空气混合风挡控制拉索总成的外拉索，如图 8-73 所示。

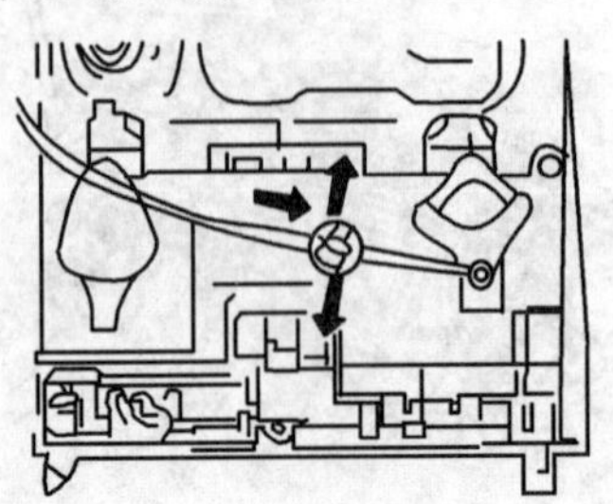

图 8-72　安装除雾器风挡控制拉索

图 8-73　安装空气混合风挡控制拉索

注意：

a. 小心，勿扭弯拉索。

b. 如拉索弯曲，加热器控制和附件总成的工作就会出问题。

c. 操作加热器控制旋钮，检查控制杆在最大制冷和最大制热端位置都能停下，确认无回弹。

d. 从加热器控制和附件总成上拉拉索，检查外拉索应不能拉开。

⑤ 在加热器控制杆上，安装进气风挡控制拉索总成的内拉索。

⑥ 在拉索夹箍上，安装进气风挡控制拉索总成的外拉索，如图 8-74 所示。

注意：

a. 小心，勿扭弯拉索。

b. 如拉索弯曲，加热器控制和附件总成的工作就会出问题。

c. 操作加热器控制旋钮，检查控制杆在内循环和外循环位置都能停下，确认无回弹。

d. 从加热器控制和附件总成上拉拉索，检查外拉索应不能拉开。

⑦ 连接连接器，安装加热器控制和附件总成，如图 8-75 所示。

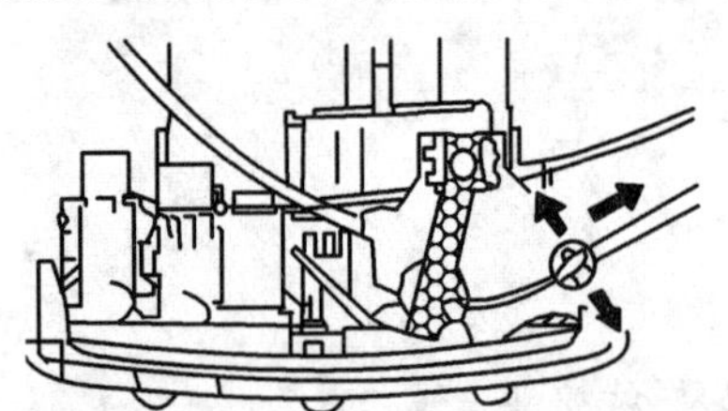

图 8-74　安装进气风挡控制拉索

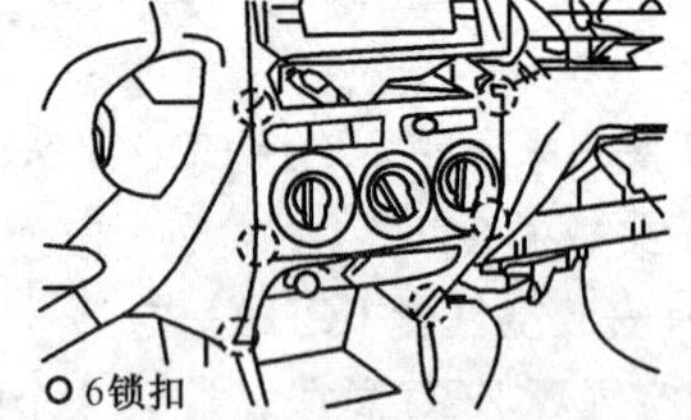

图 8-75　安装加热器控制和附件总成

⑧ 将控制臂置于 FACE 位置。

⑨ 当控制臂位于 FACE 位置，在控制杆上安装内拉索。

⑩ 按箭头方向轻轻压下，安装外拉索于拉索夹箍上，如图 8-76 所示。

注意：

a. 小心，勿扭弯拉索。

b. 如拉索弯曲，加热器控制和附件总成的工作就会出问题。

c. 操作加热器控制杆，检查控制杆在 FACE 和 DEF 位置都能停下，确认无回弹。

⑪ 当杆臂置于最大制冷位置，在控制杆上安装内拉索。

⑫ 按箭头方向轻轻压下，安装外拉索于拉索夹箍，如图 8-77 所示。

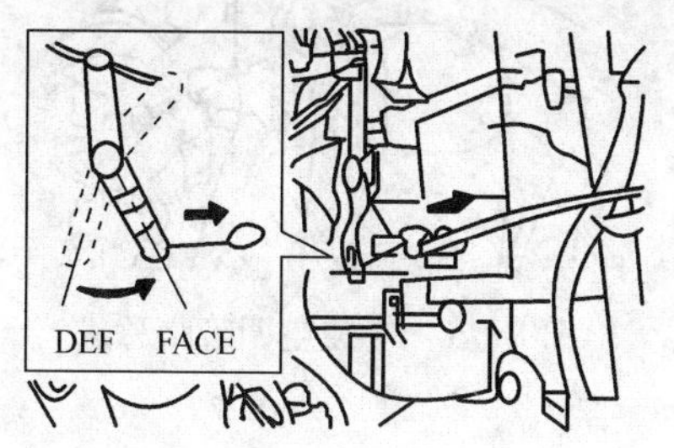

图 8-76　控制臂位于 FACE 安装拉索

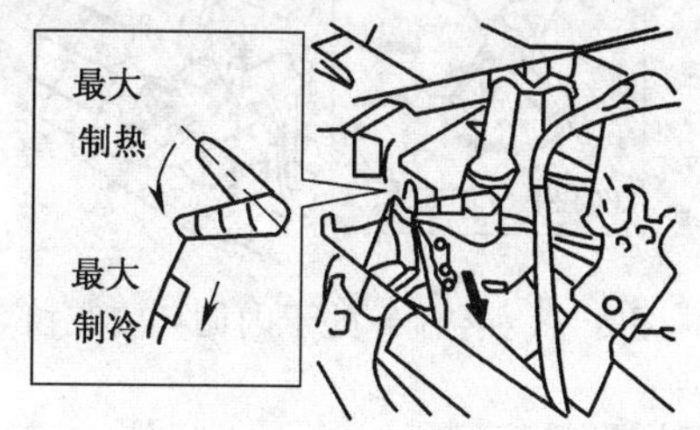

图 8-77　控制杆臂位于最大制冷安装拉索

注意：

a. 小心，勿扭弯拉索。

b. 如拉索弯曲，加热器控制和附件总成的工作就会出问题。

c. 操作加热器控制杆，检查控制杆在最大制冷和最大制热位置都能停下，确认无回弹。

⑬ 将控制臂置于内循环位置。

⑭ 当控制臂处于内循环位置，在控制杆上安装内拉索头。

⑮ 按箭头方向轻轻压下，安装外拉索于拉索夹箍，如图 8-78 所示。

注意：

a. 小心，勿扭弯拉索。

b. 如拉索弯曲，加热器控制和附件总成的工作就会出问题。

c. 操作加热器控制杆，检查控制杆在内循环和外循环位置都能停下，确认无回弹。

（32）安装除雾器风挡控制拉索分总成

① 安装内拉线和除雾器风挡控制拉索分总成。

② 夹紧外拉线夹箍。

（33）安装空气混合风挡控制拉索分总成

① 安装内拉线和空气混合风挡控制拉索分总成。

② 夹紧外拉线夹箍。

（34）安装进气风挡控制拉索分总成

① 安装内拉线和进气风挡控制拉索分总成。

② 夹紧外拉线夹箍。

（35）安装仪表板分总成

参见前述安装仪表板分总成的指南。

（36）安装空调管路总成

① 给 2 个 O 形环和空调管路总线的接触面上涂上足够压缩机油（压缩机油：ND-OIL8 或类似物）。

② 在空调管路总成上安装 2 个 O 形环。

③ 用螺钉安装空调管路总成，如图 8-79 所示，扭矩：9.8N • m（100 kgf • cm）。

（37）加注制冷剂

加注量：420 g ± 30 g（14.8 oz ± 1.06 oz）。

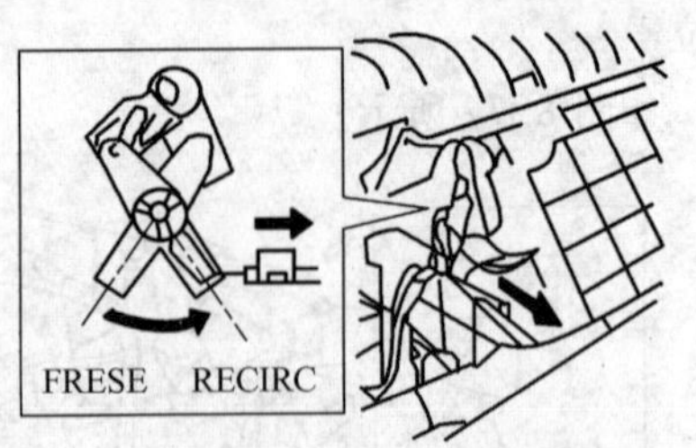

图 8-78　控制臂处于内循环安装拉索

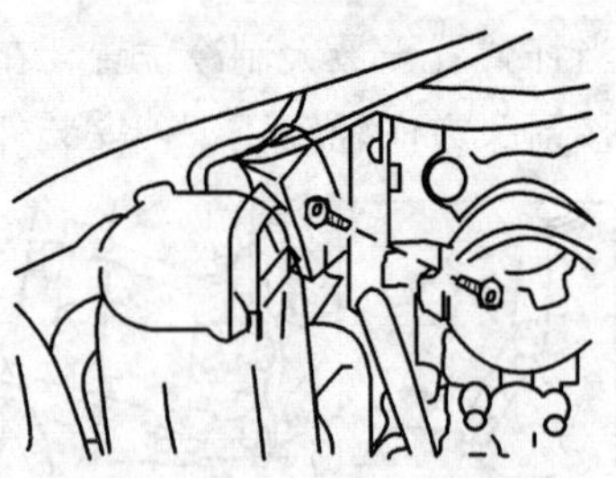

图 8-79　安装空调管路总成

(38) 发动机暖机

发动机暖机，运行空调 3～5 min，关闭空调，发动机熄火。

(39) 检查制冷剂泄漏

用卤素检漏仪检查制冷管路有无制冷剂泄漏。

11. 空调压缩机总成

空调压缩机总成组件如图 8-80 所示。

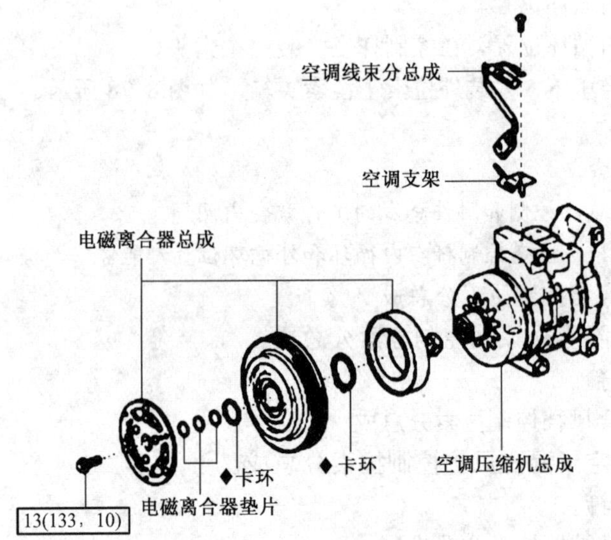

图 8-80　空调压缩机总成组件

更换提示：

① 从系统排出制冷剂。

② 拆下 1 号（压缩机到曲轴传动带轮）传动带。

③ 断开 1 号制冷剂吸入口。

a. 拆下螺栓，从压缩机和电磁离合器上断开 1 号制冷剂吸入口，如图 8-81 所示。

b. 从 1 号制冷剂吸入口上拆下 O 形环。

注意：

用聚氯乙烯胶带密封所有断开部分的开口，以防水分和异物进入。

④ 断开 1 号制冷剂排出口。

a. 拆下螺栓，从压缩机和电磁离合器上断开 1 号制冷剂排出口，如图 8-82 所示。

b. 从 1 号制冷剂排出口上拆下 O 形环。

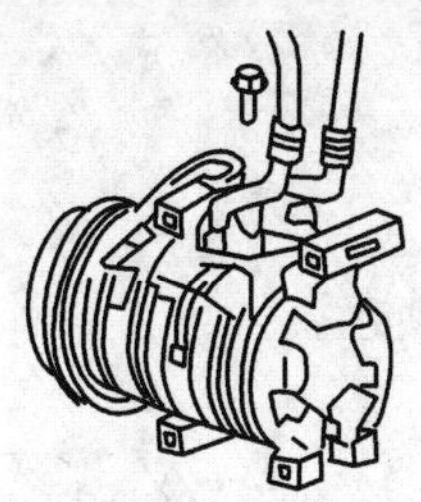

图 8-81　断开 1 号制冷剂吸入口

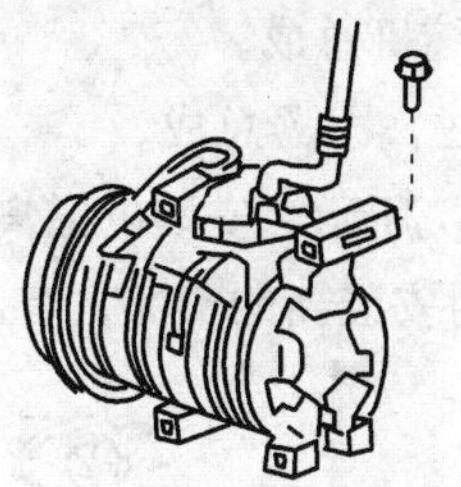

图 8-82　断开 1 号制冷剂排出口

注意：用聚氯乙烯胶带密封所有断开部分的开口，以防水分和异物进入。

⑤ 拆下右侧发动机下盖。

⑥ 拆下压缩机和电磁离合器。

a. 断开接头。

b. 拆开 4 个螺栓、压缩机和电磁离合器，如图 8-83 所示。

⑦ 拆下电磁离合器总成。

a. 在台钳上夹紧压缩机和电磁离合器。

b. 用鲤鱼钳夹住离合器轮毂。

c. 拆下螺栓、电磁离合器轮毂和垫片，如图 8-84 所示。

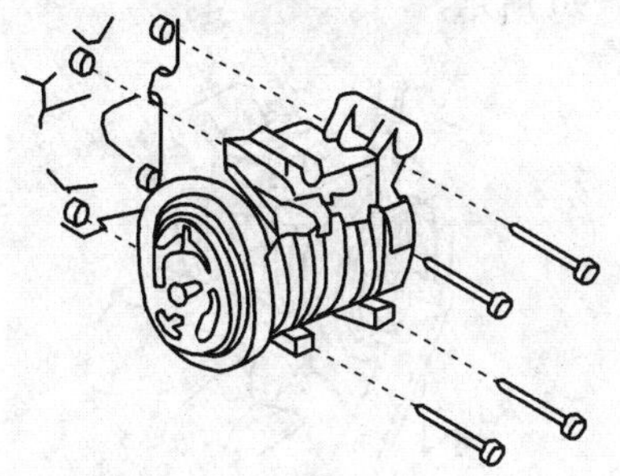

图 8-83　拆下压缩机和电磁离合器

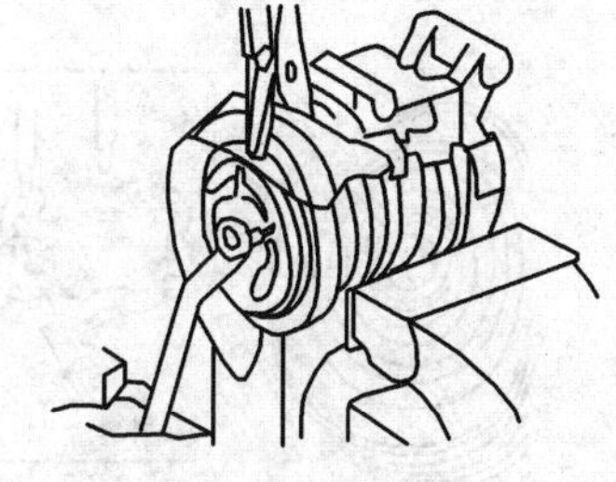

图 8-84　拆下电磁离合器轮毂和垫片

d. 用卡环钳，拆下卡环和电磁离合器转子，如图 8-85 所示。

e. 拆下螺钉，断开连接器。

f. 用卡环钳拆下卡环和电磁离合器定子，如图 8-86 所示。

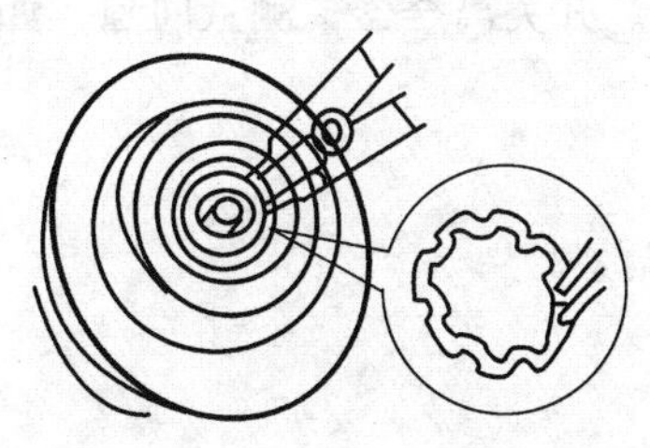

图 8-85　拆下卡环和电磁离合器转子

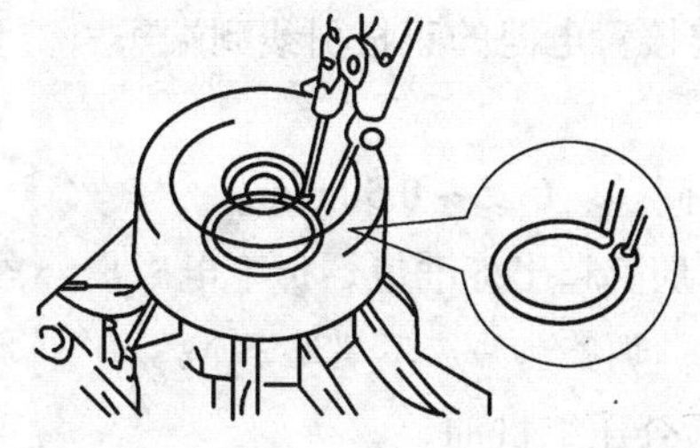

图 8-86　拆下卡环和电磁离合器定子

⑧ 拆下空调控制线束分总成。

⑨ 拆下支架。

⑩ 拆下压缩机总成。

⑪ 安装电磁离合器总成。

a. 如图 8-87 所示，安装电磁离合器定子。

b. 用卡环钳安装新的卡环，有斜角的面朝上，如图 8-88 所示。

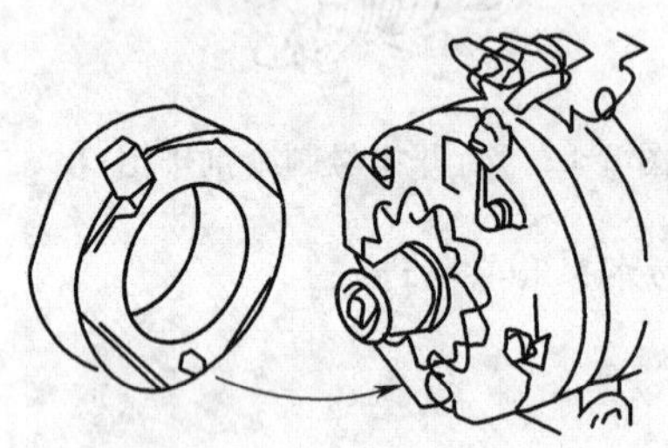

图 8-87 安装电磁离合器定子

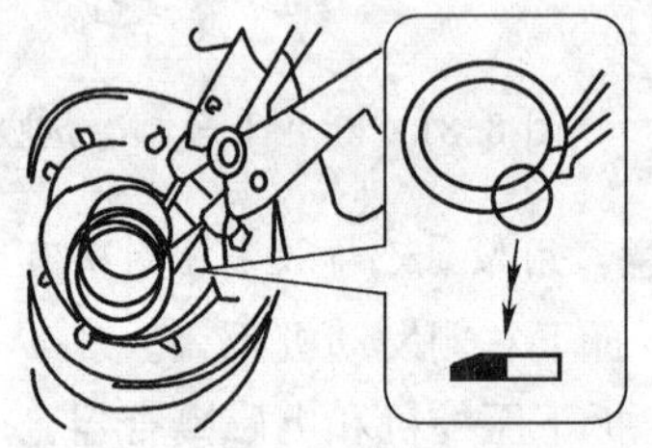

图 8-88 用卡环钳安装新的卡环

c. 安装螺栓，连接接头。

d. 用卡环钳安装电磁离合器转子和新的卡环，有斜角的面朝上，如图 8-89 所示。

e. 安装离合器轮毂和垫片。

注意：在分解前，不要改变电磁离合器中组合垫片。

f. 用鲤鱼钳夹住电磁离合器轮毂，安装螺栓，如图 8-90 所示。

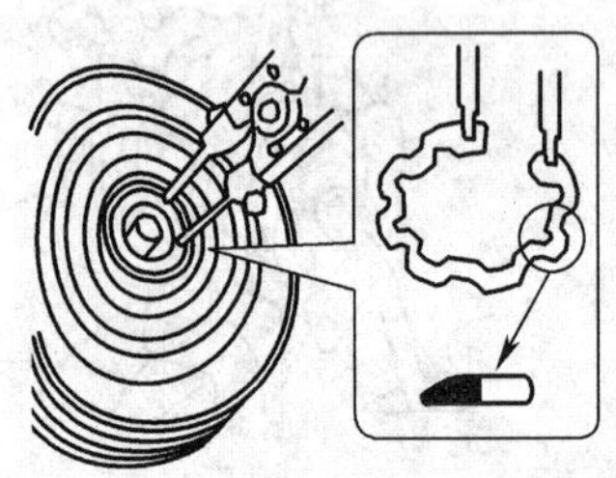

图 8-89 安装电磁离合器转子和新的卡环

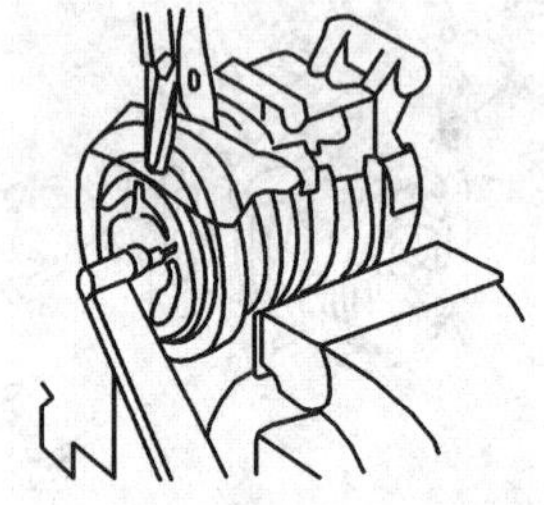

图 8-90 安装电磁离合器轮毂螺栓

扭矩：13N·m（133kgf·cm）。

⑫ 检查电磁离合器间隙

a. 安装百分表对准电磁离合器毂。

b. 连接蓄电池的正极引线到端子 1，负极引线到地线。开关离合器，测量间隙，如图 8-91 所示。

标准间隙：0.25～0.50 mm。

如测量值超出标准值，拆下电磁离合器轮毂，用垫片调整。

注意：调整垫片应不超过 3 个。

⑬ 检查压缩机油。

当更换新的压缩机和电磁离合器时，从维修阀中慢慢地放出制冷剂后，安装前从新的压缩机和电磁离合器中排出所有的压缩机机油。

标准：新压缩机和电磁离合器中的油量：80 mL ± 15 mL−旧压缩机和电磁离合器总的残油=更换时应放出油量。

注意：

a. 当检查压缩机油量时，请看制冷系统的拆装注意事项。

b. 由于压缩机机油残留于车上的管路中，如新压缩机和电磁离合器在安装前未放掉一些压缩机机油，系统内的压缩机机油过量，阻碍制冷循环的热交换，造成制冷剂故障。

c. 如旧压缩机和电磁离合器中的残留油量过小，检查油泄漏。

d. 确认压缩机油为 DN-OIL8。

⑭ 安装压缩机和电磁离合器。

a. 用 4 个螺栓安装压缩机和电磁离合器，扭矩：25 N·m。

注意：按如图 8-92 所示顺序，安装压缩机和电磁离合器，紧固螺栓。

图 8-91　测量离合器间隙

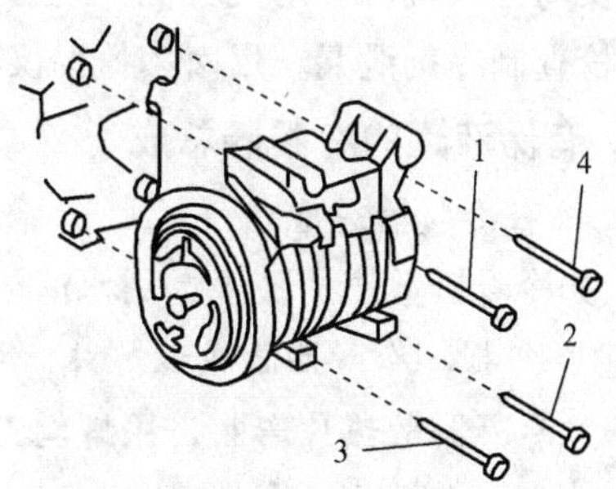

图 8-92　安装压缩机和电磁离合器

b. 连接接头。

⑮ 安装 1 号制冷剂排出孔。

a. 从管口撕下缠住的聚氯乙烯胶带。

b. 给新 O 形环和压缩机以及电磁离合器的接触面涂上足够的压缩机机油。

压缩机油：ND-OIL8 或等效物。

c. 在 1 号制冷剂排出孔，安装 O 形环。

d. 用螺栓连接 1 号制冷剂排出孔到电磁离合器和压缩机上，如图 8-93 所示。

扭矩：9.8 N·m（100 kgf·cm）。

⑯ 安装 1 号制冷剂吸入孔。

a. 从管口撕下缠住的聚氯乙烯胶带。

b. 给新 O 形环和压缩机以及电磁离合器的接触面涂上足够的压缩机机油。

压缩机油：ND-OIL8 或等效物。

c. 在 1 号制冷剂排除孔，安装 O 形环。

d. 用螺栓连接 1 号制冷剂吸入孔到电磁离合器和压缩机上，如图 8-94 所示。

扭矩：9.8N·m（100 kgf·cm）。

⑰ 安装 1 号 V 形（压缩机到曲轴传动带轮）传动带。

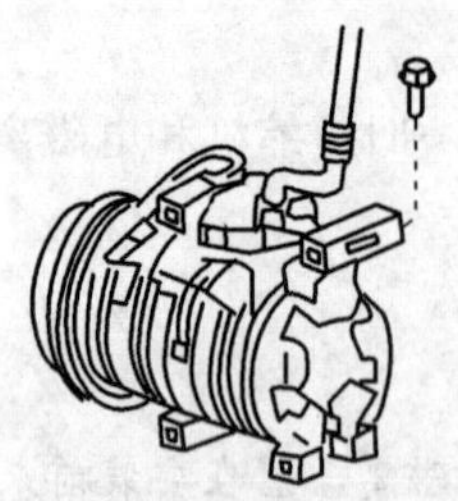

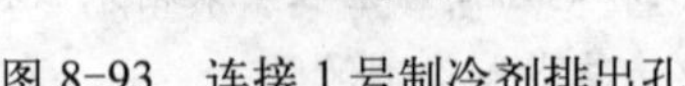

图 8-93 连接 1 号制冷剂排出孔

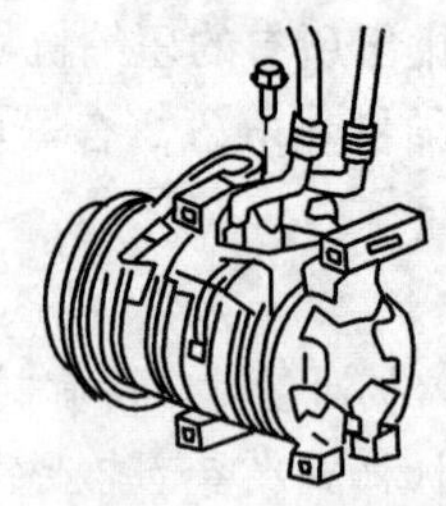

图 8-94 连接 1 号制冷剂吸入孔

⑱ 调整 1 号 V 型（压缩机到曲轴传动带轮）传动带。

⑲ 充分紧固 1 号 V 型（压缩机到曲轴传动带轮）传动带。

⑳ 加注制冷剂。

规定量：420 g ± 30 g（14.8 oz ± 1.06 oz）。

㉑ 发动机暖机。发动机暖机，运行空调 3 ~ 5 min，关闭空调，发动机熄火。

㉒ 检查制冷剂泄漏。用卤素检漏仪检查制冷管路有无制冷剂泄漏。

12. 有储液罐的冷凝器总成

(1) 检查冷凝器总成

① 如冷凝器散热片脏了，用水清洁，用压缩空气吹干。

注意：勿损坏冷凝器总成散热片。

② 如冷凝器散热片弯曲，用螺丝刀或钳子扳直。

(2) 检查冷凝器的制冷剂泄漏

① 用卤素检漏仪检查管路连接处气体泄漏。

② 如连接处有气体泄漏，检查接头扭矩。

相关组件如图 8-95 所示。

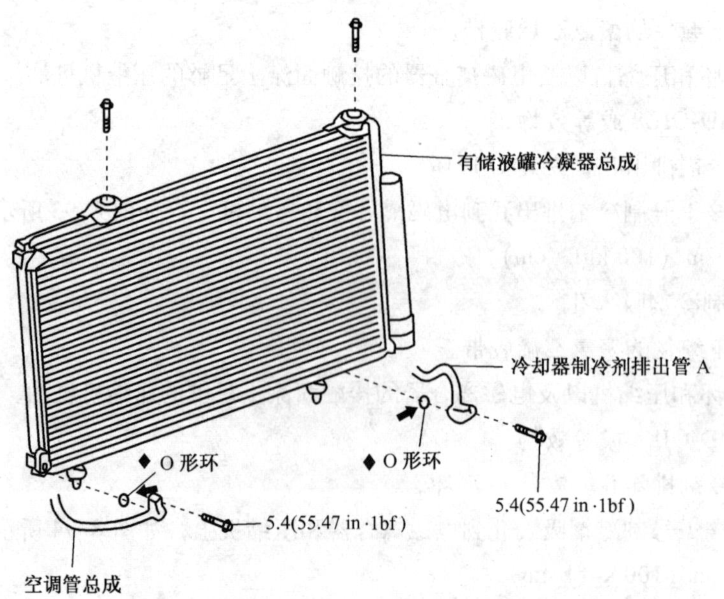

图 8-95 冷凝器总成组件

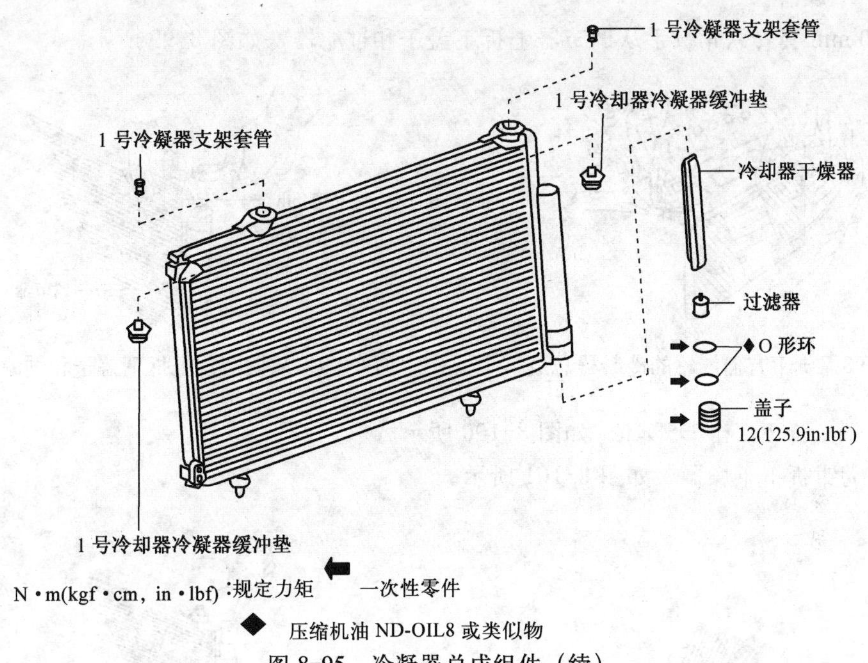

图 8-95　冷凝器总成组件（续）

大修提示：

① 从系统排出制冷剂。

② 断开制冷剂排出管 A。

a. 拆下螺栓，从有储液罐的冷凝器总成上断开制冷剂排出管 A，如图 8-96 所示。

b. 从制冷剂排出管上拆下 O 形环。

注意：用聚氯乙烯胶带密封所有断开部分的开口，以防水分或异物进入。

③ 断开空调管路总成：

a. 拆下螺栓，从有储液罐的冷凝器总成上断开空调管路总成，如图 8-97 所示。

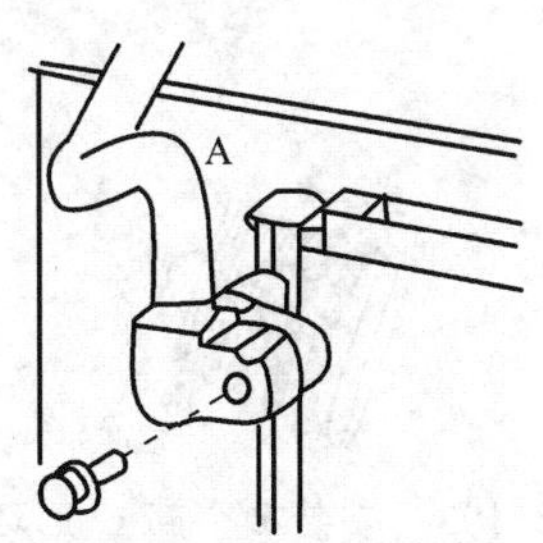

图 8-96　断开制冷剂排出管 A

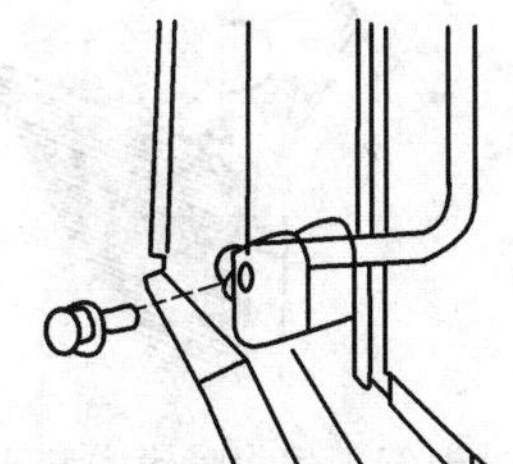

图 8-97　断开空调管路总成

b. 从制冷剂排出管上拆下 O 形环。

注意：用聚氯乙烯胶带密封所有断开部分的开口，以防水分或异物进入。

④ 拆下有储液罐的冷凝器总成。

拆下有储液罐的冷凝器总成，如图 8-98 所示。

⑤ 拆下干燥器：

a. 用 10 mm 套管六角扳手从调节器上拆下盖子和过滤器，如图 8-99 所示。

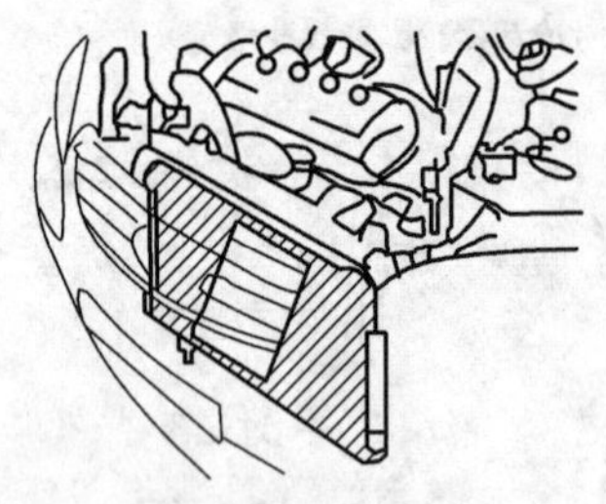

图 8-98 拆下有储液罐的冷凝器总成

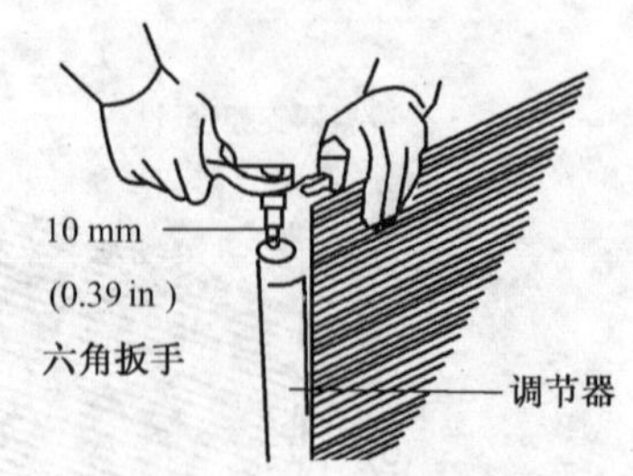

图 8-99 从调节器上拆下盖子和过滤器

b. 从盖子上拆下 2 个 O 形环，如图 8-100 所示。

c. 用尖嘴钳拆下干燥器，如图 8-101 所示。

图 8-100 拆下 2 个 O 形环

图 8-101 尖嘴钳拆下干燥器

⑥ 拆下 1 号冷凝器衬垫。

⑦ 拆下 1 号冷凝器支架。

⑧ 安装干燥器：

a. 用尖嘴钳安装干燥器，如图 8-102 所示。

b. 在盖子上安装 2 个新 O 形环，如图 8-103 所示。

图 8-102 用尖嘴钳安装干燥器

图 8-103 安装 2 个新 O 形环

c. 在盖子上和 O 形环的接口处涂上足量压缩机油。

压缩机油：ND-OIL8 或等效物。

d. 用 10 mm 六角套管扳手在冷凝器总成上安装盖子和过滤器，如图 8-104 所示。

扭矩：12N · m（125 kgf · cm）。

⑨ 安装有储液罐的冷凝器总成，如图 8-105 所示。

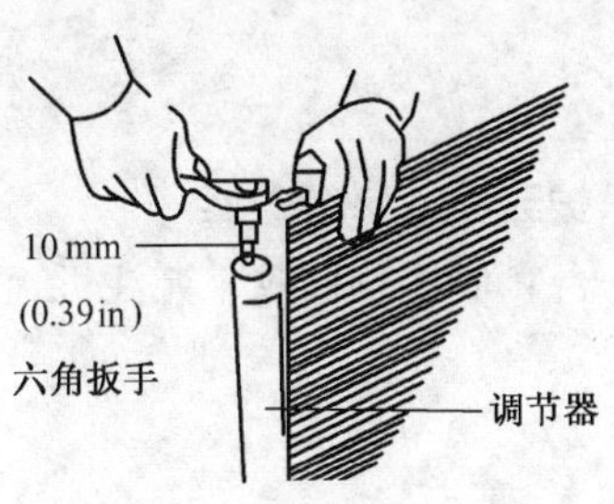

图 8-104　安装盖子和过滤器

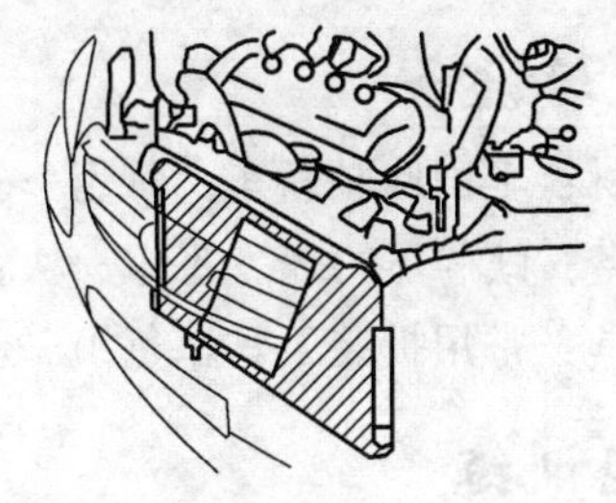
图 8-105　安装有储液罐的冷凝器总成

⑩ 安装空调管路总成：

a. 撕去管路上的聚氯乙烯胶带，连接冷凝器总成各部分。

b. 在新 O 形环和管路的接口处涂上足量压缩机油。

压缩机油：ND-OIL 8 或等效物。

c. 在空调管路上安装 1 个 O 形环。

d. 用螺栓连接空调管路总成和有储液罐的冷凝器总成，如图 8-106 所示。

扭矩：5.4N·m（54 kgf·cm）

⑪ 安装制冷剂排出管 A：

a. 撕去撕去管路上的聚氯乙烯胶带，连接冷凝器总成各部分。

b. 在新 O 形环和管路的接口处涂上足量压缩机油。

压缩机油：ND-OIL 8 或等效物。

c. 在制冷剂排出管上安装 1 个 O 形环。

d. 用螺栓连接制冷剂排出管路 A 和有储液罐的冷凝器总成，如图 8-107 所示。

扭矩：5.4N·m（54 kgf·cm）。

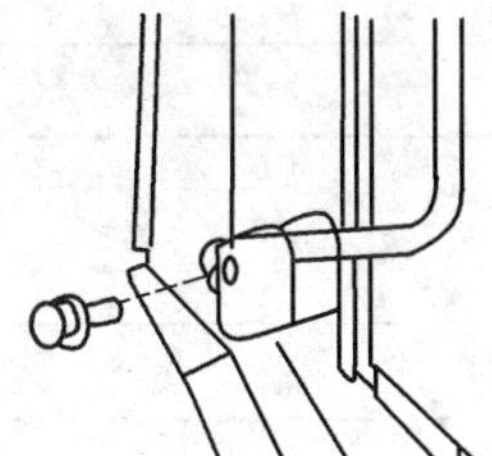
图 8-106　连接空调管路总成

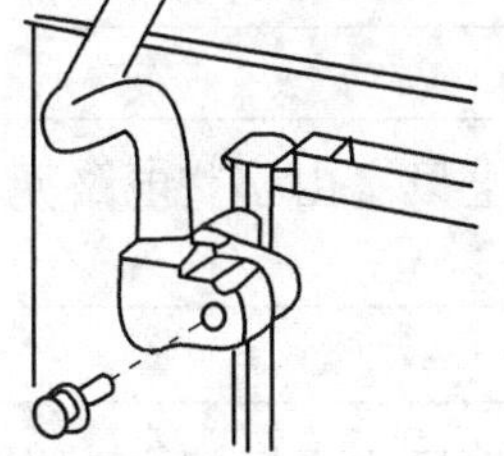
图 8-107　连接制冷剂排出管路 A

⑫ 加注制冷剂。规定量：420 g±30g。

⑬ 运行空调。发动机暖机，运行空调 3～5min，关闭空调发动机熄火。

⑭ 检查制冷剂泄漏。用卤素检漏仪检查制冷管路有无制冷。

13. 空调放大器总成

① 拆卸仪表板护板。

② 拆卸组合仪表总成。

③ 拆卸空调放大器总成。

a. 断开连接器。

b. 拆下空调放大器总成，如图 8-108 所示。

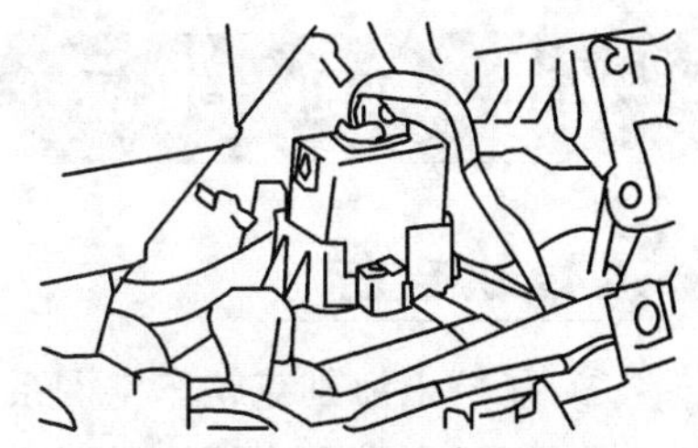
图 8-108　拆下空调放大器分总成

器材与设备

① 器材：丰田威驰轿车，每组一辆；车辆室内外保护套件，每组一套。

② 设备：歧管压力表，每组一块；万用表，每组一台；制冷剂回收、充注机，每组一台。

③ 工具：常用拆装工具，每组一套。

技能训练

① 正确开启车门及发动机盖。

② 安装车内外保护套件。

③ 认知空调制冷、采暖系统的部件及安装位置。

④ 对照电路图，找到电路系统元件，并明确元件作用及系统工作原理。

⑤ 用万用表对电路进行逐段测量。

⑥ 将歧管压力表接到制冷系统中，接好尾气排放管，启动发动机，接通制冷开关，检查制冷系统正常压力。

⑦ 调整空调控制面板开关、旋钮或滑杆，感觉制冷情况及采暖系统工作时出风口空气温度。

⑧ 整理、清洁实验场地。

实验记录

1．实验车型制冷系统形式：________　　A. 膨胀阀式　　B. 节流管式

2．记下制冷系统正常工作时高、低压表示数：

高压：____________ MPa；　低压：____________ MPa。

3．写出压缩机电路中串联了哪些电路元件：

____

____

4．写出电风扇由哪些电路元件控制：

____

____

5．写出出风方式风门由哪些电路元件控制：

____

____

活动三　通用别克轿车空调系统

知识目标

① 了解上海别克轿车空调系统。

② 理解上海别克轿车空调系统电路工作原理。

③ 明确上海别克轿车空调系统检修方法。

技能目标

能够对上海别克轿车空调系统进行故障诊断与排除。

知识链接

1. 说明与操作

（1）空调系统说明

本车辆的制冷系统使用 R134a，与 R12 制冷剂不兼容，在对系统进行维修之前，要确认正确的维修设备，否则系统将会受到严重破坏。进行作业前一定要参阅包括维修工具在内的维修文件和制造商说明。

空调系统具有下列特性：

① 空气干爽，舒适宜人。

② 电动通风。

③ 风窗玻璃除霜。

④ 侧窗除霜。

大多数运行工况下，外界空气以下列方式进入车辆：

① 鼓风机经过加热器和空调鼓风机壳体吸入外界空气。

② 车辆向前行驶引入外界空气。

气流沿下列路径进入鼓风机壳体：

① 经由蒸发器芯。

② 经由加热器芯。

③ 进入乘客室。

当周围的环境温度超过 3°C（38°F）时，制冷系统将会使蒸发器冷却到结冰，此时允许使用空调或运行除霜器。

随着空气通过蒸发器，空气温度下降，空气水分凝结在蒸发器芯叶片上，凝结水通过泄流孔排出车外，对空气形成除湿作用。

流经蒸发器后，部分或全部空气流经加热器芯。如系统处于加热模式，发动机冷却液将空气加热。

如果使用者选择空调最大制冷模式，绝大部分进入鼓风机的空气来自乘客室，这部分空气通常比外界空气凉。空调在其他运行模式下都使用外界空气。

（2）可变排量毛细管“VDOT”空调系统

可变排量毛细管 VDOT 制冷系统装有 V5 型压缩机，该压缩机无须循环就能在任何环境条件下自动与空调系统需求匹配。该压缩机的基本机械机构为：一个有 5 个轴向气缸的变角度斜盘，一个由波纹套驱动的控制阀控制压缩机的排量，该控制阀位于可感应压缩机吸气压力的压缩机后端盖处。

曲轴箱吸气压力差控制斜盘角度和压缩机排量。

当对空调制冷的需求高时，吸气压力高于控制点，控制阀持续从曲轴箱向吸气口泄流，曲轴箱与吸气口间不存在压差，压缩机排量最大。

当对空调制冷的需求降低时，控制阀向曲轴箱泄放排放气体，控制阀关闭由曲轴箱至吸液增压系统的通道，5 个活塞上的力平衡控制斜盘的角度。曲轴箱、吸气口间压差的微小增量会改变作用在活塞上的力，这种变化影响围绕斜盘套扣的运动并减小斜盘的角度。

压缩机有独特的润滑系统，曲轴箱吸气口泄放润滑油经过旋转着的斜盘，允许润滑斜盘轴承。旋转作用产生机油分离器的效果，一些机油被从曲轴箱吸气口泄放液中分离出来，重新流回曲轴箱。回流的机油可以润滑压缩机机械机构。

当出现节气门全开、低怠速、空气温度低、高助力转向负载情况时，压缩机被关闭。

若空调运行中发动机被关闭，系统中的制冷剂将从膨胀管的高压侧流到低压侧。制冷剂持续流动直到压力相等，这种流动会产生 30～60 s 微弱的“嘶嘶”液流声，出现这种声音是正常情况。

（3）自动空调系统说明

自动空调系统的设计，不论车辆外部天气状况如何都可以给乘客室提供舒适的乘坐环境。系统通过执行冷却、干燥、暖风、循环功能来控制进入乘客室的空气。

系统主要由制冷系统、加热系统、空气分配系统、模式温度控制系统组成。

自动空调系统执行暖风、通风、空调功能，由真空系统和电子电路进行控制，来确定进气和排气风门的位置。电子电路也控制模式操作、空调压缩机离合器操作、风扇操作、排气温度功能。

驾驶员可从空调控制头选择下列任一功能：

① 车内温度。

② 风扇转速。

③ 8 种不同操作模式中的一种。

其中，存在一种是全自动模式，在这种模式下系统根据驾驶员或乘客选定的温度以及系统的网络传感器提供的信息，确定进气、排气风门位置、风扇转速、排气温度。

（4）气味说明

有些车辆在热潮湿的气候条件下起动时，感觉到有气味从空调系统中散发出来，这种气味也许是加热器和蒸发器模块中碎屑或蒸发器芯上微生物繁殖造成的，仅使用 Goodwrench 空调系统除臭器就能清除空调系统排出的异味。

（5）空气分配系统说明

真空装置调节和控制系统中的气流，控制器上的各种位置可控制模式阀实现风道混合，引入冷风、热风和外部空气，通过空调系统气流的每种模式如下所述：

① 关闭（OFF）：所有的出口只有轻微的气流排出。

② 最大（MAX）：再循环气流通过仪表板出口。

③ 正常：空调系统外部空气通过仪表板出口，如图 8-109 所示。

④ 混合流动：外部空气通过仪表板出口、地板出口，如图 8-110 所示。

⑤ 通风（VENT）：外部空气通过仪表板出口，压缩机不工作，加热器大部分空气通过地板出口，少量气流经由除霜风道，如图 8-111 所示。

⑥ 除雾（DEFOG）：等量空气通过地板出口和除霜出口，如图 8-112 所示。

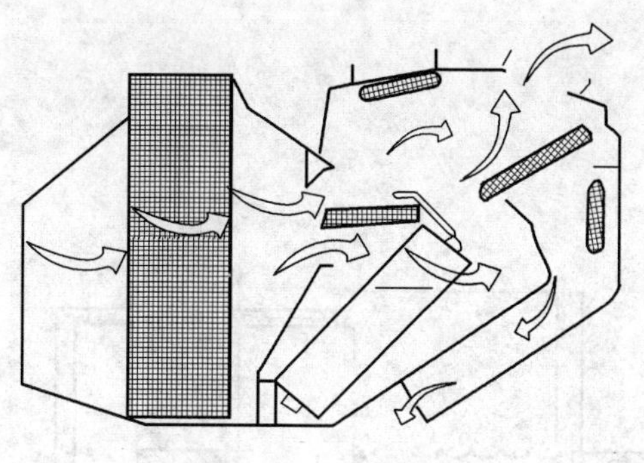

图 8-109　正常模式

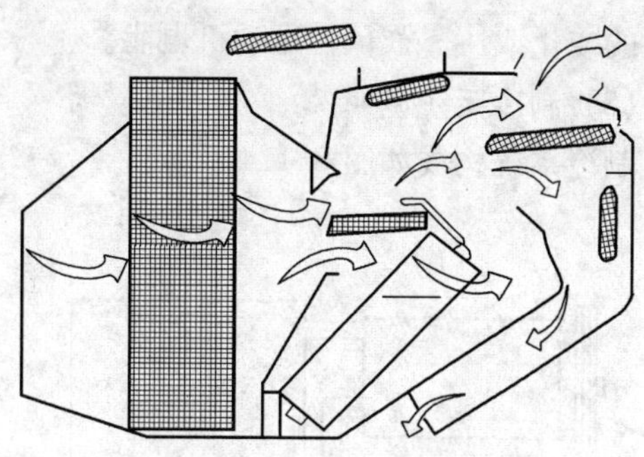

图 8-110　混合流动

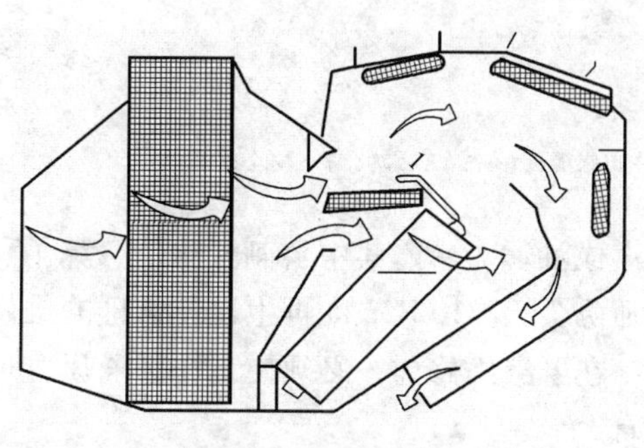

图 8-111　通风模式

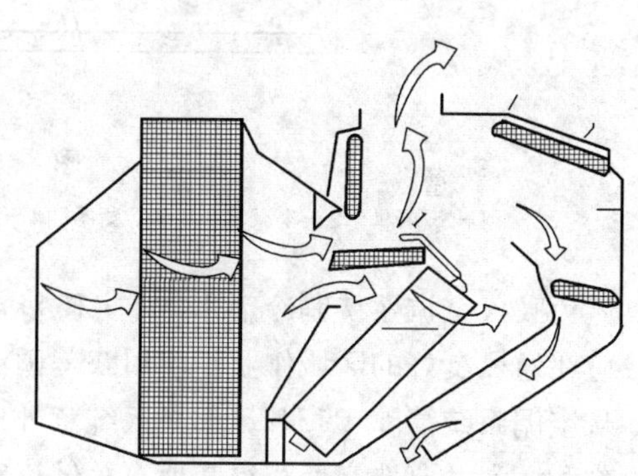

图 8-112　除雾模式

⑦ 除霜（DEFROST）：大部分空气通过除霜器出口，少量气流经由地板出口，如图 8-113 所示。

风道系统和出风口将空气输送到乘客室，风道和风口中堵塞会使空气输出较差，检查除霜器风道、加热器风道、空调风道、通风风道、侧面车窗除雾器是否被树叶或脏物堵塞。

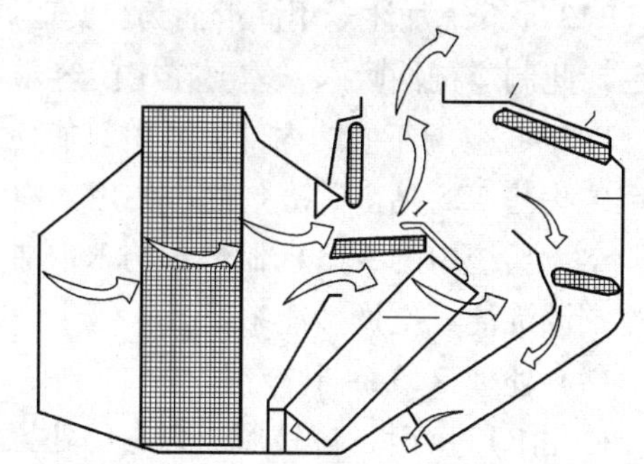

图 8-113　除霜模式

（6）加热器芯说明

加热器芯是加热器系统的主要部件。加热器芯位于加热器和蒸发器模块内，每当发动机运转时，发动机冷却液就被冷却液泵泵入加热器芯，加热器芯将来自发动机冷却液的热量传输给流经加热器芯的空气。加热器芯有单独的入口和出口管，维修加热器芯或加热器软管前应标注加热器软管的位置。

温度控制装置由挠性控制拉线连接至温度控制阀，以逆时针方向将温度控制装置转至最冷位置时，来自蒸发器的全部气流旁通加热器芯，不产生热量传递。

将温度控制装置从最冷位置移开时，温度控制阀开始引导空气进入流经加热器芯，温度控制装置越向顺时针方向转，大多数气流得到加热，排出的空气就越热。

当温度控制杆逆时针旋转至最热 HOT 位置时，温度阀门将通道堵塞，使所有气流通过加热器芯。

（7）鼓风机电动机说明

鼓风机由永磁型电动机、鼠笼式风扇组成。鼓风机转速由鼓风机电动机转速控制装置控制，转速的变化取决于鼓风机电动机电阻。

(8) 制冷系统说明

制冷系统构成如图 8-114 所示。

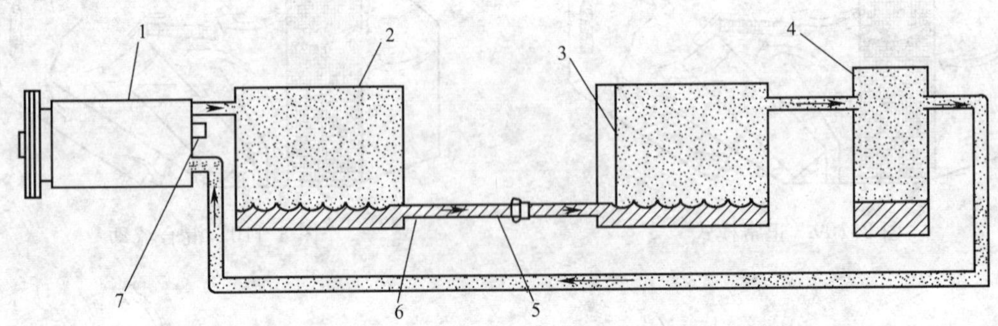

图 8-114　制冷系统

1—压缩机；2—冷凝器；3—蒸发器；4—集液器；5—膨胀管；6—高压管路；7—安全泄压阀

避免吸入空调系统制冷剂 134a、R134a 润滑油蒸汽或油雾，暴露其中会刺激眼睛、鼻子和咽部，应在通风良好的区域作业。使用获美国汽车工程师协会 J 2210 R134a 再生设备认证的维修设备，从空调系统清除 R134a。如果系统意外发生泄漏，在继续维修前，必须使工作区通风，可从制冷剂和润滑油制造商处获得其他有关健康和安全信息。

同发动机冷却液类似，制冷剂是空调系统中吸收、携带和释放热量的介质，本车辆使用的 R134a 制冷剂为无毒、阻燃、透明、无色的液化气。

由于 R134a 空调系统与 R12 空调系统非常相似，其在润滑剂和维修设备上的区别是相当重要的。R134a 系统加注专用润滑油为“聚亚烷基二醇”PAG 合成制冷剂油，GM PAG 制冷剂油呈浅蓝色，此制冷剂油吸水，需要在密闭容器进行存储。

R134a 空调系统的内部循环中只能使用 PAG 合成制冷剂油，安装螺纹和 O 形密封圈处只能使用矿物基 525 黏度制冷剂油，使用其他润滑剂会造成压缩机或附件故障。

空调系统中的 R134a 制冷剂与 R12 制冷剂不兼容，R12 注入 R134a 系统会造成压缩机故障、制冷剂油沉淀或空调性能下降。

(9) 处理 R134a 制冷剂

使用 R134a 时，应按照下列专门处置程序进行作业，以防造成人身伤害：

① 打开制冷系统时要戴防风眼镜。

② 任何时候，只要打开空调系统，必须用干净的布将附件、阀门、接口等部件包住。

③ 应在通风良好的环境中进行，不要吸入制冷剂蒸汽。

④ 禁止在装有空调管路或部件的车辆上或其附近进行焊接或蒸汽清洗作业。

⑤ 假如一些 R134a 制冷剂接触到身体的任何部位，应用水冲洗暴露部位，立即就医。

⑥ 在进行需要打开制冷系统管路或部件的维修作业前，应参阅制冷剂管路和管接头的处置以及保持化学品稳定性的说明。

⑦ 加添机油、排干制冷系统、重新加注制冷系统维修操作时，一定要遵照说明书中的步骤进行制冷剂回收和再生。

⑧ 所有制冷剂 R134a 的一次性“蓝色”包装容器都带有重金属螺帽，螺帽防止容器的阀和安全塞损坏，容器每用过一次都要更换螺帽，以便对阀和安全塞提供持续的保护。

（10）压缩机机油操作

应使用经授权的装在密闭带密封的容器中的压缩机机油，加注制冷剂油时，传输装置和容器应洁净干爽，须最大限度地减小污染的可能性。制冷剂油是无水的，易从空气中吸水。在维修程序需要用油前，不要打开装油的容器，用后立即盖好盖子。始终要把压缩机油贮存在密闭封装的容器内，在开口或封装不当的容器内剩余的压缩机油会吸水，从制冷系统泄放出的压缩机油不能再用，按照当地规定合理处理用过的压缩机油。

（11）制冷剂管路和附件的情况

① 不能将挠性软管弯曲到其弯曲半径小于软管本身直径的 4 倍，不容许将挠性软管放置在离排气歧管 63.5 mm 的距离范围内。

② 要对挠性软管进行定期检查。

③ 用新挠性软管更换泄漏脆化、老化软管。

④ 在断开任何制冷系统的连接部件之前，应排空所有的 R134a 制冷剂。

⑤ 制冷剂管路一旦打开接触大气，立即用盖帽盖住或用胶带粘住管路，从而防止污染物、湿气、尘土进入管路。

⑥ 在安装带有 O 形密封圈的附件时，应使用合适的扳手，用扳手支撑相对的接头，以防止连接管路部件变形。

⑦ 应按规定的扭矩值将管道连接件紧固，扭矩过大或过小会导致接合处松开、连接件变形、制冷剂泄漏、空调系统有故障不能工作。

⑧ 应确保 O 形密封圈和安装座状态良好，毛刺或尘土会导致制冷剂泄漏。

⑨ 安装新 O 形密封圈时，先用矿物基 525 黏度制冷剂油润滑，禁止使用聚亚烷基二醇（PAG）合成油，螺纹长期接触聚亚烷基二醇合成机油，将来不容易拆卸。禁止用布料擦拭螺纹。

（12）空调压缩机操作

不要敲打撞击，跌落或倒置压缩机，如压缩机被弄翻或倒置，用手转动压缩机离合器五六次，使落入气缸内的油散布开。气缸内有油时，突然转动会造成阀门损坏并影响使用寿命。

（13）保持化学稳定性

制冷系统的化学稳定性很重要，它对空调系统的有效工作和寿命有很大影响。空气、水汽或颗粒污染物进入制冷系统会造成 R134a 和聚亚烷基二醇（PAG）合成润滑油的化学稳定性发生变化；压力/温度的协调性会发生变化；空调系统效率会下降；空调系统内部零件会异常腐蚀和/或磨损。

按下列通用惯例，保持制冷系统的化学稳定性。

① 断开制冷剂接头前，擦净脏物和/或油，这样将减少颗粒污染物进入的可能性。

② 尽快盖好、塞住或用胶带缠绕开口接头的两端，这样会尽量减少尘土和水汽进入系统。

③ 保证维修时使用的工具、维修区、用于 ACR4 机器或歧管计量仪表组件的软管和连接器、更换零件清洁干爽。

④ 当施加 PAG 润滑油时，应确保加注装置和容器清洁干燥，以减少湿气侵入。

⑤ 切勿敞开空调系统过长时间。

⑥ 重新加注已打开的空调系统前，彻底抽真空并对系统作真空测试。

⑦ 运输前，维修配件进行过干燥和密封处理，除非准备使用，否则不要打开配件密封包装。

⑧ 打开包装前，确信配件处于室温下，这样防止在环境中配件表面凝结湿气。

⑨ 拆卸维修螺帽后，尽快装好空调维修设备快速接头。

(14) 乘客室空气滤清器说明

滤清器安装在加热器和蒸发器模块中，位于蒸发器芯的前部，过滤进入车辆的新鲜空气和在车辆内的再循环空气。可以通过加热器和蒸发器模块下部左前角附近的盖板拆装滤清器。

滤清器除了过滤空气尘埃，还能减少会进入车辆的难闻气味。滤清器总成包括 3 个分立互锁的滤芯，每个过滤器的外观和操作都是相同的，经过拆装口每次可拆装一个滤清器，滤清器可稍弯曲，拆装较容易。

在每个滤芯左下角有一个凸出带槽部分，用于滤清器芯互锁定位，便于进行拆装作业。滤清器芯的更换间隔为 12 个月或 20 000 km（15 000 英里），根据行驶条件，这些滤芯也许需要频繁更换。

(15) 膨胀管（毛细管）说明

膨胀管（毛细管）如图 8-115 所示，安装在冷凝器出口和蒸发器入口之间，它对液体管路中的高压制冷剂产生节流作用，向蒸发器供给计量的低压制冷剂液流。进口和出口的滤清器可免遭污染物的侵入。当系统诊断显示膨胀管（毛细管）有堵塞时，不一定必须更换膨胀管（毛细管），入口滤清器处发现的金属碎屑、碎片和条状物可以用压缩空气进行清除。假如塑料架 1 没有断裂，或入口滤清器 3 没有被砂屑物堵塞，膨胀管（毛细管）可以重新使用。

(16) 蒸发器说明

蒸发器吸收通过气流的热量，当空气中的热量传给蒸发器芯的时候，空气中的水分湿气会凝结在蒸发器芯的外表面上，形成水流出。

(17) 冷凝器说明

从空调压缩机出来的高压、高温制冷剂蒸气流入冷凝器，冷凝器由铝管和冷却翅片制成，允许高压、高温制冷剂蒸气进行快速热传递，冷却翅片通过散热把高压、高温制冷剂蒸气凝结成高压、中温液体。

(18) 储液罐说明

储液罐结构如图 8-116 所示，贮存来自蒸发器的制冷剂蒸汽、液体和油，储液罐底部的干燥剂可干燥系统中的湿气，出口管端的机油排放孔提供机油至压缩机。由于穿孔、密封区损坏、紧固件螺纹损坏、外界空气进入系统的时间过长等原因出现泄漏时，储液罐不能维修，只能更换。

(19) 压缩机说明

空调压缩机是由发动机曲轴通过传动带带动压缩机离合器传动带轮进行驱动的。当电磁离合器线圈不通电时，压缩机传动带轮自由旋转，不驱动压缩机轴。当离合器线圈加上电压通电后离合器片和毂被推向传动带轮，磁力将离合器片和传动带轮锁为一体以驱动压缩机轴。

(20) 高压泄压阀说明

压缩机安装有一个高压泄压阀，作为整个系统中的一个安全装置。在一定条件下，排出侧中的制冷剂可能会超过设计操作压力。为防止系统损坏，设计了该泄压阀，在约 3 036 kPa 的压力下自动打开。

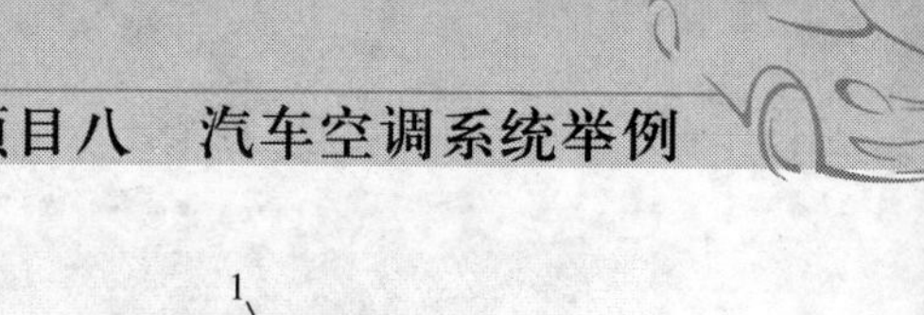

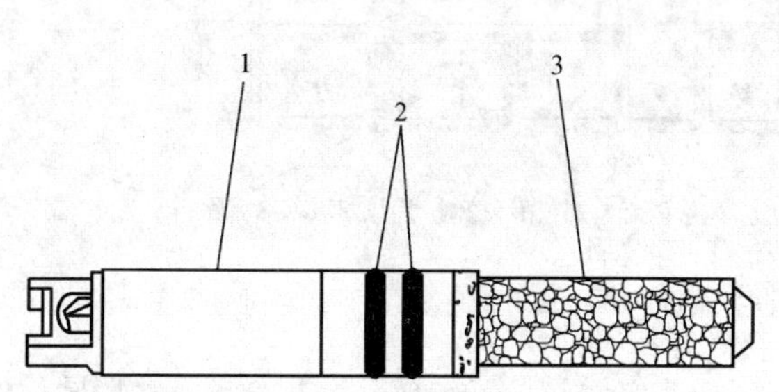

图 8-115　膨胀管（毛细管）

1—塑料架；2—密封胶圈；3—入口滤清器

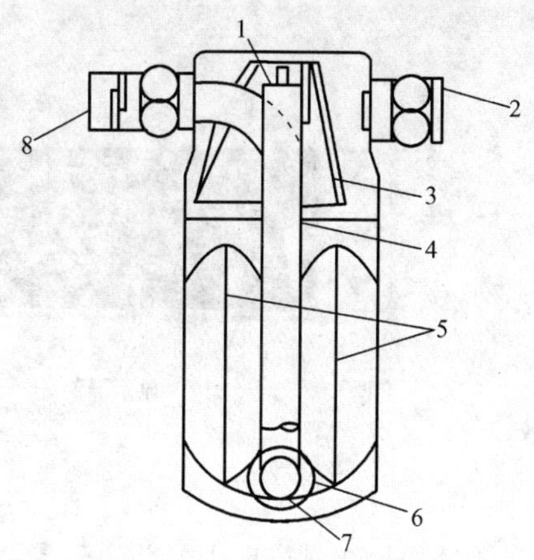

图 8-116　储液罐（集液器）

1—制冷剂蒸气入口；2—入口；3—导流板；
4—内置管；5—干燥袋；6—滤清器；
7—机油排放孔位置-管道中；8—出口

（21）真空箱说明

在重负荷加速时，真空供应会下降。真空箱安装有单向阀，单向阀有助于保持真空，以便于不同载荷条件下真空系统的连续使用。

（22）真空软管线束说明

真空线路端部与接头模制相连，此接头与控制旋钮相连。若软管泄漏或断裂，不必更换整根线束，可以把软管剪断，插入一根塑料接头。

（23）继电器和传感器说明

压缩机离合器线圈通过压缩机继电器控制通电。该继电器由动力系统控制模块 PCM 根据空调模式触发，动力系统控制模块 PCM 在一定条件下，包括节气门开度转大时，将继电器断开。

（24）真空电磁线圈说明

加热器-空调微处理器发出电信号，真空电磁线圈模块把电信号转换为真空指令，真空指令确定空气分配器中的模式阀、空调-除霜器阀、外部空气阀各阀的位置。

真空持续地通过模块分配到模块上的 5 个电磁-控制阀。当空调控制头发出改变空气分配器阀门位置信号时，与阀门相关的电磁线圈通电，真空可作用于对应的执行器。

（25）空调控制头说明

① 自动空调控制头说明。自动空调控制头如图 8-117 所示，该系统可设定一温度值，并自动控制气流方向且强制保持温度，也能够手动进行调控。使用时关闭车窗，可使系统运行最佳。

a. 自动控制：为保证系统最佳运行，应设置温度值且按下自动 AUTO 键，系统会选择最佳风扇转速和最佳气流设置，以确保乘客舒适。外部温度在 4℃（40℉）以上时，空调系统压缩机会运转。天气寒冷时，鼓风机启动之前会有 2～3 min 的延迟。

微处理器利用使用者的温度设置、两个气温传感器的输入、阳光传感器的输入信息，提供理想的舒适环境。

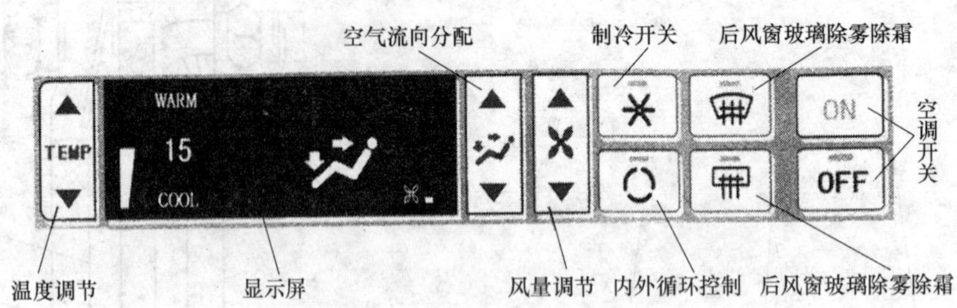

图 8-117　自动空调控制面板

b. 温度控制：按压向上箭头以升温，按压向下箭头以降温。可选择显示几分钟，然后显示外部温度。如按自动 AUTO 按钮，系统会控制鼓风机转速和气流。

c. 手动控制：在车辆里可手动控制暖风、冷气和通风，使用下列按钮可选择气流方向、风扇转速、外部和再循环空气以及压缩机的操作：

- 模式：当系统不在自动 AUTO 模式时，该控制钮有多种设定来控制气流方向，为获得可利用的各种模式，连续向上或向下按下模式摇臂按钮，直到显示所需的模式。
- 挡风玻璃/地板：该设置使一半的空气流向地板管道，另一半流向除霜器和侧窗通风。
- 中部/地板：该设置使一半的空气流经仪表板出口，剩下的大部分空气流经地板管道，小部分流向除霜器和侧窗通风孔。
- 中部：该设置使空气流经仪表板出口。
- 地板：该设置使大部分空气流经地板附近管道，剩下的空气流出除霜器和侧窗通风孔。
- 前挡风玻璃快速除霜：该设置吸入外部空气，且使大部分空气流过除霜器通风孔。一部分空气流向地板管道和侧窗除霜器出口。显示器按钮上的指示灯启亮，除非外部温度在 4℃（40℉）之下，否则空调系统压缩机会自动运转。
- 通风：该按钮控制空调系统压缩机的接通和断开，压缩机断开时指示灯启亮，禁止再循环，系统试图自动控制温度，但不会自动控制压缩机。通风孔禁止前除霜模式，在前除霜模式中，如按下通风按钮，指示灯会闪烁 3 次，然后熄灭。
- 内循环：启动该按钮，直至显示屏上显示，车辆中的空气大部分为内循环。禁止在前除霜模式中使用该设置，进行内循环时指示灯会启亮，在禁止该选择时指示灯闪烁 3 次后熄灭。

后除雾：后窗除雾器使用加热隔栅从后窗上除雾。按下这个键接通后窗除雾器，15 min 后会自动断开。如果再次按此键，它会接通工作 7.5 min。也可再按一下此键使它断开除雾和除霜。系统有两种设置，可清理前车窗和侧车窗，为快速进行车窗除霜，按下前按钮，设置温度到 32℃（90℉），且选择鼓风机高转速；为了提供暖风时保持车窗清理，按下按钮直到显示，选择鼓风机转速来达到舒适性和挡风玻璃清理效果。

② 手动空调控制面板说明：手动空调控制面板如图 8-118 所示。

a. 1—ON（开）按钮：此按钮打开系统。

b. 2—鼓风机控制器：鼓风机控制开关控制鼓风机风扇速度选择，压下向上的箭头可增加鼓风机风扇速度，压下向下的箭头可降低鼓风机风扇速度。

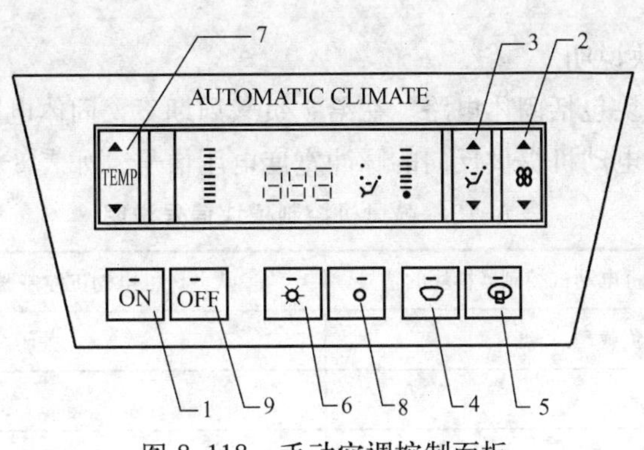

图 8-118　手动空调控制面板

c. 3—模式控制器：此开关有四个设置可以控制气流方向。

● 通风 ➡：此设置使吸进的空气流过仪表板出口。

● 混合模式 ⬇➡：此设置吸进空气并使其向两个方向流动，一半空气通过仪表板出口，大部分空气流向地板出口，一小部分空气流向除霜侧车窗通风孔。空调压缩机在此设置下自动运行，除非外部温度低于 4℃（40℉）。

● 地板 ⬇：此设置使大部分空气流向地板附近的风口，其余的空气流向除霜器和侧车窗通风孔。

● 除雾 ⬍：此设置使一半空气流向地板风口，另一半空气流向前部除霜器和侧车窗通风孔。空调器压缩机在该设定中自动运行，除非外界温度低于 4℃（40℉）。

d. 4—前部除霜：此按钮使大部分空气吹向除霜器出口。一部分空气也流向地板风口和侧车窗除雾器出口，按钮上的指示灯将点亮且显示符号。空调器压缩机在该设定中自动运行，除非外界温度低于 4℃（40℉）。

e. 5—后部除霜：后窗除霜器使用加温栅格除去后窗的霜和雾。压下此按钮可打开后部除霜功能，按钮上的指示灯点亮并使系统运行大约 10 min，再次按下按钮，后部除霜器将使系统运行大约 5 min。

f. 6—空调按钮：此按钮接通空调压缩机。如果外部温度低于 4℃（40℉），压缩机将断开，且指示灯闪烁三次。

g. 7—温度控制器：按动按钮可更改来自系统的空气温度。按动按钮上部使车内温度升高，按动按钮下部使车内温度降低。

h. 8—再循环按钮：此按钮使更多的车内空气再循环。如果模式控制器被设置为除雾或前部除霜功能，则再循环按钮将不起作用，且按钮上的指示灯闪烁三次发出通知。

i. 9—OFF（关闭）按钮：此按钮关闭系统。

（26）后部鼓风机控制说明

顺时针旋转按钮以调节后部鼓风机的转速。

0 位　　停止位

1 位　　低挡

2 位　　中挡

3 位　　高挡

（27）鼓风机控制模块说明

鼓风机电动机控制模块包括固体电路，在给定负载周期下，固体电路使用控制端传来的脉冲宽度电压信号，对鼓风机电动机提供反向的脉冲宽度电压信号，如表 8-10 所示。

表 8-10　鼓风机控制模块信号说明

从 HVAC 控制器传送到鼓风机电动机控制器模块的信号	从鼓风机电动机控制器模块传给鼓风机的信号
0～5%负载	关闭　短路
6%负载	高
7%～94%负载	反向可变输出
95%负载	低
96%～100%负载	关闭

控制端脉冲宽度信号取决于使用者手动设置的温度、外部空气温度、车内温度、阳光传感器的输入。当车内温度比使用者设置的温度冷或热得多，或者使用者选择自动 AUTO 按钮时，鼓风机电动机控制模块会相应地调整鼓风机。在车辆内部温度和设置温度很接近时，鼓风机电动机控制模块会把鼓风机转速降低。

（28）车内空气温度传感器说明

车内传感器和外部空气传感器影响车内空气温度的自动控制。这些传感器都是对温度敏感的热敏元件，传感器的电阻和温度呈反比对应关系。电阻值确定了传给空调控制头信号的级别，加热器–空调控制微处理器使用这种信息以设置真空电磁线圈模块、温度电动机执行器和鼓风机电动机脉冲宽度模块所需的指令信号。

软管管道将车内传感器壳体连接到吸气器，流出空调箱的气流在吸气器软管端部形成微小真空度，这种真空的形成使车内空气流经车内传感器，并提高了传感器预置的车厢温度的准确性。

（29）环境空气温度传感器说明

环境空气温度传感器位于车辆前保险杠下面的前格栅区域，HAVC 控制端使用这种传感器来获知周围空气温度信息。使用该信息，HAVC 控制端会在数字显示屏对驾驶员显示外部温度。如环境温度升高，在以下条件出现之前显示屏显示的温度不会升高。

① 车辆以 32km/h 的速度行驶约半分钟。

② 车辆以 72km/h 的速度行驶约一分钟。

这种延迟有益于防止误读，如显示的温度下降，则环境温度显示会即时更新。车辆停止使用超过 3 小时，当车辆启动时，则显示当前环境温度。如车辆停止使用少于 3 小时，则调用以前车辆运行时的温度。

（30）阳光负载传感器说明

阳光负载温度传感器位于仪表板上部装饰衬垫中间的可移格栅，该传感器可测量阳光照射到车辆所产生的热量。

2. 示意图和布线图

（1）暖风、通风与空调系统

① 鼓风机控制示意图，如图8–119～图8–121所示。

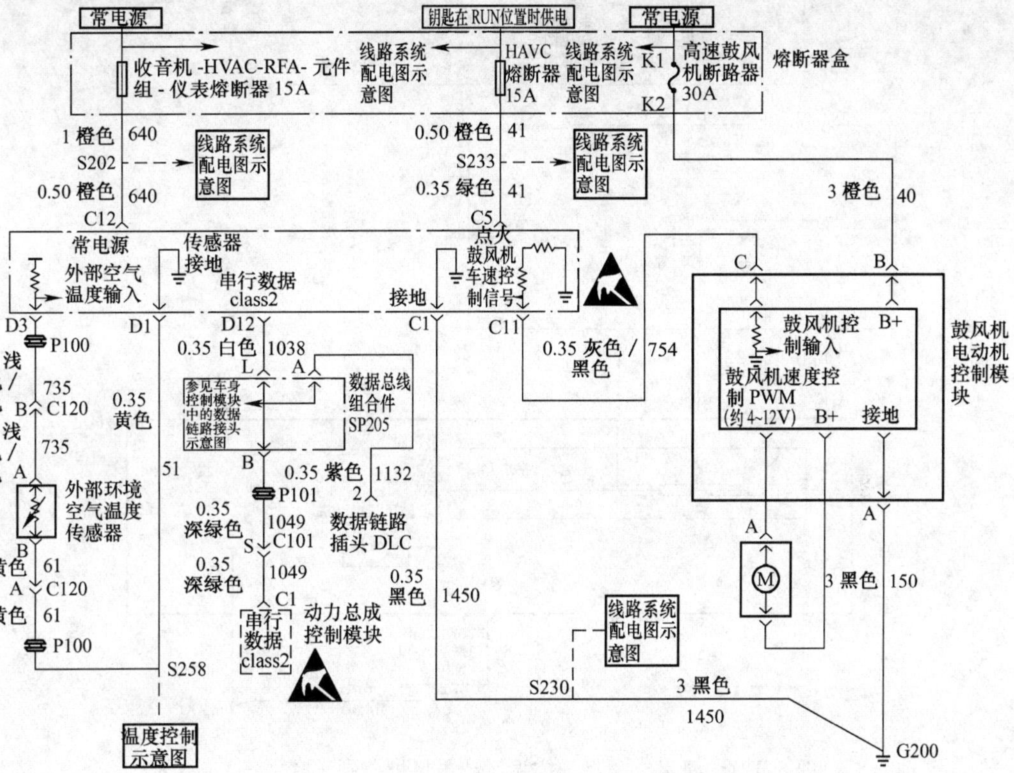

常电源
钥匙在 RUN 位置时供电
常电源
收音机 -HVAC-RFA- 元件组 - 仪表熔断器 15A
线路系统配电图示意图
HAVC 熔断器 15A
线路系统配电图示意图
K1
高速鼓风机断路器 30A
K2
熔断器盒
1 橙色 640
S202
线路系统配电图示意图
0.50 橙色 640
0.50 橙色 41
S233
线路系统配电图示意图
0.35 绿色 41
3 橙色 40
C12
C5
常电源
传感器接地
点火
鼓风机车速控制信号
外部空气温度输入
串行数据 class2
接地
C
B
鼓风机控制输入
B+
鼓风机电动机控制模块
鼓风机速度控制 PWM (约 4~12V)
B+
接地
D3
D1
D12
C1
C11
P100
0.35 浅绿色 / 黑色 735
B C120
0.35 浅绿色 / 黑色 735
A
0.35 黄色
51
0.35 白色 1038
L
A
参见车身控制模块中的数据链路接头示意图
数据总线组合件 SP205
B
0.35 紫色 1132
2
数据链路插头 DLC
0.35 灰色 / 黑色 754
外部环境空气温度传感器
B
0.35 黄色 61
A C120
0.35 黄色 61
P100
P101
0.35 深绿色 1049
S C101
0.35 深绿色 1049
C1
串行数据 class2
动力总成控制模块
0.35 黑色 1450
A
A
M
3 黑色 150
线路系统配电图示意图
S258
S230
3 黑色 1450
G200
温度控制示意图

图 8-119　暖风、通风与空调系统鼓风机控制示意图 1（3.0L）

钥匙在 RUN 位置时供电
蓄电池
空调熔断器
B2
B4
PA
M1
M2
后风窗除雾断路器
30A
熔断器盒
C2
C1
大灯开关
背景照明调光控制
A1
A2
3.0 紫色 293
0.35 灰色 8
0.35 白色 193
后风窗除雾电热丝
C16
D15
HVAC 控制
背景照明
除雾

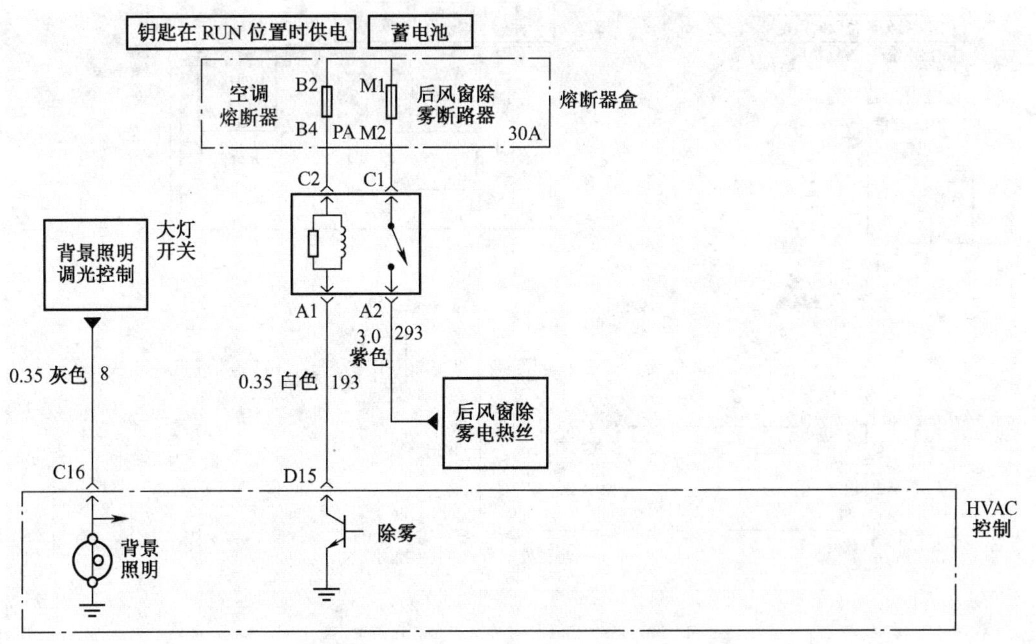

图 8-120　暖风、通风与空调系统鼓风机控制示意图 2（3.0L）

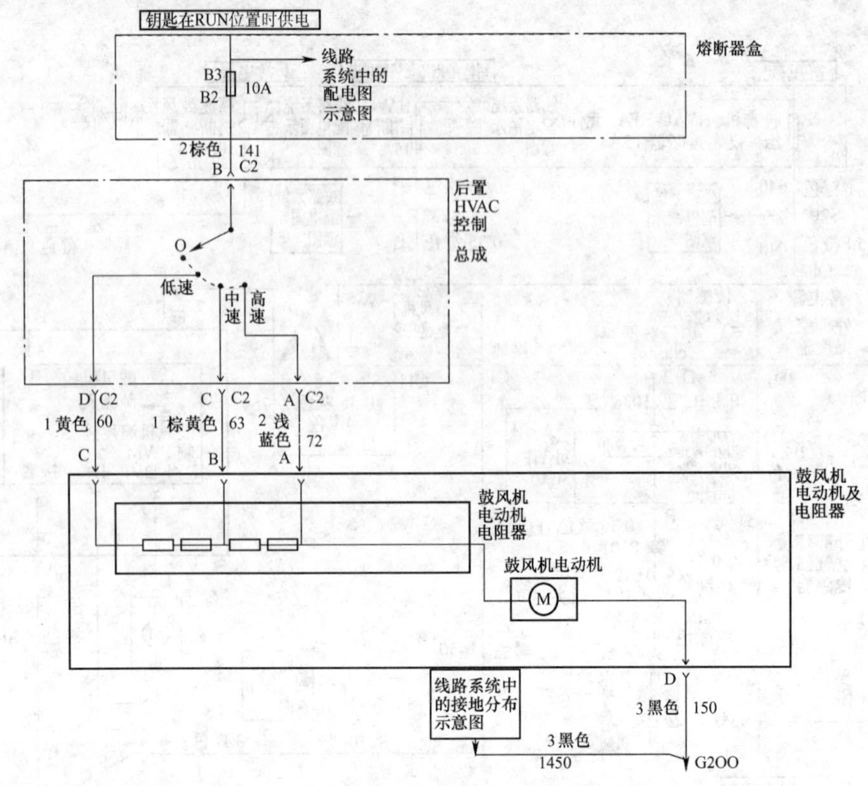

图 8-121　暖风、通风与空调系统鼓风机控制示意图 3（3.0L）

② 压缩机机控制示意图，如图 8-122 所示。

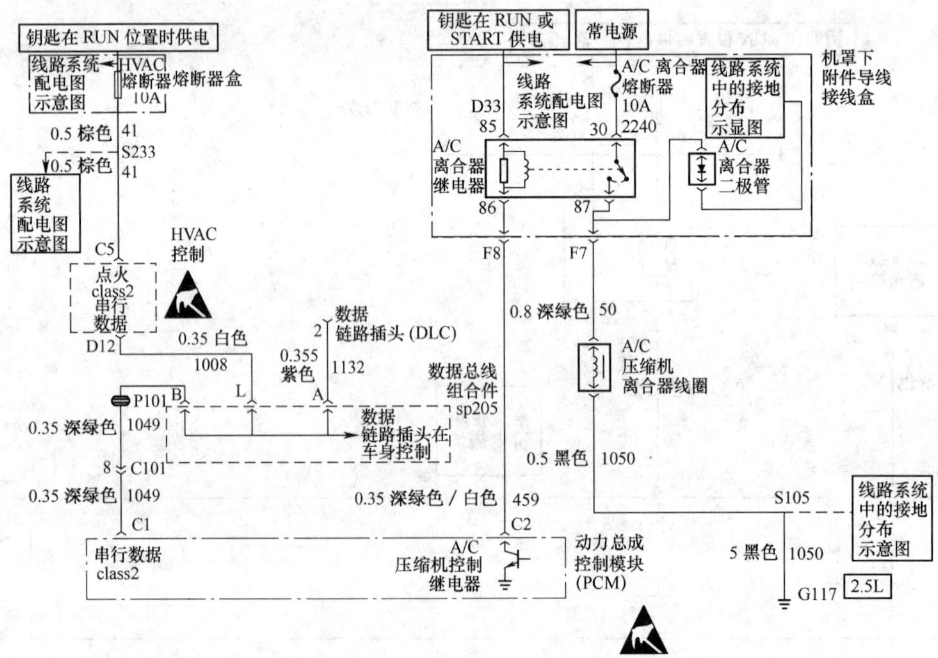

图 8-122　暖风、通风与空调系统压缩机机控制示意图（3.0L）

③ 空气输送/温度控制示意图，如图 8-123、图 8-124 所示。

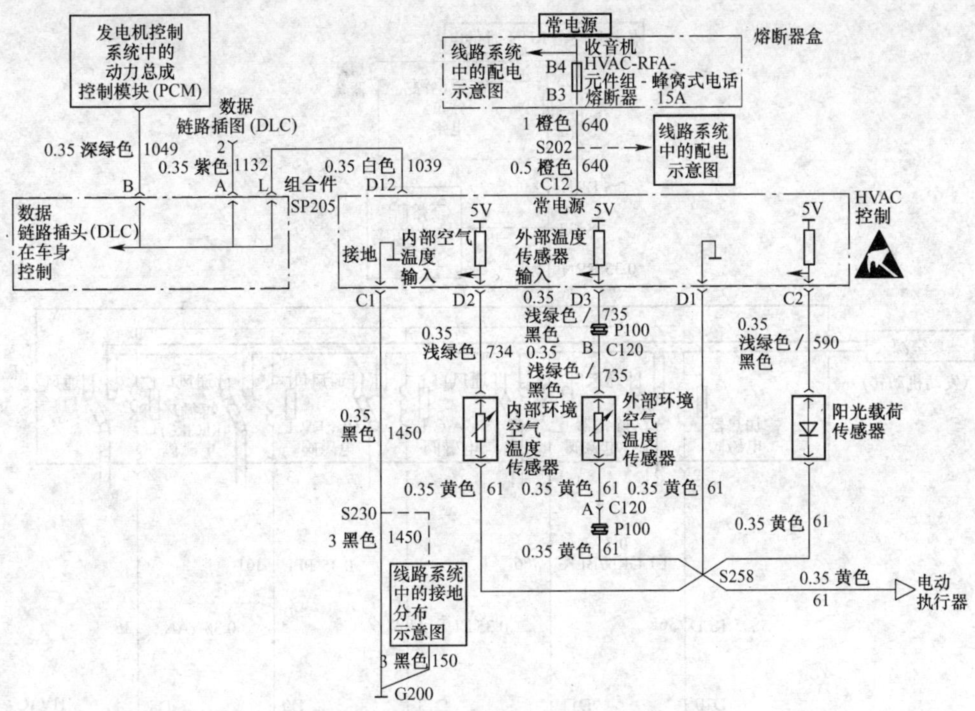

图 8-123　暖风、通风与空调系统空气输送/温度控制示意图 1（3.0L）

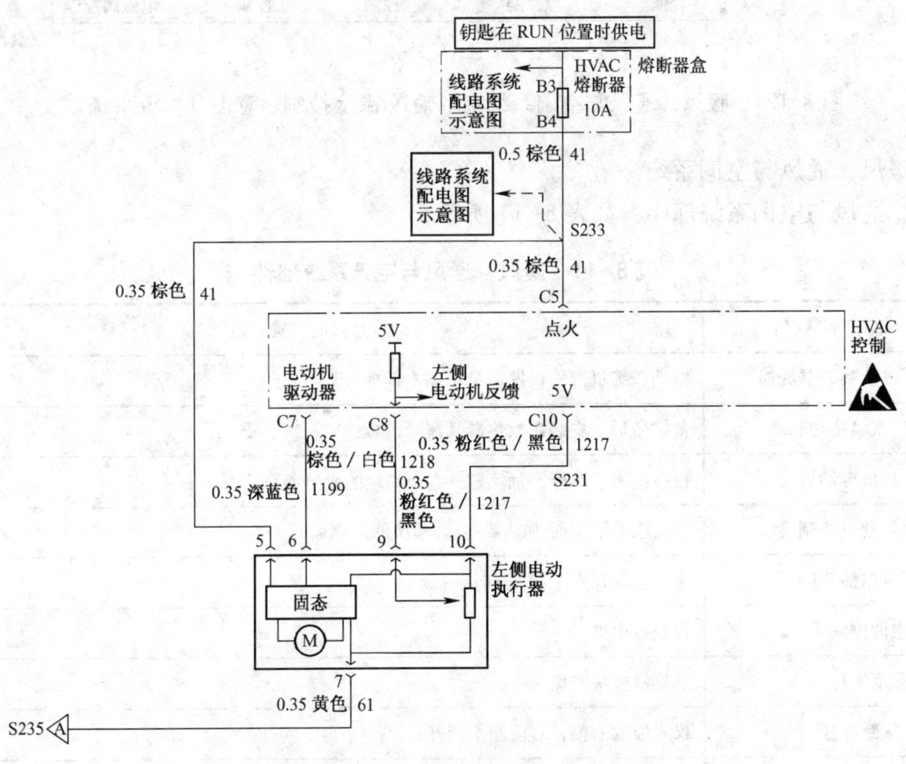

图 8-124　暖风、通风与空调系统空气输送/温度控制示意图 2（3.0L）

④ 空气输送/温度控制示意图（气流系统），如图 8-125 所示。

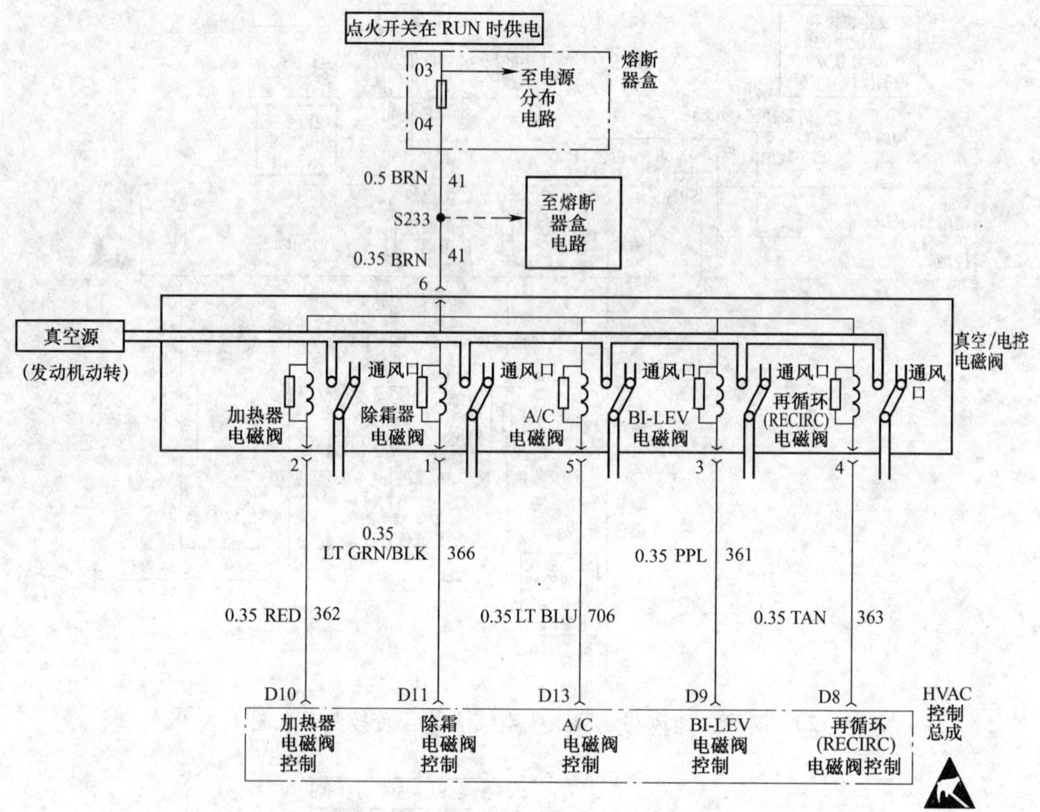

图 8-125 暖风、通风与空调系统空气输送/温度控制示意图（气流系统）

（2）暖风、通风与空调系统

暖风、通风与空调系统部件，如表 8-11 所示。

表 8-11 暖风、通风与空调系统部件

名 称	位 置
空调压缩机离合器线圈	空调压缩机部件，发动机下端右前侧
环境空气温度传感器	前饰带后，安装在散热器气流导流板上
鼓风机电动机	仪表板右后侧面，加热器一空调模块的右侧面
鼓风机电动机控制模块	仪表板右后侧面,加热器-空调模块的右侧面
数据链路插头DLC	位于仪表板左下部,转向柱右侧
空调控制头	仪表板中央
温度执行器	加热器模块左侧
熔断器盒	仪表板的右侧，右前侧车门开口
动力系统控制模块（PCM）	位于发动机左前侧，空滤器总成内

续表

名　称	位　置
接头组件（SP205）	在仪表板之下，转向柱的右侧
发动机罩下附件导线	接线盒，发动机室右侧连接至支柱架
真空电磁线圈	在仪表板室后部，加热器-空调模块的右侧
C101 20 插孔	仪表板线束至发动机线束，位于发动机室左侧，接近支柱座
C120 2 插孔	仪表板导线束至前灯导线束，发动机室的右侧，靠近蓄电池
C240 16 插孔	仪表板导线束至副仪表板导线束，在副仪表板前端后面
G117	发动机左前下方，在变速器驱动机构双头螺栓，起动机上方
G200	仪表板室右侧后部
P100	仪表板右下侧
P101	仪表板左上侧
S105	发动机线束，发动机室前，离直列接头C105（发动机冷却液风扇跨按按头）分接头约4 cm
S202	仪表板线束，转向柱右侧，距C242副仪表板中心分接头约10 cm（4 in）
S230	仪表板线束，距鼓风机电动机控制模块分接　头约4 cm（2 in）
S233	仪表板IP线束，仪表板中央后部，距收音机分接头约4 cm（2 in）
S335	A/C 鼓风机电动机分接头约18 cm（7 in）

（3）暖风、通风与空调系统部件视图

暖风、通风与空调系统部件视图如图8-126～图8-134所示。

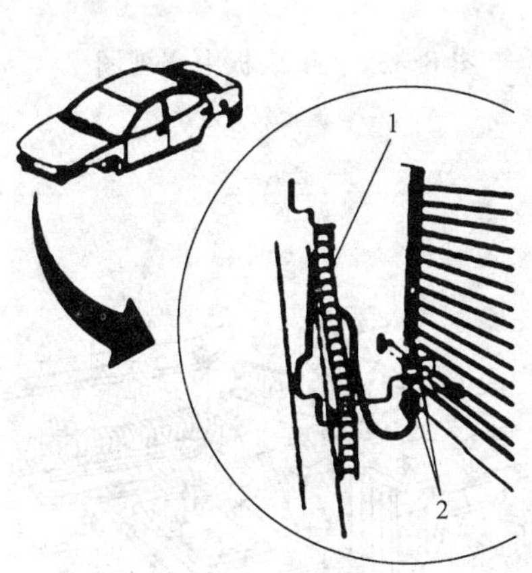

图 8-126　前饰带后面视图

1—前灯导线束；2—环境空气温度测量传感

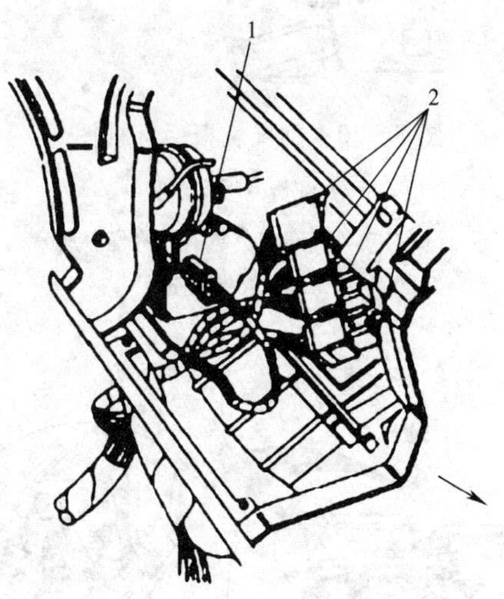

图 8-127　仪表板右侧后面视图

1—真空电磁阀；2—附加延时继电器、后窗除雾器继电器、后厢盖松开继电器与驾驶员开锁继电器

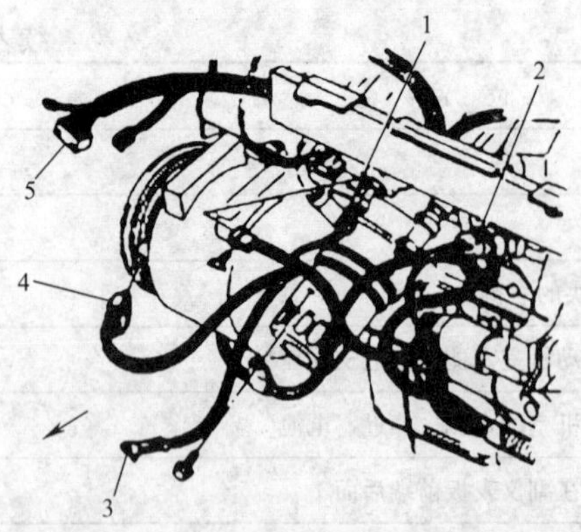

图 8-128　发动机的右下侧视图

1—1 组爆燃传感器；
2—发动机机油压力指示灯开关；
3—C172（与右前车轮转速传感器串接）线束；
4—空调压缩机离合器线圈；
5—发动机罩下附件导线接线盒 C3（前车灯）

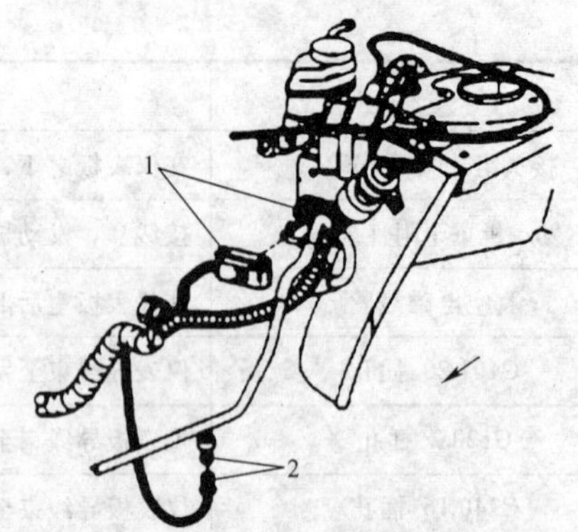

图 8-129　发动机室的左前侧视图

1—电子制动控制模块；
2—空调制冷剂压力传感器

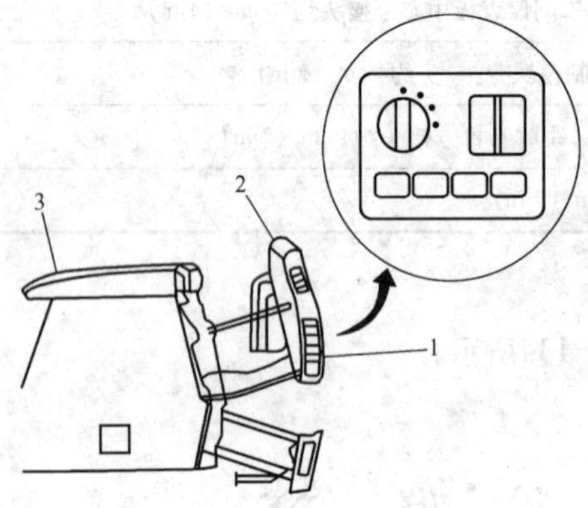

图 8-130　副仪表板后部视图

1—后座音响/空调控制开关；
2—音响/风扇与后出风口集成面扳；
3—副仪表板扶手

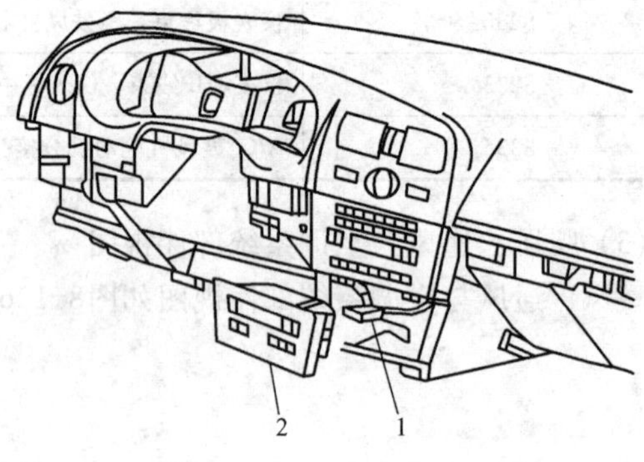

图 8-131　仪表板中心视图

1—空调控制头连接器；
2—空调控制头

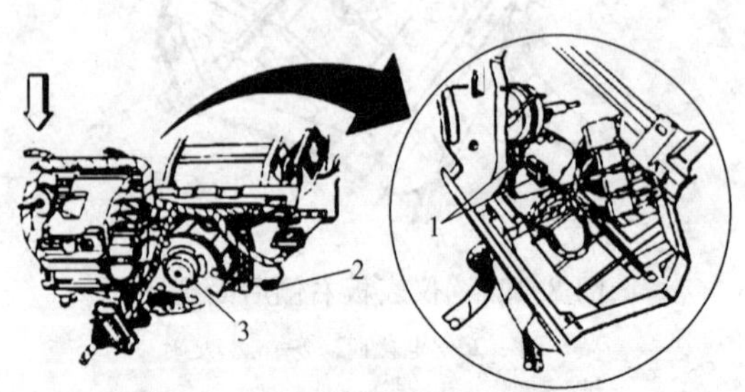

图 8-132　仪表板的右后部

1—电动执行器；2—真空电磁阀；3—鼓风机电动机

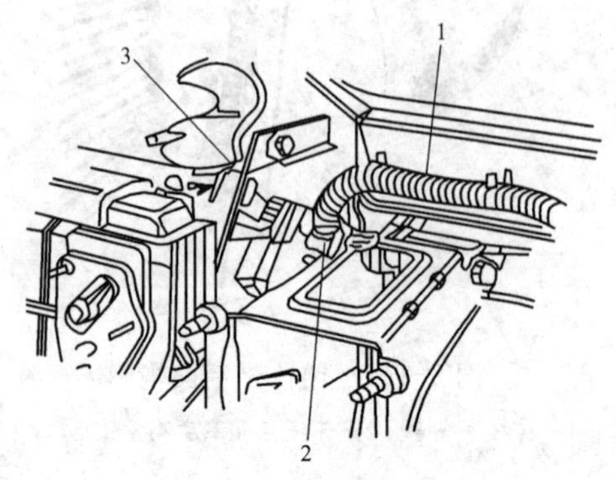

图 8-133　仪表板左侧面后部

1—仪表板导线束；2—左侧温度执行器接头；3—左侧温度执行器

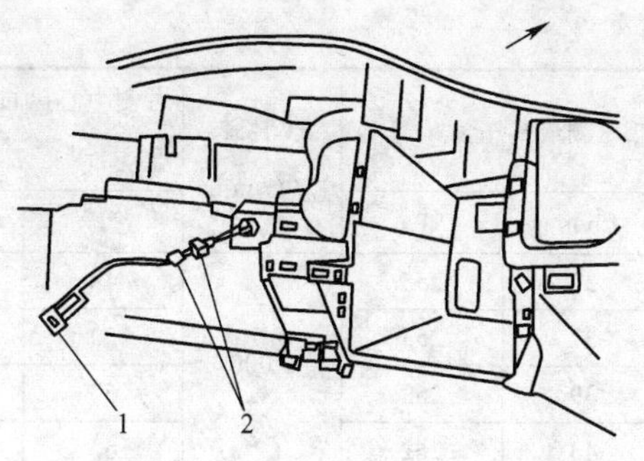

图 8-134　仪表板中心后部(自动)

1—车内空气温度传感器；2—车内空气温度传感器引出线

3. 系统性能测试

(1) 重要注意事项

在测试时记录下相对湿度以及环境温度条件：

① 车辆停放在室内或避荫处，环境温度必须大于 16℃（60℉）。

② 打开车窗以使车内通风。

③ 排出发动机废气。

④ 打开发动机舱盖，安装高低压侧压力表。

⑤ 记录外界环境温度。

⑥ 记录相对湿度，使用湿度计或向当地气象局咨询。

⑦ 关闭车门和车窗。

⑧ 将空调控制头设置在外部空气模式，鼓风机速度设置在“高”以及温度设置在“最冷”位置处，按下空调按钮接通空调。

⑨ 打开空调系统空气出口导流板。

⑩ 在空调系统右侧中间出风口放置一只温度计。

⑪ 将变速驱动桥放在驻车位，起动发动机，将发动机转速稳定在 2 000 r/min。

⑫ 运行空调系统，使出口空气达到最低温度大约 3 min。

⑬ 记录出口空气温度和高压侧及低压侧压力。

⑭ 关闭发动机，将读数与空调系统性能表中的上限数据进行比较，如表 8-12 所示。正常运行的空调系统不会超过表中所示的标准。

表 8-12　空调系统性能表

相对湿度/%	环境空气温度		低压侧最高压力		发动机转速/ (r/min)	右侧中心风口最高出气温度		高压侧最高压力	
	°F	°C	Lb/in^2	kPa		°F	°C	Lb/in^2	kPa
20	70	21	37	255	2 000	46	8	248	1 710
	80	27	37	255		47	8	303	2 069
	90	32	37	255		53	12	358	2 468
	100	38	38	262		54	12	358	2 268

续表

相对湿度/%	环境空气温度		低压侧最高压力		发动机转速/(r/min)	右侧中心风口最高出气温度		高压侧最高压力	
	°F	°C	Lb/in^2	kPa		°F	°C	Lb/in^2	kPa
30	70	21	37	255	2 000	48	9	264	1 820
	80	27	37	255		50	10	314	2 165
	90	32	39	269		57	14	374	2 579
	100	38	43	262		60	16	396	2 482
40	70	21	37	255	2 000	49	9	286	1 972
	80	27	37	255		53	12	336	2 317
	90	32	42	290		60	16	391	2 696
	100	38	49	338		66	19	435	2 999
50	70	21	37	255	2 000	51	11	303	2 069
	80	27	39	269		56	13	352	2 427
	90	32	46	317		63	17	413	2 848
	100	38	55	379		72	22		
60	70	21	37	255	2 000	53	12	319	2 199
	80	27	42	290		59	15	374	2 579
	90	32	49	338		66	19	429	2 958
	100	38	60	414		78	26		
70	70	21	37	255	2 000	55	13	336	2 317
	80	27	45	310		62	17	391	2 696
	90	32	53	365		70	21	446	3 075
80	70	21	41	283	2 000	56	13	352	2 427
	80	27	48	331		65	18	407	2 806
	90	32	57	393		73	23		
90	70	21	45	310	2 000	58	14	369	2 544
	80	27	52	359		68	20	424	2 923
由于过高的高压侧压力而导致空调压缩机关闭									

（2）泄漏检测

告诫：不要在可燃空气中操作检测器，因为它的传感器是在高温中工作的。否则，会造成人体伤害或损坏探测器。

重要注意事项：装配有低制冷剂预先报警系统的车辆，在动力系统控制模块（PCM）中会设置低制冷剂诊断故障代码。

系统指示制冷剂未注满，或进行了部件、管路或接头的维修操作后，要进行系统制冷剂泄漏测试。

所需工具：

① J 39400–A 卤素泄漏检测器。

② J 39183–C R134A 歧管测量仪装置。

③ J 39500–50 23 千克（50 磅）可重新充注式存储罐。

卤素泄漏检测器是确定制冷剂泄漏最实用的工具。

J 39400−A 是一个在 12V 直流电压下工作的小元件，当 R12 或 R134a 被检测时，它产生频率加快的声音信号。有 3 个设定挡：

① R12。

② R134 a。

③ 严重泄漏（可将其他两个设置中找到的严重的泄漏分离出来）。

确保仪表已根据其使用说明正确标定过，确保按照测试的制冷系统类型正确设定检测器。测试方法如图 8-135 所示。

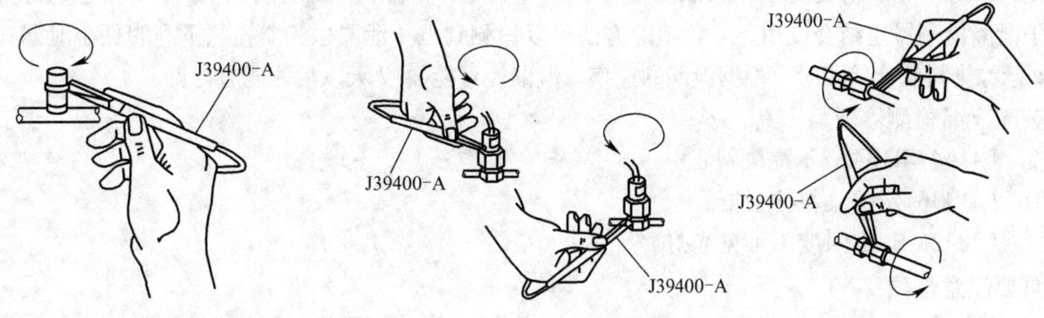

图 8-135　用检测器检测泄漏

认真遵守制造商的说明书中的校准、操作、保养项目，正确地使用检测器。

每个接合处必须以 1～2 in/s 的速度做完整的圆周移动，并且探测器的尖端尽量靠近表面尖端的间隙应不大于 1/4 in，而且不会阻挡空气进入。当音调从每秒 1～2 咔嗒声变为连续报警时，即指示泄漏。经常调节平衡按钮，以保持每秒 1～2 咔嗒声的速率。

重要注意事项：卤素泄漏检测器对风窗玻璃清洗剂、溶剂和清理剂、黏合胶比较敏感。

开始测试之前，使用测量仪装置测试静态压力，以确保制冷剂系统已加注了满足泄漏测试的油量。泄漏测试的正确读数范围是 413～689 kPa(60～100 lb/in^2)。

为防止误报警，清理所有检测面。由于吸入液体会损坏检测器，所有检测面应保持干爽。启用该程序会检测下列项目：

① 低压和高压侧传感器；

② 传感器和开关；

③ 蒸发器入口和出口；

④ 储液罐干燥器入口和出口；

⑤ 冷凝器入口和出口；

⑥ 其他接头；

⑦ 所有钎铜焊和焊接区域；

⑧ 有损坏迹象的区域；

⑨ 软管连接部位；

⑩ 压缩机后端；

⑪ 壳体接合处。

重要注意事项：始终保持沿着制冷剂系统的连续路线，这样可以避免泄漏处被漏查，即使找到一处泄漏，仍应检查所有区域以确保整个系统没有泄漏。

常见的泄漏出现在制冷剂安装附件或连接中，泄漏可能由以下原因引起：

① 扭矩不适当；

② O 形密封圈损坏；

③ O 形密封圈上缺润滑油；

④ O 形密封圈上有尘土/碎屑。

棉手套或衣料的小块碎片都能引起 O 形密封圈的泄漏通路。

R134 a 制冷剂与先前使用的 R12 制冷剂完全不一样，它需要另外的方法进行泄漏检测。R134a 分子比 R12 分子小，能从较小的缝隙泄漏。R134a 不含电子泄漏检测器容易识别的氯，染色追踪方法与电子泄漏检测器应结合使用。染色追踪方法可以检测到电子泄漏检测器检测不到的更小泄漏处，R134a 示踪染料法比较费时，根据泄漏的速率，泄漏处可能要 7 天以后才能看得见。

荧光泄漏检测器所需工具：

① J 41447 R134A 示踪染料；

② J 41436 示踪染料注射器；

③ J 28428-E 高强度不可见光灯。

重要注意事项：

① 新开发的 J 41447 只在装配了 R134 a 的车辆或是由使用 R−12 改装成使用 R−134 a 的车辆上使用。

② 在 R−134 a 系统中只推荐使用 J 41447，使用其他产品会影响系统可靠性并造成压缩机永久性故障。

③ 只使用 0.069−N 1/4 盎司的示踪染料，加注量过大会危及空调系统的可靠性。

④ 添加示踪染料后，用除油器 GM P/N 1050436 或类似的物品清理维修阀和表面的残留染料，以避免错误的故障诊断染料的注射。

⑤ 可以根据提供的说明书，使用 J 41436 向加注系统注射示踪染料。

⑥ 对于排空的系统，可将示踪染料加在更换过的部件上，或用 ACR4 组件添加示踪染料，液体泄漏检测器和压力测试液体/气泡泄漏检测器的使用功能有限。这是由于现在使用的制冷剂系统可见性有限，液体/气泡泄漏检测器缺乏敏感性，最难发现的泄漏在蒸发器芯处。

测试蒸发器芯应遵循下列说明：

① 将鼓风机风扇接通至高速挡 15 s 或更长时间。

② 关闭鼓风机风扇。

③ 等待 10 min。

④ 如果可能，卸掉鼓风机风扇电源模块或电阻块。

⑤ 如鼓风机风扇电源模块不易接近，检查蒸发器泄放管是否潮湿。

⑥ 如干燥，则沿着蒸发器排出管将泄漏检测器探测头插入电阻/继电器开口或鼓风机壳体泄放管中。如检测器发出持续报警声，说明已发现了泄漏点。

⑦ 用手电筒检查芯面是否有制冷剂油痕迹。对于 R134a 系统，由于润滑油是水溶性的，因而即使有泄漏也不可能有任何痕迹。

测试压缩机油封：

① 用车间压缩空气在压缩机离合器/传动带轮前后吹风至少 15 s。

② 等待 1～2 min。

③ 在传动带轮前方探测，如检测器发出持续报警声，说明已发现了泄漏点。

4. VDOT 空调系统故障诊断

诊断以下部件是否有引起冷却不充分的故障：

① V5 压缩机；

② VDOT 制冷系统。

V5 为变排量型压缩机。V5 压缩机通过改变冲程，以响应空调的要求，而不循环离合器。控制阀位于空调压缩机的后端，能感应到压缩机低压侧压力，促使压缩机件的冲程运动。V5 压缩机处于常运转状态，系统不循环，诊断程序不同于固定排量系统的程序。

（1）初步检查：

① 检查空调熔断器，必要时更换。

② 检查空调鼓风机的运行情况，必要时修理。

③ 检查离合器线圈电气连接情况，必要时修理。

④ 检查诊断代码，必要时修理。

⑤ 检查传动带，如果传动带损坏请更换。

⑥ 检查电动冷却风扇的运行情况，必要时修理。

⑦ 检查冷凝器气流限制情况，必要时清理。

⑧ 检查系统是否有气流阻滞。

（2）电路故障说明

① 外部空气温度传感器对接地短路或开路：

如图 8-136 所示，空调控制头通过电路 735（浅绿色/黑色线）和电路 61（黄色接地线）接收环境温度传感器电压信号，以确定环境温度。

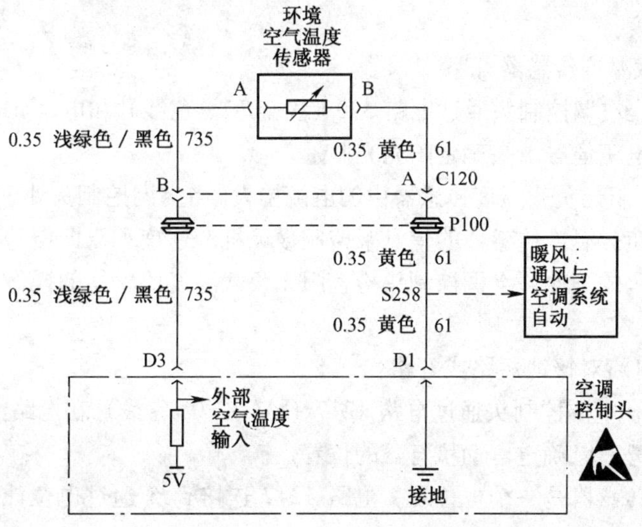

图 8-136　外部空气温度传感器电路

环境温度传感器的内部电阻随着温度升高而降低。环境温度传感器温度和车内空气温度传感器之间的测量差值，被加热器—空气控制器用来确定吸入的空气需要冷却或加热的程度，以最快达到所选择的车内温度。加热器—空调控制器也用环境温度传感器的信号在加热器—空调显示器上显示外部空气温度。

② 车内空气温度传感器开路或对地短路：

如图 8-137 所示，空调控制头通过电路 734（深绿色线）和电路 61（黄色接地线）接收室内温度传感器电压信号，以确定室内温度。

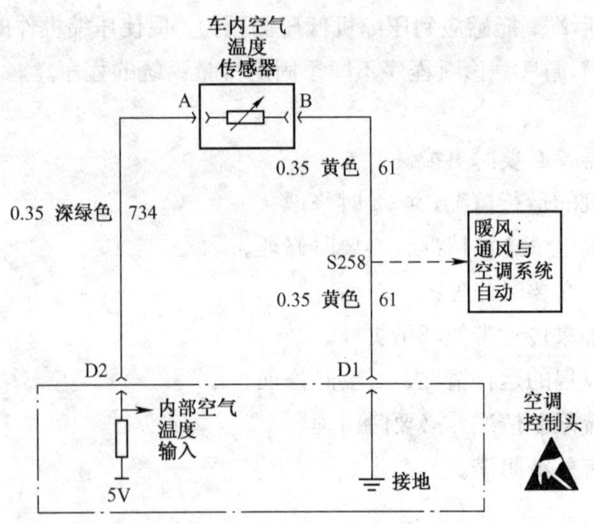

图 8-137 车内空气温度传感器电路

车内温度传感器的内部电阻随着温度升高而降低。室内温度传感器温度和环境空气温度传感器之间的测量差值，被加热器—空气控制器用来确定吸入的空气需要冷却或加热的程度，以最快达到所选择的车内温度。

③ 指示阳光负载温度传感器开路

如图 8-138 所示，空调控制头通过电路 590（浅蓝色/黑色线）和电路 61（黄色接地线）接收阳光负载温度传感器电压信号，来确定阳光光照量。

当太阳光变强时，阳光负载温度传感器中的电流增大。当空调控制头处于自动 AUTO 模式时，空调控制头使用阳光负载温度传感器的信息来控制鼓风机的速度和双向流动模式。

设置故障诊断代码的条件：空调控制头检查阳光负载温度传感器的操作，并检测到电路 590（浅蓝色/黑色线）开路。

④ 执行器反馈电路对接地短路或开路

如图 8-139 所示，空调控制头通过电路 1217（粉红色/黑色线）和电路 61（黄色接地线）接收电动执行器位置信号，以确定电动执行器的位置。

电动执行器位置传感器是一个电位表，电路 1217 连接到 5 通过电位计的可变输出，将位置信号反馈给空调控制头中的负载电阻。该信号与电动执行器的位置有关，用来确定电动执行器电动机需要的驱动信号，从而提供合适的空气混合气门位置。

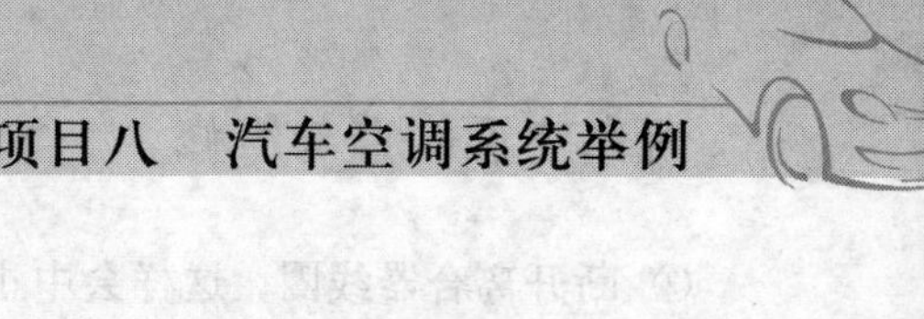

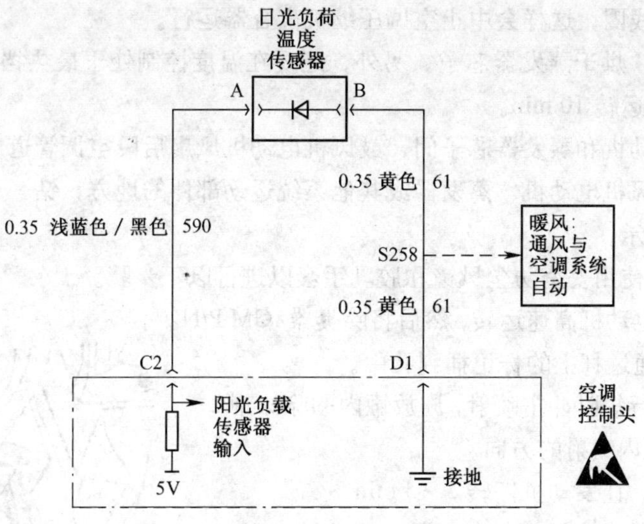

图 8-138　阳光负载温度传感器电路

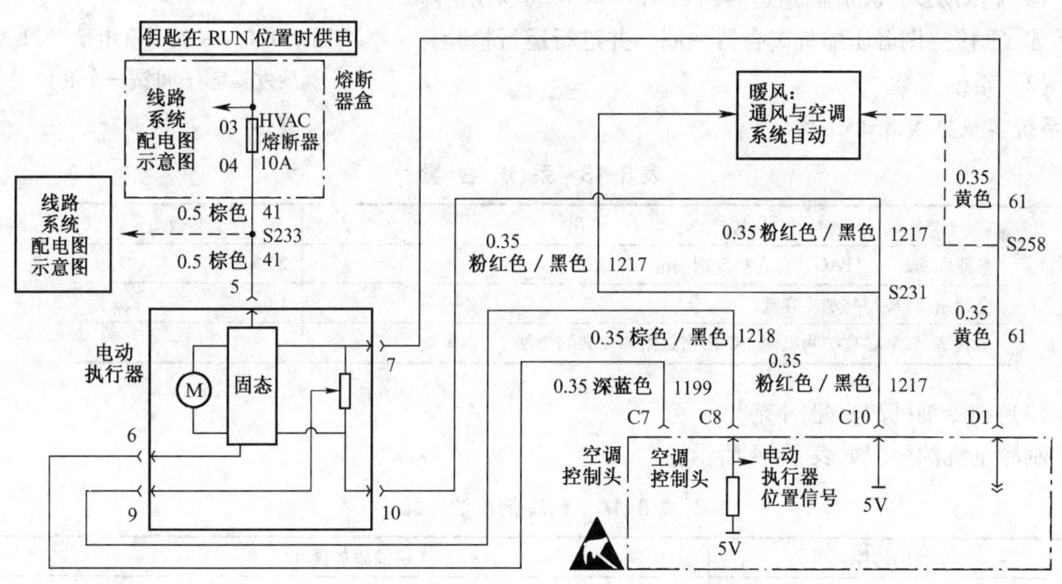

图 8-139　执行器反馈电路

5. 维修指南

(1) 气味的调整

在热天，气味可能从空调系统发出。加热器/蒸发器壳体内的碎屑或蒸发器芯子上霉菌的繁殖会产生这种气味。通用车辆售后零件供应中心可供应消除气味的维修工具箱，单独使用这种 GM P/N 12370470 除味器就能清除空调系统的异味。不过，还是建议装用延后提供的鼓风机控制模块，以防止再出现异味，参见随零件提供的安装说明书。

① 吸入外界空气强制通风，以清除所有碎屑。

② 断开离合器线圈，这样会中止空调压缩机离合器运行。

③ 起动发动机，烘干蒸发器芯子。另外，还要在温度控制处于最热挡时使鼓风机电动机在车内循环模式下高速运转 10 min。

④ 在鼓风机电动机和蒸发器芯子间，鼓风机电动机风扇后段空调管道中确定一个区域。

⑤ 在不干扰鼓风机电动机、蒸发器或其他系统运动部件的地方，钻一个 3.17 mm（1/8 in）的孔，如图 8-140 所示。

重要注意事项：使用安全防尘风镜和胶乳手套以进行以下步骤。

① 保持鼓风机电动机高速运转，然后将除臭器 GM P/N 12370470 的延伸杆通过杆上的标记插到孔中。

② 对该区域进行短时冲击喷射，施放罐内的除味剂 2～3 min，变换向管道内喷射的方向。

③ 关闭发动机，让发动机停转 3～5 min。

④ 用车身密封剂或室温硬化衬垫混合剂密封 3.17 mm（1/8 in）的孔 1，如图 8-140 所示。

⑤ 起动发动机，并高速运转风扇 15～20 min 以便干燥。

⑥ 重接空调器压缩机离合器线圈，并进行运行检验。

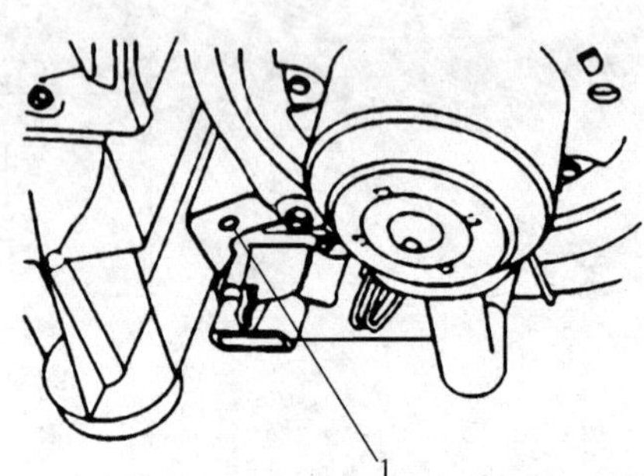

图 8-140　在鼓风机电动机和蒸发器芯子间钻一个孔

（2）系统容量

系统容量见表 8-13 所示。

表 8-13　系统容量

应用	参数
聚亚烷基二醇（PAG）合成制冷剂润滑	250mL
空调系统 R-134 加注容量	1.0g
矿物基 525 黏度矿物机油、O 形密封圈和安装润滑油	—

（3）制冷剂机油分配/补充

制冷剂机油分配如表 8-14 所示。

表 8-14　制冷剂机油分配

更换的部件	机油添加量/mL
空调压缩机	60　（2盎司）
冷凝器	30　1盎司
蒸发器	90　3盎司
储液罐	30　1盎司
由于大量制冷剂泄漏而造成的突然机油损失	将略多于90mL（3盎司）的规定数量的机油添加到更换的部件上(大量泄漏的原因)

重要注意事项：如果在回收过程或更换部件过程中从空调系统清除了制冷剂机油，那么必须重新补充，按说明添加制冷剂机油。

6. 专用工具和设备

专用工具和设备如表 8-15 所示。

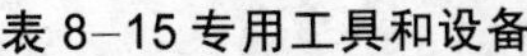
表 8-15 专用工具和设备

工具图	编　号	说　明
	J 28428-E	高强度不可见光灯
	J 33025	离合器线圈拔出器支架
	J 33013-B	离合器毂和驱动片安装工具
	J 33027-A	离合器毂夹持工具
	J 33017	传动带轮和轴承安装工具
	J 34614	轴封保护装置
	J 33023-A	拔出器导杆
	J 38185	软管夹紧钳子

续表

工具图	编　号	说　明
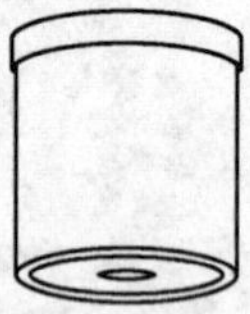	J 33024	离合器线圈安装工具适配器
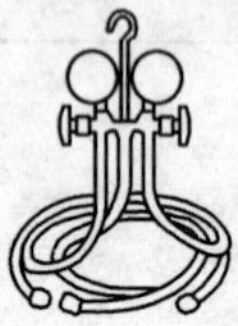	J 39183-C	R134A 歧管测量仪组件
	J 39400-A	卤素泄漏检测器
	J 41447 R134A	示踪染料 24-1/4 盎司，瓶装
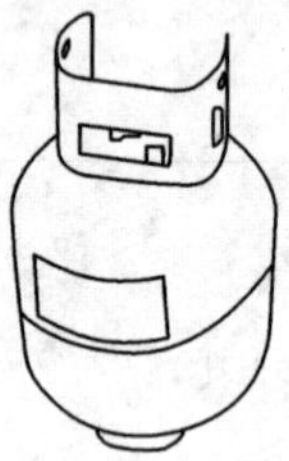	J 39500-5050	磅可重加注储存罐
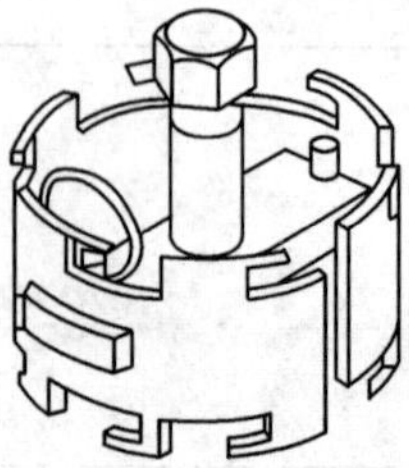	J 41552	压缩机传动带轮拔出器
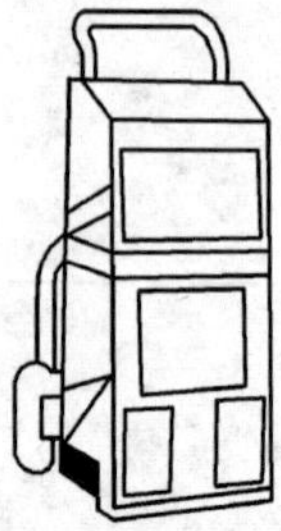	J 39500-B	空调制冷剂回收，再生和重新加注，ACR4 系统

续表

工具图	编　号	说　明
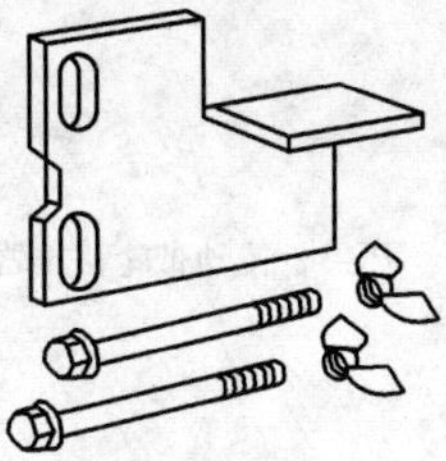	J 41790	压缩机卡具
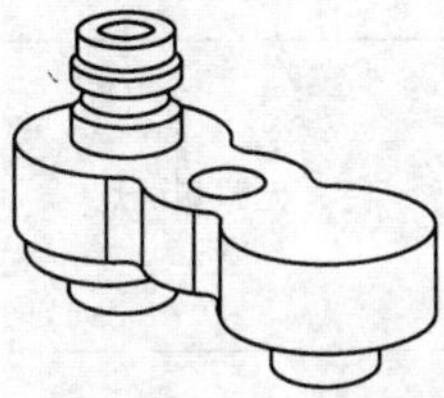	J 39893	压力测试接头
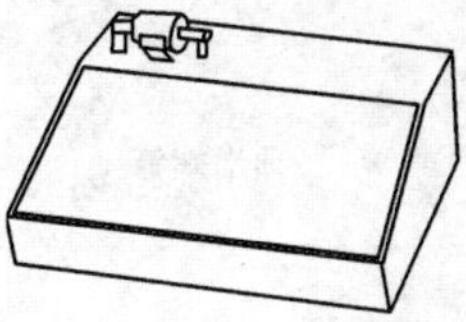	J 41810	防护装置 2
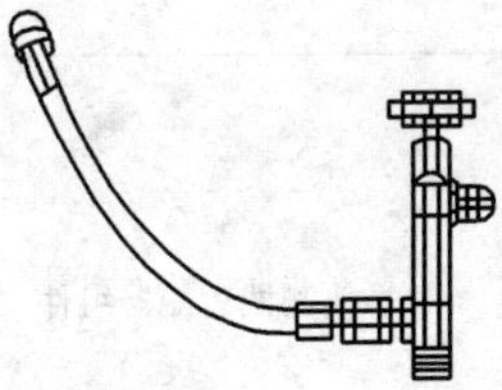	J 41436	示踪染料注射器
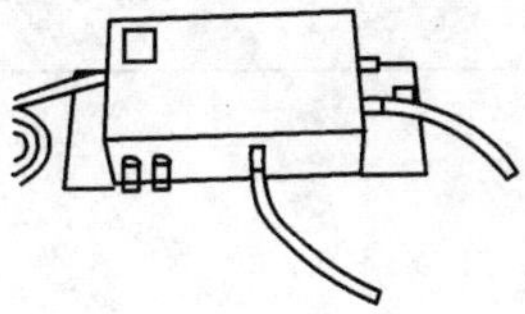	J 41810-A	流量控制阀
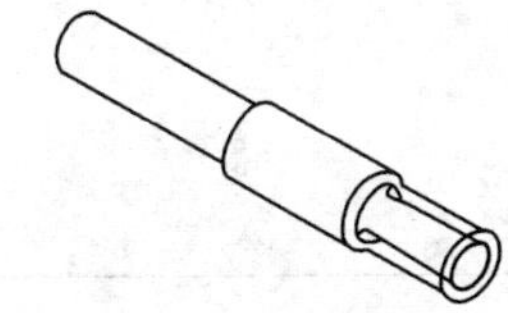	J 42136	空调系统唇形密封拆卸工具
	J 42146Tech 2	诊断扫描工具

续表

工具图	编　号	说　明
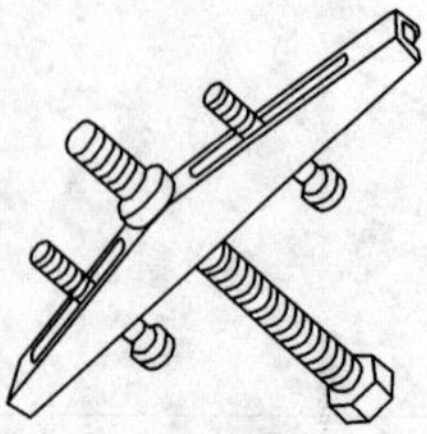	J 8433	压缩机传动带轮拔出器
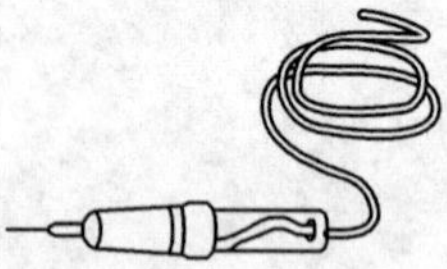	J 34142-B	无源测试灯
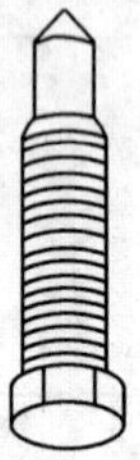	J 8433-3	顶出螺钉
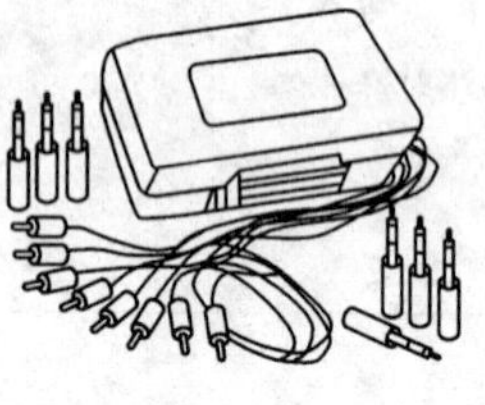	J 35616-A	插头测试适配器组件
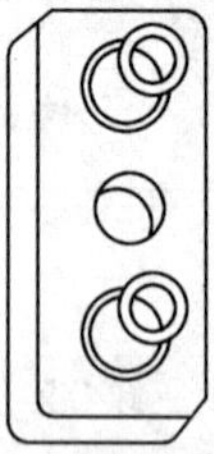	J 9625-A	压力测试组件
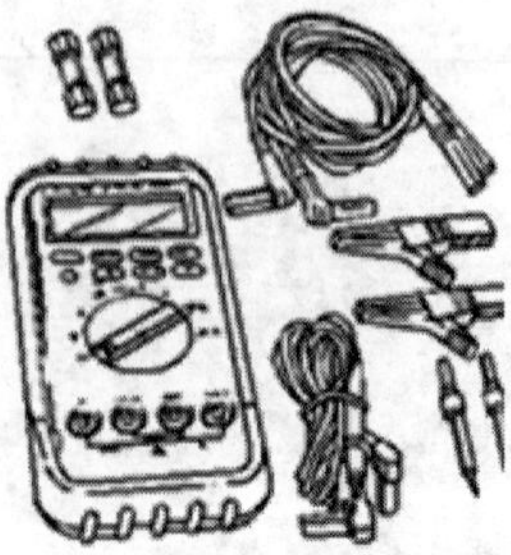	J 39200	数字式万用表

器材与设备

① 器材：带自动空调的别克轿车，每组一辆；车辆室内外保护套件、每组一套。

② 设备：与车辆匹配的计算机检测仪，每组一台；万用表，每组一块；制冷剂回收、充注机，每组一台；歧管压力表，每组一块。

③ 工具：常用拆装工具，每组一套。

技能训练

① 正确开启车门及发动机盖。

② 安装车内外保护套件。

③ 认知空调制冷、采暖系统的部件及安装位置。

④ 对照电路图，找到电路系统元件，并明确元件作用及系统工作原理。

⑤ 用计算机检测仪对空调系统进行检查。

⑥ 用万用表对传感器、执行器电路进行逐段测量。

⑦ 将歧管压力表接到制冷系统中，接好尾气排放管，启动发动机，接通制冷开关，检制冷系统正常压力。

⑧ 调整空调控制面板开关、旋钮或滑杆，感觉制冷，采暖系统工作时出风口空气温度。

⑨ 整理、清洁实验场地。

实验记录

1．实验车型制冷系统形式：________　　A　膨胀阀式　　B　节流管式

2．记下制冷系统正常工作时高、低压表示数：

高压：____________ MPa；　低压：____________ MPa。

3．写出空调控制计算机的传感器和执行器及它们所在的位置：

____

____

____

____

4．记录空调系统正常工作时，计算机检测仪上显示的各传感器数据：

____

____

____

____

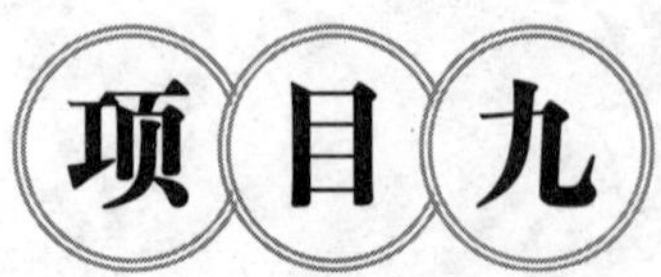

项目九 汽车空调系统维修与训练

本项目选取了实际工作中常见的工作项目，作为空调课程结束时的考核或结业考试。这些项目在课程学习过程中练习过，在此根据实际车型和设备进行一下汇总。

活动一 空调系统检查保养项目练习与考核

知识目标

掌握空调系统检查与保养的工作项目。

技能目标

能够独立对空调系统进行检查与保养。

知识链接

① 器材：空调系统状态良好的轿车一辆。

② 设备：举升机一部；尾气排放设备一套。

③ 工具：常用拆装工具一套。

④ 其他：车辆保护套件一套（5 件）；护目镜，防护套各一件。

维修工单：（教师根据实际情况设置下列考核内容）

车辆品牌：________________

车辆牌号：________________ 行驶里程：________________km

车主姓名：________________ 联系电话：________________

车主投诉：________________________________

____

____

维修内容：________________________________

____

____

维修记录：________________________________

耗材：________________________________

工时：__________**接车时间：**__________**交车时间：**__________

维修技师签字：________________

日期：________________

考核评分：

序号	考核项目	分值分配		总分	得分
1	准备工作	明确工作任务 准备工具及量具 车辆驻车可靠 车辆保护套件安装 启动前尾气排放管的安装	2 分 2 分 2 分 2 分 2 分	10	

续表

序号	考核项目	分值分配		总分	得分
2	工作过程	采暖系统检查： 防冻液检查 泄漏检查 鼓风机及出风口检查 出风模式检查 外循环进风口滤芯检查 制冷系统检查 压缩机及传动带工作状况检查 电风扇工作状况检查 冷凝器表面检查与清洁 制冷剂压力检查 制冷系统泄漏油迹检查 出风模式检查 正确填写工单	 10 分 5 分 5 分 5 分 5 分 5 分 5 分 5 分 10 分 5 分 5 分 5 分	70	
3	场地整理	车辆、工具、量具回复原位 场地清洁	5 分 5 分	10	
4	安全环保	正确使用工具、量具 正确操纵车辆及设备 按要求合理回收废弃物品	4 分 4 分 2 分	10	
		合计		100	

活动二　制冷系统压缩机不转电路诊断训练与考核

知识目标

① 掌握空调制冷系统压缩机不转故障的诊断方法。

② 熟悉空调系统压缩机控制电路。

技能目标

① 能够独立对电路图进行分析。

② 能够对系统元件进行正确测量。

③ 能够独立排除压缩机不转故障。

器材与设备

① 器材：自动空调工作正常的车辆或台架一部；车辆室内外保护套件一套；护目镜、防护手套各一件。

② 设备：制冷剂回收、充注机一台；计算机检测仪一台；万用表一块；歧管压力表一块。

③ 工具：常用拆装工具一套。

维修工单：（教师根据实际情况设置下列考核内容）

车辆品牌：________________

车辆牌号：________________　行驶里程：________________km

车主姓名：________________　联系电话：________________

车主投诉：____

____

____

维修内容：____

____

____

维修记录：____

耗材：____

工时：____________接车时间：____________交车时间：____________

维修技师签字：________________

日期：________________

考核评分：

序号	考核项目	分值分配		总分	得分
1	准备工作	明确工作任务 准备工具及量具 车辆驻车可靠 车辆保护套件安装 启动前尾气排放管的安装	2 分 2 分 2 分 2 分 2 分	10	
2	工作过程	故障验证 电路图查找与分析 正确使用计算机检测仪 正确使用万用表 找到故障部位 故障排除 修复后的质量检查 工单的正确填写	5 分 10 分 10 分 10 分 10 分 10 分 10 分 5 分	70	
3	场地整理	车辆、工具、量具回复原位 场地清洁	5 分 5 分	10	
4	安全环保	正确使用工具、量具 正确操纵车辆及设备 按要求合理回收废弃物品	4 分 4 分 2 分	10	
合计				100	

活动三　制冷系统制冷剂量检查和系统检漏训练与考核

知识目标

① 熟悉制冷系统常用检漏设备的工作原理。

② 掌握制冷系统检漏的方法。

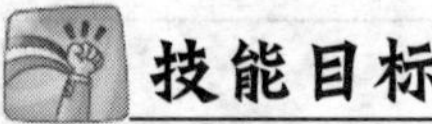

技能目标

能够对制冷系统进行泄漏检查。

知识链接

① 器材：汽车空调系统；肥皂溶液。

② 设备：歧管压力表组件；氮气罐（压缩氮气要充足）。

维修工单：（教师根据实际情况设置下列考核内容）

车辆品牌：____________________

车辆牌号：____________________　行驶里程：____________________km

车主姓名：____________________　联系电话：____________________

车主投诉：____

____

____

____

维修内容：____

____

____

____

维修记录：____

耗材：____

____

____

工时：__________接车时间：__________交车时间：__________

维修技师签字：____________________

日期：____________________

考核评分：

序号	考核项目	分值分配		总分	得分
1	准备工作	明确工作任务	2分	10	
		准备工具及量具	2分		
		车辆驻车可靠	2分		
		车辆保护套件安装	2分		
		启动前尾气排放管的安装	2分		
2	工作过程	正确连接歧管压力表	5分	70	
		确定故障现象	5分		
		制冷管路油迹检查	5分		
		充入氮气用肥皂水检漏	10分		
		找到泄漏部位	10分		
		对泄漏部位进行维修	10分		
		维修后再次检漏验证	10分		
		故障排除	10分		
		正确填写工单	5分		
3	场地整理	车辆、工具、量具恢复原位	5分	10	
		场地清洁	5分		
4	安全环保	正确使用工具、量具	4分	10	
		正确操纵车辆及设备	4分		
		按要求合理回收废弃物品	2分		
合计				100	

活动四 制冷系统抽真空、制冷剂充注训练与考核

知识目标

① 掌握对制冷系统进行抽真空的方法。

② 掌握对制冷系统进行充注的方法。

技能目标

① 能对制冷系统进行抽真空操作。

② 能对制冷系统进行制冷剂和冷冻油的充注操作。

器材与设备

① 器材：空调制冷系统工况良好的车辆或台架一台；车辆室内外保护件一套；护目镜，防护手套各一件。

② 设备：歧管压力表、真空泵、制冷剂回收、充注机一个（台）；冷冻油、罐装制冷剂、足够系统充注。

③ 工具：扳手等常用维修工具。

维修工单：（教师根据实际情况设置下列考核内容）

车辆品牌：＿＿＿＿＿＿＿＿＿＿

车辆牌号：＿＿＿＿＿＿＿＿＿＿　行驶里程：＿＿＿＿＿＿＿＿＿＿km

车主姓名：＿＿＿＿＿＿＿＿＿＿　联系电话：＿＿＿＿＿＿＿＿＿＿

车主投诉：＿＿＿＿＿＿＿＿＿＿

维修内容：＿＿＿＿＿＿＿＿＿＿

维修记录：＿＿＿＿＿＿＿＿＿＿

耗材：＿＿＿＿＿＿＿＿＿＿

工时：＿＿＿＿＿＿　接车时间：＿＿＿＿＿＿　交车时间：＿＿＿＿＿＿

维修技师签字：＿＿＿＿＿＿＿＿＿＿

日期：＿＿＿＿＿＿＿＿＿＿

考核评分：

序号	考核项目	分值分配		总分	得分
1	准备工作	明确工作任务	2 分	10	
		准备工具及量具	2 分		
		车辆驻车可靠	2 分		
		车辆保护套件安装	2 分		
		启动前尾气排放管的安装	2 分		
2	工作过程	正确连接歧管压力表	5 分	70	
		对空调制冷系统抽真空	10 分		
		验证系统无泄漏	10 分		
		用正确的方法充注适量的冷冻油	10 分		
		用正确的方法充注制冷剂	10 分		
		充注后验证制冷系统的工作情况	10 分		
		制冷系统工况良好	10 分		
		工单的正确填写	5 分		
3	场地整理	车辆、工具、量具回复原位	5 分	10	
		场地清洁	5 分		
4	安全环保	正确使用工具、量具	4 分	10	
		正确操纵车辆及设备	4 分		
		按要求合理回收废弃物品	2 分		
合计				100	